für
Johannes [illegible]
herzlich
„[illegible]"
[illegible]
16. III. 2013

DIE GRAUE EDITION
WALTER SAUER
BEGEGNUNGEN UND SCHICKSALE

IN MEMORIAM DIETMAR LAUERMANN
25.9.1915–3.8.2012

WALTER SAUER

BEGEGNUNGEN UND SCHICKSALE

Autobiographische Aufzeichnungen

Beiträge
zu Pädagogik
Jugendbewegung
Natur und Kunst

DIE GRAUE EDITION

DIE GRAUE REIHE 61
Schriften zur Neuorientierung in dieser Zeit
Herausgegeben von Prof. Dr. Walter Sauer und
Dr. Florian Lauermann in Zusammenarbeit mit der
Prof. Dr. Alfred Schmid-Stiftung, Zug/Schweiz

Prof. Dr. Alfred Schmid-Stiftung, Zug/Schweiz
ISBN 978-3-906336-61-9
 Printed in Germany
Schutzumschlag unter Verwendung eines Pastells von
Borris Goetz, „Schicksal“ (1982)
Satz und Druck: Kraft Druck GmbH, Ettlingen
Bindung: Großbuchbinderei Josef Spinner GmbH, Ottersweier

Inhalt

Vom Sinn biographischer Aufzeichnungen

Widmet man sich seiner eigenen Biographie, versucht sie aufzuschreiben, jedenfalls in Ausschnitten und Episoden, die man für wichtig erachtet, so ergeben sich eine Reihe von Fragen. Vorneweg, für wen eigentlich sind die Ausführungen gedacht? Welche Absichten wollen sie verfolgen? Wem dienlich sein? Wieviel des allgemeinen Zeitgeschehens soll einbezogen werden? Welche Akzente sind zu setzen, etwa nur auf glückhafte, erfolgreiche Momente? Oder auch auf enttäuschende, missglückte? Überhaupt, wie viel gibt man vom eigenen Leben einer anonymen Leserschaft preis, damit zugleich von Menschen, mit denen man in Beziehung gekommen? Schließlich, in welchem Alter machen Rückblicke auf das eigene Leben Sinn? Vielleicht am besten erst nach dem Leben? – so ein etwas makabrer Scherz.

Antworten auf diese und weitere mögliche Fragen, die im Zusammenhang einer Autobiographie anstehen könnten, sollen nicht systematisch verfolgt, nur ein paar wenige Aspekte aufgegriffen werden. Vermutlich liegt allen Lebensbeschreibungen, mal bewusster, mal weniger bewusst, der Versuch zugrunde, sich das eigene Leben zu vergegenwärtigen, zu rekonstruieren, Gehalt und Sinn zu *konstruieren*, zu suchen, zu finden, zu deuten, in gewisser Weise das Vergangene zu bilanzieren. „Auf der Suche nach der verlorenen Zeit“ mag auch bedeuten einem „roten Faden“ nachzuspüren, der jene unendlich vielen Momente einer Vergangenheit zusammenbindet und in die Gegenwart führt, einen Faden, der gleichsam den Lebensfaden bildet, sich als Schicksalsfaden erweist, welche Bilanz auch immer dabei erscheint. Wie viel man selbst am Faden knüpft, ob ihn Parzen und Nornen spinnen, oder ob er einem wie auch immer gearteten *Schicksal* zuzuschreiben ist, diese Themen werden, gemäß dem Titel der Biographie, zu einem Leitfaden der Aufzeichnungen.

Neben aller Sinnsuche im Persönlichen, neben möglicherweise beliebig aufgegriffenen Ereignissen, neben vielleicht allzu subjektiven Beschreibungen des Erlebten, neben allem Anekdotischen, soll es aber auch um eine Dokumentation dessen gehen, was tatsächlich initiiert und geschaffen wurde, was gleichsam objektiv aufzuweisen und an Fakten nicht anzuzweifeln ist. Gemäß dem Zitat „Quod non est in actis non est in mundo“ mag eine Autorschaft beansprucht und festgeschrieben werden, etwa in manch jugendbewegten Aktivitäten wie der Gründung eines eigenen Bundes und den daraus sich ergebenden vielerlei Weiterungen oder in den verlegerischen und editorischen Tätigkeiten, vornean in der Schriftenreihe der „Grauen Edition“ sowie mit der Herausgeberschaft der „Scheidewege“. Auch wenn die entsprechenden Ausführungen sich eher nebensächlich bis kleingeistig ausnehmen, möglicherweise auch die Bedeutung der eigenen Person zu sehr betonen, so sollen sie der Historie wegen festgehalten werden, durchaus im Bewusstsein, dass man nicht allein am Werke war, dass es stets der Mitschaffenden bedurfte.

Eine Darstellung der Biographie unter historisierenden Aspekten allerdings ist nicht vorgesehen, dazu war ich immer schon zu wenig Historiker, dazu gefiel mir ein Satz des Medienwissenschaftlers Neil Postman zu gut: „Die Historiker kommen im allgemeinen nicht zur Hochzeit, sondern zum Begräbnis“.[1] Wichtig blieb mir tatsächlich, bei „Hochzeiten“ dabei zu sein, dort wo Lebendiges sich ereignete, wo Neues geschaffen wurde. Auch wenn ich beispielsweise mit der Geschichte der Jugendbewegung recht gut vertraut bin, so nicht, weil mir die Historie dieser Bewegung als solche von Interesse wäre, vielmehr um darin ein überzeitlich Gültiges zu finden, was aus der Vergangenheit in das Heute und Morgen führt, in diesem Fall eine anthropologische Dimension, der eine Bedeutung für die Zukunft zukommen könnte. Wenn Martin Wagenschein als Pädagoge seine Autobiographie „Erinnerungen für morgen“[2] nennt, so trifft dieser Titel genau das, was mir wichtig scheint, nämlich aus dem Vergangenen nur jene Erinnerungen aufzurufen und darzutun, denen eine Relevanz für die Bewältigung von Gegenwarts- und Zukunftsproblemen innewohnt. Ein solch strenger Maßstab wird es jedoch schwierig bis unmöglich machen, diese Intentionen voll einzulösen, sind doch künftige Entwicklungen nur bedingt vorherzusehen.

Indes, aus der Erinnerung und Reflexion des Vergangenen sollten wenigstens einige grundlegende, über den Tag hinaus wirkende Einsichten aufgezeigt werden können. Was Wagenschein in seinen „Erinnerungen für morgen“ ein gutes Stück weit gelungen ist, nämlich fundamentale, künftighin kaum hintergehbare pädagogische Positionen festzuhalten – daran werden sich meine biographischen Aufzeichnungen nicht messen lassen, sie müssen wesentlich bescheidener ausfallen. Auch habe ich auf nahezu keinem Gebiet eng gefasste, ein für alle Mal feststehende Weltbilder, wissenschaftliche Positionen oder weltanschauliche Ideologien jedweder Art zu vertreten, was nicht bedeutet, keinen geistigen Standort, keine ethischen Maximen, keine metaphysischen Dimensionen zu kennen, nur, alle dogmatische Gewissheit, alles apodiktische Wissen, alles missionarische Eifern bleiben mir fremd. In der Auswahl der biographischen Ereignisse und Begebenheiten, in Bemerkungen am Rande, im Anekdotischen, nicht zuletzt zwischen den Zeilen, mögen sich die mir zugehörenden Standorte und Positionen erkennen lassen, jedenfalls für den, der in und hinter dem Geschehen zu lesen versteht. Es soll dabei auch niemand belehrt oder überzeugt oder bekehrt werden, es bleibt die persönliche Sicht auf die beigebrachten Erlebnisse, Ereignisse, „Begegnungen und Schicksale“, es handelt sich um *meine* „Bilder von der Welt“, mitnichten um ein hermetisch geschlossenes „Welt-Bild“.

Zwei Themen durchziehen im Besonderen die Biographie von den Anfängen bis zur Gegenwart, kennzeichnen zwei Lebensstränge, die entscheidend Sein und Werden bestimmten. Zum einen handelt es sich um die frühe Begegnung mit der Jugendbewegung, die Teilhabe an deren Ideenwelt und Praxis, an theoretischen Einsichten und spezifischem Erleben, an Wandlungen über das Jugendalter hinaus und dennoch im Geist und Gefolge der Bewegung. Wem die Welt der Jugendbewegung fremd geblieben, wird schwerlich deren prägende Wirkungen nachvollziehen können, wird sich an den detaillierten

Ausführungen und immer wiederkehrenden Anspielungen stören. Dasselbe gilt von der Bedeutung des Schicksalhaften, das die Aufzeichnungen begleitet, wobei vom Schicksal nicht im Sinne von Fatum und Fatalität die Rede ist, auch nicht von den dunklen, sinistren Seiten des Wortes, von Verhängnis, Geschick und Vorsehung. Vielmehr wird das Wort im Verständnis der *Schicksalsanalyse* aufgefasst, jener besonderen, wenn auch wenig bekannten, mir früh bedeutsam gewordenen tiefenpsychologischen Richtung, die zwar kurz dargestellt, aber doch nur ansatzweise verständlich gemacht werden kann; auch dies mag zum Ärgernis geraten. Ebenso wird das Kapitel über Kunst denen ärgerlich bleiben, die zu den vorgestellten Künstlern und Bildern keinen Zugang haben.

Im Übrigen gehört zum Wesen der Autobiographie, dass die Aufzeichnungen unter ganz subjektiven Aspekten und Ansprüchen erfolgen. Wenn sich dabei Ungenauigkeiten und Fehler einstellen, so gehört auch dies dazu, teils weil Ereignisse verschwiegen oder geschönt werden, teils weil es so etwas wie eine „False memory" gibt, eine Erinnerung, die für wirklich erachtet, tatsächlich aber falsch ist. Gelegentlich finden sich auch Tendenzen, werden geradezu erwartet, auf irgendwelche Sensationen und Skandale, auf Enthüllungen und Intimitäten zu treffen. Bei aller Subjektivität meiner „Begegnungen und Schicksale", wurde versucht, eine gewisse Objektivität walten zu lassen, Polemik und Häme gegenüber Personen und Ereignissen zu vermeiden. Ob deswegen die Aufzeichnungen allzu unspektakulär-belanglos, auch kaum „über den Tag hinaus" bedeutsam geraten sind, muss hier nicht entschieden werden.

Um neben den persönlichen Aufzeichnungen über „Begegnungen und Schicksale" auch allgemein gültigere, wissenschaftlich orientierte Sachbeiträge zu bieten, werden in einem „Anhang" einige zu verschiedenen Zeiten und Anlässen publizierte Essays und Aufsätze zusammengestellt zu Themen, die sich mit der Biographie berühren, sie ergänzen, ihr gleichsam ein sachliches Fundament geben. Ausgewählt sind entsprechende Beiträge aus den Bereichen Pädagogik und Jugendbewegung, Natur und Kunst. Ein weiterer „Anhang" bietet ausgewählte Dokumente zu verschiedenen Ereignissen, Personen und Werken, die beitragen mögen, die „Begegnungen und Schicksale“ plastischer, authentischer erscheinen zu lassen.

I. Von den Ahnen

1. Ahnen als Wege zum Schicksal

Wenn man wenige Monate nach Beginn des Zweiten Weltkriegs, im Dezember 1939, geboren wurde und damit die frühe Kindheit unausweichlich in einen nationalsozialistischen Alltag gefallen ist, so kann man davon ausgehen, dass früheste Kindheitserinnerungen aus diesen Jahren sich niedergeschlagen haben, auch wenn darüber zu streiten wäre, wie weit Rückerinnerungen möglich sind oder diese eher auf spätere Erzählungen zurückgehen. Wie auch immer entstanden, so bleibt ein Bild oder auch eine Geschichte vor Augen, unter vielerlei anderen, wie vom Vater eine sogenannte „Ahnentafel" erstellt werden sollte, ein Stammbaum, in den die Vorfahren, Ahnen genannt, aufzuführen waren, was ihn höchst ärgerlich stimmte, weil – was mir unverständlich bleiben musste – die dahinter stehende Absicht, der von den Nazis verlangte „Ariernachweis", seine Billigung nicht fand. Darüber hinaus gab es schon in der zweiten oder dritten der vorausgegangen Generationen ein „lediges Kind", einstmals eine Schande, womit sich diese Linie im Stammbaum nicht weiter verfolgen ließ.

Da von meinen Großeltern nur noch eine Großmutter lebte und in der Familie zugegen war, konnte ich mit dem ohnehin im kindlichen Alltag ungebräuchlichen Wort „Ahnen" nichts anfangen, vielmehr kam ihm eine Art magisch-mythischer Klang zu, wie so manch anderen un- und halbverstandenen Wörtern der Kindheit, die sich in Bildern der Phantasie verselbständigen, in Schichten des Unbewussten absinken, dort sich nur noch *ahnen* lassen, nurmehr als vage *Ahnungen* vorhanden. Wie sehr das Verbum *ahnen* und das Substantiv *Ahnung* mit den *Ahnen*, den Vorfahren, etymologisch zusammenhängen, soll hier nicht weiter verfolgt werden. Jedenfalls blieben für lange Zeit diese Wörter und Begriffe aus dem Umfeld a(A)hnen – als Zeit- oder Hauptwort – eher suspekt, wie etwa Ahnenforschung, Ahnenerbe, Ahnengalerie, Ahnenkult, Vorahnung, und wurden einer Blut-und-Boden- oder sonstwie esoterischen Ideologie zugerechnet.

Erst im späten Jugendalter und im Zusammenhang des Studiums entstand ein Interesse an Anlage-Umwelt-Problemen, an Humangenetik, an Erb- und Familienforschung, wobei die Ahnenthematik einen seriösen, wissenschaftlichen Stellenwert bekam. Mit der Beschäftigung der Schicksalsanalyse von Leopold Szondi, auf die an dieser Stelle noch nicht näher eingegangen werden soll, eröffneten sich zudem neue Aspekte einer Ahnen- und Stammbaumforschung im Hinblick auf das individuelle Schicksal des Menschen, dabei frei von spekulativ-mythischen Schicksalsvorstellungen, vielmehr gestellt auf eine humangenetisch und tiefenpsychologisch fundierte, empirisch abgesicherte Grundlage. Wenn bei Szondi von Ahnenströmen, Ahnenansprüchen, Ahnenvariationen die Rede ist, die im Schicksal des Einzelnen bestimmend werden, etwa bei der „Wahl in Liebe, Freundschaft, Beruf, Krankheit und Tod“ (dies der Untertitel seines Buches „Schicksalsanalyse“[1]), so mögen diese Formulierungen befremdlich klingen, zählen aber zu den grundlegenden Begriffen, mit deren Hilfe die Wirksamkeit der familiären Abkunft in den Blick gelangen soll, die zugleich über das rein genetische Erbe hinausreichen, vielmehr das gesamte historisch-soziale wie psychisch-mentale Umfeld der Ahnen einbeziehen.

Wie weit kann und soll man dabei in der Ahnenreihe zurückgehen, wenn man sich für die eigene Biographie nach bestimmenden Faktoren und Einflüssen aus den vorangegangenen Generationen umsieht? Genealogen können oft überraschend weit Stammbäume in die Vergangenheit zurückverfolgen; dass angeblich ein Großteil der heutigen Deutschen mit Karl dem Großen in verwandtschaftlicher Beziehung stünde, wurde gelegentlich versucht nachzuweisen, ob dem so ist, mag dahingestellt bleiben. Für die Erkundung der eigenen Biographie scheint eher das auszureichen, was in den Rahmen einer „Oral history“ fällt, das heißt, was an Berichten, Geschichten und Erzählungen, unterstützt von Brief- und Bilddokumenten, vorzufinden ist. So sollen im Folgenden nur die Ahnen aufgeführt werden, über die es noch tradierte „Geschichten" gibt, auch wenn sich im Stammbaum viele weitere Personen finden, von denen jedoch kaum mehr als ein Name bekannt ist. Im Wesentlichen soll es sich also um die Großelterngeneration handeln, die der eigenen Biographie vorangestellt wird, mit wenigen Ausblicken in weiter zurückliegende Geschichten. Im Übrigen werden die Großeltern in der älteren deutschen Sprache, vor allem im süddeutschen Raum, als Ahnen bezeichnet, Ähne und Ahne genannt. Die Einbeziehung der elterlichen Generation fällt dann unmittelbar zusammen mit der Darstellung der eigenen Lebensjahre.

2. In die Fremde, in der Heimat – Der Großvater mütterlicherseits

Nahezu alle Geschichten, die vom Großvater bekannt sind, gehen verständlicherweise auf Erzählungen meiner Mutter zurück, deren es reichlich viele gab. Dieser Großvater, Karl Wittel, Jahrgang 1863, war ein Jahr vor meiner Geburt gestorben und sein Leben, auch sein Tod, nahmen noch lange Zeit, vielleicht lebenslang, viel Raum im Dasein meiner Mutter ein, offensichtlich war eine intensive Tochter-Vater-Bindung gegeben. In einem frühkindlichen Alter, in dem man sich Leiden und Sterben nicht wirklich vorzustellen vermag, noch weniger verstehen kann, wurden von ihr weitläufige Krankengeschichten ihres Vaters mit nahezu medizinischen Details ausgebreitet, vermutlich mehr zur Bewältigung des eigenen Schmerz- und Verlusterlebens als zur Übermittlung und Verlebendigung eines großväterlichen Bildes. So ist diese Großvaterfigur irgendwie von einer pathischen Aura umgeben geblieben, die der Wirklichkeit eher nicht entsprach, da zugleich auch ganz andere Facetten wahrgenommen werden konnten.

Es gab da jene gern hervorgeholte albumähnliche Mappe mit Bleistiftzeichnungen[2], die kriegerische Auseinandersetzungen zwischen Indianern und Weißen zeigten oder manch andere abenteuerliche Szenen sowie Darstellungen von furchteinflößenden „wilden“ Tieren und von Menschen unterschiedlicher Rassen, daneben auch idyllische Motive aus dem Orient oder der heimatlichen Bergwelt. Allesamt waren diese Bilder, die der Großvater offensichtlich in seinen Knaben- und Jugendjahren gefertigt hatte, realistisch und lebensnah in der Darstellung, in der Ausführung subtil, geradezu kunstvoll gezeichnet; sie sind ihm wohl bedeutsam geblieben und wurden entsprechend sorgfältig aufbewahrt. Auch wenn man als kindlicher Betrachter von der Motivwelt eines Karl May nichts wissen konnte, so waren diese Zeichnungen atmosphärisch höchst eindrucksvoll, ja spannend anzuschauen. Dass sie nach Bildvorlagen aus dem Umfeld der Frühschriften Mays gefertigt sein könnten, das lag ferne. Erst Jahrzehnte später bei der Beschäftigung mit Karl-May- und Trivial-Literatur, die wiederum über das Interesse am Werk von Arno Schmidt zustande kam, stellte sich heraus, dass die frühen May-Erzählungen, ebenso seine sogenannten Kolportage-Romane in den 70er- und 80er-Jahren des 19. Jahrhunderts ursprünglich in damals gängigen Familienblättern, Vorläufer der heutigen Illustrierten und Gazetten, als Fortsetzungsfolgen erschienen sind, etwa im „Deutschen Hausschatz“, dem „Illustrierten Unterhaltungsblatt“, dem „Deutschen Familienblatt“, den „Feierstunden am häuslichen Heerde (!)“ . In solcher Art Blättern mussten sich diese Bildvorlagen gefunden haben, sowohl was die Motive wie auch die zeichnerische Gestaltung betraf. Die Welt der Indianer, die Welt des Orients, dazu die heimatlichen Dorfgeschichten, das waren die Schauplätze der Karl-May-Geschichten, das waren auch die Themen dieser Unterhaltungsblätter, die heimatlich Vertrautes und fremd Exotisches in bunter Mischung ihren Lesern boten. Zwar konnten die Vorlagen der einzelnen Zeichnungen des Großvaters in diesen Illustrierten nicht wirklich identifiziert werden, aber es gibt durchaus konkrete Hinweise, dass es diesen Zusammenhang gibt. In einem Bericht im Magazin „Der Spiegel“ von 1987 über amerikanische Wirtschafts- und Handelsgeschichte wird eine historische Abbildung[3] aus der Zeit der Indianerkriege gezeigt, die sich just auch unter den großväterlichen Zeichnungen findet, leider ohne nähere Quellenangabe.

Ein wenig verwunderlich bleibt, wie man im Umkreis des bäuerlichen Elternhauses an solch illustrierte Familienblätter gelangte, die doch nur als ganz und gar unnötiger Luxus gelten konnten. Aber vielleicht war gerade das Fremdartige, Ferne, das es da zu lesen und zu sehen gab, etwas, das in den beschwerlichen Alltag Abwechslung und „Feierstunden am häuslichen Heerde“ bringen konnte. Was das Fremde und Ferne betraf, so gelangte zwar schon der Großvater des Großvaters in „die Fremde“, allerdings sehr unfreiwillig, gezwungen in den napoleonischen Kriegen zur Teilnahme am Russlandfeldzug. Bis ins hohe Alter erzählte er wohl von diesen Kriegs- und Katastrophenerlebnissen und brachte dabei dem Enkelbuben das Zählen von eins bis zehn auf französisch bei, was zu dieser Zeit in dem kleinen, bäuerlich geprägten Dorf, über dessen nähere Umgebung die Allerwenigsten jemals hinauskamen, durchaus etwas Besonderes war.

Seien es die Erzählungen seines Großvaters, seien es die „Illustrierten Unterhaltungsblätter“, die Fernweh und Abenteuerlust in dem Jugendlichen weckten, sei es der Umstand, dass nur der älteste Bruder die elterliche Landwirtschaft übernehmen konnte, oder sei es, um dem Militärdienst zu entgehen, so ergab es sich jedenfalls, dass am Ende einer Schreinerlehre der Entschluss feststand „auf Wanderschaft“ zu gehen, eher nicht in der Art von Fahrenden Gesellen, vielmehr auf der Suche nach einer anspruchsvollen Arbeitsstelle. Offensichtlich war die berufliche Ausbildung eine sehr solide, dazu kam eine besondere handwerkliche Geschicklichkeit und Tüchtigkeit, sodass den jungen Gesellen alltägliche, grobe Schreinerarbeiten weniger interessierten – es war eine Zeit, in der noch kaum elektrische Maschinen dem Hand-Werk zur Verfügung standen – als vielmehr die Fertigung von Möbeln für gehobene Wohnungseinrichtungen mit einem gewissen kunsthandwerklichen Anspruch. Leider sind in unserer eigenen Familie nur wenige Zeugnisse des großväterlichen Könnens vorhanden, lediglich eine Schmuckschatulle mit reichhaltigen Intarsien verschiedenster Materialien, des weiteren ein „Apothekerkästchen“, so im Familienjargon benannt, ein kleiner zierlicher

Wandschrank für Arzneimittel mit eingelassenem „Geheimfach“ für Wertsachen, das uns als Kinder besonders faszinierte, da so präzise gearbeitet, dass in geschlossenem Zustand Öffnung und Öffnungsmechanismus unsichtbar bleiben. Aus heutiger Sicht scheint der Schreinerberuf des Großvaters einer Idee und Praxis nahe zu kommen wie sie Hugo Kükelhaus, selbst mit einer Ausbildung im Schreinerhandwerk, zugleich Künstler, Philosoph und Universalist, in der eindrucksvollen Schrift „Werde Tischler“[4] ausgeführt hat. Wie sehr allerdings dieses Berufsideal in der rauen Wirklichkeit des Lebens immer seine Erfüllung finden konnte, darf bezweifelt werden.

Von den Stationen der Wanderschaft ist nur bekannt ein etwa einjähriger Arbeitsaufenthalt in der Schweiz, danach wieder für kürzere Zeit die Rückkehr ins Elternhaus, sodann etliche ausgedehnte Reisen, die an verschiedene Orte Italiens führten, so nach Capri, Pompeji und zum Vesuv. Im Alter von 19 Jahren erfolgte dann 1882 von Bremerhaven aus, zuzeiten „Vorstadt von Neu York“, die Auswanderung in die Vereinigten Staaten von Amerika, wo der großväterliche Name auf der Einwandererliste in New York heute noch zu finden ist. Zum Erlernen der Sprache wurde zunächst auf einer Farm in Omaha, Nebraska, gearbeitet, um danach im Beruf Fuß zu fassen. Spätere Aufenthaltsorte, so lassen die wenigen vorhandenen Fotos[5] erkennen, lagen in den Staaten Iowa und Minnesota, erst ab den 90er Jahren wird New York zur festen Adresse. Geschichten, die aus diesen ersten Jahren in der neuen Welt überliefert sind, hören sich teilweise so spannend an wie in Jack Londons „Abenteuer des Schienenstrangs“ geschildert, etwa das Schwarzfahren in Güterzügen, wo einmal das Eingeschlossensein auf einem Abstellgleis bedrohlich wurde und nur mit knapper Not mit Hilfe einer im Waggon befindlichen Pflugschar ein Ausbrechen gelang, davor Hunger und Durst mit Getreidekörnern und rohen Eiern gestillt, die sich glücklicherweise vorfanden. Eine andere Geschichte handelt von einer mit einem Freund unternommenen Entenjagd unter Zuhilfenahme eines entwendeten Nachens, der sich mitten im See als leck erwies. Für Nichtschwimmer eine lebensbedrohliche Lage, die nur durch verzweifeltes Rudern und durch Schöpfen des eindringenden Wassers mit den Hüten gerade noch glimpflich ausging.

Gewiss bedeuteten diese Jahre nicht nur Abenteuer, sondern vor allem harte Arbeit, mit Zeiten auch von Arbeitslosigkeit und Hilfsarbeitertätigkeiten, mitunter gezeichnet von Not und Krankheit; bei einer Choleraepidemie überlebte er nur knapp. Schnaps als damals gängiges Volksmittel gegen die infektiöse Erkrankung war zu Zeiten der Prohibition nur schwer und teuer zu beschaffen. Eine Frau, die ihm etwas Pflege angedeihen ließ, vergriff sich wohl ständig am kostbaren Arzneivorrat, was im Fieberdelirium erst allmählich bemerkt werden konnte, indem es einen Zusammenhang zu geben schien zwischen dem Schließen der Zimmertür und einem kurz danach zu vernehmenden Geräusch, das sich nach Öffnen einer Flasche und einem tiefen, hastigen Schluck anhörte. Diese Krankheit hatte den Großvater schließlich über die Hälfte seiner Ersparnisse gekostet.

Insgesamt waren es vierundzwanzig lange Jahre, die er in Amerika lebte, unterbrochen wahrscheinlich nur von etwa sechs bis acht Besuchen in der alten Heimat von je einigen Wochen Dauer. Die Rückkehr nach Deutschland im Jahre 1906 fiel dem inzwischen amerikanischen Staatsbürger verständlicherweise nicht leicht, sie war auch nicht auf Dauer gedacht. Das Schicksal wollte es jedoch anders, es fällt mit dem der Großmutter zusammen.

3. Schwieriges, doch selbstbewusstes Leben – Die Großmutter mütterlicherseits

Was Menschen zusammenführt und aneinander bindet, darf man wohl teils dem Zufall, teils auch Wahlverwandtschaften zuschreiben, beide zusammen werden sie zum Schicksal. Die Großmutter, Martha Brösamle, wurde 1872 geboren, war also neun Jahre jünger als ihr späterer Mann, kam aber erst im jugendlichen Alter in den Ort und in den Blick des Großvaters.

Geboren wurde sie in einem kleinen, auf Landkarten kaum mehr aufzufindenden Schwarzwalddorf, wo der Vater Lehrer war, in „Grömbach, Oberamt Freudenstadt", wobei, wenn die Sprache darauf kam, dieser Name sich immer so anhörte, als bestünde er aus nur einem Wort, das denn auch unverstanden blieb und irgendwie geheimnisvoll klang. Als die Großmutter noch ein kleines Kind im Alter von vielleicht drei Jahren war, ergab sich für ihren Vater, aus welchen Gründen auch immer, eine Versetzung in das für damalige Verhältnisse recht weit entfernte, ebenfalls kleine Dorf Lienzigen bei Mühlacker. Der beschwerliche Umzug muss zu eisigster Winterzeit erfolgt sein; beim Einzug ins neue Schulhaus, so erzählt die Anekdote, hatte das unbeaufsichtigte Kind mit der Zunge am eisernen Treppengeländer geleckt, die daran fest fror, eine dramatische Situation, welche in der allgemeinen Aufregung nur mit Müh und Not bewältigt und die Zunge vom Geländer wieder gelöst werden konnte. Wie sich dieses Phänomen des Anfrierens physikalisch erklären lässt, hatte ich später in der Lehrerausbildung mit Studierenden des Faches Sachunterricht erörtert, eine scheinbar triviale Aufgabe, deren Lösung sich aber doch nicht als so einfach erweist.

Ob dieses letztlich eher nebensächliche Vorkommnis beim Einzug am neuen Ort zu einem Omen werden sollte, das keine glückliche Kindheit, überhaupt ein schwieriges Leben verhieß, mag offen bleiben, zu wenig ist aus diesen Jahren bekannt. Jedoch gibt es mancherlei Anzeichen, dass der Vater ein typischer Schulmeister seiner Zeit war, wie er in so vielen literarischen Quellen erscheint, nämlich der Prototyp eines autoritären Charakters, den Adorno in seiner klassisch gewordenen Schrift „Tabus über dem Lehrberuf"[6] ausführlich beschreibt und analysiert. Nur ein Satz sei angeführt, mag er vielleicht auch martialisch klingen, so trifft er den entscheidenden Punkt: „Im Bilde des Lehrers wiederholt sich, sei's noch so abgeschwächt, etwas vom affektiv höchst besetzten Bild des Henkers". Das Zitat soll hier nicht weiter aufgegriffen werden, es sollte nur andeuten, dass in dieser Lehrerfamilie jener herrische Geist zugegen war, dem es auf kleinliche Machtausübung ankam, ohne selbst eine entsprechend geistig-substantielle Legitimation zu besitzen. Dass dabei individuelle Entwicklungen und Eigenarten von Kindern unterdrückt und gebrochen wurden, der eigenen Kinder wie der von Schulkindern, das blieb außerhalb der Wahrnehmung. Mag dieses Lehrerbild vielleicht zu schwarz gezeichnet scheinen, ein Zerrbild ist es doch nicht.

In der unterhaltenden Literatur nimmt sich die Beschreibung und Charakterisierung solcher Art Lehrertypen teils makaber, teils schrullig-humorvoll aus. Auf besonders knappe und scheinbar witzige Weise reimt ein sogenanntes „Marterl", eine Art Grabinschrift, auf den Tod eines Lehrers: „Hier ruht der Oberlehrer Krug, der Orgel, Weib und Kinder schlug". Überflüssig anzufügen, dass sich die Wirklichkeit für die Betroffenen alles andere als lustig anlässt, eher zum Martyrium gerät, auch dass aus dem Brechen des kindlichen Willens und Wesens allzu leicht ein *Zer*brechen werden kann, was zu den dunklen Kapiteln einer Geschichte der Erziehung zählt, der so genannten „Schwarzen Pädagogik"[7]. Nun, die Großmutter ist nicht zerbrochen, aber schon im Kindes- und Jugendalter haben sich gesundheitliche Probleme ergeben, die man heute als psychosomatische Störungen erkennen und behandeln würde.

Wohl noch in ihrer Jugendzeit kam es für den Vater und Schulmeister zum erneuten Ortswechsel, der nach Betzingen führte, einem etwas größeren Dorf als die beiden vorangegangenen Orte, in unmittelbarer Nähe der ehemals Freien Reichsstadt Reutlingen gelegen. Das Schulhaus grenzte direkt an das elterliche Anwesen des Großvaters. Während einer seiner wenigen Besuche in der Heimat musste es wohl zur Begegnung mit der Lehrerstochter gekommen sein, etwa beim Wasserholen am Dorfbrunnen, wie andeutungsweise erzählt wurde. Indessen, eine rasche Verbindung scheint daraus nicht geworden. Im Gegenteil, auch die Großmutter ging um 1895 ins Ausland, nämlich „in Stellung", so ein durchaus üblicher Brauch und eine gängige Bezeichnung, wenn im elterlichen, kleiner werdenden Haushalt kein Bedarf mehr für die erwachsen gewordenen Töchter vorhanden war. Eine Stelle als einfache Dienstmagd wäre für eine Lehrerstochter doch etwas „unter Stand" gewesen, wenngleich auf den damaligen Volksschullehrerstand allenthalben das Bild des „armen Dorfschulmeisters“ zutraf, wobei „arm“ sich zuvörderst auf die finanzielle Lage bezog, aber auch auf den Bildungs- und Sozialstatus.

Wie es dazu kam, dass die Großmutter gerade in England, in Nottingham, bei einem nicht mehr ganz jungen „Juden, Junggesellen und Millionär Mister Hirsch“ („Hirsch“ gesprochen als „Ärsch“), so die oft gehörte stereotype Charakterisierung, zur Hausangestellten oder Hausdame wurde, darüber ist nichts überliefert. Fotos aus jener Zeit[8] zeigen sie als durchaus hübsche, attraktive Erscheinung, die bei den zahlreichen, überwiegend nächtlichen Empfängen welcher Art auch immer, heute wohl Partys genannt, als dienstbarer Geist zugegen sein musste. Dabei soll ihre Gesundheit unter dieser nicht gerade bürgerlich soliden Lebensweise gelitten haben; vorwiegend das nächtliche Champagnertrinken als Aufputschmittel habe ein „nervöses Magenleiden“ aus Kinder- und Jugendtagen befördert und weitere körperlich-psychische Symptome gezeitigt und sie zu einer „Leidenden“ werden lassen. Wahrscheinlich kommt dabei weniger dem Champagner eine Bedeutung zu, als vielmehr dem gegebenen Umfeld insgesamt, verbunden mit traumatisierenden Erlebnissen aus der Vergangenheit des extrem repressiv erlebten Elternhauses.

Alles in allem, aus diesen etwa elf Jahren der Großmutter als Hausbedienstete in England ist wenig bekannt, geblieben bis zum heutigen Tage nur einige zufällige und eigentlich belanglose Zeugnisse, auf ihre Art aber doch einprägsame Belege aus dieser Zeit, die ob ihrer befremdlichen Anmutung in der eigenen Kindheit eine gewisse Faszination ausübten. Da gab und gibt es zum Beispiel ein mäppchenartiges Etui voller Nähnadeln mit der Aufschrift “Guaranteed Quality Needles, Henry Milward & Sons, Redditch” oder Kleiderbügel mit der Prägung “J. W. Fletcher, Tailer & Outfitter, 10 Albert St., Nottingham“ oder ein Blechdöschen in Jugendstilmanier mit ornamentalem Aufdruck “The ‘Allenburys’ Throat Pastilles – No. 44 Menthol & Cocaine Pastilles“. Dass diese Gegenstände vor mehr als hundert Jahren einst im Gebrauch und in den Händen der

Großmutter waren, heben sie in gewisser Weise über banale Alltagsgegenstände hinaus, verleihen ihnen nostalgischen Charakter, zeigen auch manch Erstaunliches, etwa, dass zu dieser Zeit kokainhaltige Halspastillen gebräuchlich waren.

Entscheidend für diese Jahre blieb aber, dass eine ausgedehnte, englisch geführte Korrespondenz zwischen New York und Nottingham einsetzte, in der der Großvater engagiert um die in den Blick genommene Nachbarstochter aus der alten Heimat warb. Die zahlreichen, zu einem Stapel gebündelten und verschnürten Briefe waren noch über den Tod der beiden Ahnen hinaus erhalten geblieben, sollten aber irgendwann ungelesen vernichtet werden, ein gegebenes Versprechen, das von meiner Mutter eingelöst wurde. Vermutlich reagierte die Großmutter in diesen Briefen eher spröde und launisch auf die Werbung, und wahrscheinlich verliefen die wenigen, zeitlich eher begrenzten Treffen im Rahmen von heimatlichen Besuchen nicht ohne Spannungen. Der Entschluss der Beiden nach Deutschland zurückzukehren, um eventuell zu heiraten, ließ denn entsprechend lange, bis zum schon genannten Jahre 1906, auf sich warten. Die Heirat wurde nochmals zwei Jahre hinausgezögert, wobei geplant war, sich nach einiger Zeit für immer in den Staaten niederzulassen. Fürs Erste aber wurde Wohnung und Arbeit in Stuttgart genommen; ein Leben in dörflicher Enge nach Jahrzehnten des Großstadtlebens in USA und England kam nicht mehr in Frage. Mit der Geburt meiner Mutter im Jahre 1910 erledigten sich jedoch die Auswanderungspläne, man wollte dann lieber in der alten Heimat sesshaft werden, zumal sich ein elterliches Grundstück als Bauplatz anbot. So kam es 1912 zum Einzug in das neu in Betzingen unter viel Eigenarbeit des Großvaters erbaute Haus, die Türen und Treppen bis heute ursprünglich erhalten. Hier nun spielte sich das Leben der Familie in geordneten, gut bürgerlichen, nicht kleinbürgerlichen, Verhältnissen ab, bis eine allmählich fortschreitende Krebserkrankung nach längerer Leidenszeit 1939 zum Tode des Großvaters führte.

Kleinbürgerlich war dieses Familienleben deshalb nicht, weil die jahrzehntelangen Auslandsaufenthalte in andersartigen gesellschaftlichen und politischen Verhältnissen den Blick auf das Leben, das politische wie private, weiteten und den Gang der Weltgeschichte in Vergangenheit und Gegenwart aus größerer Distanz wahrnehmen ließen. Man setzte sich mit dem Zeitgeist auseinander, der geprägt war von einem dekadenten Wilhelminismus, vom zu Ende gehenden Kaiserreich, von sich ausbreitenden Strömungen politischer, sozialer, religiöser Art, als da waren Kommunismus, Sozialismus, Darwinismus, Atheismus, einschließlich vielerlei Reformbewegungen einer Lebenserneuerung. Man kam zwar aus der Arbeiterschaft und dem Kleinbürgertum, aber man emanzipierte sich, jedenfalls geistig wie moralisch, war gleichsam Weltbürger geworden, immun gegen so manchen Geist und Ungeist der Zeit, auch und gerade gegen den aufziehenden Nationalsozialismus. Natürlich litt man unter dem Ersten Weltkrieg, wobei die amerikanische Staatsbürgerschaft des Großvaters zusätzliche Probleme ergab, die sich jedoch lösen ließen; man überstand die Nachkriegs-, Inflations- und Hungerjahre samt Weltwirtschaftskrise, auch wenn sie Arbeitslosigkeit bedeuteten und die so geschätzte Anstellung in einer Möbel- und Kunstschreinerei verloren ging. Trotz der schwierigen Kriegs- und Nachkriegsjahre bot dieses Elternhaus meiner Mutter das, was man gemeinhin eine erfüllte Kindheit und Jugendzeit nennt. Überschattet blieb das Familienleben von einem eher latenten „Nerven- und Gemütsleiden“ der Großmutter, wie man damals psychosomatische Symptome bezeichnete, die jedoch ihr intellektuelles Vermögen, ihr geistiges, soziales und politisches Interesse und Engagement wenig beeinträchtigten. Einige Jahre nach dem Tod ihres Mannes, nachdem sie ihren eigenen Haushalt nicht mehr führen konnte, kam sie in unsere Familie und wurde dort neben den Eltern zu einer prägenden Gestalt meiner Kindheit. Davon und über die späteren Jahre bis zu ihrem Tod 1947 wird noch im Zusammenhang eigener früher Erinnerungen berichtet.

Es wäre gewiss verfehlt, hier bereits zu fragen, was vom Schicksal der Ahnen mütterlicherseits in die nächste Generation und weiter in die eigene Biographie eingeflossen ist, was davon wiedergefunden werden kann an Wirkfaktoren im eigenen Leben. Zuvor ist der Blick auf die väterlichen Vorfahren zu richten, auf das Schicksal dieser Ahnen, um das Insgesamt an möglichen Einflüssen vollständiger zu erfassen.

4. Gefallen in den ersten Tagen des Ersten Weltkrieges – Der Großvater väterlicherseits

Von ganz anderer Art verlaufen die biographischen Schicksale der väterlichen Ahnen, zwar handeln sie im selben Dorf, dem nämlichen Betzingen, sogar ziemlich ausschließlich, aber dieser Ort bleibt, zumindest auf den ersten Blick, die nahezu einzige Gemeinsamkeit. Der Großvater, Gottlob Sauer, wurde dort 1884 in einer kleinbäuerlichen Familie geboren und wuchs in entsprechend traditionellem Umfeld auf, wo man neben der bescheidenen Landwirtschaft noch weiteren Beschäftigungen nachging, etwa in nahen Industriebetrieben oder auch in der eigenen Werkstatt zu Hause. Ebenso gab es die umgekehrte Konstellation, es wurde in der Fabrik gearbeitet und eine kleine Landwirtschaft nebenbei betrieben. Wie genau sich dies im großväterlichen Elternhaus verhielt, ist nicht ganz klar. Jedenfalls stand nach Ende der Schulzeit eine qualifizierte Lehre als Mechaniker an, mit Schwerpunkt Eisendreherei. Die darauf folgenden Gesellenjahre zu Beginn des neuen Jahrhunderts führten unter anderem zu einer längeren Tätigkeit bei der renommierten Landmaschinenfabrik Heinrich Lanz AG in Mannheim.

In diesen Jahren ergaben sich auch Kontakte zur Jugendbewegung über den Heidelberger Wandervogelführer Wilhelm Schmitthenner, zu dem der Großvater über seine Verlobte und spätere Frau in Verbindung gekommen war, eine Verbindung, auf die im Rahmen der großmütterlichen Biographie ausführlicher eingegangen wird. Die Heirat erfolgte um 1908, der erste Sohn, mein Vater, wurde 1910 geboren, ein zweites Kind kam 1912 zur Welt, und schon zwei Jahre später endete abrupt das Leben dieses Großvaters in den ersten Wochen des Ersten

Weltkriegs am 2. September 1914, gefallen bei St. Dié im Elsaß am Westabhang des Kembergs.

Es gibt so gut wie keine Überlieferungen aus diesem kurzen Leben; ein paar wenige Anmerkungen finden sich in den unveröffentlichten Erinnerungen Wilhelm Schmitthenners, der ihn als natürlichen, äußerst bescheidenen und liebenswerten Menschen charakterisierte und so auch von den Mitgliedern der Heidelberger Wandervogelgruppe erlebt wurde bei gemeinsamen Wochenendwanderungen oder auf einer mehrtägigen Wandertour in der Schweiz, wie in diesen Aufzeichnungen ausdrücklich erwähnt.

Mag ein jeder Soldatentod, mehr als ein natürlicher, den Angehörigen tiefen Schmerz und größtes Leid bereiten, für die Großmutter war es ein Schicksalsschlag, der besonders hart traf, wie sich aus dem spärlich Überlieferten schließen lässt. So bleibt das Bild dieser Ahne ebenfalls blass, ist sie doch zu früh für mich, noch vor meiner Geburt, gestorben, und zu wenig gab es an Erzählungen aus ihrem Leben. Ihr Schicksal mag sich denn, wie das des Großvaters, nur schemenhaft erkennen, eher nur erahnen lassen.

5. Leben im Schatten des Glücks – Die Großmutter väterlicherseits

Auch diese Großmutter, Marie Renz, geboren im Jahre 1883, kommt ebenfalls aus Betzingen, und ihre Kindheit liegt ebenso in einem kleinbäuerlichen Elternhaus. An die Schule schloss sich, wie für Mädchen damals in diesem sozialen Umfeld üblich, keine Lehre oder sonstige berufliche Ausbildung an; man besuchte allenfalls kurzzeitig eine Abendschule für hauswirtschaftliches Arbeiten, sorgte im Übrigen im elterlichen Haushalt mit, und wenn dort nicht zwingend erforderlich, arbeitete man in der „Fabrik“, in ihrem Falle in einer Strickerei am Ort. Mit dem Verdienst wurde auf eine Aussteuer gespart, um einmal heiraten zu können. Auf diese Weise nahmen Kindheit und Jugend der Großmutter ihren Lauf, wie eben in einem halb bäuerlichen, halb schon industriell geprägten Dorfe vorgegeben, aus dem man in der Regel kaum herausgekommen. Ihr Wunsch, einmal den Bodensee, das „Schwäbische Meer“, mit eigenen Augen zu sehen und zu erleben, hat sich zeitlebens nicht erfüllt.

Indessen, ein Stück von der „Welt draußen“ ist denn doch unversehens in ihr Leben gekommen. Die Begebenheit hat sich im Jahre 1900 um Allerheiligen zugetragen, als der schon erwähnte Wilhelm Schmitthenner, damals Pfarrer im badischen Achern und früh der Wandervogelbewegung und Lebensreformen zugetan, auf einer Radtour im Schwäbischen unterwegs war, um einige Urlaubstage bei Freunden auf der Alb zu verbringen. Bei der Fahrt durch das Dorf Betzingen weckte ein eben aus der Kirche kommender Hochzeitszug sein Interesse, wohl der besonderen Tracht wegen, die unter volkskundlich Interessierten schon früh eine gewisse Berühmtheit erlangte. Er erkundigte sich, ob es möglich wäre an der Feier im Gasthaus teilzunehmen, und als dies bejaht und sogar eine herzliche Einladung ausgesprochen wurde, quartierte er sich dort ein, fand just neben der Großmutter, die als Brautfräulein zugegen war, Platz an der Tafel, gleichsam als Ersatz für deren kurzfristig ausgefallen Brautführer. Wie so bezeichnend für die frühe Jugendbewegung, man war volkstümlichem Brauchtum sehr verbunden, und so begleitete er am Abend das Brautfräulein gerne nach Hause, kam auch mit den Eltern ins Gespräch und ließ sich andern Tags als willkommener Gast noch weiter von dörflichen Sitten und Bräuchen erzählen, bevor er seine Radtour Richtung Alb fortsetzte.

Von dieser ersten so zufälligen Begegnung anlässlich einer Hochzeitsfeier schreibt er Jahrzehnte später in seinen Lebenserinnerungen über die Großmutter – bereits nach ihrem Tode – : „Ein äusserst schüchternes Menschenkind; sie sah mich kaum an. Umso mehr konnte ich ihre Gesichtszüge von der Seite betrachten. Ein liebliches Gesichtchen von seltener Reinheit. Ich erinnere mich, dass sie an jenem Tische nur mit ‚ja‘ und ‚noi‘ antwortete, ohne den Versuch zu machen, anderes als Volkssprache zu reden. (…) Sie war unter den anderen Brautjungfern die jugendlichste, zarteste, die nichts von der dann und wann fast in die Augen springenden Bauernderbheit hatte. In ihrem Elternhaus begrüsste ich die kränkliche Mutter (...) und unterhielt mich gut mit dem Vater.“ Was auch immer den 30-jährigen Pfarrer Wilhelm Schmitthenner an diesem jungen Mädchen von 16 Jahren faszinierte, es entstand eine lebenslange freundschaftliche Verbindung, teils in brieflicher Form, teils in regelmäßigen Besuchen, wenn auch in größeren, etwa jährlichen Abständen.

Das Pfarramt hatte er nach kurzen Jahren aufgegeben und ein Philologiestudium angeschlossen, das ins Höhere Lehramt zum Gymnasialprofessor führte. Zugleich kam ihm in diesen Jahren eine führende Position im Mädchenwandervogel im Raume Mannheim-Heidelberg zu. In einem Beitrag einer überregionalen Wandervogelzeitschrift von 1911 lässt sich denn über seine Person die knappe Bemerkung finden: „(...) Prof. Schmitthenner, der wohl zurzeit unser erfahrendster Mädchenführer ist“[9]. Als in jenen Jahren der Freund und Verlobte der Großmutter, wie schon berichtet, bei Lanz in Mannheim arbeitete, wird er wie selbstverständlich in diese Welt des Wandervogels aufgenommen. Auch nach der Heirat der Großeltern bestand die Verbindung unverändert weiter, intensivierte sich eher, als mein Vater 1910 zur Welt kam und der Freund, Wandervogel und Professor Wilhelm Schmitthenner die Taufpatenschaft übernahm. Man hatte ihm mitgeteilt – offensichtlich war man bis dahin beim „Sie“ geblieben – „Wir haben ihn nach Ihrem lieben Namen genannt“.

Mag dieser Verbindung mit einem Menschen aus einer so andersartigen Bildungssphäre im Alltag der einfachen dörflichen Welt eine herausgehobene Bedeutung zugekommen und irgendwie glückhaft empfunden worden sein, so blieb das Leben dieser Großeltern ansonsten nicht vom Schicksal begünstigt. Ein ihnen zwei Jahre nach dem ersten Kind geborenes Mädchen starb kaum zweijährig, noch bevor im selben Jahr der Großvater 1914 im Kriege fiel. Die Großmutter war nun Kriegerwitwe mit einem kleinen Jungen, hatte kranke Eltern zu pflegen, hatte zudem schon vor ihrer Heirat durch einen Unfall in der Strickerei eine Körperbehinderung erlitten, als eine aus der Maschine springende Nadel ihr das Knie so schwer verletzte, dass seine Funktion nicht erhalten werden konnte und das Bein für immer steif blieb. Zwar durfte sie wohl zufrieden sein, wie der Sohn heranwuchs, im Beruf erfolgreich war und mit seinem Verdienst und mit gewissen Erbteilen schon in jungen Jahren ein eigenes, großzügig gebautes Haus zusammen mit ihr beziehen und später darin eine Familie gründen konnte. Dennoch, glückliche Jahre blieben ihr versagt, früh traten gesundheitliche Probleme auf, eine lange währende Krankheit führte 1939 zum Tod. So anmutig sie in den Jugendjahren geschildert wurde, so machten sie die erlittenen Schicksalsschläge zu einer eher verhärmten, freudlosen Frau, argwöhnisch besorgt, Ungemach zu vermeiden, neuem Unglück zu entgehen. Über freudige Ereignisse dieses Lebens ist denn auch wenig überliefert.

6. Ahnenschicksale in Rückblick und Deutung

Zweifellos kommen diesen vier Ahnen zumindest auf den ersten Blick recht unterschiedliche Schicksale zu. Die Lebenswege zeigen sich so verschieden, „wie das Leben eben so spielt“, ist man versucht zu sagen und dem Zufall dabei eine entscheidende Rolle zuzuschreiben, etwa dem frühen Tod des Großvaters im Ersten Weltkrieg oder den Versetzungen des Lehrers an gerade jene und keine anderen Schulorte. Aber gibt es nicht doch so etwas wie einen „roten Faden“, der diese Ahnenschicksale miteinander verknüpft? Gewiss, es lassen sich auch viele Gemeinsamkeiten ausmachen, vorneweg die Abkunft aus kleinbäuerlicher, dörflicher Umgebung des selben Ortes mit den selben gesellschaftlichen Strukturen der Zeit, ebenso eine ausgeprägte Bodenständigkeit und Heimatverbundenheit, Heimat, mit Worten von Eduard Spranger, verstanden als „geistiges Wurzelgefühl“, als „Totalverbundenheit mit dem Boden“. Auch die Schul- und Bildungssituation zeigt sich nahezu identisch, sie umfasste jeweils den Besuch der damals noch siebenjährigen Volksschule, die ihrem Namen zu dieser Zeit durchaus gerecht wurde, nämlich eine allgemeinbildende „Schule für das Volk“ zu sein, jedenfalls für das Gros der Bürger einer nur bedingt demokratisch strukturierten Gesellschaft. Mädchenbildung war ohnehin noch nicht im Blick, während sich für Jungen eine berufliche Ausbildung, etwa eine handwerkliche Lehre mit Besuch einer Gewerbeschule, anschließen konnte, eine Möglichkeit der beruflichen und allgemeinbildenden Qualifikation, die zwar noch nicht zur allgemeinen Regel, aber doch von den beiden Großvätern genutzt wurde.

Bei aller Ähnlichkeit der Ausgangssituation zeigen sich aber auch entscheidende Unterschiede. Aus dörflich-bodenständigem Milieu wird auf- und ausgebrochen in die Ferne, die Fremde, nicht nur auf Zeit wie bei den Aktivitäten der Wandervögel, sondern konsequent in eine, ja *die* „Neue Welt“, was zugleich das Eintauchen in eine fremde Sprache und das zumindest partielle Einverleiben einer fremden Kultur bedeutet, was einen anderen geschichtlichen und gesellschaftlichen Horizont eröffnet, was ein Streben nach intellektueller Bildung mit sich bringt, was neben aller Heimatliebe zu einer Weltläufigkeit, einem Internationalismus, auch Pazifismus, in der politischen Einstellung und Gesinnung führt und insgesamt einen kritischen Geist entstehen lässt. So zeigt sich auf der einen Seite der Ahnen das Bild eines eher bewusst und aktiv gewählten Schicksals, auf der anderen verbleibt es dagegen in der Enge vorgezeichneter Bahnen, zugleich im Schutze einer vertrauten Welt. Bei aller Vereinfachung kann hier im Sinne der Schicksalsanalyse in einem Falle von einem Freiheits-, im anderen von einem Zwangsschicksal die Rede sein.

Warum diese Schicksalswege aufeinander zugeführt und sich vereint haben und in den Folgegenerationen weiterwirken konnten, muss offen bleiben. Wahrscheinlich liegt der Schlüssel in Dimensionen des Unbewussten, eines Dualismus von Lebens- und Todestrieb, von Eros und Thanatos, Letzterer die Wahl von Krankheit und Tod bestimmend. Mag dieser Triebdualismus hypothetisch-abstrakt bleiben, so sind jedenfalls Krankheit, Leid und Leiden in beiden Ahnensträngen nur allzu konkret anzutreffen; insbesondere bei den Großmüttern greifen sie in deren Leben bestimmend ein, wenn auch je unterschiedlich damit umgegangen wird, einmal eher in Form einer nach außen gewendeten Hypochondrie, einmal mehr als ein nach innen gewandtes, stilles Erdulden. Einzelheiten aus diesem Bereich, selbst wenn sie besser bekannt wären, mögen unausgeführt bleiben, zu spekulativ und unqualifiziert könnte alles Biographische in eine verengende Krankheitsgeschichte, eine Pathographie münden, die der Fülle des Lebens nicht gerecht werden kann. So mögen hier die Ahnenschicksale vorläufig enden, nicht aber Fragen ihres Weiterwirkens, auf die in den Biographien der Folgegenerationen zurückgekommen wird.

II. Kriegs- und Nachkriegskindheit – Frühe Jugend

1. Vom Elternhaus im Zweiten Weltkrieg

Wie man im Säuglings- und Kleinkindalter vom Krieg unmittelbar betroffen wurde und wie man das Kriegsgeschehen bewusst wahrnehmen und erleben konnte und was sich davon in der Erinnerung abgespeichert hat, ist nur schwer auszumachen, zumal dann, wenn man in eine Familie hineingeboren wurde, die unter Kriegseinwirkungen vergleichsweise wenig zu leiden hatte. Aber dennoch haben sich Ereignisse aus diesen Kriegsjahren sehr prägnant im kindlichen Bewusstsein festgesetzt, vornean die nächtlichen Fliegeralarme, bei denen man von der Mutter aus dem Schlaf gerissen, nur flüchtig angekleidet und hastig in den Keller halb getragen, halb gezerrt wurde. Dieses unvermittelt jähe Aufgeweckt- und Aufgeschrecktwerden und die nachfolgende bleierne Müdigkeit in halbbewusstem Dämmerzustand zwischen Wachheit, Traum und Schlaf, zwischen Wohl- und Missbefinden, sind zu einer Art archaischem Gefühl geronnen, das Jahrzehnte später sich wieder ähnlich in völlig anderen Situationen einstellen konnte, etwa auf Fahrt und Lager während einer Nachtwache am Feuer.

Mit Sicherheit überwog jedoch in diesen Kellernächten des Krieges das Missbefinden, dominierte ein Missbehagen, verstärkt noch durch ein ungewohntes Verhalten der Eltern, die voll Sorge und Angst über die Ungewissheit der Lage eine nur wenig glaubhafte, eher gespielte Ruhe und Geborgenheit vermitteln konnten. Außerdem mussten die leidende, gebrechliche Großmutter und eine alte, wenig selbständige Tante meines Vaters mit bedacht und versorgt werden, nicht zu vergessen mein nur wenig jüngerer, 1941 geborener Bruder, der der besonderen Obhut der Mutter bedurfte. So saßen oder lagerten wir zu sechst eng gedrängt bei schwachem Kerzenlicht im Keller beisammen, wir Kinder verängstigt, auch weinend, die beiden alten Frauen hin und wieder betend, die Mutter stumm und versteinert, der Vater angespannt, zu raschem Handeln bereit, was immer die Situation erfordern sollte, und warteten auf ein Ende des Alarms, harrten der erlösenden Entwarnung. Man befand sich dabei in einem kleinen Kellerraum, von dem man wusste, dass die Decke einem Bombentreffer nur bedingt standhalten würde, der aber im Gegensatz zu dem größeren, gewölbten Keller im Falle einer Verschüttung die besseren Ausstiegsmöglichkeiten bot. Mit einem großen weißen Pfeil war an einer bestimmten Stelle der Hauswand dieser Notausstieg markiert, an der Rettungskräfte unter Trümmern vorrangig zu suchen hätten.

Dieser markante weiße Pfeil war an den meisten Häusern der Nachbarschaft aufgemalt und bot ein geläufiges Bild in den Straßen. Auch wurden ganz in unserer Nähe die Wände einer kleineren Fabrikanlage, als Rüstungsbetrieb mit der Herstellung von Teilen der V1-Flugbomben beschäftigt, mit einem tarnfarbenen Anstrich versehen, was zunächst verwunderlich, aber alsbald wie selbstverständlich schien. Und schließlich gehörte das Heulen der Sirenen bei Fliegeralarm mit den spezifisch an- und abschwellenden Frequenzen für die Stufen Vorwarnung, Alarm, Vollalarm und Entwarnung, je länger der Krieg währte, zum gewöhnlichen Alltag. Spielte man mit Nachbarskindern und Freunden auf der Straße – Autos bildeten eine Ausnahme, waren doch Privatfahrzeuge gegen Kriegsende weitgehend beschlagnahmt – so stob beim Losheulen der Sirenen die ganze Bubenschar auseinander und rannte in die häuslichen Keller oder öffentlichen Luftschutzräume. Zum Straßenbild gehörten auch die örtlichen Gruppen von Hitlerjugend und Jungvolk, deren Heim sich in unserer Nähe befand und die auf dem Weg zum Sportplatz oder ins Gelände in Uniform und Gleichschritt vorbeimarschierten, dabei markige Lieder singend. Einmal glaubte ich Textbruchstücke herauszuhören wie „Grüß mir mein Mägdelein aus blut'ger Schlacht", wobei dieses Wortgebilde „blutgerschlacht" ungewöhnlich beeindruckend klang, dabei völlig unverstanden blieb und den magischen Wörtern der Kindheit zugerechnet werden mag.

Reutlingen als Industriestadt war wiederholt von heftigen Luftangriffen betroffen und in Teilen schwer beschädigt, auch betroffen von einer großen Zahl von Toten, betroffen aber doch nicht in dem Ausmaße wie etwa die Stadt Pforzheim, bei deren Bombardierung der nächtliche Feuerschein hier noch zu sehen war bei einer Distanz von über 60 Kilometern. Den Anflug der Bombergeschwader, zunehmend auch am Tage, hörte man schon aus großer Entfernung als anschwellendes Brummen und Dröhnen, hörte auch die gewaltigen Detonationen der Einschläge, fielen die Bomben in der näheren Umgebung. Der Vorort Betzingen blieb indes eher verschont. Ein paar wenige Häuser fielen Brandbomben zum Opfer, Splitterbomben richteten Gebäudeschäden an, Explosionen von Luftminen ließen Dächer abdecken und Fensterscheiben zu Bruch gehen. Schäden an unserem Haus konnten notdürftig selbst repariert werden, Sperrholz und Karton mussten vorübergehend Fensterglas ersetzen.

Als der Luftkrieg in der Realität angekommen war, galten für Hausbesitzer akribisch zu befolgende Anordnungen, so zum Beispiel waren auf den Dachböden, süddeutsch Bühnen genannt, Sparren und Bretter mit einer nahezu farblosen Flüssigkeit zu besprühen und zu imprägnieren, wohl eine Art Wasserglas, um die Entflammbarkeit des Holzes herabzusetzen, auch Kisten mit Sand bereit zu stellen, um gegen Phosphorbomben über Löschmöglichkeiten zu verfügen. Gasmasken waren an alle Haushalte verteilt für einen eventuellen feindlichen Giftgaseinsatz, ebenso tragbare Wasserpumpen als Feuerspritzen um aus Eimern kleinere Brände zu bekämpfen. Die Anordnungen wurden von lokalen Parteioberen und Blockwarten kontrolliert, wie so Vieles einer Überwachung unterlag, etwa die Verdunklung der Fenster und Fensterläden bei Nacht oder das korrekte Hissen der Hakenkreuzfahne am Hause bei den zahlreichen Parteiveranstaltungen und NS-Aufmärschen, und selbst das Unterlassen des Grüßens mit „Heil Hitler“ und ausgestrecktem Arm auf Ämtern oder bei offiziellen Anlässen konnte gefährlich werden. Gut erinnerlich bleibt, wie beim Erscheinen des Ortsgruppenleiters, auffällig mit seinem weißen

Spitzbart, die Arme der Vorübergehenden ob willig oder widerwillig in die Höhe fuhren. Auch erinnerlich, wie bei uns zu Hause Ärger aufkam über das angeordnete An- und Ausprobieren der Gasmasken, was physisch für uns Kinder gar nicht möglich war, ebenso wenig für die hilfsbedürftige Großmutter und die Tante.

Von heute aus gesehen scheinen dies alles lächerliche Maßnahmen gewesen, um den Krieg zu gewinnen, um den „Endsieg" herbeizuzwingen, Maßnahmen wie das Imprägnieren des Dachgebälks gegen Feuer, das Aufstellen von Sandkisten, das Bereithalten von Gasmasken, das Anstreichen der Fabrikgebäude mit Tarnfarben, das Anbringen weißer Pfeile an Kellerausstiegen. – Kaum zwanzig Jahre später, im Zeichen des sogenannten „Kalten Kriegs", gab es wieder von offiziellen Stellen solch absurde Maßnahmenkataloge, wie etwa die Empfehlung, bei der Explosion einer Atombombe sich den Kopf mit einer Aktentasche zu bedecken. Mag im Einzelfall der besagte weiße Pfeil Leben gerettet haben, möge sich im Einzelfall die Aktentasche lebensrettend erweisen, beide Male mögen sie als Zeichen für die Sinnlosigkeit von Kriegen in der Art des 20. Jahrhunderts stehen.

2. Der Einmarsch. Das Kriegsende

Was an kindlichen Eindrücken aus diesen Jahren haften geblieben ist, hat sich wohl eher in der zweiten Hälfte und gegen Ende des Krieges ereignet, durchaus verständlich, beginnen doch nachhaltige Kindheitserinnerungen im wesentlichen ab einem Alter von drei oder vier Jahren. So muss es sich wohl auch erst gegen Ende 1944 oder noch etwas später zugetragen haben, dass in unserem Haus sogenannte „Evakuierte" aus der Pfalz aufzunehmen waren, die beim Heranrücken der Alliierten aus ihrer Heimat in scheinbar sicherere Gebiete wie dem Schwäbischen verbracht wurden. Für uns bedeutete dies ein Zusammenrücken in der Wohnung, wahrscheinlich handelte es sich dabei nur um drei Personen, um eine Mutter mit zwei Kindern, deren Namen Karlheinz und Lilly waren, der Junge vielleicht 14 Jahre alt, das Mädchen 8, der Vater sicherlich im Krieg. Auch die Großeltern dieser Familie verschlug es in unseren Ort, untergebracht allerdings in einem anderen Hause, wobei der Großvater unglückseligerweise am letzten Kriegstag beim Einmarsch von einem Granatsplitter getroffen, ums Leben kam, sodass es auf unserem Friedhof ein Grab gab, gleichsam eines Unbekannten, mit Namen Jakob Schönlaub. Der Ort, aus dem diese Pfälzer Familie kam, ist mir entfallen. Jedenfalls besuchte uns noch in den ersten Nachkriegsjahren der inzwischen herangewachsene Sohn, brachte heimischen Tabak und Fische mit, darunter Aal aus eigenem Fang, der Tabak ein wertvolles Tauschobjekt, der Aal eine ungewohnte, aber willkommene Ergänzung der knapper werdenden Lebensmittel.

Das Ende des Krieges zog sich hin, das Frühjahr 1945 brach an, mein Vater bestellte den Garten vor dem Haus wie all die Jahre, pflanzte zwar keinen Apfel-, vielmehr einen Pflaumenbaum, gemäß dem Martin Luther zugeschriebenen Wort „…Wenn morgen die Welt unterginge …“. Die Welt ging zwar morgen nicht unter, aber die Front der Alliierten rückte jeden Tag näher und damit der Untergang der Nazi-Herrschaft und das Ende des Krieges. Dass mein Vater nicht in den Krieg einrücken und nicht Soldat sein musste, dies war alles andere als selbstverständlich, eher außergewöhnlich; bei den Freunden aus der Nachbarschaft gab es größtenteils keinen Vater, ohne dass uns Kindern der Grund so recht bewusst war, es war einfach so. Unser Vater wurde von seiner Firma „UK“ gestellt, was „unabkömmlich“ bedeutete, wenn man in einem kriegswichtigen Betrieb arbeitete. Er hatte mit 14 Jahren, wie einst sein Vater, eine Lehre als Mechaniker angetreten bei einer Strickmaschinenfabrik in Reutlingen, später die Meisterprüfung abgelegt und war zum Abteilungsleiter aufgestiegen. Mit Kriegsbeginn musste die Firma Rüstungsaufträge übernehmen, vorwiegend für eine Waffenfabrik in Oberndorf am Neckar. Wurden Anfang des Krieges UK-Stellungen relativ problemlos ausgesprochen, so später nur noch für eng begrenzte Zeiträume, mussten in immer kürzeren Abständen neu begründet und bewilligt werden. Dabei war gewiss oft auch der Zufall mit im Spiel, ob einer Verlängerung stattgegeben wurde. Zu den bestimmten Terminen hatten die in Frage kommenden Angestellten sich bei der Firma mit Reisegepäck und Tagesverpflegung einzufinden, um gegebenenfalls an Ort und Stelle von der Wehrmacht übernommen zu werden. Es war eine schmerzliche Szene, wie der Vater am Vorabend von uns verabschiedet wurde, wie Proviant zurechtgemacht und von der besorgten Mutter noch wohlgemeinte Ratschläge gegeben wurden. Mit Hangen und Bangen und Beten wurde anderntags gewartet, ob der Vater abends zurückkehren würde oder eben nicht, um dann als Soldat in den Krieg zu müssen. Zum Glück für die Familie ging dieser Kelch an uns vorüber, und da ich mich den Tag über sichtlich um den Vater sehr geängstigt, auch geweint hatte, durfte ich mir nach seiner Rückkehr aus der mitgegebenen Verpflegung etwas aussuchen, was es nicht alle Tage gab, ein hartgekochtes Ei. Erst in den allerletzten Kriegstagen kam es noch zu etlichen ziellosen Aktionen des Volkssturms, an denen der Vater teilnehmen sollte, die aber gar nicht mehr geordnet stattfanden. Beim Marsch in Richtung Alb verdrückten sich die meisten der Männer bereits in den Waldhängen der Honauer Steige, niemand schien mehr für irgend etwas zuständig zu sein.

Jedenfalls saß am 19. auf 20. April 1945 unsere Familie komplett im Keller beisammen wie so oft schon in den vorangegangenen Monaten und Jahren, seit geraumer Zeit nun auch die Evakuierten mit dabei und harrten, wie viele Stunden auch immer, der Ereignisse des Einmarsches. Die französischen Truppen hatten bereits am Vorabend von Tübingen kommend, kurz vor dem Ort Halt gemacht, um dann bei Tag durch Betzingen nach Reutlingen vorzurücken. Vorausfahrende schwere Panzer zerschossen an der Eisenbahnunterführung die kurz zuvor aus Eichenstämmen auf Befehl fanatischer Parteigrößen errichtete Panzersperre, richteten dabei mit Granatgeschossen erhebliche Schäden an mehreren Häusern an. Auch unser Haus wurde von einer Panzergranate getroffen, der Einschuss erfolgte keine fünf Meter neben unserem Kellerschutzraum, die

Wucht der Detonation beschädigte den Hauseingang und riss ein Loch in die Mauer des Untergeschosses. Mein Vater, mich an der Hand, beschaute reichlich verstört nach dem gewaltigen Einschlag die herumliegenden Trümmer und die angerichteten Schäden. Wenig später stürmen mehrmals hintereinander französische Soldaten mit Maschinenpistolen im Anschlag durch die aufgerissene Tür- und Maueröffnung in den halbdunkeln Keller auf der Suche nach versteckten oder Widerstand leistenden deutschen Soldaten. Wir hielten auf Geheiß der Großmutter die Hände in die Höhe und riefen etwas durcheinander „pardon, pardon“, auch konnte sie dank ihrer leidlichen Sprachkenntnisse verständlich machen, dass hier nur Zivilpersonen zugegen, was beim Anblick der kleinen Kinder und der alten Leute ohnehin zu sehen war. Einer der Soldaten verlangte nach „eau“, wir konnten aber nur mit „cidre“, schwäbischem Most, dienen, die Wasser-, wie auch Gas- und Stromversorgung funktionierten in diesen Stunden nur sporadisch.

Für meinen Vater ergab sich danach eine prekäre Situation; er wurde von einrückenden Soldaten aufgegriffen und zur Eisenbahnbrücke geschleppt und geschlagen, um bei der Beseitigung der Reste der Panzersperre Hand anzulegen. Meine Mutter rannte ins Nachbarhaus, dem seit längerer Zeit ein junger Zwangsarbeiter aus Belgien mit Namen „Ronné“ zugewiesen und dort wie ein eigener Sohn behandelt worden war, flehte ihn um Hilfe an, meinen Vater von den Aufräumarbeiten an der Brücke frei zubekommen. Dieser „Ronné“ sagte ohne zu zögern zu und schaffte es alsbald den Vater zurückzubringen. Die Situation blieb jedoch weiter bedrohlich, denn für alle Kriegsgefangenen, Zwangsarbeiter, Staatenlose, Internierte und wer sonst an Nicht-Deutschen unter der Nazi-Diktatur zu leiden hatte, schlug nun die Stunde der Befreiung, auch der Rache. Aus den Barackenunterkünften des benachbarten Rüstungsbetriebs, aber auch von anderen Lagern zogen sie marodierend und plündernd durch die Straßen und Häuser. So mussten wir zusehen, wie Kleider und Wäsche, wie Fahrrad und Fotoapparat, wie Uhren, Schmuck, Besteck und manch anderes aus dem Haus geschafft wurden. Besonders schwierig die Lage, weil unser Haus durch den Einschuss praktisch offen stand, geradezu einladend Besitz zu ergreifen, was denn auch geschah. Gegen Abend quartierten sich mehr und mehr Soldaten oder sonstwie Versprengte in allen Räumen ein, was uns zum Verlassen zwang.

Der Einmarsch selbst, von De-Gaulle-Truppen geführt, und der Durchzug der Panzer kamen insgesamt recht zügig voran, auch wenn es vereinzelt zu Widerstand und Kampfhandlungen kam mit Zerstörungen und etlichen Toten bei Schießereien oder durch Tiefflieger und Granatsplitter. Schon am Nachmittag trafen die ersten Panzer in Reutlingen ein, die Übergabe der Stadt schloss sich alsbald an. Unmittelbar nach diesem ersten Truppendurchzug folgten Einheiten einer marokkanischen Maultierkompanie. Nicht nur, dass wir solche Tiere zuvor noch nie gesehen hatten, auch nicht solch dunkelhäutige Menschen mit Turbanen auf dem Kopf; es bleibt ein unvergessliches Bild, wie dieser Zug karawanengleich die Straße entlang zog, vorbei direkt an unserem Haus. Hinter halb geschlossenen Fensterläden und Vorhängen schauten wir Kinder mehr staunend als angstvoll gleichsam einem Schauspiel zu, ohne zu verstehen, was da gespielt wurde, aber man verstand ja ohnehin so wenig von diesem Kriegsgeschehen.

Bei all den durchlebten Schrecken und der aufgekommenen Not – wir hatten Krieg und Kriegsende einigermaßen heil überstanden, hatten glücklicherweise im großelterlichen, zwar von Mietern bewohnten Haus eine Rückzugsmöglichkeit vor Ort, in der wenigstens ein kleines Zimmer und ein Werkstattraum für uns sechs Personen zur Verfügung stand, wo wir denn zwei Tage und zwei Nächte in unbeschreiblicher Enge verbringen konnten. Beim gelegentlichen Nachschauen in unserem okkupierten Haus boten sich schlimme Bilder, wohl an die zwei Dutzend Soldaten, wahrscheinlich keinem regulären Kommando unterstellt, darunter auch „Schwarze“ aus französischen Kolonien oder sonst woher, hausten von der Bühne bis zum Keller auf wenig zivilisierte Weise, um nicht zu sagen, wie die Vandalen. Auf offenem Herdfeuer wurden riesige Fleischstücke gesotten und gebraten, fremdartig riechende Speisen und Getränke zubereitet, aus großen Milchkannen Wein geschöpft; in und zwischen durchwühlten Kleidungs- und Bettstücken lagen Schlafende ausgestreckt neben Essensresten, Gewehren, Pistolen und Handgranaten. Der Spuk dauerte zwei Tage und zwei Nächte, dann war er verschwunden und wir konnten wieder zurückkehren, das Haus von Schmutz und Unrat notdürftig säubern, die Auswirkungen des Granateinschusses provisorisch mit Brettern verschließen und den Hauseingang einigermaßen sichern. Nun also war der Krieg vorbei. – Von der Stadt Reutlingen wurde zum 50. Jahrestag des Kriegsendes eine umfassende Aufarbeitung und Dokumentation der Geschehnisse dieser Jahre vorgelegt[1]. Was sich darin im Großen berichtet findet, das gehörte im Kleinen zum Erleben meiner Kindheit, einer Kindheit der weitere schwierige, notvolle Jahre folgen sollten.

3. Nachkriegsjahre – Jahre der Not

Kaum waren die Tage des Einmarsches vorüber und die häusliche und wohnliche Situation wieder einigermaßen hergestellt, da wurde unsere geräumige Wohnung von der französischen Besatzung beschlagnahmt, und wir mussten uns im Erdgeschoss mit zwei kleinen Zimmern zusammen mit der Großmutter und der Tante begnügen, zusätzlich mit einer Schlafgelegenheit in einem nur provisorisch eingerichteten Mansardenzimmer. Die Beschlagnahmung erfolgte ohne Vorankündigung, alle Zimmer- und Schranktürenschlüssel waren umgehend auszuhändigen samt allem Inventar. Zum Glück besaßen wir einige Zweitschlüssel und konnten in den wenigen Stunden bis zum Einzug eines französischen Offzier-Ehepaars einige der notwendigsten Gebrauchsgegenstände des Alltags wie Wäsche, Kleider und Geschirr an uns nehmen, im Bewusstsein, dass es sich um etwas Verbotenes handelte. Der Offizier gehörte wohl einer höheren Charge der zentralen Besatzungs-Kommandantur in Reutlingen zu, verhielt sich uns gegenüber entsprechend, eben wie es einem Angehörigen der Siegermächte zukommt, er ignorierte uns völlig, die Frau nicht minder, allerdings sprachen beide auch kein Wort deutsch. Nur einmal, als der Mann mit hohem Fieber erkrankt war, gab es von Seiten der besorgten Gattin eine kurze Annäherungsphase, die aber mangels Verständigungsmöglichkeiten rudimentär blieb.

Indes, unsere Familie lebte räumlich recht eingeschränkt, dazu kam die allgemeine Lebensmittelknappheit, sodass es in unserem Haushalt des öfteren an ausreichendem Essen mangelte. Dabei mussten wir zusehen, wie „unsere Franzosen" tagtäglich von einem halboffenen, Pick-up-ähnlichen Fahrzeug mit Nahrungsmitteln beliefert wurden, im Familienjargon „Fresswagen" genannt, der in Hülle und Fülle die vielfältigsten Esswaren bot, besonders ins Auge springend die langen, hellen Baguettes, bei uns bis dahin unbekannt, und weitere Brotsorten, reichhaltig Gemüse und Obst, dabei auch Südfrüchte, die man als Kind im Krieg zuvor noch nie gesehen, geschweige denn gegessen hatte. Nahrungsmittel waren schon während des Krieges rationiert, danach noch knapper pro Person und Haushalt zugeteilt. Für die meisten Lebensmittel, auch für andere Güter des täglichen Bedarfs, bedurfte es entsprechender Karten und Marken oder sonstiger Bezugs- und Berechtigungsscheine, ohne die in Geschäften und Läden, insbesondere Bäckereien und Metzgereien nichts zu kaufen war. An Geld fehlte es eher nicht, die Reichsmark war nicht viel Wert, wichtiger waren die Bezugs- und Berechtigungsscheine. Der Schwarzmarkt blühte und Tausch- und Kompensationsgeschäfte gehörten zum Alltag, auch wenn darüber nicht groß geredet wurde, wie man oft erst hinterher erfuhr, und als Kind wusste man schon gleich gar nichts davon.

In unserer Familie war die Sorge um Nahrung und Essen nicht so einschneidend wie etwa bei den Flüchtlingen, Vertriebenen und Ausgebombten, so die durchaus gebräuchlichen und anschaulichen Bezeichnungen dieser Menschen, die Hab und Gut verloren hatten, gerade mit dem nackten Leben davon gekommen waren. Zudem verfügten wir über einen Garten und Obstbäume, die zur Ernährung beitrugen; auch hatten wir durch unsere beiden alten, kränklichen Familienmitglieder mehr an Lebensmittelzuteilung als von ihnen tatsächlich benötigt. Trotzdem kannten wir Kinder die Situation, wenn man etwa am Nachmittag vom Spielen auf der Straße hungrig zurückkam und die Mutter um ein Stück Brot bat, sie aber keines geben konnte, vielmehr auf den Abend vertrösten musste, wo dann gekochte oder ohne Fett, nur mit etwas Milch, gebratene Kartoffeln bereitet waren, die sogar schmeckten; das Sprichwort vom Hunger, als dem besten Koch, konnte man wohl verstehen. Dass sich in dieser Situation Neid auf die uns zwangsweise einquartierten und einengenden und im Überfluss lebenden „Franzosen“ einstellte, dürfte wohl nur allzu menschlich gewesen sein. Nach einem guten Jahr kam es zu einem Wechsel, an Stelle des verschlossenen, sich als Repräsentant der Sieger- und Besatzungsmacht gerierenden Ehepaars, zog eine etwas menschlicher wirkende Soldatenfamilie ein, die Frau aus dem Elsass stammend und ein wenig deutsch sprechend, dabei auch ein Kind. Merkwürdigerweise, eine Erinnerung an diese drei Personen ist kaum mehr vorhanden. Erst im April 1948 wurde unsere Wohnung wieder frei und die Beschlagnahmung aufgehoben; insgesamt also drei Jahre hatten wir „die Franzosen“ – zu Zeiten des Barock und wahrscheinlich bis ins 19. Jahrhundert die euphemistische Umschreibung einer verschwiegenen Krankheit – für uns zwar keine wirkliche Krankheit, aber doch in gewisser Weise eine Leidenszeit.

Die Freude über die frei gewordene Wohnung und eine entspanntere Wohnsituation wurde alsbald getrübt, da Flüchtlinge in unserem Haus aufzunehmen waren. Wohnungen unterlagen, ebenso wie Nahrungsmittel, der Zwangsbewirtschaftung, und da im Dachgeschoss das Mansardenzimmer und eine Kammer vorhanden waren, sollten Heimatvertriebene eingewiesen werden, „mit Küchen- und Toilettenbenutzung“, wie es amtlich hieß. Dies wollten die Eltern möglichst vermeiden, entschlossen sich, Küche und Toilette in den Bühnenraum einbauen zu lassen, um eine kleine, in sich geschlossene Wohnung bereit stellen zu können. Unmittelbar nach der Währungsreform konnte man ohne weiteres Handwerker finden, die gegen die neue, begehrte D-Mark rasch und gerne Aufträge ausführten.

So entstand eine zwar kleine bescheidene, aber doch ganz annehmbare Zwei-Zimmer-Wohnung mit Küche, Speisekammer und Toilette, so dass bei der Zwangseinweisung durch das kommunale Wohnungsamt der Vollzugsbeamte, der eher auf Widerständigkeiten seitens der Hausbesitzer eingestellt war, rasch die Fronten wechselte und die „Flüchtlinge" schmähte, die solch feine Wohnungen bekämen, wo doch in diesen Zeiten der Wohnungsnot so manch Einheimische sich mit minderwertigen Räumlichkeiten begnügen müssten. Nun, die Flüchtlinge sind bei uns eingezogen, ein Ehepaar mit einem etwa 15-jährigen Sohn. Sie kamen nach längerem Lageraufenthalt bei Braunlage im Harz zu uns ins Schwäbische; ihre Heimat aber, nach der sie sich zeitlebens sehnten und die sie nie mehr sahen, war das Riesengebirge, ein Ort in unmittelbarer Nähe zu Agnetendorf, der Heimat Gerhart Hauptmanns, den sie wohl zu Zeiten zu Gesicht bekommen hatten und auf den sie stolz waren, auch ohne seine Werke zu kennen. Es waren einfache Menschen, der Vater Fliesenleger, der Sohn begann eine Lehre im selben Beruf und beide fanden auch unmittelbar eine Arbeitsstelle. Wir verstanden uns von Anfang an problemlos mit der Familie, konnten ihr mit vielerlei Kleinigkeiten in der für sie so neuen Situation behilflich sein. Sie blieben in dieser zwangsweise zugeteilten Wohnung nahezu zwanzig Jahre, was wohl für ein gewisse allseitige Zufriedenheit spricht.

4. Von schwierigen Kinder- und ersten Schuljahren

Schwierig waren die Kinderjahre der Nachkriegszeit nicht nur der allgemeinen Not- und Mangelsituation und der beengten Wohnverhältnisse wegen, auch waren es nicht die mehr und mehr pflegebedürftigen alten Familienangehörigen, die Einschränkungen im Alltäglichen mit sich brachten, da gab es noch eine andere Sache, die dunkle Schatten warf – die Schule. Ich wurde zwar erst Ende Dezember 1945 sechs Jahre alt, aber man meldete mich vorsorglich zur Schule an, da man davon ausging, dass vor Weihnachten an einen Schulbetrieb gar nicht zu denken wäre, so Vieles an Infrastruktur war zerstört, so groß war der Mangel an Lehrern. Viele von ihnen kamen aus dem Krieg verwundet oder gar nicht zurück, viele waren an exponierter Stelle in Parteiämtern tätig, waren aus dem Schuldienst entfernt und unterlagen der „Entnazifizierung“ durch die Alliierten. Es kam jedoch anders, die Schule begann ganz herkömmlich am 1. September und so war ich der jüngste von über 60 Schülern der Klasse. Mit einiger Mühe konnten die nötigen Utensilien zum Schulanfang beschafft werden, ein alter Schulranzen wurde aufgefrischt, eine schartenreiche Schiefertafel mit Bimsstein glatt geschliffen, Griffel und Griffelkasten besorgt, die Schwammdose mit einem ausgedienten Badeschwämmchen bestückt und ein geeigneter Stofflappen zum Trockenwischen fand sich leicht. Eine Schultüte gab es nicht, meine Mutter buk aus Brotteig eine Art Nikolausfigur und formte aus karamellisiertem Zucker einige Bonbons. Auf diese Weise sollte der erste Schultag versüßt werden, und so trat ich denn auch gerne, vielleicht sogar stolz, als ABC-Schütze an.

Die Freude wich jedoch alsbald einer Angst, Angst vor einem Nicht-Mitkommen, was da gefragt und gefordert war, vor schwerfälligem Begreifen, vor einem sich Blamieren, kurz, vor Versagen. Die Lehrerin, ein Fräulein, ähnlich in Günter Grass' „Blechtrommel“ geschildert, zwar nicht mit Namen Spollenhauer, sondern Spingler, gab sich zwar durchaus freundlich, aber eben doch nur vordergründig, verstand wohl wenig Spaß und kaum Verständnis für zu langsam oder unvollständig erbrachte Leistungen. Das Schreibenlernen der einzelnen Buchstaben fiel unsäglich schwer, das Lesen ganzer Wörter nicht minder, das Rechnen im Zahlenraum bis zehn, und noch mehr die Zehnerüberschreitung, nirgends gab es Sicherheit, alles schien willkürlich. Und selbst die musischen Stunden, ohnehin ganz randständig, blieben mit Angst besetzt, ob man denn auch richtig singe, ob man sich im Turnen nicht linkisch bewege, ob man beim Spiel rasch und richtig reagiere – dies alles ließ nicht nur keine Freude aufkommen, vielmehr Angst und nochmals Angst. Eine Art Singspiel, das ab und an im Klassenzimmer gespielt wurde, verlief etwa so: alle Schüler marschierten zwischen den Bankreihen und sangen dabei „Wir gingen mal spazieren in einem schönen Garten. Wenn nur das böse Tier nicht kommt. Um eins kommt's nicht, um zwei kommt's nicht, um drei kommt's nicht, ... um elf, da klopft's, um zwölf, da kommt's". Bei „elf" wurde von der Lehrerin mit dem immer präsenten Stock martialisch aufgestampft und bei „zwölf" mussten alle rasch einen Platz in einer Bank finden, wer übrig blieb, wurde vom „bösen Tier" gefangen und musste nun in der nächsten Runde selbst als böses Tier agieren. Dieses Spiel, selten genug gespielt, bereitete der Klasse allenthalben Freude, nur nicht mir. Angst konnte gelegentlich panikartige Züge annehmen, beispielsweise wenn die Wandtafel nass gewischt und bereits wieder mit Kreide beschrieben wurde, dabei die Schrift erst beim allmählichen Trocknen lesbar erschien, bis dahin aber Gefühle von Hilflosigkeit und Ohnmacht durchzustehen waren. Am Ende des ersten Schuljahrs stellte sich denn auch die Frage, ob für mich nicht eventuell die Hilfsschule, so damals die Bezeichnung für Sonderschulen, angemessener wäre.

Nun, dazu ist es nicht gekommen, auch wenn die weiteren Klassen nicht viel Besserung brachten. Das Kopfrechnen, dem eine große Bedeutung zukam, war mir besonders erschwert und vergällt, sobald eine Zahl genannt, der eine andere zuzuzählen oder abzuziehen war, vergaß ich die Ausgangszahl aus purer Angst vor dem Vergessen, eine Art von Phobophobie stellte sich ein, eine Angst vor der Angst. In Sprachkunde, wie das Fach hieß, konnte ich nur schwer begreifen, warum ein und dasselbe Wort einmal Hauptwort und einmal Satzgegenstand genannt wurde, oder was es mit den Was-, Wessen-, Wem-, Wen-Fällen auf sich hatte, oder warum ein Geschlechtswort weiblich, männlich oder sächlich bezeichnet wurde, oder was denn eine Umstandsbestimmung der Art und Weise, oder eine Vorvergangenheit oder vollendete Gegenwart sein sollte. So verliefen die vier Grundschuljahre dumpf, freudlos, angstvoll. Dass eine höhere Schule nicht in Frage kam, verstand sich von selbst. So blieb ich denn ein weiteres, fünftes Jahr in der Volksschule, das sich nicht viel besser anließ, als die vorangegangenen. Es kamen neue Schulfächer hinzu, zum Beispiel Naturkunde, die mich eigentlich interessierte, bei der aber merkwürdige Begriffe anzuwenden waren, so beim Beschreiben einer Blüte Wörter wie Staubgefäße, Pollen, Griffel, Stempel, Narbe, Fruchtknoten, dazu noch sollte zwischen Bestäubung und Befruchtung unterschieden werden. In Erdkunde waren ebenfalls eine Reihe unbekannter Namen zu lernen wie etwa die Nebenflüsse des Neckars, zuerst die rechten: Prim, Schlichem, Eyach, Starzel, Steinlach, Echaz, Erms, Fils, Rems, Murr, Kocher, Jagst, dann die linken, die nicht weniger fremdartig klangen. In Religion sollte man die Anordnung der einzelnen Bücher des Alten und Neuen Testamentes aufsagen können, die sich eher Zungenbrechern ähnlich lernen ließen, als da sind Haggai, Sacharja, Hesekiel, Obadja, Habakuk, Zephanja, Malachia und der komischen Wörter weitere. Man hätte auch chinesische Vokabeln memorieren können, so unverstanden blieb diese Art schulischen Lernens, das nicht auf Anschauung gründete, das nicht auf ein Verstehen abzielte. Damit soll weniger Kritik an diesen Lehrern und an dieser spezifischen Schulsituation geübt werden, vielmehr gilt sie generell einem auch heute noch vorherrschenden Verständnis von Pädagogik und Schule, das in einem späteren Kapitel thematisiert wird.

Meine Mutter drängte indessen mit aller Macht darauf, dass ich am Ende des 5. Schuljahrs die Aufnahmeprüfung wenigstens in die Mittelschule versuchen sollte. Das „Schriftliche“ war wohl kaum ausreichend ausgefallen und so kam, bereits ein schlechtes Vorzeichen, noch das „Mündliche“ hinzu. Wider allem und meinem eigenen Erwarten bestand ich aber doch diese Aufnahmeprüfung und war nun „Mittelschüler“. Das erste Jahr dort, richtiger das erste Halbjahr, verlief ähnlich den Grundschuljahren, angespannt, freudlos, leistungsschwach und angstbesetzt. Dann aber gab es plötzlich einen Ruck und alles Lernen, aller Unterricht, alle Anforderungen bereiteten Freude, führten zu Erfolgen, alle Lern- und Leistungshemmungen, alle Versagensängste verschwanden, wie spielend erschien nun Schule mit einem Male. Was da geschehen ist, entzieht sich weitestgehend analytischen Erklärungsversuchen, auch dann, wenn man sich pädagogisch-psychologisch kundig glaubt. Gewiss hat es mit an der Person des Lehrer gelegen, an seiner Art, uns Schüler, vor allem mich anzusprechen. Ohne ihn näher zu charakterisieren, er zeigte Freude an uns Kindern, war guter Laune und meist voll Humor. Dass sein Humor gelegentlich auf Kosten einzelner Schüler ging, zum Teil auch zynisch klang, war wohl erst im Rückblick zu bemerken. Jedenfalls, ab diesem Zeitpunkt, ab diesem zweiten Jahr in der Mittelschule fiel mir Schule meist leicht, bereitete Freude, brachte Erfolg.

Den Schulproblemen meiner Grundschulzeit soll angefügt werden, dass ich später in der Lehrerausbildung immer Verständnis für Studierende hatte – und es gab derer nicht wenige – die mit Lernschwierigkeiten und Prüfungsängsten behaftet waren, denen ich hin und wieder Hilfen anbieten konnte, wenn auch nur in bescheidenem Maße, um Problemsituationen besser bewältigen zu können. Auch anderswo, in jugendbewegtem Umfeld konnte ich so manchem Heranwachsenden mit Reifungs- und Lebensproblemen unterschiedlichster Art Verstehen entgegenbringen und Entwicklungsprozesse unterstützend begleiten. Hätte ich selbst solch leidvolle Zeiten nicht am eigenen Leibe erfahren, wären diese Zugänge zu jugendlichen Menschen eher nicht gegeben gewesen. Dennoch, ich wollte weder Psychologe noch Therapeut werden, viel eher Pädagoge sein.

5. Jahre unbeschwerter Kindheit

Wenn die Grundschulzeit als Leidenszeit erfahren wurde, so wäre es fatal, die Kinderjahre insgesamt in solch dunklem Licht zu sehen. Im Gegenteil, die Einschränkungen der Nachkriegszeit sowie die Schulmisere beeinträchtigten die Kindheit aufs Ganze gesehen nicht wirklich. Um dies plausibel erscheinen zu lassen, soll kurz der Blick auf die allgemeinen Zeitumstände gerichtet werden. In vielerlei Hinsicht ist in diesen Jahren der sogenannte Fortschritt, insbesondere der technische, durch Krieg und Kriegseinwirkungen zum Stillstand gekommen, hat eher Rückschritte erfahren. Für die Versorgung mit elementaren Nahrungs- und Lebensmitteln musste vielfach wieder auf vorindustrielle landwirtschaftliche und handwerkliche Produktion, auf Fähigkeiten und Fertigkeiten zurückgegriffen werden, die bereits als überholt galten, um einigermaßen den Bedarf an Gütern des täglichen Lebens zu decken. Wo irgend möglich, versuchte man in Kleingärten, auf Wiesenstücken, auch auf von Kommunen zur Verfügung gestellten Flächen all das an Nutzpflanzen anzubauen, was Boden- und Klimaverhältnisse zuließen.

Wir verfügten über ein Gartengrundstück, auch über ein Äckerchen, wo eine große Vielfalt an Kulturpflanzen gedieh, von denen wir die notwendigsten und gängigsten anpflanzten, von Kartoffeln, über Kraut und Rüben, bis hin zu Salaten, Tee- und Küchenkräutern. Mais und Mohn waren deshalb dabei, um mit Maismehl das Brotmehl strecken zu können und um über Speiseöl zu verfügen, wobei die Ölmühle am Neckar lag und damit in der amerikanischen Besatzungszone und beim Passieren der Grenze, auch auf Schleichwegen über die „grüne", die Gefahr bestand, dass der Mohn oder im Zurück das Öl beschlagnahmt wurden. Aber nicht nur Mohn brachte man zur Ölmühle, auch Bucheckern, die man im Spätsommer auf der Alb in den Buchenwäldern sammelte, für uns Kinder eher ein Ausflugsvergnügen, denn Arbeit. Natürlich lag die Garten- und Feldarbeit – ganz wörtlich zu verstehen – in den Händen des Vaters, der nach Feierabend in der Firma sich um die jahreszeitlich anstehenden Arbeiten kümmern musste, was in der Pflanz- und Erntezeit nahezu täglich der Fall war.

Da die Versorgungslage in den Jahren nach Kriegsende bis zur Währungsreform sich ständig verschlechterte, hielten wir in dieser Zeit auch etliche Hühner, Hasen und zwei Ziegen, für die ein Stall hergerichtet und die versorgt werden mussten. Überhaupt, so Manches trug ländliche und landwirtschaftliche Züge bei uns zu Hause wie auch im gesamten Ort. Es war selbstverständlich, dass die Kinder von klein an mithalfen, wo immer es ihre altersmäßig gegebenen Kräfte zuließen. So lernte man Garten- und Feldarbeiten kennen, wusste über Tiere und Tierhaltung Bescheid, über Fütterung und Futterbeschaffung, auch wie sie Junge bekamen und wie sie geschlachtet wurden, war bei der Beeren- und Obsternte dabei, half beim Einkochen und Mosten, machte sich bei der gelegentlichen Quark-, Butter- und Käseherstellung aus Ziegenmilch nützlich, kurz, man brachte sich ins Erwachsenenleben ein, nicht nur spielerisch, vielmehr ernsthaft und nutzbringend. Und doch war es nicht das, was heute Kinderarbeit genannt und zu einem gewissen Recht verurteilt wird, sondern was Kindern Befriedigung, Sinnerfüllung und Anerkennung eintrug.

In unserer unmittelbaren Nachbarschaft befand sich ein kleiner Handwerksbetrieb, der auf die Bedürfnisse der Zeit reagierte und handliche Leiterwagen fertigte, damals ein geschätztes Vehikel, gab es doch so Vieles zu transportieren im Zeichen mannigfaltiger Selbstversorgung. Wenn es die freie Zeit zuließ, war ich in diesem, von uns in der Familie so genannten „Wägelesgeschäft" zu Gange, durfte mit Holzabfällen spielen, konnte mich nützlich machen beim Zusammenkehren der Säge- und Hobelspäne, beim Sortieren von Kleinteilen, beim Stapeln von Speichen und Reifen, sah zugleich grundlegende Techniken der Holzbearbeitung samt der entsprechenden Maschinen wie Kreis- und Bandsägen, Hobel-, Fräs- und Bohrmaschinen. Ich bilde mir ein, ich hätte heute noch das Wissen und Vermögen einen derartigen Leiterwagen zu fertigen. Vor allem ist – in großväterlicher Tradition – ein Faible für das Hand-Werk, das Werken mit den Händen entstanden und geblieben, einen Bereich, für den ich besonders in den Bünden der Jugendbewegung werben wollte.

Und da gab es noch das Spielen mit den Kindern aus der Nachbarschaft und unmittelbaren Umgebung, deren wir mehr als ein gutes Dutzend nahezu gleichen Alters waren. Man spielte auf der Straße und in den Höfen Spiele aller Art, zum Teil Spiele, die heute kaum mehr bekannt, dabei höchst wilde wie auch weniger turbulente, die letzteren gelegentlich auch mit Mädchen. In unsystematischer Aufzählung mögen einige davon, teilweise in schwäbischer Phonetik, angeführt sein, etwa Fangen und Verstecken, „Räuber und Bolle", „Kaiser, König, wieviel Schritte gibst du mir?", „Dr Fuchs lauft romm", „D'

Supp' verbrennt", „Romm ond nomm ond nemme z'ruck", „Es bredelet em Ofenloch", „Himmel und Hölle", „Faul Ei", Stelzen laufen, Reifen schlagen, Kreisel peitschen, Glucker (Murmeln) werfen. Man zog aber auch hinaus ins Feld, an die Bäche, in die Wäldchen, baute Verstecke, „Lager" oder „Lägerle" genannt, gehörte rivalisierenden Bubencliquen an. Es waren extrem heiße Sommer in den Jahren 1945 und folgende, von Klimakatastrophe wurde nicht geredet, gelegentlich hörte man von Erwachsenen, es sei „der Atom", unter der Hitze litten Jung und Alt gleichermaßen. Der Breitenbach führte kaum noch Wasser, man konnte unter den Schiefersteinen Krebse, Blutegel, Wasserschnecken, Köcherfliegenlarven und anderes merkwürdige Getier finden, aber auch die Versteinerungen des Schwarzen Jura, Belemniten und Ammoniten, von uns als Teufelsfinger und Schnecken bezeichnet, die man gerne sammelte.

Zu dieser buntgewürfelten Bubenschar zählten auch ein paar vielleicht schon zwei, drei, vier Jahre Ältere, die hin und wieder Wörter wussten oder Verse, Reime und Gesten kannten, die irgendwie verrucht und verboten, zugleich auch faszinierend schienen. Eben solch reichlich vulgäre Kinderreime der Straße erschienen Jahrzehnte später unter dem Buchtitel „Über das Volksvermögen. Exkurse in den literarischen Untergrund"[2]. Erstaunlicherweise behielt ich Reimereien dieser Art wie von selbst, wo ich mich sonst so schwer tat mit schulischem Auswendiglernen; noch heute könnte ich dieser Anthologie einiges hinzufügen, zumindest regionale Varianten bieten. Aber es gab noch ein weiteres Geheimnis, dem etwas Verbotenes zukam. Es wurde allenthalben und eindringlichst gewarnt vor Munitionsfunden jeder Art, die nach Kriegsende häufig auftauchten. Zusammen mit meinem besten Kinderfreund fanden wir, unter welchen Umständen auch immer, Gewehrpatronen, bei denen wir die Geschossspitze von der Hülse entfernen und das Pulver entleeren konnten. Was wir mit dem Pulver anfingen, ist nicht mehr erinnerlich, der leeren Patronenhülse mit der wieder aufgesteckten Spitze aber kam eine besondere Bedeutung zu, wir nannten sie „Paradieskugel", warum, wussten wir wahrscheinlich schon damals nicht, aber es sollte etwas

Heimliches, Geheimnisvolles sein, das niemand wissen und erfahren durfte. Ich legte meine Paradieskugel in eine kleine flache mit Watte ausgepolsterte Schachtel und verwahrte sie sorgsam, weder mein Bruder noch die Eltern sollten etwas davon ahnen oder gar wissen. Bis etwa zum Abitur begleitete mich diese Paradieskugel, eine Art Talisman, dem zwar keine reale, aber doch imaginäre Bedeutung zukam. C. G. Jung berichtet in seinen Erinnerungen[3] von ähnlichen Phänomenen und auch in der Literatur erscheint gelegentlich dieses Motiv, so in einem Roman von Hans Henny Jahnn[4]. Ohne eine Deutung zu versuchen, dem Talisman, dem Geheimnis wohnt eine Sicherheit inne, die sich nur dem Wissenden überträgt.

Wirkliche Sicherheit bot aber vor allem das häusliche Familienleben. Das beengte Zusammenleben, die Sorge um das Alltägliche, das Miteinbezogensein in häusliche Arbeiten, auch das Miterleben der schwindenden Kräfte bei Großmutter und Tante, die Zuwendung der Eltern, all dies ergab eine Atmosphäre der Geborgenheit, die so manches Unbill der Gegenwart milderte. Die Großmutter war trotz Krankheit und Gebrechlichkeit geistig hell wach, nahm an den aktuellen gesellschaftlichen und politischen Veränderungen regen Anteil; zum Leidwesen von uns Kindern verfolgte sie am Radio täglich „Die Stimme Amerikas“, politische Kommentare, von denen wir rein gar nichts verstehen konnten. Sie erzählte uns aber auch allerlei Märchen, darunter wohl selbst erdachte; mir las sie aus einem Kriminalroman vor, der in Fortsetzungen in einer Funkzeitschrift erschien, eine Gangstergeschichte in London spielend, in geheimen an der Themse gelegenen Verließen, die geflutet werden konnten und Rettung für die Eingeschlossenen erst in letzter Minute nahte. Der Titel blieb mir all die Jahre unvergessen, „Die blauen Ringe“[5], und dank Internet-Antiquariat konnte ich den irgendwann als Buch erschienenen Krimi besorgen und nach über einem halben Jahrhundert selbst lesen – kindgemäß erschien er mir im Nachhinein nun wirklich nicht, aber auch nicht mit dem überwältigenden Thrill, wie damals zu Zeiten der gern gemochten Großmutter. Ihr Tod im Jahre 1948 erfüllte mich für einige Zeit mit einem bis dahin unbekannten Gefühl, eine Art kindlicher Trauer, anders als bei der ein Jahr zuvor verstorbenen Tante.

Erstaunlich, dass sich mein Vater neben aller anstrengender Tagesarbeit noch uns Kindern widmen konnte. Er las uns gelegentlich, meist sonntags, aus Tiergeschichten von Hermann Löns vor, dessen Naturschilderungen eindrücklich blieben, erinnerlich noch das mich magisch berührende Wort „Uhlenflucht" als Bild für die hereinbrechende Dämmerung. Auch zeigte er uns so mancherlei Foto- und Bildbände über Natur und Landschaften, Wald und Wiesen, Pflanzen und Tiere, bevorzugt vogelkundliche Literatur und Bücher über Schmetterlinge. Es blieb aber nicht bei einer papierenen Beschäftigung mit Natur. Wir waren gerne mit ihm draußen auf Spaziergängen und Wanderungen, wo er uns auf blühende und fruchtende Pflanzen und Bäume aufmerksam machte, auf Vogelnester, Fuchsbauten und die Hügel der Waldameisen, auf Eulengewölle und Tierspuren, auf Fraßspuren von Schmetterlingsraupen an deren Futterpflanzen. Er war zu dieser Zeit mit dem Maler und Naturfreund Karl Digel näher befreundet[6], dem eine religiös geprägte Achtung und Erfurcht vor der Natur und allem Leben zukam, der viel mit der Staffelei unterwegs war und Bilder heimischer Landschaften schuf, die regional ihre Anerkennung fanden, der sich ebenso dem Fotografieren von Flora und Fauna widmete, dem eindrucksvolle Fotos vor allem von Vögeln und Schmetterlingen gelangen mit einer technisch vergleichsweise einfachen Ausrüstung ohne Teleobjektiv und damit um so näher, um so unmittelbarer mit dem Lebendigen in Verbindung. Sein Buch „Busso und sein Reich"[7] stellt ein bemerkenswertes Zeugnis dieser Natur- und Heimatverbundenheit dar, auch der besonderen Liebe zu den Bussarden, mit sonst kaum je gesehenen Aufnahmen.

Dieser freundschaftlichen Beziehung meines Vaters verdanke ich ebenfalls den näheren Kontakt zu dem so außergewöhnlich naturverbundenen Menschen, der mich im Alter zwischen etwa acht und zwölf Jahren zum kleinen Schmetterlingszüchter und -sammler werden ließ. Zunächst waren es die häufig aufzufindenden heimischen Raupen etwa von Tagpfauenauge, Kleiner Fuchs und Landkärtchen, aber auch die eher selteneren von Schwalbenschwanz, Trauermantel, Liguster- und Wolfsmilchschwärmer und schließlich kamen noch exotische aus tropischen Ländern hinzu, z. B. Samia Cecropia, Actias selene, Actias luna, die ich teilweise aus den Eiern, häufiger aus Raupen und Puppen bis zum Schlüpfen der Schmetterlinge aufziehen konnte. Es könnten hier lange, durchaus fachkundige Ausführungen zu dieser von mir so eifrig betriebenen Liebhaberei folgen, die für den an dieser Thematik weniger Interessierten belanglos blieben. Anzufügen bleibt aber noch ein weiteres, wesentliches Kapitel dieser Jahre.

6. Im Vorfeld von Jugendbewegung – Jungschar und Jungenschaft

In der 4. Klasse wurde eines Tages im Religionsunterricht werbend darauf aufmerksam gemacht, dass es für Buben am Samstagnachmittag im Gemeindehaus einen „Kreis“ gebe, wo gespielt, gesungen, vorgelesen, auch von der Bibel erzählt werde, zu dem alle Zehnjährigen eingeladen seien. Ob dabei gesagt wurde, dass es sich um eine vom Evangelischen Jungmännerwerk oder vom CVJM oder irgendwie von „der Kirche“ angebotene „Jungschar“ handele, ist nicht mehr auszumachen. Dies blieb auch unwichtig, Hauptsache, viele Klassenkameraden machten in diesem, wie wir es nannten, „Kreisle“ mit. Es war im Winter 1949, als ich das erste Mal dazu kam; man sollte möglichst auch ein paar Scheite Holz mitbringen, des knappen Heizmaterials wegen. In der Tat, das waren spannende, unheimliche Geschichten, die da vorgelesen wurden. „Die wilden Jungen von der Feuerburg“ sind mir noch in Erinnerung, deren gefahrenvolle Abenteuer mich beim Einschlafen verfolgen konnten. Die Spiele waren von unterschiedlichster Art, wie sie sich eben in einem Gruppenraum anboten, im Sommer spielte man draußen im Garten, meist Völkerball. Das Singen blieb wenig kultiviert, dafür lautstark und fröhlich, teils Volks- und Wander-, teils Spaß- und Nonsenslieder, neben einigen sogenannten Bekenntnisliedern im Rahmen einer kurzen Andacht zu biblischen Geschichten. Alles in allem, diese Jungscharstunden brachten durchweg Spaß und Freude, diese Bubengruppe war eben doch von ganz anderer Art als die Straßenclique, die sich eh allmählich verlor. Im Mittelpunkt stand ein Leiter, in der Regel Praktikant einer kirchlichen Einrichtung, der mit einer gewissen jugendlichen Ausstrahlung gemeinschaftsstiftend wirkte, der der Gruppe Führung und Halt gab. So ging ich denn volle vier Jahre bis zur Konfirmation getreulich und gerne in diese Jungschar. Was mich neben dem Gemeinschaftserleben anzog, ist schwer auszumachen, wahrscheinlich war es das Abenteuerliche der Geschichten, auch der Spiele, die im Sommer wenigstens einige Male als wilde Geländespiele in Feld und Wald führten. Und da gab es noch das Lied „Wir wollen zu Land ausfahren über die Fluren weit“ mit der merkwürdig geheimnisvollen Wendung „Und wer die Blaue Blume finden will ...“, eine Wendung, die fremd, fern, verlockend klang.

Ferne und Abenteuer ergaben sich weniger in der Realität, um so verlockender in Büchern. In der Stadtbibliothek schien das Angebot an Abenteuerliteratur unermesslich, und nun begann die Zeit des wilden Lesens, des Verschlingens all der mehr oder weniger klassischen Jugend- und Abenteuerbücher, von Robinson und Lederstumpf, über Karl May und Friedrich Gerstäcker, zu Ernst Friedrich Löhndorff und Jack London, zu Hans Dominik, Hugo Kocher, Joseph Velter und was der Autoren mehr waren, letzterer mit seinen in der sibirischen Taiga und mongolischen Steppe handelnden Jagd- und Fahrtengeschichten besonders in Bann schlagend, damals wie selbst heute noch. Und da waren schließlich „Jörn Farrow's U-Boot-Abenteuer“[8], Groschenhefte, die man wöchentlich am Kiosk für 40 Pfennig kaufen konnte, die ich leidenschaftlich las und sammelte und von denen ich viele Jahre später die fehlenden Hefte nachkaufte und binden ließ, 225 Hefte in 21 Klein-Oktav-Bänden.

Die Konfirmation bedeutete einen gewissen Einschnitt auf dem Weg vom Schulkind zum Jugendlichen, zwar eher symbolisch als mit praktischen Auswirkungen, die Schule nahm ihren Lauf wie zuvor, ein wenig kam man sich trotzdem erwachsener vor, auch war man mobiler geworden, bildete doch eines der wichtigsten Geschenke ein Fahrrad mit Dreigangschaltung. Nach der Konfirmation konnte man auch nahtlos von der Jungschar in die Jungenschaft überwechseln, eine Form der Jugendarbeit des Evangelischen Jungmännerwerks in Württemberg, das in den 50er- und 60er-Jahren an Traditionen der Jugendbewegung der Weimarer Zeit anknüpfte. Diese Jungenschaft gestaltete sich im Prinzip nicht viel anders als die Jungschar. Im wöchentlichen Heimabend wurde vielleicht weniger gespielt, dafür mehr gesungen, Lieder gezielt gelernt, auch aufgeschrieben, beliebt besonders Fahrten- und Landsknechtslieder, wilde, tatendurstige ebenso wie besinnlich melancholische, kurzum bündisches Liedgut, zumindest ansatzweise. Die Andachten waren nun eher Besinnungen zu Themen, die das Leben von uns Jugendlichen berührten. Neu kamen hinzu die Fahrt, die Wochenendfahrt mit dem Fahrrad auf die Schwäbische Alb, die Wanderungen mit Übernachtung im Zelt oder bei Bauern im Heu, das mehrtägige Lager an Ostern und Pfingsten in größerer Gemeinschaft. Diesem Fahrtenleben und -erleben eignete ein besonderer Reiz, das Abenteuer des Unterwegsseins, das Zusammensein in einer Gemeinschaft, geführt von einem bewunderten, begeisternden Gruppenleiter, dem ich möglichst nahe sein mochte, der für mich, ohne dass ich dafür Maßstäbe gehabt hätte, Idee und Praxis einer Jungenschaft verkörperte, auch wenn ihm selbst gar keine jugendbewegte Tradition zukam. Er befand sich in Ausbildung zum Jugendwart beim CVJM in Reutlingen, war dann wenig später an verschiednen Orten in diesem Beruf tätig. Und eben dieser jugendliche Führer mit Namen Hans Lentmaier spielte auch bei der Gründung eines eigenen Bundes eine besondere Rolle, darüber hinaus blieb ich ihm über Jahrzehnte verbunden, durfte bei einem seiner Söhne die Taufpatenschaft übernehmen, was ich sehr zu schätzen wusste.

Dem Ideal einer Jungenschaft begegnete ich noch auf andere, literarische Weise. Mitten in meiner jungenschaftlichen Begeisterung erreichte mich das damals noch wenig bekannte Buch „Die weiße Rose“ von Inge Scholl. Die Autorin berichtet zu Beginn von der Zugehörigkeit ihrer beiden Brüder zur Bündischen Jugend im Alter zwischen 14 und 18 Jahren, erzählt weiter, wie sie als Schwester diese „Jungenschaft“ wahrgenommen hat – dabei das Wort Jungenschaft immer in Anführungszeichen: „Sie hatten ihren eigenen, sehr eindrucksvollen Stil, der aus den Jungen selbst gewachsen war. Sie erkannten sich an ihren Liedern, ja an ihrer Sprache. Ich weiß nicht, ob man eine solche Sache überhaupt beschreiben kann. Man muß sie erlebt haben“[9]. Ich habe mir diese nahezu vier Seiten, die von der Jungenschaft handeln, aus dem Buch abgeschrieben, so eindrucksvoll, so treffend fand und finde ich die Charakterisierung und eigentlich sollte diese Darstellung auch hier noch einmal wiedergegeben werden. Indessen, letzten Endes kann man eine *„solche Sache“*, dann doch nicht beschreiben, *„man muß sie erlebt haben“*. Und dieses Erleben boten mir meine Jungenschaftsjahre.

Wie ich zu dem Buch der „Weißen Rose“ von Inge Scholl gekommen bin, soll noch angeführt sein. Es handelte sich um ein Geschenk meines Patenonkels Walter Schmitthenner. Hier nun hatte sich ein Kreis geschlossen, der Wandervogelführer Wilhelm Schmitthenner (1870-1951) war, wie bereits erwähnt, Taufpate meines Vaters, der Sohn Walter Schmitthenner (1916-1997)[10] wurde mein Taufpate. So ergab sich eine nahezu hundertjährige Verbindung der Familien Schmitthenner – Sauer, eine Wahlverwandtschaft, wie sie nur selten vorkommen mag. Sobald ich lesen und schreiben konnte, entstand ein Briefwechsel zwischen uns, naturgemäß in alters- und entwicklungsangemessener Weise. Im Folgenden aber begleitete er meine schulischen, studentischen, beruflichen, bündischen und verlegerischen Stationen und Interessen bis zu seinem Tod. Obwohl als Ordinarius für Alte Geschichte hochspezialisierter Wissenschaftler, verdanke ich ihm auf den verschiedensten Gebieten, auch und gerade auf bündischen, Einsichten und Impulse vielfältigster Art. Neben seinen Hauptarbeitsgebieten Octavian und Augustus und deren Zeit war die Geschichte des Widerstands im 20. Jahrhundert ein ihm wesentliches Thema. So lässt sich wohl verstehen, dass er mir in meinem Konfirmationsjahr „Die weiße Rose“ widmete.

Als ich im Jahr darauf zu einem verspäteten Konfirmandenbesuch einige Tage in seine Familie nach Heidelberg eingeladen war, wurde im dortigen Zimmertheater Tennessee Williams' „Die Katze auf dem heißen Blechdach" gespielt, ein Stück, das wir gemeinsam besuchten, das mich wohl irritierte und doch tief beeindruckte. Ob die Thematik dieses Stückes einem 15-Jährigen angemessen war, mag offen bleiben, mag aber Zeichen sein für den Beginn eines neuen Abschnitts der Biographie.

III. „Jahre des Werdens, Jahre der Wahne“[1] – Von Internatsjahren

1. Lehreroberschule Nagold – Schüler und Lehrer

Einen tiefgreifenden Einschnitt im bisherigen Umfeld von Familie, Schule, Jungenschaft und aller heimatlichen Verbundenheit bedeutete der Wechsel in eine Internatsschule, der von mir durchaus gewollt und gewünscht war, dem auch die Eltern, vielleicht nicht gar so leicht, zustimmen konnten. In der Mittelschule stand ich nach fünf Klassen ein Jahr vor der „Mittleren Reife“ und so wie ich schulisch vorankam, lag nahe, das Abitur anzustreben. Nun war damals das Schulsystem noch wenig durchlässig, ein Wechsel von der Mittel- in die Oberschule schlecht möglich, ohne ein Schuljahr zu verlieren. Durch welche Zufälle auch immer, man wurde auf die Lehreroberschule Nagold aufmerksam, einen traditionsreichen Ort württembergischer Volksschullehrerbildung, 1881 als Lehrerseminar gegründet, später als reguläre Oberschule mit Internat geführt, an der die Allgemeine Hochschulreife erlangt werden konnte, neben einer Abschlussprüfung, die zum Lehrerstudium berechtigte.

Da ich ohnehin seit geraumer Zeit eine gewisse Neigung zum Lehrerberuf verspürte, möglicherweise angeregt durch den einstigen Mittelschullehrer, der mich so entscheidend im Schulischen voranbrachte, oder auch beeinflusst durch den mir zu einem Ideal- und Vorbild gewordenen Jungenschaftsleiter, schien diese Lehreroberschule Nagold als ideale Lösung, um in fünf Jahren zum Abitur zu gelangen, auch wenn dabei ebenfalls ein Schuljahr verloren ging. Unsere Klasse, 1955 in Nagold aufgenommen, war die letzte, die unter dem Namen „Lehreroberschule“ eingetreten ist, ein Jahr später wurde die Schule umbenannt und weitergeführt als „Staatliches Aufbaugymnasium mit Heim“ mit nur wenigen Veränderungen gegenüber der bisherigen Konzeption. Sinn und Zweck der Aufbaugymnasien war, wie zuvor der Lehreroberschule, begabten Schülern aus dem ländlichen Raum, die kaum eine Möglichkeit zum Besuch einer Oberschule hatten, nach der 7. bzw. 8. Volks- oder Mittelschulklasse den Weg zum Abitur zu ermöglichen.

Entsprechend waren wir eine Schülerschaft, die zumeist aus schwäbischen Dörfern oder kleineren Städten kam. Was Geschlecht und Konfession betraf, bildeten wir eine homogene Gruppe von evangelischen Jungen im Alter zwischen 14 und 15 Jahren. Für Mädchen und Schüler katholischer Konfession gab es entsprechende Aufbaugymnasien an anderen Orten, koedukative und überkonfessionelle Schulen waren an staatlichen Internaten in Baden-Württemberg zu dieser Zeit schlecht vorstellbar. Trotz unterschiedlicher regionaler Herkunft, man fand rasch zusammen, kam auch mit Schülern der höheren Klassen in Kontakt, die Arbeits- und Schlafräume waren klassenübergreifend belegt. Der Tagesablauf unterlag einer Haus- und Schulordnung samt Freizeitvorgaben, wie an Internaten üblich; man konnte diese Regelungen des Schullebens mehr oder weniger rigide finden, gemessen an den alten Lehrerseminaren, waren sie großzügig, aus heutiger Sicht reichlich einengend und autoritär. Generell darf die Schul- und Unterrichtssituation der 50er Jahre nicht verglichen werden mit heutigen Gegebenheiten, ebenso wenig der Internatsbetrieb, was Anforderungen an Wohnkultur, Verpflegung und Betreuung betrifft. Noch war das Wirtschaftswunder nicht voll in Gang gekommen, noch war die Rede von antiautoritärer Erziehung unbekannt.

Über die Lehrer könnten, wie zu allen Zeiten und an allen Schulen, ausgiebig Geschichten erzählt werden, beklemmende, humorvolle, skurrile. Ich vermute, die Lehrer, die wir hatten, entsprachen dem Durchschnitt an damaligen Gymnasien; vielleicht wirkten einige etwas verschrobener als an regulären Schulen tätige. Fachlich unterrichteten sie kompetent, didaktisch-methodisch meist überdurchschnittlich versiert und engagiert. Die Naturwissenschaftler maßen dem Experiment große Bedeutung bei, förderten zugleich Eigentätigkeit und selbständiges Lernen. In den musischen Fächern waren Lehrer präsent, die sich durch ein eigenständiges, durchaus künstlerisches Profil auszeichneten. Die übrigen Fächer boten weniger beeindruckende Lehrerpersönlichkeiten mit eher konventionellen und konservativen Zügen im pädagogischen wie im persönlichen Denken und Handeln, vielleicht mit zwei, drei Ausnahmen, die noch genannt werden.

Ein durchgängiges Charakteristikum der Lehrer war ihr weitgehendes Desinteresse an uns Schülern, an unseren persönlichen Schicksalen, unseren jugendlichen Eigenheiten und Problemen. Sie erbrachten ihr Unterrichtsdeputat wie vorgegeben, darüber hinaus blieben sie nicht weiter wahrnehmbar, blieben unsichtbar für uns, an einer Internatsschule sicher ein Mangel. Insbesondere die damalige Schulleitung begünstigte eine solche Einstellung und Praxis. Eher unwillig nahmen sie die ohnehin geringen Aufsichtspflichten außerhalb des Unterrichts wahr. Dass sich für Heranwachsende im Alter zwischen 14 und 19 Jahren auch außerunterrichtliche Schwierigkeiten ergeben können, dafür gab es keine Zuständigkeiten. Das pädagogische Problem von Nähe und Distanz zwischen Lehrern und Schülern, in einem Internat gewiss ein besonderes und heikles Thema, gelangte nicht einmal in Ansätzen in Blick, war schon im voraus entschieden zugunsten einer Distanz. Etwas ironisch möchte man anfügen, es konnte deshalb auch keine Vorkommnisse geben, die unter einen „Missbrauchsverdacht“ gefallen wären. In der Erziehungswissenschaft wurde gelegentlich zwischen einem „logotropen“ und einem „paidotropen“, einem mehr dem Stoff und einem eher dem Kind zugewandten Lehrertypus[2] unterschieden – unsere Lehrer wären dem ersteren zuzuzählen.

In dieser Situation, in der von den Lehrern keine persönlichen Resonanzen zu erwarten waren, blieb man umso mehr auf Beziehungen zu den Klassenkameraden angewiesen. In der Regel ergaben sich wie von selbst Kontakte und Freundschaften innerhalb der Klasse, gelegentlich auch klassenübergreifend. Die allererste Zeit im Internat fiel mir schwerer als erwartet, das Abgeschnittensein vom Elternhaus, von den Freunden aus der Jungenschaft und all das, was die neue Umgebung mit sich brachte, ließen kurzzeitig Gefühle der Einsamkeit und

Verlorenheit aufkommen. Zum Glück gab es der Anforderungen und Aufgaben so viele, die zu bewältigen waren, was denn auch als befriedigend erlebt werden konnte. Zudem erhielt ich von der Mutter meist einmal wöchentlich einen Brief, in dem bis ins Detail geschildert war, was sich zu Hause zutrug, sodass ich weiterhin, wenn auch aus räumlicher Distanz, am bisherigen Leben teilhaben konnte. Ich schrieb ebenso fleißig zurück und berichtete ebenso detailliert über die neue Umgebung. Irgendwann im zweiten Jahr ließ mein Schreibbedürfnis nach, meine Mutter wertete dies, wahrscheinlich nicht zu Unrecht, als Zeichen einer gewissen Ablösung, als einen inneren Abschied von den Eltern, was sie zwar schmerzlich berührte, aber doch verstehen konnte. Schließlich gab es auch alle paar Wochen sogenannte Reisesonntage, an denen man übers Wochenende nach Hause fahren konnte, und natürlich auch die Ferien, sodass die Verbindung zu alten Freundschaften nicht abbrach, wohl sich wandelte.

Neue Freundschaften wurden gefunden, die meist über längere Zeiträume bestanden. Mit einem Freund aus der Klasse war ich in den Sommerferien 1957 per Tramp auf der Insel Sylt, 1958 fuhren wir mit dem Fahrrad zur Weltausstellung nach Brüssel, machten zuvor Station in Paris, wo wir auf einem Zeltplatz im Bois de Boulogne campierten, ausgedehnt den Louvre besuchten und weitere Sehenswürdigkeiten der Weltstadt erkundeten. Beide Male waren es zwar keine bündischen Unternehmungen, aber doch Erlebnisse einer großen Gemeinsamkeit. Irgendwann gegen Ende der Schulzeit war der Zenit unserer Freundschaft überschritten. Später blieb der einstige Freund verschollen, konnte bei Klassentreffen nicht mehr ausfindig gemacht werden – die Erinnerung ist geblieben. Es gab natürlich auch kürzer währende, weniger intensive Freundschaften, aber auch solche, die nach der Schulzeit über Jahrzehnte weiterwirkten bis heute, gleichsam zu Lebensfreundschaften geworden sind.

Freundschaften bestimmten indes nur bedingt Internatsleben und Unterrichtsalltag, Schule bedeutete wie immer und überall keineswegs Muße – was dem ursprünglichen Wortsinne zukäme – vielmehr gab es in einzelnen Fächern und Phasen Schwierigkeiten, die besonderer Lernanstrengungen bedurften. Insgesamt konnte ich jedoch zufrieden sein mit meinen Zensuren und Zeugnissen. Einzelne Mitschüler hatten es deutlich schwerer von Klasse zu Klasse weiter zu kommen, konnten die Anforderungen nicht erbringen und mussten die Schule abbrechen. Von Seiten der Lehrer gab es wohl ein geheucheltes Bedauern, Hilfen dagegen nicht, im Gegenteil, leistungsschwache Schüler wurden eher noch als Versager behandelt. Auch als Mitschüler zeigte man sich vielleicht zu wenig solidarisch, war zu sehr mit sich selbst beschäftigt. Überhaupt, man wusste letzten Endes doch recht wenig voneinander. Dass es da Mitschüler gab, die aus unvollständigen Familien kamen und Halbwaisen waren, die ein Flüchtlingsschicksal oder Jahre in einem Lager hinter sich hatten und ganz zufällig in der schwäbischen Provinz landeten, dort Mühe hatten, auch nur den Dialekt zu verstehen, dies war merkwürdigerweise gar nicht bewusst bei denen, die aus alteingesessenen, vom Krieg weitgehend verschont gebliebenen Familien kamen. Erst viele Jahre später konnte man sich solche Schicksale vergegenwärtigen, wahrscheinlich war man als Jugendlicher doch allzu sehr auf sich selbst bezogen.

2. Über Bücher, Literatur und Hans Henny Jahnn

Die Internatssituation brachte es mit sich, dass man in dem gegebenen sozialen Geflecht, in das man tagein, tagaus eingebunden war und dem man nicht oder allenfalls stundenweise entkommen konnte, einen bestimmten Platz einnahm, eine erkennbare Position erlangte, Individualität behauptete. Nicht wenige der Mitschüler widmeten sich sportlichen Aktivitäten mit beachtlichen Erfolgen etwa bei den Bundesjugendspielen oder bei Mannschaftsturnieren. Auch wer auf musikalischem Gebiete versiert war, virtuos ein Instrument beherrschte, fand Anerkennung bei öffentlichen Darbietungen. Da ich weder über sportliche noch musikalische Begabungen verfügte, schieden diese Bereiche aus, um sich im Klassen- und Schulverband zu positionieren. Zwar konnte ich mich gelegentlich bei naturkundlichen Exkursionen mit Pflanzen- und Tier-, speziell Insektenkenntnissen profilieren, mich aber bei weitem nicht mit den Schülern messen, die sich der Ornithologie verschrieben hatten, deren es nicht wenige gab und von denen später einige zu wissenschaftlichem Rang und Namen in der ornithologischen Fachwelt gekommen sind[3]. Mir blieb etwas anderes, meine Domäne waren die Bücher, war die Literatur.

Dieses Faible entstand unter dem Einfluss meiner Mutter. Sie war in jungen Jahren im Umkreis von Jugendbewegung und Jugendmusikbewegung in die Welt des Buches geraten, wobei der Bund der Köngener unter Rudi Daur sowie der Schwäbische Singkreis unter Hans Grischkat eine wesentliche Rolle spielten, war Mitglied einer Buchgemeinschaft, die anspruchsvoll gestaltete Bücher im Programm hatte, war sicherlich für eine junge Sekretärin und spätere Hausfrau überaus belesen. Neben Dichtern des 19. Jahrhunderts galten ihre Vorlieben einer Art Frauen- und Erbauungsliteratur, Schriftstellerinnen wie Monika Hunnius, Ina Seidel, Ricarda Huch, Isolde Kurz, später Pearl S. Buck und Isabel Hamer oder beschaulichen Autoren der Nachkriegsjahre wie Ernst Wiechert, Werner Bergengrün, Reinhold Schneider. Obwohl meine anfängliche Begeisterung fürs Lesen hauptsächlich Abenteuerbüchern galt, kannte ich nebenbei doch so manchen Autor und Titel der mütterlichen Lieblingslektüre und konnte damit den literarisch konservativ-biederen, menschlich nicht unproblematischen Deutschlehrer der ersten Klassen mit meinem Pseudowissen über scheinbar moderne Literatur beeindrucken.

Meine ersten näheren Kenntnisse über neuere deutsche Literatur bezog ich zum Teil aus der nicht unumstrittenen Literaturgeschichte von Paul Fechter, ein Geschenk meiner Eltern, Weihnachten 1955, teils auch aus vielfältigen Prospektmaterialien der Verlage und Buchhandlungen. In Nagold gab es eine sogenannte Christliche Buchhandlung, die mir bereitwillig alle möglichen Verlagsverzeichnisse besorgte, die mir auch jedes Jahr den alten Barsortiments-Katalog nach Erscheinen des neuen überließ. Von Jahr zu Jahr wurde dieser Katalog umfangreicher, wurde zum Verzeichnis lieferbarer Bücher (VLB), umfasste zuletzt mehrere Bände, ist seit längerem nur noch in elektronischer Form verfügbar. In diesem Katalog zu schmökern, war mir damals eine liebe Lektüre, so heute noch das Surfen im VLB. Im Deutschunterricht las man natürlich die üblichen in den gymnasialen Lehrplänen vorgesehenen Autoren, schwerpunktmäßig Klassiker und 19. Jahrhundert. Natürlich besuchte man auch Theateraufführungen in Tübingen und Stuttgart im Landes- und Staatstheater, wobei die Lektüre eher verdrießlich blieb, das Theater dagegen begeisternd, gelegentlich auch mit Aufführungen neuerer Autoren, vornean Bert Brecht.

In den Katalogen der Verlage aber war die Literatur der Gegenwart voll präsent; bei Rowohlt las man die Namen Camus und Sartre, Faulkner und Hemingway, Henry Miller und Jean Genet, Arno Schmidt und Peter Rühmkorf, Walter Jens und Wolfgang Weyrauch. Auch wenn es nur Namen waren, es waren Namen, die haften blieben, von denen man da und dort anderweitig hörte, von denen man gelegentlich das eine oder andere Buch in die Hände bekam. Es wäre müßig, die Prospekte der führenden Literaturverlage durchzugehen, bei Fischer die Thomas Mann-Ausgaben zu nennen, bei Suhrkamp die Hesse- und Brecht-Werke anzuführen, für mich bedeuteten diese Verzeichnisse ein Eintauchen in die Welt der Literatur, der Autoren, der Bücher und Verlage, einer eher irrealen Welt, jenseits des Internats.

Bei dieser Beschäftigung mit Bücherverzeichnissen und Verlagskatalogen ergab sich eines Tages eine bislang alles überstrahlende literarische Entdeckung: Im Suhrkamp Verlag erschien zu jener Zeit eine „Jahresschau" im Duodez-Format von gut hundert Seiten Umfang unter dem Titel „Dichten und Trachten" mit ausführlichen Leseproben zu Neuerscheinungen, kürzeren Vorabdrucken und Begleittexten zu den angezeigten Werken. In der Ausgabe VI, Herbst 1955, fand sich neben Proben von Günter Eich, Max Frisch, Martin Walser und einer Reihe weiterer junger Autoren ein mir bis dato unbekannter Name, Hans Henny Jahnn, mit einer Szene aus dem dritten Akt seines jüngsten Dramas „Thomas Chatterton", angefügt ein von ihm verfasster Essay „Zur Tragödie ‚Thomas Chatterton'"[4]. Was mich an dieser Szene und diesem kurzen Essay so faszinierte, bleibt letzten Endes unsagbar, ein Ereignis, vergleichbar einer Liebe auf den ersten Blick. Die Buchausgabe, englische Broschur, zum Preis von 5,– DM war gerade noch erschwinglich, wurde sofort erstanden und wie verzaubert gelesen. Dies war der Beginn einer schicksalhaften Begegnung mit dem Werk Hans Henny Jahnns, die lebenslang fortwirkte. Von da an versuchte ich alle lieferbaren Titel zu erlangen, zunächst die als Taschenbuch erschienenen „13 nichtgeheure Geschichten", dann das Drama „Armut, Reichtum, Mensch und Tier", etwas später „Das Holzschiff", den ersten Band der Romantrilogie „Fluß ohne Ufer" mit den weiteren Teilen „Die Niederschrift des Gustav Anias Horn nachdem er 49 Jahre alt geworden war", letztere für einen Schüler exorbitant teuer und mich einen Großteil meines mit Nachhilfestunden verdienten Taschengeldes kostend.

Der Erwerb aber war bedeutsam genug; wie im Traum stieg ich in diesen „Fluß", in seine Sprach- und Bildmächtigkeit, tauchte voll ein in diese Welt- und Menschenbilder mit ihren Themen und Motiven vom unausweichlichen Schicksal, von der Trauer der Schöpfung, von Schönheit und Tragik der Natur, von Tieren und Menschen, von Angst und Grauen, von Engeln und Dämonen, von Tod und Verwesung, von der Natur der Liebe, von Musik und harmonikalen Ordnungen, wobei mich die Gegenwart des Schicksalhaften allen Geschehens am stärksten in Bann schlug[5]. Zugleich begann die Suche nach Materialien zu Leben und Werk dieses Hans Henny Jahnn, in jener Zeit schwierig, da die Literaturgeschichten und mir sonst zugängliche Sekundärliteratur den Namen kaum kannten. Jedoch das Wenige, was zu finden war, blieb aufregend genug. Da erfuhr man, dass Jahnn nicht nur Verfasser expressionistischer Prosa und Dramen, vielmehr auch Orgelbauer sei, des Weiteren Herausgeber und Verleger von Werken vorbarocker Musik, im Ersten und Zweiten Weltkrieg als Pazifist jeweils Emigrant, einmal in Norwegen, einmal auf Bornholm, dort Landwirt, Pferdezüchter und Hormonforscher, und schließlich auch Religionsstifter einer Glaubensgemeinschaft Ugrino. Die Urteile über seine Bücher reichten von „Ein großer Dichter gegen die Zeit“ bis zu „Maßlos schwelgerische Perversität eines krankhaften Gehirns“[6].

Diese konträren, skandalträchtigen Einschätzungen reizten mich um so mehr, das Werk vollständiger kennen zu lernen, ein nahezu unmögliches Unterfangen, da das gesamte Frühwerk vergriffen und in Bibliotheken kaum aufzufinden. Unser Religionslehrer, Walter Schlenker, der sich gegen die Wiederbewaffnung der Bundesrepublik leidenschaftlich engagierte, kannte im Zusammenhang der Kampagne „Kampf dem Atomtod“ den Namen Jahnn, entdeckte zufällig in einem theologischen Antiquariat dessen Erstlingsdrama „Pastor Ephraim Magnus“, das sich des Titels wegen dorthin verirrt hatte. Da er um meine Jahnn-Begeisterung wusste, erstand er die etwas zerlesene Broschur für 50 Pfennig, schenkte sie mir, zwar ungern, da ihm wohl der Inhalt „nicht geheuer“ schien, zumal für einen 17-Jährigen. Auch der Deutschlehrer der letzten Klasse, Gerd Hauenstein, war mir durchaus gewogen und bestärkte mich in seiner Aufgeschlossenheit für Gegenwartsliteratur, meine Literaturarbeit über Jahnn zu schreiben. Ohne zu zögern unterstützte er mich auch bei der von mir initiierten Feier zu Jahnns 65. Geburtstag am 17. Dezember 1959. Diese als Hommage an den Dichter gedachte Feier ist unvermittelt zum Requiem geworden, verstarb er doch wenige Tage zuvor am 29. November. Es war eine würdige Feierstunde vor der gesamten Schulgemeinde, umrahmt von Werken vorbachscher Orgelmusik, mit szenischen Lesungen aus dem noch unveröffentlichten Drama „Die Trümmer des Gewissens“, mit Proben seiner Erzählungen und Betrachtungen, mit einer Einführung in Leben und Werk, vorgetragen aus meiner Literaturarbeit[7].

Meine Leidenschaft für Hans Henny Jahnn war damit quasi schuloffiziell bekannt und anerkannt. Sie ist mir über all die Jahrzehnte geblieben; die Sammlung seiner Werke in Erstausgaben wurde, beginnend mit dem „Pastor Ephraim Magnus“, nach und nach komplettiert, ergänzt um die verschiedenen Werkausgaben, umgeben von einer Vielzahl unterschiedlichster Sekundärliteratur. In den „Fluß ohne Ufer“ bin ich ein zweites Mal gestiegen „nachdem *ich* 49 Jahre alt geworden war“, als Botho Strauss 1989 zu einem Essay-Wettbewerb einlud, dazu das Preisgeld seines ihm verliehenen Büchner-Preises zur Verfügung stellte, mit der Aufgabe, Lese-Erfahrungen aus der Beschäftigung mit der Roman-Trilogie mitzuteilen[8]. Ich habe wie selbstverständlich teilgenommen, zwar keinen Preis erhalten, mir aber noch einmal in großem zeitlichen Abstand Rechenschaft gegeben über diese meine langjährige Beziehung zum Werk unter der Überschrift „Zweimal Fluß ohne Ufer“, im Anhang abgedruckt zusammen mit einer kleineren Arbeit über Jahnns letztes Prosastück „Die Nacht aus Blei“.[9]

3. Vom Entdecken der Kunst, von Freundschaften und Nabelphilosophie

So wie es in der Welt der Literatur nachhaltig prägende Entdeckungen gab, so verdanken sich der Internatszeit im gleichen Maße Begegnungen auf dem Gebiete der Kunst. „In meinem Elternhaus hingen keine Gainsboroughs“, lautet die Anfangszeile eines späten Benn-Gedichts[10], so auch bei uns Zuhause. Zwar mangelte es der elterlichen Wohnung nicht an Bildern, zumeist heimatliche Landschaftsmotive, geschaffen von regional geschätzten Malern, dabei auch Gemälde des erwähnten Natur- und Malerfreundes Karl Digel, sowie einige Aquarelle meines Vaters mit Vogel- und Pflanzendarstellungen, aber was man Kunst in anspruchvollem und eigentlichen Sinne nennen könnte, dies fehlte, sieht man von einigen schlichten Reproduktionen alter Meister ab. Insbesondere der Zugang zu moderner Kunst war nach Jahren der Nazikultur allenthalben erschwert. Bei den ersten Kunstausstellungen der Nachkriegsjahre in Reutlingen reagierten die Kleinbürger und Banausen immer noch empört etwa über die Darstellung menschlicher Figuren in den Holzschnitten HAP Grieshabers; Wörter, oder vielmehr Unwörter, wie „entartet" waren nach wie vor im Umlauf, erst Jahrzehnte später war man dann stolz auf den großen Holzschneider der Stadt.

Vor diesem Hintergrund wird verständlich, dass mich der Kunstunterricht in Nagold in eine ganz neue Welt führte, mir die Augen öffnete für das bislang verschlossen gebliebene Reich der Kunst. Der Zeichenlehrer – heute heißt es wohl Kunsterzieher – war selbst künstlerisch tätig, erlangte mit seinen Tierstudien in Tuschmanier und sublimen Landschaftsaquarellen einen gewissen Bekanntheitsgrad. Hermann Ehninger war sein Name, ein feinsinniger, sensibler Charakter, zum Einzelgänger geworden aufgrund von Kriegsereignissen, dem auch der unbedarfteste Schüler sein Künstlertum abnahm und mit Achtung begegnete. Scheinbar nebenbei, während wir an unseren Zeichen- und Malaufgaben arbeiteten, sprach er über Kunst und Künstler des 20. Jahrhunderts, zeigte aus damals seltenen und teuren Kunstbänden die zugehörigen Bilder. Die Namen, die genannt wurden, blieben nicht blass, bekamen Farbe und Leben, so suggestiv konnte dieser Künstler und Lehrer für das, was ihm selbst bedeutsam war, begeistern. Es waren die Namen der großen Expressionisten dieser Epoche, die immer wieder, durchaus unsystematisch und wie beiläufig im Raum standen, von denen die herausragendsten in nur zufällig alphabetischer Reihenfolge genannt seien: Barlach, Beckmann, Dix, Grosz, Heckel, Kirchner, Macke, Marc, Nolde, Schmidt-Rottluff. Dazwischen fand aber auch die nicht-gegenständliche Kunst ihren Platz, etwa mit Paul Klee und Hans Arp oder mit Malewitsch und Mondrian, und ganz wichtig blieben die französischen Impressionisten des ausgehenden 19. Jahrhunderts oder die großen Berühmten wie van Gogh oder Picasso, nur der Jugendstil blieb etwas im Hintergrund. Fraglos und selbstverständlich war die Geschichte der Kunst insgesamt im Blick von Altamira über ägyptische, griechische und römische Kunst, die Kunst der Renaissance, der Romantik und eben bis in die Gegenwart. Alles in allem, dieser Unterricht hat mir Welt und Wesen der Kunst erschlossen, und so kam es nicht von ungefähr, dass wir bei der erwähnten Radtour nach Paris und Brüssel im Sommer 1958 viele Stunden im Louvre verbrachten und auf der Weltausstellung gezielt die Kunstausstellung „Cinquante ans d'art moderne" besuchten, wo viele der Bilder, die man inzwischen kannte, im Original zu sehen waren.

Mit einem um zwei Klassen jüngeren Schüler, der mich mit seinen Arbeiten aus dem Kunstunterricht und in Gesprächen über moderne Kunst besonders beeindruckte, kam es zu einer intensiven Freundschaft, die dem gemeinsamen Kunstinteresse galt. Ich lud ihn in den Ferien nach Hause ein, wo wir vorhatten, HAP Grieshaber in seinem Anwesen am Fuße der Achalm zu besuchen. Unbekümmert, wie nur in Jugendjahren möglich, erschienen wir ohne vorher anzufragen an einem sonnigen Nachmittag bei Grieshaber, wurden freundlich in den Garten gebeten, wo er gerade an einem mosaikähnlichen Werk für eine Festhalle arbeitete. Wir erwähnten nur, dass unsere Schule seinen Farbholzschnitt „Truthahn" besitze und wir gerne Näheres darüber erfahren wollten. Er fragte denn auch nicht weiter nach dem Warum unseres Besuches, erzählte vielmehr bereitwillig aus seinem Leben, vom Holzschneiden und Drucken, besonders über Anlass, Komposition und Wirkung des Truthahnbildes, kam auf sein aktuelles Schaffen zu sprechen, ein Buchprojekt „Hommage à Werkman"[11] zum Gedenken des holländischen Holzschneiders, im Widerstand gegen die Nazi-Besatzung im April 1945 von einem SS-Kommando erschossen. In der Schulzeitung berichteten wir nicht ohne Stolz über den Besuch[12]; so schülerhaft im Rückblick der Text verfasst sein mag, enthält er doch einige, gewiss nebensächliche Einzelheiten zu Grieshaber und seinem Schaffen, die nicht ohne weiteres auch Kennern des Werkes geläufig sein dürften.

In dieser Freundschaft zu dem von heute aus gesehen nur wenig jüngeren Mitschüler entstand die pubertär-abstruse Idee, eine Gemeinschaft zu gründen, so wie wir von Künstlergruppen gehört hatten, etwa vom „Blauen Reiter", von der „Brücke" oder vom „Cabaret Voltaire" der Dadaisten. Besonders diese Dadaisten hatten es uns angetan, ihre Lautgedichte und surrealen Verse, ihre Manifeste und „Écriture automatique", dies fanden wir unheimlich spannend, und Tzaras „nous voulons nous voulons nous voulons pisser en couleurs diverses"[13] kam einem provokanten Fanal gleich in unserer so braven, eng empfundenen Internatswelt. Wie man einen Namen findet für solch eine Gruppe oder gar einen Bund, das war eine aufregende Geschichte. Von Hans Arp kannten wir aus dem Kunstunterricht die berühmte „Nabelflasche"[14], wussten auch von weiteren Sprach- und Bildschöpfungen in seinem Werk, in denen das Nabelmotiv eine Rolle spielt. Und plötzlich war dann der Name geboren: „Nabel" sollte es sein, „Nabel" wollten wir uns heißen. Das Wort mochte leicht anstößig wirken, gehört aber doch nicht einem Wortschatz an, der unter die Gürtellinie zielt, liegt vielmehr genau darauf, bildet physisch-physikalisch den Mittelpunkt des Körpers. Nabel steht für Geburt und Anfang des Lebens, für den Ort der Trennung von Mutter und Gebärmutter, für den Beginn der eigenen Existenz. Symbolisch kann der Nabel zum Mittelpunkt der Schöpfung, gleichsam zum „Nabel der Welt" werden. In Mythologien kommen ihm göttliche Abkunft und religiöse Verehrung zu, so im antiken Griechenland in Gestalt von Omphalos-Steinen, phallusförmige Stelen, zugleich auch androgyne Symbole, zugeordnet der Göttin Gaia. Eine wenn auch andere Art androgyner Geschlechtersymbolik wollten wir im Werk Hans Henny Jahnns erkennen, dort im Bilde vom „Akkord ohne Terz" präsent, weder Dur noch Moll, weder männlich noch weiblich. So sahen wir unsere Nabelidee mit dem Jahnn'schen Weltbild konvergieren, gewiss eine mehr als fragliche Sicht der Dinge, die dennoch beflügelte.

Kurzum, wir spannen uns eine krude Nabelphilosophie zusammen, ohne viel von Philosophie, Kultur- und Kunstgeschichte zu wissen, schon gar nicht, dass für Hans Arp die Beschäftigung mit Jakob Böhme und der Mystik im Hinblick auf seine Nabelschöpfungen von Bedeutung war[15]. Der Freund widmete sich figürlicher Malerei, porträtierte viel, ich machte tachistische Farbexperimente, kreierte nabelähnliche Formen, gemeinsam lasen wir in der uns nur spärlich zugänglichen Dada-Literatur neben den grotesken Gedichten vor allem in

Hugo Balls Tagebuch „Flucht aus der Zeit“. Wir erhielten einen kleinen, abschließbaren Atelierraum im Dachgeschoss, ein wohl einmaliges Privileg im Internat, zugebilligt vom Schulleiter selbst, der sich durch den Beitrag über unseren Grieshaber-Besuch und unser Interesse für Kunst beeindrucken ließ, versuchten uns dort an der Gestaltung eines großformatigen „Manifestes“ mit Nabelfotos und -formen, Nabelsprüchen und -gedanken, freuten uns schlicht unseres Nabel-Außenseitertums. Irgendeine Resonanz erfuhren wir natürlich nicht, wollten auch gar keine, wollten eher eine geheime, verschworene Gemeinschaft sein, ein Freundschaftsbund mit nur ein paar ganz wenigen, eingeweihten Mitwissern. Nabel blieb uns ein heimlich-pubertäres Abenteuer, dem heute kaum noch dieser Zauber zukäme im Zeichen einer Jugend- und Modewelt, der Nabellook und Nabelpiercing alltäglich sind.

Nach dem Ende meiner Internatszeit mit dem Abitur hat sich unsere Freundschaft allmählich verloren. Wir wussten wohl voneinander aus der Ferne, hatten ähnliche berufliche Wege eingeschlagen, die Verbindung blieb dünn, auch wenn man sich einige wenige Male gesehen hatte. Erst mit Beginn einer schweren Krebserkrankung kam es zu einer erneuten Begegnung, einer Freundschaft nach einem halben Jahrhundert von so ganz anderer Art, in der „Nabel“ nicht mehr Mittelpunkt war und trotzdem präsent in unseren Biographien. Sie währte gerade ein Jahr, ein an Gesprächen intensives, von Krankheit und zuende gehender Kraft überschattetes Jahr, bis der Tod 2009 dem Leben des einstigen und neuen Freundes, Helmut Dolmetsch, ein Ende setzte. Noch etwa ein Jahr vor seinem Tod und noch einmal etwa ein Jahr danach war ich gebeten, je eine kleine lokale Ausstellung seiner Bilder zu eröffnen, die eine Auswahl aus der Fülle des lebenslangen Schaffens zeigten, ein Freundschaftsdienst, dem ich gerne nachkam.

4. Von der Kunst zur Schicksalsanalyse, von Carl Laszlo zu Leopold Szondi

Der Blick mag wieder zurück in die Gegenwart des Jahres 1958 gehen, wo nach der Paris-Brüssel-Fahrt, ebenfalls noch in den Sommerferien, der Besuch einer Ausstellung im Haus der Kunst in München vorgesehen war: „Aufbruch zur modernen Kunst". Die Ausstellung blieb jedoch irgendwie hinter den Erwartungen zurück, vielleicht weil in den vorausgegangen Wochen das Fassungsvermögen für Kunst und Kunstwerke bereits erschöpft war oder auch, weil der Schwerpunkt zu sehr auf Leibl und seinem Kreis lag, jedenfalls ergaben sich keine bleibenden Eindrücke. Eindrucksvoll und nachhaltig in Sachen Kunst und darüber hinaus geriet vielmehr ein anderes Ereignis, wobei es weniger Ereignis war, als ein zufälliges Betreten einer Kunsthandlung in einer der Hauptstraßen Münchens, „Galerie van de Loo". Ein flüchtiger Blick auf das Ausgestellte zeigte nichts, was interessant oder gar anziehend schien, beim raschen Verlassen wurde beiläufig noch ein Prospekt- oder Werbeblatt mitgenommen, das auf eine Kunst- und Literaturzeitschrift, evtl. auch auf eine Künstlergruppe in Basel aufmerksam machte, mit dem merkwürdigen Namen „Panderma". Ob auch eine Probenummer dabei war oder ein beim Verlag angefordertes Heft eintraf, ist nicht mehr auszumachen, jedenfalls lag mir die Nummer 1 von „Panderma – Revue de la fin du monde" vor, vermutlich eben neu im Jahre 1958 erschienen.

Es fällt schwer, dieses Heft in Kürze zu charakterisieren: Typographie, Bilder, Fotos, Gedichte, Sentenzen, Reflexionen, Polemik, Programmatik, Werbung unterschiedlichster Art standen kunterbunt nebeneinander, und vielleicht sprach gerade diese Fülle und Vielfalt an, vor allem jedoch, dass sich hier die Namen der so geschätzten Dadaisten fanden, Arp, Hausmann, Huelsenbeck, Janco oder die der Surrealisten Max Ernst, Hans Bellmer, Ionesco. Auch wenn ich das Inhaltliche nur bedingt verstand und so viele fremde Namen aufschienen – ein Mitarbeiterverzeichnis im Impressum nennt etwa 90 Personen, von denen ich auch heute noch nicht einmal die Hälfte kenne – , diesem ungewohnt Fremdartigen kam etwas Surreales zu, faszinierte mich auf eine Weise, die nicht näher beschrieben werden kann. Dem Namen des Herausgebers dieser Panderma-Schrift, Carl Laszlo, begegnet man durchgängig im Heft mit den unterschiedlichsten Beiträgen, etwa mit Gedichten dadaistischer Art, wie zum Beispiel: „3 ist nicht 4 / nicht 5 / und auch nicht 7 / drum meidet sie bei Nacht / und unter Brücken". Oder mit irritierenden Huldigungen, so an eine Filmschauspielerin: „Vive Brigitte Bardot, la femme! Neben den verschiedenen Missgeburten, die auf der Leinwand (...) die Identifikationssüchtigen frenetisieren, (...) ist Brigitte Bardot mit ihrer einfachen und eindeutigen Schönheit auf weiter Flur allein (..)." Oder mit Statements zur aktuellen Kunst: „Die heutigen Vertreter des Signalismus und Stigmatismus (oft Tachisten genannt) könnten eine prophetische Sendung haben. Nur, wie bei den Propheten, sind die echten von den falschen äusserst schwer zu unterscheiden."

Es bleibt auch im Abstand all der vielen Jahre noch immer einigermaßen rätselhaft, was mich an dieser Zeitschrift Panderma mit ihren so gemischten Texten, Bildern und Autoren geradezu magisch anzog, wobei mein besonderes Interesse der Person des im Zentrum stehenden Carl Laszlo galt. Ich nahm alsbald Verbindung zu ihm auf, um möglichst viel über ihn, sein Verständnis von Kunst und Künstlertum, sein verlegerisches Schaffen, seinen geistigen Standort, ja sein Schicksal in Erfahrung zu bringen. In der Tat, es war ein außergewöhnliches Schicksal, das sich da auftat, von dem ich mir erst allmählich ein Bild machen konnte. In einem ersten Brief schrieb ich wohl von der Nabelidee, von Dadaismus und Hans Henny Jahnn, von Grieshaber und Werkman, von Außenseitertum und Abseitigem, über Morbides und Abstruses und wovon ich sonst noch glaubte, dass es Beachtung fände. Gewiss muss es ein wirrer Brief gewesen sein, den ich da zu Papier brachte, aber ich bekam unmittelbar Antwort: „Basel, den 20. 9. 1958". Sätze daraus lauten: „Nun, Sie wissen's noch nicht (?!), dass das ‚Aussergewöhnliche' *nicht* absurd, *nicht* abstrus, *nicht* morbid, *nicht* pervers ist.(...) Alles ‚Aussergewöhnliche': Rausch, Homosexualität, Askese, Verführung, ‚Surrealismus', Mystik etc. wird erst in der bürgerlichen (heute vorherrschend: kleinbürgerlichen) Sicht morbid. Die Dadaisten waren *nie* morbid und *nie* pervers. Aber die braven ‚Normalen', ‚Geordneten', ‚Künstler' etc. sind es sehr häufig." In dem Brief zeigte Laszlo durchaus auch Interesse für Nabel, die lautliche Verbindung zu Nagold schien ihm zu gefallen. So gingen im folgenden etliche Briefe hin und her, auch noch in späteren Jahren, lange nach der Internatszeit.

Im Sommer 1959 kam es zu einem ersten Besuch bei Laszlo; ich war auf einem Jungenschaftslager im Südschwarzwald, von wo aus man eine Tagestour mit dem Fahrrad nach Basel unternahm. Während die Gruppe die Stadt besichtigte, besuchte ich die mir inzwischen als eine Art Guru vorgestellte Person, eine Imagination, die nicht ganz abwegig blieb. Ich war tief beeindruckt von dem Ambiente der Wohnung, von der Sammlung an Büchern, Bildern, Möbeln, Skulpturen, den Accessoires wie Spiegeln, Vasen, Schalen, Uhren. Es war kein Pomp, keine Pracht, allem kam Leben zu, mitteninne Carl Laszlo, der zwar in manchen Rätseln sprach, die sich im Nachhinein erst lösten. Irritierend etwas, dass ich meinen Nabel, das Wort war natürlich präsent, zeigen und wohl auch noch etwas tiefer blicken lassen sollte, was mir insofern peinlich war, als auf einem Jungenlager, aus dem ich kam, Körperpflege nicht im Zentrum stand. Meine Zeit war begrenzt, ich musste zurück zum vereinbarten Treffpunkt der Gruppe, bekam beim Abschied eine Original-Lithographie von Hundertwasser geschenkt, „Die Flucht des Dalai Lama", im noch ursprünglichen Format, später mehrfach gefaltet und eingeheftet in eine der folgenden Nummern von Panderma. Lose gerollt in der Packtasche brachte ich die Grafik unbeschädigt ins Lager und auch nach Hause.

Insgesamt suchte ich Laszlo wohl ein halbes Dutzend mal auf, davon auch einige Male mit Freunden, zuletzt 1983, erwarb nach und nach die meisten der von ihm in seinem Panderma-Verlag herausgegeben Schriften, darunter auch die drei ungewöhnlich bibliophilen Alben mit Originalgraphik, „La lune en rodage", die Mappen mit den Schröder-Sonnenstern-Lithographien und Christian Schad-Radierungen. Ich könnte mühelos eine nahezu vollständige Bibliographie seiner Schriften erstellen, von den zum Absurden Theater zählenden Bühnenstücken, über die Künstlerbücher der Daedalus-Reihe, die Monographien zu Malern des 20. Jahrhunderts, die autobiographischen Arbeiten, bis zu den späten Heften „Radar – Die Zeitschrift zwischen Basel und New York", nicht zu vergessen die frühen psychologisch-psychoanalytischen Abhandlungen.

Hervorgehoben sei die schmale Autobiographie „Ferien am Waldsee", erschienen 1955, die, anders als der idyllisch anmutende Titel vermuten lässt, jenes letztlich unfassbare Geschehen im Konzentrationslager zum Thema hat, in das Laszlo 1944 als ungarischer Jude, 21jährig verschleppt wurde und nur knapp dem Tode entging, im Gegensatz zu zahlreichen seiner Familienangehörigen, die ermordet wurden. Grauen und Inferno dieses Ortes werden scheinbar distanziert, leidenschaftslos wiedergegeben, ohne Anklage, ohne sich als Opfer zu stilisieren. In diesen Erinnerungen eines Überlebenden ist mir schon früh der Name des KZ-Arztes Dr. Mengele begegnet, zu einem Zeitpunkt, zu dem noch kaum jemand diesen Namen kannte, auch selten über den Holocaust gesprochen wurde, weder an der Schule, auch wenn einmal der Film „Nacht und Nebel" über KZ-Gräuel gezeigt wurde, noch insgesamt im gesellschaftlich-politischen Klima der restaurativen 50er Jahre, in denen die Verbrechen des Nationalsozialismus weitgehend tabu blieben.

Hervorgehoben seien ferner Laszlos in der Panderma-Zeitschrift veröffentlichten politischen Pamphlete gegen die militante Linke der 68er-Jahre, eine Polemik gegen die „neuen SA-Männer von Links, als Heilsarmee getarnt"[16], insbesondere auch Polemik gegen die Mao-Bewegung, die ihm als Freund der Tibeter und des Dalai-Lama besonders widerwärtig war. Dem Überlebenden der Nazi-Diktatur, des Hitler-Wahns und Konzentrationslagers schien die Neue Linke nicht minder wahnhaft und bedrohlich. Und schließlich ist noch die medizinisch-psychologische Arbeit anzuführen, „Die Homosexualität des Mannes im Szondi-Test“[17], ursprünglich als Dissertation vorgesehen, dann aber von Hans Giese, dem verdienstvollen Erneuerer der Sexualwissenschaft nach 1945, in einer renommierten fachwissenschaftlichen Reihe publiziert. Die Thematik der Arbeit ist wohl Teil der Lebensthematik Carl Laszlos im Hinblick auf ein konstituierendes Moment seines Schicksals, gesehen aus der Sicht der Schicksalsanalyse Szondis.

Ein Resümee über Carl Laszlo zu geben, muss unbefriedigend bleiben. Heute gilt er in Kunstkreisen als außergewöhnlicher Sammler, Galerist und Kunsthändler, als Kenner von Kunstströmungen und Künstlern abseits des Gängigen, als Entdecker neuer Begabungen und avantgardistischer Tendenzen, als Wiederentdecker übergangener Kunst, als Schöpfer eines Gesamtkunstwerks, das Sammlung, Haus und Person umschließt[18]. Alle Facetten seines Menschseins und seines Wirkens zusammen zu sehen, muss anderen vorbehalten bleiben, die ihm und seinem Umfeld näher stehen. Für mich bleibt er, auch in großer Distanz zu diesen spätpubertären Jahren, jemand, der mir eben zur richtigen Zeit eine sonst nirgendwo gezeigte Sicht auf die Welt bot, auf die Welt der Kunst und Literatur, der Psychologie und Philosophie, auch der Religion, der jüdischen und buddhistischen, der mich des weiteren beeindruckte durch seine suggestive Kraft einen Kreis von Menschen zu binden, denen im Sinne der Schicksalsanalyse eine Wesensverwandtschaft zukommt.

Zu der nun schon wiederholt angeführten Schicksalsanalyse und ihrem Begründer Leopold Szondi (1893-1986), ungarischer Jude, KZ-Überlebender, danach in der Schweiz angekommener Psychiater, Analytiker und Wissenschaftler, noch einige Ausführungen, wobei es nicht darum gehen kann, eine detaillierte Darstellung dieser komplexen, voraussetzungsreichen tiefenpsychologischen Schule zu geben. Um rasch ins Zentrum, weniger in das psychoanalytisch-technische, vielmehr geistig-philosophische zu gelangen, sei ein Motto wiedergegeben, das Szondi einem der Bände seiner mehrere Bücher umfassenden Schicksalsanalyse vorangestellt hat, ein Satz aus Friedrich Schillers „Verbrecher aus verlorener Ehre“: „Stünde einmal, wie für die übrigen Reiche der Natur, auch für das Menschengeschlecht ein *Linnäus* auf, welcher nach *Trieben und Neigungen* klassifizierte, wie sehr würde man erstaunen, wenn man so manchen, dessen Laster in einer engen bürgerlichen Sphäre und in der schmalen Umzäunung der Gesetze jetzt ersticken muß, mit dem Ungeheuer Borgia in *einer* Ordnung beisammen fände."[19] Mit dem Zitat soll zum Ausdruck kommen, dass Menschen von unterschiedlichster Art und Lebensweise dennoch Gemeinsamkeiten, gleichsam Verwandtschaften aufweisen können, von Szondi als Gen- oder Triebverwandtschaft bezeichnet. Durch zufällige Umweltbedingungen, aber ebenso auch durch bewusste, wie unbewusste Wahlhandlungen, führt ein und dieselbe Triebkonstellation zu ganz unterschiedlichen Manifestationen, zu ganz unterschiedlichen Schicksalen, jedoch im Rahmen eines vorgegebenen Triebkreises, in dem etwa ein „Heiliger" und ein „Mörder" in enger Schicksalsverwandtschaft zueinander stehen mögen. Immer bleiben Wahlmöglichkeiten, gewiss innerhalb eines Ahnenschicksals begrenzte, die einem Zwangsschicksal entgegen stehen, die menschliche Freiheit nicht in Frage stellen.

Die Grundbausteine der Szondischen Schicksalsanalyse bilden vier übergeordnete Triebvektoren, die sich jeweils in komplementäre (Trieb-)Faktoren spalten: Eros und Thanatos, Kain und Abel, Haben und Sein, Anklammern und Abtrennen. Unschwer lassen sich hinter diesem Triebsystem Anklänge an die Freudsche Psychoanalyse erkennen, ebenso wie an die C. G. Jungs. Mit beiden Richtungen hat sich Szondi auseinandergesetzt, versteht sich geradezu als Mittler; kommt bei Freud dem persönlichen, bei Jung dem kollektiven Unbewussten Bedeutung zu, so bei Szondi dem familiären. Er begann als Psychiater und Humangenetiker, erkannte in der Erb- und Stammbaumforschung die Bedeutung der Familien- und Ahnenlinien, neu und originär dabei, dass auch Verbindungen zwischen genetisch *nicht* verwandten Personen eine Gen- und Schicksalsverwandtschaft erkennen lassen. Mit der „Experimentellen Triebdiagnostik" schuf er ein Instrumentarium, den sogenannten Szondi-Test, der auf empirische Weise

Triebkonstellationen sichtbar machen und Schicksalsmöglichkeiten aufzeigen soll.

Über die genannte Arbeit von Carl Laszlo zum Szondi-Test kam ich ab diesem Zeitpunkt mit der Schicksalsanalyse in Berührung. Die Anschaffung des Test-Tableaus ließ, der Kosten wegen, zwar auf sich warten, im Laufe der Jahre kamen aber doch mehr als hundert Testprofile aus dem Freundeskreis zusammen, wobei dieses Testen mittels der assoziativen Bilderwahl eher als Gesprächsanlass diente, denn als seriöse psychologische Diagnose, die ohne Ausbildung zum schicksalsanalytischen Therapeuten leicht zur Scharlatanerie gerät. Auch ist mir heute die Fragwürdigkeit der theoretischen Testvoraussetzungen bewusst, haben sich doch Humangenetik, Psychiatrie, Psychoanalyse, Charakterologie und Testpsychologie in den letzten Jahrzehnten entscheidend verändert. Inzwischen dürfte die Schicksalsanalyse eher nur einem kleinen Kreis von Psychiatern, Psychologen und Therapeuten vertraut sein und zur Anwendung gelangen, auch wenn in dem von Szondi begründeten Lehr- und Forschungsinstitut für Schicksalsanalyse in Zürich weiterhin Analytiker ausgebildet werden, die Zeit scheint darüber hinweggegangen. Wer in Nachschlagewerken den Namen Szondi sucht, stößt zuerst und zumeist auf den des Sohnes, Peter Szondi (1929-1971), den renommierten Literaturwissenschaftler. Der Suizid dieses Sohnes, ebenso der der Tochter, haben den Vater wohl schmerzlich getroffen, mag er auch die Schicksale seiner Kinder geahnt haben.[20]

5. Jugendbewegung – Erste Einblicke und Begegnungen

Eine gezielte Beschäftigung mit der Schicksalsanalyse hatte nicht wirklich in den Internatsjahren begonnen, dazu fehlten alle Voraussetzungen, aber das Wort, gleich einem Zauberwort, schien auf und setzte sich fest; der Blick auf menschliche Schicksale war gegeben, ein lebendiges Interesse an Menschen, an menschlichem Leben, am Entwicklungsgeschehen von Freunden, der Teilhabe an ihren Lebensläufen, das kam diesen

Jahren zu und ist geblieben. Gerne nahm ich teil an dem, wenn auch in räumliche Ferne gerückte Geschehen der Jungenschaft, an den Aktivitäten der Kameraden, ihren Entwicklungen im persönlichen wie im bündischen Bereich, teilweise stand ich im Briefwechsel mit ihnen. Dazu zählte besonders ein Gruppenleiter und gleichaltriger Freund, der mich ab und an mit dem Motorrad in Nagold besuchte, der mich einlud zu kleineren Fahrten und Lagern seiner Gruppe an Wochenenden, an denen ich nach Hause kam, aber auch zu ausgedehnteren Unternehmungen etwa in den Oster- und Herbstferien, wo beinahe planmäßig die Schwäbische Alb von ihren nordöstlichen Ausläufern bis in den Südwesten entlang des Traufs in einzelnen Etappen erwandert wurde.

An einigen dieser Wanderungen konnte ich dabei sein und jedes Mal waren es für mich erlebnisreiche, erfüllte Tage, die Natur in frühlingshaftem Erwachen begriffen oder in herbstlichem Welken, beide Zeiten gleichermaßen faszinierend beim Wandern, der ursprünglichsten Weise des Unterwegsseins, wo Schritt und Fuß menschliches Maß bestimmen, wo Leib und Sinne regieren, wo Hitze und Kälte, Hunger und Durst, Müdigkeit und Schlaf den Rhythmus bilden. Dabei die sich von selbst ergebenden Gespräche, belanglose wie tiefgründige, die Fülle der Lieder, lustige wie schwerblütige, Andachten und Geschichten, heitere und besinnliche, und des nachts, der meist kalten Temperaturen wegen, die Feuerwachen in der Kohte, das Feuer unterhalten, über den Schlaf der Kameraden wachen, selbst dem Schlaf widerstehen, wach und doch halb dem Traum hingegeben, Wachträume, Tagträume, Bilder und Meditationen eigener Art, und dies alles in der Geborgenheit eines Kreises von Freunden, von Gleichgestimmten und Gleichgesinnten – ein solches Erleben konstituiert die Welt des Bündischen. Und je intensiver man in diese Welt eingedrungen, je dringender der Wunsch und Wille, diese Welt zu perpetuieren, auszudehnen, auszubreiten aus dem eigenen Leben hinein in größere Gemeinschaften. Von der Realität fand man sich jedoch meist rasch wieder eingeholt in der Schul- und Internatswelt.

In diesen Jahren ergaben sich auch zwei mehrwöchige Lager in den Sommerferien mit der alten Jungenschaftsgruppe, einmal im Nord-, einmal im Südschwarzwald; neue und jüngere Gesichter waren dazu gekommen, die Atmosphäre blieb stets jungenschaftlich vertraut. Am Rande kamen in Gesprächen immer wieder Themen auf, die um Jugendbewegung, Jungenschaft, Bund und bündisch kreisten. Irgendwo und irgendwie hatte man von Liedern und Fahrten gehört, von Gruppen und Bünden aus der Geschichte der Jugendbewegung, auch aus der Gegenwart, die eindrucksvoller, „bündischer" schienen als unsere dem Jungmännerwerk Württemberg zugehörige Jungenschaft. Man wollte vielleicht selbst so eine Gruppe, ein Zentrum, einen Hort des Bündischen schaffen; der Wunsch, über die Enge des Gegebenen hinauszuwachsen, stand im Raum.

Dieser Wunsch wurde mächtig beflügelt durch das Erleben eines „Überbündischen Treffens" auf der Nerother Burg Waldeck im Hunsrück, Ostern 1958. Wir von unserer Jungenschaft hatten glückhafter Umstände wegen die Möglichkeit mit der Pfadfinderschaft „Grauer Reiter" an diesem Lager teilzunehmen. Zu siebt waren wir dabei, alle hatten sie bereits bündische Fahrtennamen, etwa till und knack, gesam, elch und butcher, kurzerhand setzte man meine Initialen zu „Wasa" zusammen, mir nicht unsympathisch, galt doch Schweden, der „Norden", als Ziel ferner Fahrtensehnsucht. Nun zeigten sich mir zum ersten Mal die ganze Fülle der Bünde mit ihrer Vielfalt an Wimpeln, Fahnen und Emblemen, ihren geschmückten Kohten und Jurten, mit ihrem Singen, Tanzen und Spielen und all dem prallen Leben und Treiben dieser „Schwarzzeltvölker", so ein klangvolles Wort für diese Welt. Der Nerother Wandervogel als Gastgeber blieb dominierend, dann die Grauen Reiter, die Trucht, die Schwarze Schar, die Pfeilpfadfinder, die Hansische Jungenschaft und gewiss noch eine Reihe weiterer Bünde, Namen, Trachten, Kluften, Halstücher, Mützen und Baretts – überwältigende Eindrücke, begeistertes Erleben! Eigentlich wollten wir am Sängerwettstreit teilnehmen, hatten ein Lied mehrstimmig eingeübt, gaben aber rasch das Vorhaben auf, als wir hörten, was da für gewaltige Sänger und Chöre auftraten.

Am eindrucksvollsten blieben mir zum einen der Bundesführer der Nerother, Karl Oelbermann, der mit durchdringender, sonorer Stimme das Lager eröffnete und markante Worte an die „Bündische Jugend“ richtete. Zum anderen, wenn auch von ganz unterschiedlicher Art, Erich Mönch, Schnauz genannt, Führer der Grauen Reiter, den ich als feinsinnigen, schöpferischen und doch natürliche Autorität ausstrahlenden Menschen erlebte, wie er etwa bei der Ausstellung der anspruchsvollen Werkarbeiten seines Bundes bereitwillig Erläuterungen gab, auch zu komplizierten Techniken wie die der Lithographie. An der Kunstakademie in Stuttgart leitete er eine Lithographieklasse und die Losung der Steindrucker, „Saxa loquuntur“, die Steine reden, könnte gleichsam einen Leitspruch seines Lebens abgeben, vermochte er doch nicht nur Steine zum Sprechen bringen, so in der Führung von Generationen von Pfadfindern. – Lange und viel noch könnte über dieses Treffen berichtet werden. Für mich bedeutete es eine Art Initialzündung, kam einer Initiation gleich, die einen unumkehrbaren Weg in die Welt des Bündischen wies.

Neben der Teilnahme an diesem Überbündischen Treffen gab es ein weiteres Moment, das den Gedanken an einen eigenen bündischen Kreis beflügelte. Der ehemalige Praktikant in Reutlingen, Hans Lentmaier, war inzwischen als Jugendwart des Jungmännerwerks im Kreis Leonberg ansässig; mit ihm stand ich in brieflicher Verbindung, und so kam es zwei, drei Male in den späten 50er-Jahren zu Wochenendlagern mit Jungenschaftsgruppen aus seinem Bezirk, an denen wir als Gäste dabei waren. Man verstand sich unmittelbar mit einigen der besonders bündisch erscheinenden Jungen, sprach über Jungenschaft und Jugendbewegung und den Wunsch nach Bildung einer übergreifenden bündischen Gemeinschaft innerhalb der bestehenden Gegebenheiten. Man stieß auf Resonanz, man redete von einer „Horte“, die sich bilden könnte. Zum Jahreswechsel 1959/1960 legten wir, und das waren im wesentlichen die Waldeckfahrer von 1958, die erste Nummer einer Zeitschrift vor, „Horte – Du hast wie wir das Feuer gespürt …“. Ich brachte den Traum von der „Blauen Blume“ aus Novalis’

„Heinrich von Ofterdingen“ ein, versehen mit Erläuterungen und versehen mit einem Original-Holzschnitt, mehrfach wiederholt auf Transparentpapier gedruckt, in Anlehnung an Grieshabers Werkman-Buch, des weiteren fanden sich ein „Manifest“ und eine „Programmatik“ der Jungenschaft, eine theologische Besinnung, Fahrtenberichte, Lieder und Gedichte, das Ganze im Umdruckverfahren in etwa 50 Exemplaren hergestellt. Ein bibliophiler Anspruch sollte gegeben sein, der gewiss bescheiden blieb wie auch die Inhalte, aber darauf kam es nicht so sehr an, wir waren stolz auf das Erscheinen des Heftes, das bei den Gruppen, zu denen wir Verbindung hatten, Resonanz fand. Mit der Herausgabe dieser ersten Nummer der Zeitschrift „Horte“ datierten wir nachträglich auch die Gründung unseres Bundes. Wie dieser Freundeskreis „Horte“ zu einem eigenständigen Jungenschaftsbund wurde, dies fiel in etwas spätere Jahre.

6. Die „Jahre des Werdens“ im Rückblick

Es bleibt müßig zu überlegen, wie es gewesen wäre, wenn ich diese Jahre nicht in der Lehreroberschule Nagold im Internat verbracht hätte, vielmehr zum Abitur an einem Gymnasium in Reutlingen gekommen und im Elternhaus und Freundeskreis verblieben wäre. Wäre ich der Jungenschaft näher gewesen, hätte ich mich intensiver einbringen können und nicht nur sporadisch und aus der Ferne? Oder trug gerade das Getrenntsein zu einer heimlichen Sehnsucht bei, die nur partiell in Erfüllung ging? Und die noch gelegentlich heute gestellte Frage, ob ich gerne im Internat gewesen sei, ob ich diese Jahre positiv einschätze, sie ist immer noch nicht eindeutig zu beantworten. Da waren die Einschränkungen des Internatsbetriebs, die Reglementierungen des Alltags, die einengend empfundene Atmosphäre, aber zugleich ergab sich, geradezu als Notwendigkeit, die Suche nach Auswegen und Freiräumen, nach Themen und Aktivitäten, um sich eine eigene, wenn auch reichlich fiktive Welt zu schaffen, wie die der Nabelidee, oder das sich Einlassen auf außenseiterische Literatur, Kunst und Tiefenpsychologie, oder dem Nachsinnen einer bündischen Idee, einer Bundesgründung. Im übrigen bedeuteten die Jahre alles in allem keine unglückliche oder gar leidvolle Zeit, eigentlich überwog immer eine positive Sicht auf die Geschehnisse, der schulischen wie des Zusammenlebens. Trotzdem, als im Frühjahr 1960 das Abitur gefeiert wurde und sich die Türen des Internats hinter uns schlossen, da stellte sich ein unbändiges Gefühl der Freiheit, des Freiseins ein.

Aber welche Freiheit wartete da? Gesellschaftlich gesehen waren die zurückliegenden Jahre die des sogenannten Wirtschaftswunders und dem allmählich vollzogenen Wiederaufbau nach der Katastrophe, Jahre der Restauration, der materiellen wie der geistigen, Jahre des sich mit der Gegenwart und dem aufkommenden Wohlstand Begnügenden, kein Blick zurück auf Krieg und Hitler-Diktatur und auch nicht nach vorn, „Keine Experimente", wie ein parteipolitischer Slogan lautete. Gesamtpolitisch standen Antikommunismus und „Kalter Krieg" im Vordergrund, und auch die Wiederbewaffnung und Gründung der Bundeswehr wurde hingenommen mit nur zögerlichen Ansätzen eines Protestes. Das Gros der Menschen erfreute sich des geschaffenen Wohlstands, die Motorisierung nahm ihren Lauf, erst die Kleinkrafträder, dann die schwereren Motorräder, erst die Kleinwagen, dann die repräsentativeren Modelle. Der Tourismus wuchs mit, zunächst noch Schwarzwald oder Nordsee, dann Österreich und Tirol, alsbald Italien und wieder Italien.

Und die Situation der Jugendlichen, der im Krieg und unmittelbar danach Geborenen? Ohne auf soziologische Beschreibungen und Analysen, etwa Helmut Schelskys „Skeptischer Generation" einzugehen, ein literarisches Zeugnis bringt bereits im Titel ein mir charakteristisch erscheinendes Moment zum Ausdruck: „Sonntags Kino"[21] von Jürgen Theobaldy. Mit zwei Worten wird zusammengefasst, was diese 50er-Jahre, besonders die der zweiten Hälfte, für den Jugendlichen bedeuteten, nämlich Langeweile, Verdruss, Frust, das Fehlen von Begeisterung, von Dynamik und Bewegung. Die aufkommende

Attraktivität von Nietenhosen, Lederjacken, Rock and Roll und anderer Attitüden der so genannten „Halbstarken“ und den damit verbundenen Krawallen ergeben noch keine neue Jugendkultur. Neue Jugend*bewegungen* sind noch in weiter Ferne. – Dem steht nicht entgegen, dass Gruppen und Bünde in der Tradition der alten Jugendbewegung wieder auflebten, sogar in Blüte standen, so beim „Überbündischen Treffen“ eindrucksvoll erlebt. Aber wie schon im Wandervogel und in der späteren Weimarer Zeit, die Angehörigen der Bünde bildeten immer nur eine verschwindende Minderheit unter den Jugendlichen ihrer Generation.

Wenn schon eine Bilanz dieser fünf Internatsjahre gezogen werden soll, so mag sie in der Tendenz positiv ausfallen: Zu einer Zeit, die so wenig bewegt war, die eher armselig ihren Lauf nahm, arm an geistigen Impulsen, an gestalterischen Ideen für eine Gegenwart und Zukunft, gerade da konnte das Internat einen Kontrast bieten, eher ungewollt als intendiert, konnte Anregungen und Einsichten ermöglichen, die lebendiger waren, konnte Individualität und Bildung fördern, eher nachhaltiger als draußen herkömmlichen Schulen möglich.

IV. Studienjahre – Lehrerjahre – Studienjahre – Bündische Jahre

1. Am Pädagogischen Institut in Esslingen am Neckar

Wenn man in den 50er-Jahren und auch noch ein gutes Jahrzehnt später an einer Lehreroberschule, bzw. nach deren Umbenennung, an einem Staatlichen Aufbaugymnasien mit Heim in Baden-Württemberg zum Abschluss gekommen ist, dann war eigentlich bereits vorgegeben, dass sich, in der Tradition des einstigen Lehrerseminars, auch ein Lehrerstudium anschloss. Für mich gab es kurzzeitig Überlegungen für ein Lehramtsstudium an Höheren Schulen mit den Fächern Deutsch und Biologie, eine Kombination, die damals jedoch gar nicht möglich war, oder auch für das Fach Psychologie, das aber ohne Berufsaussichten schien, und schließlich noch für Medizin, was als besonders langwierig und teuer galt. Nachdem bis auf zwei der ehemaligen Mitschüler sich alle für das Studium zum Volksschullehrer an einem Pädagogischen Institut entschieden hatten, schloss ich mich wie selbstverständlich an. In Südwürttemberg kamen als Studienorte in der Regel entweder Weingarten im Oberschwäbischen oder Esslingen am Neckar in Frage, eventuell auch Stuttgart. Nahezu hälftig verteilte sich unsere einstige Nagolder Klasse auf die beiden erstgenannten Städte.

Zwar bezeichnete man die Ausbildung an den Pädagogischen Instituten als Studium, in Wirklichkeit kam sie eher einem Fachschulbesuch gleich, mit einer Dauer von nur vier Semestern, einer vorlesungsfreien Zeit, kaum länger als die üblichen Schulferien, mit vorgegebenen Stundenplänen und alphabetisch eingeteilten Seminargruppen, aus organisatorischen Gründen zugleich nach Konfessionen, das Fach Theologie war schließlich verpflichtend für alle. Verpflichtend waren ebenso die Fächer Psychologie und Soziologie, selbstverständlich auch Pädagogik, unterteilt in Allgemeine Unterrichtslehre und Geschichte der Pädagogik, dazu Methodik in allen Fächern der Volksschule, einschließlich Musik, Sport, Bildende Kunst, Werken und schließlich ein Wahlfach mit vier Semesterwochenstunden. Der Allround-Volksschullehrer, der sämtliche Fächer unterrichten können sollte und dies auch an „wenig gegliederten" Land- und Einklassen-Schulen, das war das Ziel der Ausbildung. Erst im Jahre 1962, zu eben dem Zeitpunkt, als ich bereits mit dem „Zeugnis über die Erste Prüfung für das Lehramt an Volksschulen" Baden-Württembergs das Pädagogische Institut Esslingen verließ, wurden hier als letztem aller Bundesländer Pädagogische Hochschulen mit einem sechssemestrigen Studium eingeführt. In einer Feierstunde hatte der Vertreter der Landesregierung in einer jener typischen Sonntagsreden voll Stolz betont, Baden-Württemberg habe so lange zugewartet, die Lehrerausbildung an Hochschulen zu etablieren, um alle anderen Orts gemachten positiven Erfahrungen einbringen zu können. Und es hat noch einmal fast fünfzig Jahre gedauert, bis 2010 für alle Lehrämter, also auch für die an Grund-, Haupt- und Realschulen ein achtsemestriges Studium realisiert wurde. Das dreigliedrige Schulsystem aber besteht immer noch, quasi gottgegeben, fort, zwar derzeit in Aufweichung begriffen mit der Schaffung von Gemeinschaftsschulen.

Als eben frisch zum Abitur gelangter Student hatte man bestimmt keine Zweifel an der Richtigkeit der Schulsysteme und der Lehrerausbildung. Vieles war einfach neu, besonders wenn man aus einer Internatsgemeinschaft kam, deren Zwänge man zwar oft beklagt hatte, man jetzt aber auch mit den Freiheiten und Unsicherheiten des studentischen Alltags zurecht kommen musste. Das begann mit der Zimmersuche in einer bis dato fremden Stadt, da waren Kommilitonen unterschiedlicher geographischer und mehr noch mentaler Herkunft, vor allem waren Kommiliton*innen* neu und ungewohnt im Anschluss an fünf Jahre Jungeninternat, und natürlich neu auch der Vorlesungs- und Seminarbetrieb mit Referaten und Hausarbeiten. Über die Lehrkräfte wären neben viel Belanglosem mancherlei Absonderlichkeiten zu berichten, teils handelte es sich um ehemals bewährte Schulmeister, die sich irgendwie fortgebildet hatten, teils aber auch um voll akademisch ausgebildete und wissenschaftlich ausgewiesene Dozenten und Professoren. Für mich blieben es nur wenige Personen, die mir in diesen vier Semestern auf unterschiedliche Weise bedeutsam wurden.

Im Fach Psychologie gab es einen Dozenten, der vermutlich die Gebiete der Entwicklungs- und Lernpsychologie, der Kinder- und Jugendpsychologie, kurz, eine Pädagogische Psychologie hätte vertreten sollen, was er aber nur sehr eklektizistisch und mehr schlecht als recht zu Wege brachte, statt dessen schwerpunktmäßig immer wieder auf Graphologie zu sprechen kam, der pädagogischen Legitimität wegen die Schülerhandschrift eingeschlossen. Hier war er Kenner, hier verfügte er über reichhaltiges Anschauungsmaterial, hier konnte er Fall- und Schicksalsgeschichten zum Besten geben mit geradezu schauspielerischem Talent. Wenn er etwa die Konstitutionstypen nach Ernst Kretschmers „Körperbau und Charakter" vorstellte und den Typus des Pyknikers ansprach, so kam dies in etwa einer Inszenierung seiner selbst gleich. Und wenn es von ihm hieß, er sei im Kriege Wehrmachtspsychologe gewesen, hätte Bücher über psychologische Typenlehren verfasst und sei nebenbei als graphologischer Gutachter tätig, so schien das plausibel. Jedenfalls konnte er mich für Graphologie begeistern, sodass ich mich weit über das geforderte Maß hinaus damit befasste und mir selbst eine Sammlung an Schriftproben zulegte, die nach und nach zu einem beachtlichen Umfange angewachsen ist.

Heute wird Graphologie innerhalb der Psychologie nicht als Wissenschaft, schon gar nicht als exakte, erachtet, wie überhaupt eine Disziplin, die sich einst Charakterologie nannte, in dieser Form nicht mehr existiert. Auch über die Konstitutionsforschung im Sinne Kretschmers, die dem Leib-Seele-Zusammenhang galt, ist die Zeit, sind Psychologie und Medizin hinweggegangen. Die Thematik, wo sie denn überhaupt noch im Blick ist, wird mit anderen, differenzierteren Methoden angegangen. Dass sich dabei neue Erkenntnisse ergeben, andere zugleich verlustig gehen, dies gehört zum Schicksal wissenschaftlicher Entwicklungen. Ähnlich ist es der Graphologie ergangen; vielleicht betrachtet man sie besser als Schriftdeutung oder -interpretation, die, wie alle hermeneutischen Verfahren nicht völlig subjektiv und willkürlich, auf methodischen Prinzipien beruhen, zusätzlich aber immer auch einer gewissen Intuition und Kunst bedürfen. Für den mit graphologischem Sehen und Denken Vertrauten ergeben sich aus der Handschrift jedenfalls Hinweise auf die Persönlichkeit des Schreibers, die zu einem besseren Verständnis des betreffenden Menschen beitragen können. Auch und gerade bei Jugendlichen konnte ich an Hand der Schrift gelegentlich Entwicklungsmöglichkeiten sicherer abschätzen, im Zeichen elektronischer Kommunikation eine Gegebenheit, die sich mehr und mehr verlieren wird.

Einem deutlich solideren Dozenten, in wissenschaftlicher wie menschlicher Hinsicht, begegnete ich in meinem Wahlfach Biologie, Karl Haug. Er war Verfasser mehrerer Schulbücher für den Naturkundeunterricht an Volksschulen unter dem Titel „Naturkundliche Arbeitshefte", die sich vorwiegend am jahreszeitlichen Lauf der Natur orientierten und weniger an biologischer Systematik, um so die Schüler bei der Erkundung der jeweils aktuell vorfindlichen Flora und Fauna anzuleiten. Das eigenständige Erkunden der Natur, das selbstständige Beobachten, Entdecken, Finden und Forschen, und nicht der Erwerb von in Büchern vorgefundenem Wissen, war sein methodisch-didaktisches Credo. Hier war er typischer Vertreter einer Arbeitsschul-Pädagogik im Sinne Kerschensteiners. Der tätige Umgang mit der lebendigen Natur, am unmittelbaren, den Sinnen zugänglichen Objekt, hatte absoluten Vorrang gegenüber einer „Kreidebiologie", eines Unterrichts mit Einsatz von Medien, Modellen, Präparaten und was ihm der Surrogate mehr waren. In dieser Beziehung vertrat er einen Absolutheitsanspruch, kannte keinerlei Kompromisse, gebärdete sich intolerant, ja fanatisch. Er bestand bei allen Studierenden des Faches auf einer ausgedehnten Artenkenntnis der heimischen Pflanzen- und Tierwelt, über die er selbst souverän verfügte. Mir bereiteten diese Anforderungen keinerlei Schwierigkeiten, im Gegenteil, ich konnte meine Pflanzen-, Tier- und speziell Insektenkenntnisse unter seiner Anleitung erheblich ausweiten.

Als Thema meiner Zulassungsarbeit zum Staatsexamen wählte ich ein Gebiet aus der mir vertrauten Biologie der Schmetterlinge. Bei einigen einheimischen Arten ist ein sogenannter Saisondimorphismus zu beobachten, d. h., der Frühjahrsgeneration kommt eine andere Färbung, auch ein anderes Flügelmuster zu, als der im Herbst lebenden. Ein unter dem Namen „Landkärtchen" (Araschnia levana) bekannter Falter gilt als Paradebeispiel für dieses Phänomen. Vermutlich sind dafür in erster Linie unterschiedliche Temperaturverhältnisse und Tageslängen im Raupenstadium evtl. auch während der Puppenruhe verantwortlich. Um dies nachzuprüfen und experimentell zu verändern und zu variieren, setzte ich verschiedene Schmetterlingsarten (Tagpfauenauge, Kleiner Fuchs) im Verlaufe ihrer Entwicklung jahreszeitlich konträren Temperaturen aus. Methodisch waren diese Versuche höchst dilettantisch, da dem Fach Biologie jedwede Ausstattung für biologische Experimentalarbeiten fehlte. Im Haushaltskühlschrank bzw. in einer provisorischen Wärmebox ließen sich keine kontrollierten Temperaturreize herstellen und Messungen durchführen. Die hypothetisch erwarteten Ergebnisse traten denn auch kaum ein. Nebenbei stellte sich heraus, dass ein nicht geringer Teil der Raupen von verschiedenen Parasiten befallen war, u. a. von Schlupf- und Zehrwespen (Ichneumonoidea; Chalcidoidea), deren Entwicklung ich verfolgen und dokumentieren konnte. Insgesamt kam die Arbeit beim Dozenten gut an, war sie doch beispielhaft für „einen tätigen Umgang mit der lebendigen Natur". Im Rückblick bleibt erstaunlich, dass ich ein Schlusskapitel „Naturschutz" angefügt hatte mit einem Hinweis auf den Artenschwund und der Feststellung „wie unser Bestand an Tagfaltern von Jahr zu Jahr kleiner wird", so geschrieben im Oktober 1961, nicht ahnend, dass sich dieser Trend in den folgenden fünfzig Jahren unaufhaltsam fortsetzen würde.

Wieder von ganz anderer Art war die Begegnung mit dem Dozenten in Soziologie, Albrecht Müller, der für dieses Fach zwar keine akademische Qualifikation besaß, was aber von den Studierenden kaum bemerkt werden konnte, vielmehr ausgewiesen war in Germanistik, Romanistik und Geschichte nebst einer Dissertation über Friedrich Julius Stahl[1] – ein solch fachfremdes Unterrichten blieb zu dieser Zeit kein Einzelfall an Pädagogischen Instituten. Er vertrat jedoch das Fach, jedenfalls für angehende Lehrer, in einer Weise, die durchaus Sinn machte, in dem er sich schwerpunktmäßig mit Jugendsoziologie befasste, vielfach unter Rückgriff auf literarische Zeugnisse von der Klassik bis zur Gegenwart, aber auch auf allgemein gesellschaftliche Zeitdiagnosen, etwa das damals schon klassische Werk von David Riesman „Die einsame Masse“, insbesondere dann auf Helmut Schelskys Buch „Die skeptische Generation“. Darin findet sich im ersten Kapitel unter „Die Jugend in der modernen Gesellschaft“ das Teilthema „Die Generation der Jugendbewegung“, ein Thema, bei dem ich mich lebhaft zu Wort melden konnte, da ich in mancher Gegnerschaft zu Schelskys Ausführungen stand, mehr noch zu der ebenfalls herangezogenen Dokumentensammlung von Harry Pross „Vom Wandervogel zum Jungenstaat“[2], in der die Jugendbewegung, vereinfacht ausgedrückt, als Wegbereiter des Nationalsozialismus erscheint. Hier kämpfte ich vehement dagegen an, verfügte über reichlich Detailwissen, konnte mich profilieren mit speziellen Kenntnissen und Argumenten. In der Folge wurde ich vom Dozenten im Anschluss an ein Seminar angesprochen und eingeladen, das Thema privat weiter zu diskutieren.

Dies war der Beginn einer Verbindung mit Albrecht Müller, die volle dreieinhalb Jahrzehnte bis zu seinem Tode 1995 bestand. Er war eher Literat denn Wissenschaftler, war in einem Maße belesen wie niemand, dem ich sonst je begegnet bin. Als Junggeselle, Hochschullehrer und Liebhaber schöngeistiger Kultur standen ihm bei allem beruflichen Engagement Zeit und Muße reichlich zur Verfügung. Ihm verdanke ich eine Reihe von Gesprächen über Literatur-, Kunst- und Geistesgeschichte, u. a. den mir wertvollen Hinweis auf Egon Friedells „Kulturgeschichte der Neuzeit“. Nicht minder schätzte ich seine Lektüreempfehlungen zu den eher abseitigen französischen Autoren wie Louis-Ferdinand Céline, Jean Genet, Michel Tournier, aber auch seine Begeisterung für zeitgenössische Lyrik, uneingeschränkt die von Gottfried Benn, gefolgt von Paul Celan und Hans Magnus Enzensberger. Bald kam auch zur Sprache, dass er selbst Gedichte schrieb, eines der ersten, die er vortrug, lautete „Traumstadt Olivia“: „Der Harlekin mit der grünlichen Flöte / Die Taube, die nicht mehr flattern kann / Farben mehr als rot, die eilends zerschmelzen / Und die großen goldenen Drachen / Über der Märchenstadt / All dies ist / Die Traumstadt Olivia, / Die sich sehr rasch zurückzieht. / Sie versinkt im Wasser, / Prinz und Prinzessin / Winken noch lange.“ Ich war von dieser surreal-phantastischen Bilderwelt unmittelbar fasziniert, hörte gerne den Rezitationen des Autors zu und bestätigte ihn in seinem lyrischen Schaffen. Dass daraus einige Publikationen hervorgingen, die ich anregte und herausgab, fiel in eine spätere Zeit, die lange nach meinem Studienabschluss am Pädagogischen Institut Esslingen lag.

2. Jahre als Volksschullehrer

Während man nach bestandenem Lehramtsexamen als junger Volksschullehrer in der Regel weder Anspruch noch Einfluss auf die Zuweisung eines bestimmten Schulorts hatte und mit hoher Wahrscheinlichkeit damit rechnen musste, an einer Dorfschule in ländlichem Raum eingesetzt zu werden, hatte ich das Glück, jedenfalls empfand ich es so, in Esslingen, dem Studienort, den Schuldienst als „außerplanmäßiger Hauptlehrer“ antreten zu können, so die offizielle Bezeichnung. Vermutlich hatte der Rektor der Schule Beziehungen zu meinem vormaligen Biologiedozenten und der wiederum ins Oberschulamt, sodass mir diese Stelle zukam, an der ein Lehrer gesucht wurde, der Naturkunde als Fachlehrer in den Oberklassen unterrichten, dazu einen Schulgarten betreuen sollte. Als Klassenlehrer bekam ich eine 4. Grundschulklasse zugeteilt, in der wichtig war, auf die Aufnahmeprüfung für die höheren Schulen vorzubereiten – der unterrichtliche Erfolg des Lehrers bemaß sich an der Höhe der Übertrittsquote, auch wenn dies unausgesprochen blieb.

Mit Abschluss der Ersten Dienstprüfung schloss sich 1962, und noch lange danach, nicht etwa ein Referendariat oder sonstwie ein Vorbereitungsdienst an, nein, der Junglehrer hatte sogleich mit vollem Deputat eine Klasse eigenverantwortlich zu führen, wobei seine schulpraktischen Erfahrungen doch äußerst begrenzt waren. Während der Ausbildung gab es nur einmal ein vierwöchiges Schulpraktikum, dazu einige wenige eigene Unterrichtsversuche, Lehrproben genannt, und nun stand man recht plötzlich vor einer Klasse, fand sich 40 und mehr Kindern gegenüber, hatte Woche für Woche 28 Stunden Unterricht vorzubereiten und zu halten, musste für Gespräche mit den Eltern zur Verfügung stehen, die oft nicht viel älter waren als man selbst. Was man aber als junger Lehrer als Vorzug und Vorteil mitbrachte, mangelnde Erfahrung und Kompetenz gleichsam kompensierend, das war die Jugendlichkeit, ein Jungsein, das bei den Schülern ankam, Resonanz fand und den Zugang zu ihnen, vor allem den emotionalen, erleichterte und eine pädagogische Atmosphäre begünstigte, sowohl bei den Grundschulkindern wie in den Oberklassen.

Dieser Vorteil war besonders in einem Kollegium gegeben, das in der Altersstruktur eher Richtung Pensionsgrenze zeigte, wobei ich zu relativieren habe, denn als Anfang Zwanzigjähriger hielt man die Kollegen mittleren Alters schon für „sehr alt". Auch wenn die unterrichtliche Vorbereitung in den ersten Wochen und Monaten und eigentlich das ganze erste Schuljahr über enorm viel Zeit in Anspruch nahm, sowohl im Stofflichen wie im Methodischen, so bereitete der Unterricht besonders mit diesen zehnjährigen Viertklässlern viel Freude. Diese Altersstufe wurde in der Entwicklungspsychologie gelegentlich als „reife Kindheit" bezeichnet, nicht mehr Kleinkind und Kind, aber auch noch ohne Anzeichen beginnender Pubertät, noch ohne narzisstische Selbstbespiegelungen oder irritiert durch Reflexionen über die eigene Person, mit großer Unbekümmertheit und Sicherheit, kurz, mit sich und der Welt im

Reinen, was nicht bedeutet, dass diese Phase ganz ohne Probleme und Schwierigkeiten bliebe.

Besonders im Fach Heimatkunde konnten die Schüler motiviert werden, war ihr Wissens- und Erkundungsdrang kaum zu bremsen. Im Sommerhalbjahr lag der Schwerpunkt auf naturkundlichen Themen, dem Kennenlernen der Lebensgemeinschaften von Wiese, Wald, Bach, Tümpel, Wegrand und was sonst an Biotopen in unmittelbarer Nähe der Schule zugänglich war. Auch für das Pflanzen und Ernten im Schulgarten waren sie zu begeistern, Themen wie Nahrung, Ernährung und Gesundheitserziehung schlossen sich zwanglos an. Dass ein Raupenkasten im Klassenzimmer zugegen, verstand sich von selbst und wenn kurz vor den Sommerferien am frühen Morgen die Falter aus ihren Puppenhüllen schlüpften und in der ersten Stunde ins Sonnenlicht entlassen werden konnten, so waren das besondere Höhepunkte im Alltäglichen des Unterrichts. Durchbrochen war der Schulalltag auch von Lerngängen und Wandertagen, mehr als im Kollegium üblich, um sich neben den naturkundlichen Themen auch den geographischen und historischen Gegebenheiten der näheren Umgebung zu widmen.

Noch stand der Heimatkundeunterricht nicht in der wenige Jahre später einsetzenden Kritik, die ihn als Heimattümelei im Gefolge einer Blut- und Bodenideologie, als affirmativen Anpassungsunterricht an bestehende gesellschaftliche Strukturen diffamierten. Gewiss, an der traditionellen Heimatkunde der Weimarer Zeit konnte etwa nach dem Sputnik-Schock von 1957 Kritik angebracht sein und eine stärkere Wissenschaftsorientierung gefordert werden, ohne sich unmittelbar den aufkommenden, aus den USA importieren Struktur- und Verfahrensorientierten Curricula zu verschreiben, denen das Kind und seine Umwelt vielmals aus dem Blick geraten waren, stattdessen die Struktur der Wissenschaft („structure of the disciplin“) dominierte.[3] Mag es anmaßend erscheinen, wenn ich in dem von mir gestalteten Heimatkundeunterricht einen Sachunterricht vorwegnahm, der Kind *und* Sache *und* Umwelt gleichermaßen in Blick nahm, ohne zu behaupten, dass dieses Ideal immer ausgewogen Verwirklichung fand. Im übrigen gerieten mir Schule und Unterricht gewiss nicht zur reformpädagogischen Idylle. Da waren die wenig befriedigenden Übungsstunden in Deutsch und Mathematik zur Vorbereitung auf die weiterführenden Schulen, da galt es Disziplinprobleme zu bewältigen, bei einem hohen Anteil von Schülern aus einem Umfeld, das heute als „sozialer Brennpunkt" bezeichnet würde.

Einer dieser zehnjährigen Jungen mit eben solch dissozialem Hintergrund ist mir noch deutlich vor Augen; er war polizeilich auffällig geworden, weil er über längere Zeit in der Nähe des Freibades gleichaltrigen oder jüngeren Kindern aufgelauert hatte, um ihnen das Eintrittsgeld gewaltsam abzunehmen. Ich hatte nach Bekanntwerden der Vorfälle mit dem Szondi-Test Triebprofile von ihm aufgezeichnet, bei denen er mit traumwandlerischer Sicherheit auf sämtliche Bildvorlagen aus dem Bereich der Sexual- und Gewalttäter positiv reagierte, dagegen im Ich-Bereich konstant Nullreaktionen zeigte, eine ungünstige Schicksalsprognose, die in Richtung Kriminalität deutete. Es bliebe wünschenswert, die Testaussagen hätten sich als unzutreffend erwiesen. Ich hatte aber nie mehr etwas von seinem weiteren Schicksal erfahren, wie ich überhaupt von keinem der Schüler nach Ende ihrer Grundschulzeit je wieder etwas gehört habe; heute müssten diese Zehnjährigen etwa im 60. Lebensjahr stehen, paradoxerweise, und doch nicht anders möglich, sehe ich immer noch die Gesichter von damals vor mir.

Der Fachunterricht in Naturkunde in den Klassen 7-9 gestaltete sich schwieriger, man kam wöchentlich nur zwei Stunden in die Klassen, die Schüler kannten bislang Biologie meist aus Büchern und Filmen, kannten einen mehr oder weniger autokratischen Unterrichtsstil, taten sich mit Freiräumen eines offenen und selbsttätigen Unterrichts anfänglich schwer. In Klasse 8 war im Lehrplan überwiegend „Menschenkunde" vorgesehen, ein Interesse am Körper, an leiblichen und sinnlichen Erfahrungen war in diesem Alter natürlicherweise gegeben. Ein Mädchen, deren Eltern eine eigene Metzgerei führten, besorgte umstandslos die jeweils benötigten Organe von Schlachttieren, sodass Bau und Funktion etwa von Herz, Lungen, Kehlkopf, Augen „am unmittelbaren Objekt“ beobachtet und experimentell erkundet werden konnten. Wie sich ein solcher Unterricht im Detail abspielt, das hatte man im Wahlfach beim Biologiedozenten gelernt und erprobt, und wer nicht selbst auf diese Weise unterrichtet oder wenigstens einmal Schüler bei ihrem tätig-forschenden Arbeiten erlebt hat, der macht sich meist falsche Vorstellungen, etwa in Richtung Tabuverletzungen, Aversion und Ekel, Vorurteile, die unzutreffend bleiben, die sich aber auch nicht in Kürze und nicht auf dem Papier ausräumen lassen, vielmehr nur durch die Praxis zu revidieren sind.

Das 9. Schuljahr war landesweit noch gar nicht eingeführt, vielmehr handelte es sich um Schul- oder Modellversuche in einer Erprobungsphase ohne entsprechende Lehrpläne, sodass inhaltlich nahezu unbegrenzte Freiheiten in der Wahl der Themen gegeben waren, die man mit diesen 15-jährigen Schülern anging, nur irgendwie „lebenskundlich“ sollte der Unterricht ausgerichtet sein. Was ich im Einzelnen aufgriff, ist mir nicht mehr gegenwärtig, jedenfalls zählten Themen wie die Kretschmer'schen Konstitutionstypen dazu, auch Berichte über sogenannte Wolfskinder; beide Male dienten anspruchsvolle Filme als Grundlage für weiterführende Erörterungen. Nicht zuletzt spielten Fragen der Geschlechtererziehung eine Rolle, damals ein Gebiet, das die gesamte Schulzeit über nicht existierte – Schulkinder hatten eben geschlechtslos zu sein. Und schließlich konnte man diese Neuntklässler – es waren nur Jungen – auch für Gartenarbeiten motivieren, dies nicht nur, wenn es ums Ernten ging. Der Schulgarten bereitete im Übrigen keine besonderen Probleme, ich war von Haus aus mit Gartenarbeit vertraut, zudem unterstützte mich ein pensionierter Kollege tatkräftig, dessen Hobby wohl das Gärtnern geblieben war, auf den auch die gesamte Schulgartenanlage zurückging. Immerhin hatte ich so nebenbei die Praxis, auch Problematik der Schulgartenarbeit kennen gelernt und konnte später mit Studierenden und Ausbildungslehrern mehrmals einen Schulgarten einigermaßen kompetent anlegen, zu einer

Zeit als ökologische Themen und Handlungsfelder wieder verstärkt Einzug in die Schulen hielten, nachdem sie zwischendurch nahezu verschwunden waren.

In meinem zweiten Lehrerjahr wollte es der Zufall, dass ich wieder eine vierte Klasse zu übernehmen hatte, auch den selben Fachunterricht. Zunächst schien mir dies als Privileg und Glücksfall, verminderte sich doch dadurch die Vorbereitung um ein Vielfaches, ich brauchte nur auf das zurückzugreifen, was im Schuljahr zuvor erfolgreich war. Eine gewisse Bequemlichkeit hatte wohl verhindert, dass ich thematische oder methodische Varianten erprobte, stattdessen beschäftigte ich mich lieber mit Tiefenpsychologie, besuchte an dem eben jüngst zur Hochschule mutierten Pädagogischen Institut bei ehemaligen und neu berufenen Dozenten als Gasthörer Veranstaltungen zu Themen der Pädagogischen Anthropologie und Psychologie. Alles in allem, ich bemerkte nur zu deutlich, wie rasch Schule und Unterricht in Routine erstarren können und damit an geistiger und pädagogischer Herausforderung verlieren, trotz aller Freude und Befriedigung, die mir der Umgang mit den Schülern bedeutete. So entstand im Verlaufe meines zweiten Lehrerjahres zunehmend das Bedürfnis nach einem weiteren Studium.

3. Zweitstudium an der Universität Tübingen

Wie nach dem Abitur, so kam für kurze Zeit noch einmal der Gedanke auf, Psychologie oder Medizin zu studieren im Hinblick auf eine Ausbildung zum Psychotherapeuten. Wieder blieb es beim Gedankenspiel, denn eigentlich fühlte ich mich in der Pädagogik zu Hause. Nun gab es an der Universität Tübingen, und nur dort, einen Studiengang, der abschloss mit der „Höheren Prüfung für den Volksschuldienst“[4]. Er ging zurück auf ein Württembergisches Volksschulgesetz von 1909, war eingerichtet für besonders qualifizierte Lehrer, die ja einstmals keine Hochschulreife besaßen und die mit dieser Prüfungsordnung die Möglichkeit erhalten sollten, sich an der Universität zu immatrikulieren und zwar für die Fächer Pädagogik, Philosophie und einem Wahlfach aus dem Kanon der Schule, um danach Führungsaufgaben in der Lehrerbildung oder der Schulaufsicht zu übernehmen. Diese Prüfungsordnung war bereits zu Beginn meines Studiums nicht mehr zeitgemäß, sie galt aber faktisch unverändert fort noch fast bis ins Jahr 2000, blieb gegen Ende völlig bedeutungslos, da inzwischen in den Erziehungswissenschaften eine Reihe qualifizierender Studiengänge mit entsprechenden Abschlüssen wie Diplom, Magister oder Staatsexamen vorhanden waren.

Als ich mich zum Sommersemester 1964 für diese „Höhere Prüfung" einschrieb, zuvor einen Antrag auf Entlassung aus dem Beamtenverhältnis stellen musste, befand ich mich wider Erwarten unter einer relativ großen Zahl von Studienanfängern, es könnten zwischen 20 und 30 gewesen sein, allesamt zuvor Volksschullehrer mit mindestens zwei Jahren Tätigkeit im Schuldienst, allesamt mit überdurchschnittlichen Prüfungsergebnissen und dienstlichen Beurteilungen, allesamt, ohne dass das je eingestanden wurde, mit einem gewissen Ehrgeiz, sich wissenschaftlich für „höhere" Positionen in pädagogischen Feldern zu qualifizieren. Neben der obligaten Pädagogik und Philosophie und in Teilen auch Psychologie belegte ich Biologie als Wahlfach, eine Kombination, die sich als sehr zeitaufwändig herausstellte, da in Botanik und Zoologie jeweils umfangreiche Praktika anstanden. Es war ein anstrengendes erstes Semester, wie überhaupt das Studium insgesamt sich anstrengend erwies, wenn man in acht Semestern zum Abschluss kommen wollte. Auch hatte ich das Große Latinum nachzuholen, zusammen mit Exkursionen und Praktika in Biologie eine immense zeitliche Belastung, die auf Kosten des Studiums im eigentlich zentralen Fach, der Pädagogik, ging, derentwegen ja das Studium aufgenommen wurde.

Den Lehrstuhl für Pädagogik hatte Andreas Flitner inne, ausgewiesen in Historischer und Allgemeiner Pädagogik, mit den weiteren Schwerpunkten Pädagogische Anthropologie, Kinder- und Jugendforschung, gesellschaftliche Bedingungen der Erziehung, sowie Schul-, Hochschul- und Bildungspolitik.

Was an seinen Veranstaltungen besonders zu schätzen war, er konnte durch die jeweiligen Themen längsschnittartig Schneisen schlagen, die historische Zusammenhänge und kulturgeschichtliche Dimensionen sichtbar machten. Auch verstand er es, aus den verschiedenen Nachbardisziplinen Beiträge in die Pädagogik fruchtbar einzubringen, ebenso Texte und Themen aus unterschiedlichen Perspektiven zu einem bestimmten Problemkreis zu versammeln und in Auswahlbänden herauszugeben. Seine Publikationen waren entsprechend erfolgreich, waren wissenschaftlich genau und doch gut lesbar, wurden gelegentlich zu Best- und Longsellern, insbesondere dort, wo sie sich zu hochschuldidaktischer Verwendung anboten. In Fragen aktueller Bildungspolitik meldete er sich durchaus kritisch zu Wort, in einer im Bildungswesen verkrusteten Landschaft eher mit bescheidener Resonanz.

Der weitere Lehrstuhlinhaber war doppelt habilitiert, sowohl in Pädagogik wie in Philosophie, Otto Friedrich Bollnow, der sich jedoch mehr und mehr auf Philosophie verlegte, bei meinem Studienbeginn aber noch in seiner Hauptvorlesung eine „Geschichte der Pädagogik" anbot, wenn ich mich recht erinnere, von Comenius über Rousseau bis zu Pestalozzi und den Philanthropen. Dies empfand ich als guten Einstieg in ein vertieftes Studium der Pädagogik, auch wenn man im dazugehörigen Begleitseminar des Assistenten eine Menge an Literatur zu bewältigen hatte, etwa innerhalb zwei Wochen den „Emile" zu lesen und eine Arbeit über den Naturbegriff bei Rousseau zu fertigen. In den folgenden Semestern besuchte ich ziemlich regelmäßig die Veranstaltungen von Bollnow, in Pädagogik wie in Philosophie. Was er vortrug und was in seinen Seminaren erörtert wurde, das zeichnete sich immer durch ein außergewöhnliches Engagement aus, eine geradezu leidenschaftliche Identifikation mit dem, wovon die Rede war, eine affektive Betroffenheit vom Gegenstand, der den Hörern nahegebracht werden sollte. Überhaupt, der Begriff des „Engagement", der in Bollnows Auseinandersetzung mit der französischen Existenzphilosophie, ja in seiner Philosophie durchgängig wichtig war, wurde mir erst durch seine Person voll verständlich. Und wie seine Veranstaltungen überzeugend und wahrhaftig wirkten, intellektuell redlich und ganz eigenständig, so auch seine Veröffentlichungen, darunter die als klassisch zu bezeichnenden Schriften wie „Das Wesen der Stimmungen“, „Existenzphilosophie und Pädagogik“, „Mensch und Raum“. Er gehörte in diesen Jahren über das Fach Philosophie hinaus gewiss zu den eindrucksvollsten Ordinarienpersönlichkeiten der Universität Tübingen.

Selbstverständlich gab es am Philosophischen und Pädagogischen Seminar jeweils eine Anzahl weiterer Dozenten und wissenschaftlicher Mitarbeiter, die ihre Fachgebiete durchaus erfolgreich vertraten und sich einen Namen machten. Ohne im Einzelnen Personen und Themen zu nennen, die ich im Laufe der Semester gehört habe, soll doch ein Name angeführt werden, ein junger Assistent, nur zwei Jahre älter als ich, Günther Bittner. Er bot regelmäßig Veranstaltungen zum Themenkreis „Pädagogik und Psychoanalyse“ an, die mir allesamt wichtig waren, einmal weil sie inhaltlich das in Blick nahmen, was mich bewegte, das Unbewusste im Menschen, das Ergründen von Tiefendimensionen, das Schicksalhafte im menschlichen Leben, die Bedeutung der „Triebe und Triebschicksale“, so der Titel einer Schrift Freuds, ihre Wandlungen vom Kleinkind bis ins hohe Alter, bei aller Konstanz des Daseins. Natürlich gab es keine letzten Klärungen dieser Themen, aber das Umkreisen der Probleme und ein allmähliches Verstehen, das fand ich in diesen Seminaren gegeben, auch wenn damit eine nachträgliche Überhöhung vorgenommen sein mag, so erleuchtend war denn die damalige Gegenwart mit ihrem Studienstress wohl doch nicht. Des weiteren eindrucksvoll an Günther Bittner war für mich, dass er sich nicht nur theoretisch auf die Psychoanalyse einließ, sondern eine Ausbildung zum Psychotherapeuten absolvierte, was ich heimlich vielleicht immer noch gerne angestrebt hätte, obwohl ich mich anders entschieden hatte.

Auch seine zahlreichen im Laufe der Jahrzehnte vorgelegten Veröffentlichungen schienen mir, so weit ich sie zur Kenntnis nahm, immer originell und provokant in der Art und Weise wie sie ihre Themen angehen, irgendwie gegen den Strich, quer zu gängigen Anschauungen, überaus kritisch, aber nicht destruktiv, vielmehr anregend mit neuen, konstruktiven Überlegungen und Ansätzen. Warum er in der Erziehungswissenschaft keine größere Resonanz und Anerkennung gefunden hat, bleibt merkwürdig und nicht recht verständlich, aber vielleicht ist zuviel des kritischen Denkens, zuviel der Originalität in der Pädagogenzunft, wie in anderen akademischen Disziplinen auch, nicht unbedingt erwünscht. Er selbst fühlt sich, so schreibt er einmal resigniert, „totgeschwiegen" und zwischen den Stühlen sitzend „mal auf dem Lehrstuhl und mal im Lehnstuhl"[5], womit er auf seine Professoren-, zugleich Analytikertätigkeit anspielt. In seinen oftmals autobiographisch getönten Schriften, vielleicht mehr als wissenschaftlichem Renommee zuträglich, bekennt er einmal: „Mein Leben war ein Kampf gegen die Angst", und weiter: „Warum haben Menschen, warum habe ich derart vernichtende Ängste? Ich weiß es immer noch nicht, nach drei Analysen."[6] Ich erwähne diese Passagen deshalb, weil sie in ähnlicher und doch wieder ganz anderer Weise auch auf mich zutreffen könnten, wobei sich mir anstelle einer Analyse verhaltenstherapeutische Lösungen anboten. Aus schicksalsanalytischer Sicht erscheint mir im Nachhinein verständlich, warum mich ab dem ersten Semester die Veranstaltungen von Günther Bittner und des Weiteren seine späteren Bücher auf eine so intensive Weise angesprochen haben, es dürfte einer verwandten Schicksalskonstellation zuzuschreiben sein.

In meinem Wahlfach Biologie gab es keine solch prägenden Begegnungen wie in der Pädagogik einfach aus dem Grund, dass ich Botanik und Zoologie auf Nebenfachniveau studierte und nur die von der Prüfungsordnung geforderten Pflichtveranstaltungen besuchte, was ohnehin schon eine unverhältnismäßig hohe Stundenzahl bedeutete. Erst im Nachhinein wurde mir in vollem Umfange klar, dass es herausragende Biologen ihrer Zeit waren, bei denen ich Vorlesungen und Großpraktika belegte und bei denen ich Examen machte. In einer neueren „Geschichte der Biologie"[7] finden sich ihre Namen und Verdienste, die Botaniker Karl Mägdefrau, als Paläobotaniker bekannt, und Erwin Bünnung, Erforscher von Tagesrhythmik und

„Physiologischer Uhr“ der Pflanzen, der Zoologe Karl G. Grell, als Protozoologe renommiert, und Franz P. Möhres, Spezialist für Echoortung der Fledermäuse. Schließlich habe ich es nie bereut, dieses aufwändige Fach Biologie studiert zu haben, kam es mir doch später in der Zusammenarbeit mit Kollegen im Bereich des Sachunterrichts zugute. Vor allem aber bereicherte es meine Kenntnisse und mein Verständnis der Natur, des Lebens und der Lebenszusammenhänge.

4. Promotion und Assistentenzeit

Gegen Ende des Studiums war eine Zulassungsarbeit zum Staatsexamen vorzulegen; bei der Wahl des Themas achtete man bereits ein wenig darauf, ob sich eventuell eine Fortführung zur Dissertation anbieten könnte. Dass ich die Arbeit in Pädagogik schreiben würde, war bald klar, auch dass die Betreuung durch Andreas Flitner erfolgen sollte. Wünschenswert schien mir die Verbindung mit einem biologischen Themenbereich, etwa mit der Verhaltensforschung, mit Fragen zur Instinkt- und Triebgebundenheit, zur Rolle von Prägung und Modifikation im Verlaufe der Entwicklung und ähnlichen Themen, denen durch die Schriften von Konrad Lorenz zu dieser Zeit eine hohe Popularität zukam, vornean seinem Buch über „Das sogenannte Böse“ (1963), das auch und gerade in der Pädagogik lebhaft diskutiert wurde. Meine Überlegungen bewegten sich in diesem Umfeld, konzentrierten sich dann auf die Anlage-Umwelt-Problematik, speziell im Lichte der Zwillingsforschung. Hierzu lag eine enorme Fülle an Literatur vor, hatte doch schon lange vor der Zeit des Nationalsozialismus, ab etwa Mitte des 19. Jahrhunderts, die im Entstehen begriffene Wissenschaft von Anthropologie und Humangenetik sich dieser Erbe-Umwelt-Debatte verschrieben, im angelsächsischen Raum geführt unter den Stichworten „Heredity and Environment“.

Bei Zwillingen schien klar, dass den eineiigen (EZ) identisches Erbgut zukäme, zweieiige (ZZ) dagegen genetisch nicht anders verwandt wären als gewöhnliche Geschwister. Je höher bei den EZ die Konkordanz in bestimmten Merkmalen, desto höher der Erbanteil bei der Ausprägung dieser Eigenschaften, so die monotonen Befunde der Zwillingsforschung, deren Voraussetzungen, Methoden, Ergebnisse und Kritik hier nicht vorgestellt und diskutiert werden sollen, dies gerade war Aufgabe der Zulassungsarbeit, primär eine Literaturarbeit. Dass in der Ideologie und Praxis des Nationalsozialismus Erbforschung generell, und folglich auch die Zwillingsforschung, höchst bedeutsam waren, ja zum integralen Bestandteil der Rassen- und Erblehre zählten mit verheerenden politischen Konsequenzen im Hinblick auf Reinheit der Rasse, auf rassisch hochwertige bzw. minderwertige Erbsubstanz, dies war nur allzu bekannt. Was mir aber bei der Sichtung und Aufarbeitung der Literatur, des einschlägigen pädagogischen, medizinischen, psychologisch-psychiatrischen Schrifttums nicht bekannt war, was man zu dieser Zeit auch kaum wissen konnte, wie sehr ein Großteil der Autoren all dieser Fachpublikationen in die Rassenideologie und den Rassenwahn des Nationalsozialismus, seine Unmenschlichkeit und Verbrechen verstrickt waren, wenn nicht direkt, so doch mittelbar. Eine Geschichte der Wissenschaften im Dritten Reich, speziell der Anthropologie und Humangenetik, der Medizin und Psychiatrie beginnt sich erst Jahrzehnte später in Umrissen abzuzeichnen[8]. Auch über „Die Zwillinge des Dr. Mengele“[9] konnte ich nichts wissen, obwohl mir, wie erwähnt, der Name bekannt war, ebenso wenig über die fragwürdige Vergangenheit von Mengeles Doktorvater, der, wie so viele andere Humangenetiker seiner Generation nach 1945 weiterhin als Lehrstuhlinhaber wirkte.

Meine Auseinandersetzung mit der Anlage-Umwelt-Forschung führte, wenn man so will, zu einem negativen Ergebnis, es gibt letztlich nicht die Möglichkeit, und schon gar nicht mit Hilfe der Zwillingsforschung, Erb- und Umweltanteile beim Zustandekommen einzelner Merkmale zu bestimmen oder gar in Prozentzahlen auszudrücken. Immer schon, gleichsam ab ovo, stehen Erb- und Umweltfaktoren in unauflösbarer Wechselwirkung, deren exakte Trennung in ihre jeweiligen Wirkanteile grundsätzlich nicht gegeben ist, sich allenfalls ein Mehr oder Weniger an Erb- oder Umwelteinflüssen abzeichnet.

Unmittelbar im Anschluss an das Staatsexamen 1968 konnte ich bei Andreas Flitner eine Assistentenstelle übernehmen und das Zwillingsthema im Rahmen einer Dissertation weiterführen, wobei besonders pädagogische Aspekte der Zwillingserziehung Berücksichtigung finden sollten, etwa was es für Zwillinge bedeutet, quasi einen Doppelgänger zu haben und dennoch Identität und Individualität zu erlangen. Auch psychoanalytische Aspekte der Paarsituation wurden aufgegriffen, nicht zuletzt mythologische, literarische und parapsychologische Zeugnisse beigebracht, die von Zwillingsschicksalen handeln, nicht zu vergessen Anmerkungen im Zusammenhang der Schicksalsanalyse Szondis. Insgesamt entstand eine weitgespannte Monographie zum Thema Zwillinge, Zwillingsforschung, Zwillingserziehung. Abgeschlossen wurde die Arbeit gegen Ende 1971, einer Zeit, in der nahezu alle sozialwissenschaftlichen Diskurse beherrscht waren von Ideologien der sogenannten 68er Jahre, denen eine Anlage-Umwelt-Debatte in der Pädagogik von vorneherein suspekt sein musste, wo doch entschieden schien, dass Bildung und Erziehung wenig mit Erbanlagen, vielmehr mit Sozialisationsbedingungen der Gesellschaft zu tun hätten.

Was in diesen 68er-Jahren sich gleichsam als neue Jugendbewegung zeigte, dem konnte ich wenig Verständnis und Sympathie entgegenbringen, einmal weil ich in der Tradition der so genannten „bürgerlichen" Jugendbewegung stand, des Wandervogels, der Jungenschaft, des Pfadfindertums, zum anderen, weil ich vielleicht schon einiges zu alt war und bereits im Beruf gestanden hatte und nun als Wissenschaftlicher Assistent am Pädagogischen Seminar der Universität Tübingen stand. Von allzu großen Beeinträchtigungen und Störungen mit Go-ins, Sit-ins oder anderweitigen Demonstrationen war man in der Allgemeinen Pädagogik weniger betroffen. Dass Diskussionen zum Vietnamkrieg gefordert wurden oder Schriften sozialistischer Pädagogik aus der ersten Hälfte des 20. Jahrhunderts gelesen werden sollten, bevorzugt auch A. S. Neills „Summerhill" und sonstige Texte antiautoritärer Erziehung, darauf konnte man sich einlassen, auch wenn man so manche der Ideen realitätsfern, weltfremd und illusionär fand. Als Beispiel eines besonderen, weniger pathologischen, denn lächerlichen Realitätsverlusts von Teilen der 68er-Jugend empfand ich, neben manch anderen Peinlichkeiten, wenn etwa in Stuttgart die Fahrpreise der Straßenbahn um zehn Pfennig aufschlugen und in Protestaktionen „Ho-Ho-Ho-Chi-Minh"-Rufe skandiert wurden, als ob hier irgendein Zusammenhang bestünde. Ebenso schien mir die übergroße, frenetische Bezugnahme auf Mao eine wahnhafte Erscheinung, auch wenn zu dieser Zeit vielleicht nur wenige wissen konnten, dass der „Große Führer" für die Ermordung Millionen von Menschen verantwortlich war, für mehr noch als Hitler, wenngleich statistische Zahlen[10] über die alles menschliche Maß übersteigende Barbarei dieser Diktatoren belanglos bleiben. Im Übrigen war Tübingen eine vergleichsweise provinzielle Universitätsstadt, wenig tangiert von studentischen Unruhen oder Schauplatz politischer Agitationen, was wiederum nicht bedeutet, dass es nicht doch zu Irritationen im traditionellen Hochschulbetrieb gekommen wäre, sicherlich von Fach zu Fach in unterschiedlicher Weise. Der neu geschaffene Diplom-Studiengang Sozialpädagogik, noch mit konzeptionellen Schwächen, aber mit enormem Zulauf an politisch motivierten Studenten, war in diesen Jahren turbulenteren Situationen ausgesetzt als die übrige Pädagogik, die zahlenmäßig klein und ohne spezifischen Studienabschluss blieb.

Im Fach Pädagogik als Assistent bei Andreas Flitner hatte man jedenfalls reichlich Freiheiten in dem, was man in den wenigen eigenständigen Begleit- und Lehrveranstaltungen anbieten wollte, ebenso war man nicht gedrängt, die Dissertation möglichst rasch abzuschließen, außerdem gab es keine Präsenzpflicht. Zu dieser Zeit kam Andreas Flitner die Herausgeberschaft der „Zeitschrift für Pädagogik" zu, am Rande war ich mit Organisations- und Korrekturarbeiten betraut, Aufgaben, denen ich mich gerne widmete und die ich teilweise zu Hause erledigen konnte. Eigentlich hätten diese Jahre nicht von Stress gekennzeichnet sein sollen, aber sie waren es doch, galt es am

Ende der Assistentenzeit eine Stelle gefunden zu haben, wenn möglich, eine Dozentur an einer Pädagogischen Hochschule im Lande. Die Bewerbungen fielen mir nicht leicht, wie in einem späteren Kapitel noch zu erwähnen; auch hatte ich geheiratet und mit dem neuen Familienstand neue Aufgaben übernommen, dabei gewisse Flexibilitäten verloren, war zugleich mehr denn je in bündische Aktivitäten eingebunden, die erfüllend und beglückend blieben, aber bewältigt sein wollten.

5. Auf dem Weg zum eigenen Bund

Über die rund zehn Jahre, die zwischen Schulabschluss, Studium, Lehrerdasein, Zweitstudium und der anschließenden Assistententätigkeit lagen, wurde mehr als einmal angemerkt, wie arbeitsintensiv und fordernd sie verliefen, so dass man sich fragen muss, wie überhaupt noch Freiräume blieben für Aktivitäten in jugendbewegten Bereichen, für bündisches Leben, für Fahrten und Lager, für Initiativen in Richtung der Schaffung eines eigenen Bundes. Die Antwort kann nur lapidar lauten, es gab diese Freiräume und sie wurden reichlich genutzt, und vielleicht geriet gerade deshalb dieser Lebensabschnitt so dicht gedrängt. Nun lässt sich ein Bund nicht in der Weise verwirklichen wie man einen Verein, eine Partei oder eine Organisation mit bestimmten Zwecken und Zielen ins Leben ruft. Der Wunsch und der Wille zum Bund gründen vielmehr in einem inneren Erfasst- und Bewegtwerden, im Bedürfnis von gleichgesinnten, wesensverwandten Menschen sich enger zu einer Gemeinschaft zusammenzuschließen und aneinander zu binden, wobei eine leidenschaftliche, eine gestaltende Kraft zugegen sein muss, um entsprechende Formen zu finden und zu schaffen. Seit dem Erleben des „Überbündischen Treffens“ auf Burg Waldeck 1958 und mit der ersten Nummer der Zeitschrift „Horte“ 1959/60 hatte sich ein Kreis gefunden, dem die Verwirklichung, wenn nicht eines eigenen Bundes, so doch einer engeren bündischen Gemeinschaft am Herzen lag.

Dieser Kreis weitete sich ohne größeres Zutun, nachträglich gesehen, beinahe wie von selbst. Mit dem aus Reutlinger Praktikantentagen verbundenen Jugendwart des Evangelischen Jungmännerwerks Württemberg, Hans Lentmaier, zuerst im Bezirk Leonberg tätig, wenige Jahre danach in den Kreisen Calw und Heidenheim, bestanden die jungenschaftlichen Beziehungen fort, wie im vorangegangenen Kapitel bereits erwähnt. Es kam zu Einladungen für gemeinsame Wochenendlager, auch zu einem Sommerlager im Bayrischen Wald, wo aus verschiedenen Orten der genannten Bezirke Gruppen teilnahmen und wo man auf Jungen traf, die besonders bündisch ansprechbar schienen und die sich absetzen wollten vom Gros der eher als spießig empfundenen Jungenschaftsvorstellungen der Landesleitung. Man verstand sich als eine gewisse bündische Elite, man fühlte sich als „Horte", wobei das Wort in Anlehnung an die Vorkriegs-Jungenschaft von Tusk und seiner dj. 1. 11 aufgegriffen wurde als Bezeichnung für eine bündische Jungengruppe, in diametralem Gegensatz zu einer „Horde", einem wilden Haufen, vielmehr straff geführt, markig, mit „hartem t" im Wort artikuliert. Auch spielte die Verwandtschaft zum „Hort" eine Rolle, gleich ob etymologisch richtig oder nicht, etwa im Sinne der „Nibelungen Hort", zu einem markanten Ort, einer einmaligen Stätte, gar einem Schatz (– von einem Kinderhort war damals noch nicht die Rede). Und weil das bloße Wort „Horte" als Bundesname zu allgemein, zu wenig oder nichtssagend schien, wählten wir die prägnantere Bezeichnung „Evangelische Jungenschaft HORTE", abgekürzt „EJH", auch hier in Anlehnung an einprägsame Kurzformen und Formeln der Jugendbewegung, auch hier an Tusk und seine Jungenschaft.

Ab dem Spätjahr 1963 führten wir diesen Namen, verstanden uns seitdem als Bund, gleichzeitig erfolgte meine Wahl zum Bundesführer und die von mir seit 1962 herausgegebenen „Rundbriefe der HORTE" trugen ab Januar 1964 den neuen Bundesnamen. Wo immer möglich, trat man in bündischen und überbündischen Kreisen und Schriften unter diesem Zeichen als neuer, junger Bund auf. Ohne im Einzelnen die allmähliche

Ausbreitung nachzuzeichnen, scheinen mir zwei Publikationen wichtig, in denen bereits zu einem frühen Zeitpunkt unser Bund vorgestellt und bekannt gemacht wurde: Einmal findet er sich in dem Buch von Günther Welter „Bündische Jugend heute“[11], das versucht möglichst lückenlos die damaligen Bünde gemäß dem Titel in Selbstdarstellungen und Kurzcharakteristiken aufzuführen, eine gewiss verdienstvolle und einigermaßen gelungene Arbeit des Autors. Des Weiteren sind wir 1967 erstmals in einer auflagenstarken Schrift der Bünde mit dem etwas nichtssagenden Namen „Nachrichten-Dienst“[12] vertreten, darin ein von mir verfasster Text, den ich auch heute noch treffend finde als Beschreibung unseres Bundes zu dieser Zeit: „Evangelische Jungenschaft HORTE. Entstanden aus Kreisen der Jungenschaft des Ev. Jungmännerwerks Württemberg (CVJM). Ab 1960 bekommt der anfängliche Freundeskreis den Status eines selbständigen Bundes. Jedoch sind auch heute noch die Mehrzahl der Mitglieder zugleich aktiv im CVJM. Unsere Gruppen beschränken sich im wesentlichen auf den schwäbischen Raum mit etwa einhundert Mitgliedern. Bündisches Leben und christliches Denken und Handeln sind vereint, davon ausgehend, daß beide Lebensformen sich nicht nur gut zusammenfügen, sondern auch und gerade heute wesentliche Funktionen für das Menschsein erfüllen können. – Jährlich zwei Bundeslager im Frühjahr und Herbst und ein Bundesfest. Großfahrten führten im Laufe der Jahre in viele Länder u. a. nach Frankreich, Spanien, Jugoslawien, Lappland, Canada. Daneben regelmäßige Wanderfahrten durch eine Reihe deutscher Mittelgebirge. Teilnahme an allen bisherigen Überbündischen Treffen und der Lapplandsternfahrt 1965. Gute Kontakte zur d.e.j. 58, zur Ev. Jungenschaft Exodus, zum Grauen Reiter. Kennzeichen: Lutherrose in Silber auf dem unteren Riegel der Jungenschaftsbluse. Zeitschrift: „Horte“, bisher 12 Nummern.“

Wichtiger als in Publikationen präsent zu sein, waren natürlich die gemeinsamen Unternehmungen, die Lager und Fahrten, bei denen die Jungen aus den verschiedenen schwäbischen Regionen zur Gemeinschaft des Bundes zusammenwuchsen. Es war die Aufbruchs- und Pionierzeit unserer Jungenschaft, die Orte und Namen dieser ersten Lager blieben haften, wurden Legende: Donntal-Lager, Lager im Langen Grund, Krebsbach-Lager, Nassachtal-Lager, Strohgäu-Lager, unwichtig ihre Reihenfolge. Davor und dazwischen Lager und Treffen in überbündischem Rahmen, 1962, 1963 und 1964 jeweils Teilnahme am Kohtenlager der „deutschen evangelischen jungenschaft 58“ (d.e.j. 58) in Maulbronn, als Feier der Osterwoche eingebunden in liturgisch-klösterliche Formen, dem Ort entsprechend.

Im Fortgang der Bundesgeschichte eindrucksvoll die Teilnahme am 50-jährigen Meissner-Jubiläum 1963, zwar noch nicht als eigenständiger Bund, aber als Gäste der d.e.j. 58. Einsam herausragend unter all den Jubiläumsfeierlichkeiten die Rede von Helmut Gollwitzer, faszinierend auch das Auftreten des „Bundes deutscher Jungenschaften“ (BdJ), gleichsam ein neuer Phänotypus des Bündischen in Form und Inhalt, und nicht zuletzt die ästhetisch anspruchsvolle Atmosphäre des gesamten Lagers. Monate zuvor ebenfalls ein Meilenstein im Bundesgeschehen: die erste Lapplandfahrt mit einer kleinen, altbewährten Gruppe, gezielt auf den Spuren von Tusks legendärem „Fahrtbericht 29“[13], von Jokkmokk über Kvikkjokk zum Virijaur-See, dort von der historischen Route abweichend in weitem Bogen zurück zum Ausgangspunkt, angeschlossen eine Fahrt mit der Erzbahn von Kiruna nach Narvik.

Pfingsten 1964 dann die Teilnahme am ersten Festival „Chansons Folklore International“ auf Burg Waldeck, ohne Ahnung vom großen, trennenden Zerwürfnis zwischen der „Arbeitsgemeinschaft Burg Waldeck“ (ABW) als Veranstalter und dem „Nerother Wandervogel“ (NWV) als dem angestammten Burgherrn der Waldeck, und selbstverständlich nicht ahnend, von niemandem, wie die Zukunft dieser Festivals sich gestalten würde, auch nicht die von ABW und Nerother Wandervogel. Das eigentlich bündische Erlebnis blieb die Begegnung mit Peter Roland, dem bald danach verstorbenen, so begabten und begnadeten Sänger jungenschaftlicher Abkunft. Am Rande kam es auch zur näheren Bekanntschaft mit Martin Goetze, ehemals Bundeskanzler der Nerother, als Biologe in der Inari-Gegend mit einer Doktorarbeit befasst zu Fragen der Überwinterung von Vögeln und Kleinsäugern in extremer Kälte[14]. Für das kommende Jahr plante er eine große überbündische Lapplandsternfahrt, für die wir uns spontan begeistern konnten.

Also waren wir im Sommer 1965 zu siebt dabei, neben Gruppen der Pfadfinderschaft Grauer Reiter, des BDP und DPB – im „Eisbrecher" ist davon berichtet[15]. Unsere Route nahm ihren Ausgang vom norwegischen Kautokeino, immer ostwärts durch lappländische Tundren- und Sumpfregionen, 16 Tage durch Wildnis bis zum Oberlauf des Lemmenjoki, dem Lagertreffpunkt der Gruppen, dort gemeinsame Tage und ausgelassene Feste mit skurrilen Goldgräbern vom Fluss, danach in Booten flussabwärts zum Inari-See – einmalige, unwiederholbare Fahrtentage, unwiederbringliches Naturerleben, einzig Martin Goetze zu verdanken, zu jener Zeit in dieser Natur zu Hause, zu Hause auch in der Welt des Bündischen. Allzu plötzlich ging sein Leben zu Ende, 1979, gerade erst 45 Jahre alt.

Nachzutragen noch das 5. Überbündische Treffen, Pfingsten 1965 auf Burg Waldeck, von den Nerothern ausgerichtet, unser Bund mit zwei Kohten dabei, Tage reich an Erleben bündischer Vielfalt, die Heidenheimer Gruppe vielfach fotografiert, nicht nur der äußeren Erscheinung ihrer bunten Rubaschkas wegen, mehr noch der Ausstrahlung innerer Zusammengehörigkeit und bündischer Substanz. Für mich in guter Erinnerung die Einladung zum Gastmahl in den Kreis der Bundesführer, ausgesprochen von Oelb, dabei bestärkt in den Bestrebungen, unserem Bund ein geographisches Zentrum zu schaffen. 1966 war es soweit, im südwestlichsten Teil der Schwäbischen Alb, im Landkreis Tuttlingen, stießen wir auf den Allenspacher Hof, den wir zum räumlichen Mittelpunkt unseres Bundes ausbauen konnten, ein ehemaliges Schafhaus mit Wohnteil und großer Scheune, abseits von Siedlungen, umgeben von reichlich Wald- und Heideflächen. Es ergäbe eine lange Geschichte, wollte man über all die damit verbundenen Bemühungen und Anstrengungen berichten, würde man all die Ereignisse und Erlebnisse aufschreiben, die sich in den langen Wochen des Sommers 1966 in den „Baumannschaften“ zugetragen haben. Nahezu die gesamten Semesterferien über war ich auf dem Hof zu Gange, war mit Dutzenden von Jungen unseres Bundes schaffend am gemeinsamen Werk zusammen. Das Bauen als vollgültiges Äquivalent zur Fahrt, die Baumannschaft gleichwertig der Fahrtengemeinschaft, einmal gerichtet in die Weite, die grenzenlose Ferne, einmal auf den umgrenzenden Raum, auf die Mitte des Bundes, so meine Erfahrung und Erkenntnis über das Bauen im Bund. Jahrzehnte später habe ich diese mir wichtig dünkende Einsicht wieder aufgegriffen in einer Ansprache beim Richtfest des Enno-Narten-Baus auf Burg Ludwigstein[16].

Der Allenspacher Hof ist tatsächlich Zentrum geworden und geblieben für den Bund, auch zur bündischen Begegnungsstätte und nicht zuletzt zum Ort des 6. Überbündischen Treffens 1977, wovon noch die Rede sein wird. Das Bundesgeschehen mag etwa bis zur Feier des zehnjährigen Bestehens im Oktober 1969 in Blüte gestanden haben, ein vielgestaltiges Fest über drei Tage mit anspruchsvollem Programm, dabei ein öffentlicher Abend mit „Liedern aus aller Welt“, ein Fest des gesamten Bundes mit über hundert Jungen. Im Gefolge der 68er Jahre schienen aber bereits Querelen auf, die Blütezeit des Bundes neigte sich allmählich dem Ende zu. Es mag zum Wesen von Bünden gehören, dass sie, gleich einem Organismus, eine Zeit des Werdens und Vergehens in sich tragen. Diesem Phänomen soll noch eigens nachgegangen werden im Zusammenhang einer Wesensbestimmung der Jugendbewegung. Meine Zeit als Bundesführer lief unaufhaltsam ab – im Oktober 1973 war die Zeit gekommen. Dazu später noch einige Anmerkungen.

6. Rückblicke auf Lehr- und Lehrerjahre, auf Bund und bündische Aktivitäten

Dass man nach dem Abitur mit einem Studium oder einer anderweitigen Ausbildung beginnt, das verstand sich um 1960 von selbst. Einer späteren Generation war dies nicht ohne Weiteres geläufig; erst einmal die Anstrengungen der Schule hinter sich zu lassen, ein Soziales Jahr oder andere ehrenamtliche Tätigkeiten aufzunehmen oder sich einfach als Tourist in die Welt zu begeben, ein solches Verhalten fand und findet sich zunehmend häufiger. Aus jugendbewegter Sicht nur allzu beneidenswert, solche „Wanderjahre“ unmittelbar an die Schulzeit anschließen zu können und sich nicht sofort den „Lehrjahren“ aussetzen zu müssen. Jedenfalls für mich bedeuteten diese reichlich zehn Jahre zwischen 1960 und 1972 ernsthafte Studienjahre, die sich zwar in der Volksschullehrerausbildung nicht allzu akademisch anspruchsvoll anließen, deren Anforderungen es aber doch zu erfüllen gab. Die gymnasialen Pubertäts- und Jugendjahre waren vorüber, ein gewisser Ernstcharakter des Lebens war nicht zu übersehen und erst recht nicht in den anschließenden Lehrerjahren. Dennoch, auch diese frühen Berufsjahre blieben weiterhin Lehrjahre. Dass man von Schülern, von jüngeren oder älteren, von Kindern und Jugendlichen beständig lernen kann, ohne hier ein Was und Warum zu erörtern, das wird häufig übersehen oder bleibt uneingestanden, und vielleicht sollte man als Pädagoge auch nie so ganz erwachsen werden und übertreten in eine allzu geschlossene Erwachsenenwelt. Das Zweitstudium, die Promotions- und Assistentenjahre gerieten weiterhin und verstärkt zu Lehrjahren im guten Sinne wie auch auf belastende, zuweilen überfordernde Weise mit Problemen persönlicher Befindlichkeit.

Daneben aber gab es noch den ganz anderen Strang an Aktivitäten und Aufgaben, die Welt der Jugendbewegung, des Bündischen, die sich fortsetzte, intensivierte mit der Gründung eines eigenen Bundes, die sich weiter entwickelte, fast könnte man sagen, aus Kinder- und Jungschartagen bis in die Gegenwart. Die oft gebrauchte Redewendung „Einmal Pfadfinder, immer Pfadfinder“ ist zu billig und auch falsch, aber dass ich in dieser einmal gewählten und von ihr geprägten Welt verblieben bin, gewiss in sich wandelnden Formen, dem kommt eine Richtigkeit zu, beileibe keine Selbstverständlichkeit, eher eine Schicksalhaftigkeit. Für so viele der Jugendlichen in bündischen Gemeinschaften bleiben ihre wenigen jugendbewegten

Jahre nur kurze Durchgangsjahre, danach für immer abgelegt, die dennoch sinnerfüllt und lebenslang prägend gewesen sein mögen.

In der vorangegangen Darstellung dieser bündischen „Gründerjahre“ zeigte sich mir einigermaßen überraschend, wie präsent die Ereignisse geblieben sind, wie involviert ich in das Geschehen war und geblieben bin. Auch all die vielen schriftlichen Zeugnisse, die Rundbriefe, die Redenmanuskripte, die Rechtfertigungen so mancher Aktionen, die Auseinandersetzung mit offiziellen Stellen, die Querelen in bündischen Kreisen und im eigenen Bund, insbesondere die Briefwechsel mit einer Vielzahl von Freunden, all diese Dokumente sind größtenteils noch vorhanden. Verglichen mit den Studien- und akademischen Jahren des selben Zeitraums, hierzu finden sich weit weniger Zeugnisse vor, auch weit weniger an Daten und Fakten und Erinnerungen, und doch müssten sie einst den größeren Raum eingenommen, müssten im Vordergrund gestanden haben.

Warum der Welt des Bündischen im Rückblick eine so hohe Bedeutung zugekommen ist gegenüber dem eigentlich umfangreicheren und objektiv bedeutsameren Feld der Ausbildung, des Studiums, des Lehrerdaseins und der beruflichen Orientierung hin zu Wissenschaft und Hochschule, dies mag damit zusammenhängen, dass es um etwas ging, das selbst gefunden und erschaffen sein wollte. Im allmählichen Entstehen unseres Bundes aus einer CVJM-Jungenschaft musste sich ein eigenes bündisches Verständnis, eine eigene bündische Praxis erst entwickeln, zwar nicht aus einem Nichts, es gab ja die Verbindungen zu bestehenden Bünden, man hatte ja da und dort an deren Leben und Wirken teilgenommen und Einblicke gewonnen, man kannte auch so manche Schriften über bündische Geschichte und Gesinnung, und doch schloss man sich nicht einem bereits bestehenden Bund an. Es hatte wohl ein besonderes Gewicht, den eigenen Bund autonom und authentisch zu schaffen. –

Nun könnte vielleicht der Eindruck entstanden sein, dass sich dieses Lebensjahrzehnt in einer ausschließlich zweigeteilten Welt abgespielt habe, hie Studium, da Jugendbewegung, darüber hinaus nichts anderes. Dem war gewiss nicht so, da gab es beständig die Rückbindung an die Familie, mit Beginn des Zweitstudiums die Rückkehr ins Elternhaus, das Mitwirken bei dort anstehenden Problemen und Aufgaben. Auch die Beschäftigung mit Literatur und Kunst setzte sich fort, das Entdecken neuer Autoren, Bücher und Bilder blieb wichtig, hinzu kamen die Interessen an Bibliophilie und Graphik und eine damit verbundene Sammelleidenschaft. Und nicht zuletzt ergab sich 1969 die Gründung eines eigenen Hausstandes mit der Heirat, der eine lange Zeit der Freundschaft und Verbundenheit seit studentischen Tagen am Pädagogischen Institut vorausging. Insgesamt waren es dicht gedrängte, facettenreiche Jahre, die 1972 mit dem Eintritt in die Berufswelt des Hochschullehrers zwar nicht zuende gingen, sich aber wandelten. Bevor einige dieser Facetten und der weitere Verlauf der Jahre und Jahrzehnte näher in den Blick genommen werden, soll eine etwas grundsätzlichere Auseinandersetzung mit dem Thema Jugendbewegung erfolgen, ihrem Wesen und ihrer Bedeutung als Lebensform, auf dem Hintergrund der eigenen Erfahrungen und Erkenntnisse.

V. Jugendbewegung – Reflexionen, Begegnungen, Ereignisse

1. Schwierigkeiten einer Wesensbestimmung

In der zum Jahreswechsel 1959/60 erschienenen ersten Nummer unserer Bundeszeitschrift „Horte“ hatte ich, wie schon erwähnt, einleitend den Traum von der Blauen Blume aus Novalis' „Heinrich von Ofterdingen“ wiedergegeben und einige wenige Anmerkungen dazu geschrieben, die sich im Abstand der Jahre eher peinlich als erhellend lesen. Wahrscheinlich war ich im letzten Schuljahr im Deutschunterricht mit der Romantik und eben dieser Passage des Romanfragments in Berührung gekommen, ohne es im Ganzen gelesen zu haben. Aber zusammen mit den bereits lange zurückliegenden Jungschartagen und dem inzwischen oftmals gesungenen Liedvers mit der Wendung „... wer die Blaue Blume finden will, der muss ein Wandervogel sein“ hat sich das Bild von der Blauen Blume in einer Weise festgesetzt, dass es wichtig genug schien, dieses Motiv dem im Werden begriffenen Bund voranzustellen, gleichsam als Kenn- und Erkennungszeichen, als Symbol alles Bündischen, als Emblem der Jugendbewegung insgesamt.

Ziemlich genau vier Jahrzehnte später hatte ich wieder einmal versucht – zum wievielten Male? –, über Bund und Jugendbewegung unter dem Aspekt des Naturerlebens Überlegungen und Betrachtungen[1] anzustellen und wieder schien es mir wichtig, die Blaue Blume in den Mittelpunkt zu rücken, diesmal mit etwas präziseren Ausführungen zu Novalis und zur Romantik, wahrscheinlich aber wiederum unbefriedigend, auch zu wenig systematisch und schon gar nicht wissenschaftlich-analytisch. Indessen, es liegt in der Natur der Sache, entzieht sich doch das Wesen der Jugendbewegung letztlich dem rationalen Diskurs. Insofern scheint es vergeblich in immer neuen Ansätzen ein und dasselbe Thema aufzugreifen; und man fragt sich irgendwann, für wen eigentlich soll dieses jugendbewegte Erleben dargestellt werden, von sich selbst glaubt man ja, es zu kennen, und denen, die nicht darum wissen, ist es kaum verständlich zu machen. Nur einmal hatte ich an der Hochschule mit Studierenden im Zusammenhang von Reformpädagogik das Umfeld der Jugendbewegung etwas detaillierter aufgegriffen, wobei das Ergebnis enttäuschend blieb, einige wenige in der Seminargruppe kamen aus pfadfinderischen Kreisen, die unmittelbar verstanden, wovon die Rede war und der große Rest blieb unerreicht.

Am ausführlichsten erfolgte die Auseinandersetzung mit dem Themenkomplex Jugendbewegung in einem einleitenden Aufsatz zu dem von mir herausgegebenen Sammelband „Rückblicke und Ausblicke. Die deutsche Jugendbewegung im Urteil nach 1945“[2]. Als Motto stellte ich dem Beitrag ein Zitat von Peter R. Hofstätter aus dem Jahr 1975 voran: „... es dürfte kaum eine These geben, die im Hinblick auf das Phänomen der Jugendbewegung nicht schon von einem ihrer Vertreter vor gut einem halben Jahrhundert formuliert wurde“. Diese Feststellung gilt ungebrochen, wächst doch die Fülle der Publikationen bis heute stetig an. Nicht nur von „Vertretern“ aus den eigenen Reihen, längst auch aus nachfolgenden Generationen, die gar nicht aus der Bewegung kommen, werden die unterschiedlichsten Abhandlungen zu immer neuen Teil- und Spezialthemen vorgelegt, teils historisch-soziologisch akzentuiert, teils psychologisch-pädagogisch oder was der kulturwissenschaftlichen Disziplinen mehr sein mögen. Einen einigermaßen umfassenden Einblick in die Vielzahl der meist akademischen Arbeiten bietet das seit 1969 kontinuierlich erscheinende „Jahrbuch des Archivs der deutschen Jugendbewegung“[3], insbesondere auch mit seinen fortlaufenden Rezensionen und Bibliographien der jeweils neuesten einschlägigen Literatur.

Warum, so kann man fragen, scheint das Thema so unerschöpflich, warum diese Flut an Schrifttum, das die Bünde seit ihrem Entstehen begleitet und das sie in besonderer Weise kennzeichnet? Wollte man sich dabei seiner selbst versichern, der eigenen Ideen- und Gedankenwelt, des eigenen Tuns und Wirkens? Bedurfte es der Rechtfertigung vor sich selbst oder nach außen? Mögen diese Fragen hier offen bleiben, sie deuten an, dass das Geschehen in den Bünden so vielfältig geartet ist, dass viele und unterschiedliche Deutungen möglich sind, dass ein gemeinsamer Nenner kaum auszumachen ist. Bei so manchen der Arbeiten darf allerdings gemutmaßt werden, sie entspringen persönlicher Eitelkeit und Wichtigtuerei und im akademischen Bereich scheint gelegentlich eine wissenschaftliche Betriebsamkeit auf, die nur als l'art pour l'art bezeichnet werden kann. Es soll nun auch gar nicht der Versuch gemacht werden, die Fülle der Literatur zu sichten, um daraus ein Fazit zu ziehen, Daten und Fakten beizubringen, um den historischen Verlauf oder die aktuelle Situation zu bestimmen, psychologische oder sozialwissenschaftliche Ansätze aufzugreifen, um zu Analysen und Deutungen zu gelangen, vielmehr sollen einige wenige Grundphänomene aufgegriffen werden, die von den Anfängen bis zur Gegenwart auszumachen sind, trotz des großen Wandels in der über hundertjährigen Geschichte, trotz der unterschiedlichsten Formen zwischen den Bünden und innerhalb der eigenen Reihen.

Ohne dem Wortursprung nachzugehen, der Name „Jugendbewegung" mag vorneweg angesprochen sein, lenkt er doch sogleich den Blick auf das Phänomen „Bewegung". Bewegungen entstehen spontan, brechen auf, schlagen ein „wie der Blitz aus heiterem Himmel", so eine unmittelbar verständliche Charakterisierung, die in einen Vers gefasst, sich verschiedentlich in den Bünden zitiert findet: „Der Blitzstrahl, der dies Feuer angezündet, / fiel nicht herab auf uns allein; / am Himmel hat's der Widerschein verkündet: / er schlug auch anderer Orten ein."[4] Bewegungen werden demnach nicht gemacht, gemanagt oder sonst wie organisiert, sie bedeuten gerade *keine* Organisation, gleichen eher lebendigen Organismen, bleiben entsprechend instabil und verletzlich, erleben Blütezeiten und Vergehen, im günstigen Falle eine Fortdauer in immer erneuten Aufbrüchen und in gewandelten Formen. Gewiss entstehen Bewegungen nicht im historischen Vakuum und natürlich liegen ihnen gesellschaftliche Gegebenheiten zu Grunde, in denen sie sich ereignen, dennoch bleiben sie rational nur unzureichend erklärbar im Sinne einer stringenten Folge von Ursache und Wirkung, sind damit auch einer gezielten Machbarkeit entzogen. Organisationen, Vereine, Verbände dagegen können „gemacht", gegründet und institutionalisiert werden, Bewegungen dagegen gerade nicht. Eine deutliche Unterscheidung zwischen Jugend*bewegung* und Jugend*pflege* bildet denn schon immer eine scharfe Trennlinie zwischen freien Bünden und verwalteten Verbänden.

Ob die Jugendbewegung seit den Anfängen des Wandervogels um die Wende des 19. zum 20. Jahrhundert als lebendige Bewegung noch bis in die Gegenwart fortbestehe oder schon längst zu Ende gegangen, ja tot sei, wurde schon früh gefragt. Eine Antwort könnte in etwa lauten: Als autonome Bewegung mit einer bestimmten gesellschaftlichen Resonanz ist sie gewiss zu Ende – ob schon vor 1933 oder mit dem Verbot der Bünde im Dritten Reich oder irgendwann nach 1945, spätestens etwa in den 68er Jahren, dies sei dahingestellt – jedoch als Modus des In-der-Welt-Seins von Jugendlichen erscheint sie als eine Art anthropologischer Konstante. In immer neuen Ansätzen, wenn auch eher in zunehmend kleinerer Zahl, finden sich wieder und wieder, ja in gewisser Stetigkeit, Jugendliche in und aus den Bünden, die erneut meist einige wenige Jahre Jüngere ansprechen, begeistern, binden und führen können, sich auf diese Welt des Bündischen, diese Welt der Blauen Blume einzulassen, ein Geschehen, nicht im Sinne einer breit öffentlich wahrnehmbaren Bewegung, vielmehr in kleinen Kreisen bündisch berührter und bewegter junger Menschen.

Diese Welt des Bündischen lässt sich mit einem gängigen, treffenden Wortpaar als Gemeinschaft von Gleichgesinnten und Gleichgestimmten bezeichnen, bewegt vom gemeinsamen Erleben und Verstehen in einer Art Wahlverwandtschaft, die auch, des Wortspiels wegen, in gewisser Weise als Waldverwandtschaft bezeichnet werden könnte, ein Wort, das in der Pfadfinderbewegung um 1920 aufkam und in einer vielbändigen Schriftenreihe „Bücher der Waldverwandtschaft" seinen Niederschlag gefunden hat.[5] Das ungewöhnliche Wort von der Waldverwandtschaft scheint unmittelbar plausibel und zutreffend, handelt es sich doch beim Wandern, auf Fahrt und Lager, zuvörderst um ein Gemeinschaftserleben in der Natur, frei von Zwängen und Zwecken, nur eben im Erleben des Umherstreifens, des Unterwegs- und Draußenseins. In einem der vorausgegangen Kapitel wurde schon die Bedeutung des Wanderns und Fahrtenlebens angesprochen, das wohl noch ausgedehnter beschrieben werden könnte, letztlich sich aber rationalen Erklärungen entzieht. Eine Arbeit aus dem Umkreis der philosophischen Schule Otto Friedrich Bollnows nähert sich denn auch in phänomenologischer Weise der „anthropologischen Funktion des Wanderns“[6], führt dabei, vorwiegend in Form subtiler Beschreibung und Reflexion, zu einem tiefgründigen Verstehen dessen, was beim Wandern sich existentiell ereignet.

In jüngster Zeit hat Ulrich Grober in einem viel beachteten Buch „Vom Wandern. Neue Wege zu einer alten Kunst“[7] das Thema auf ähnliche Weise angegangen, es weiträumig umkreist, dabei aktuelle Aspekte eines ganzheitlichen Erlebens aufgetan, die das rein physische Geschehen hinter sich lassen und in philosophische Dimensionen weisen. Dennoch, es sei wiederholt, weder Natur- noch Gemeinschaftserleben der Jugendbewegung bleiben im Letzten und Wesenhaften rational fassbar oder gar erklärbar. Es gilt die apodiktische Feststellung Hans-Joachim Schoeps', Angehöriger der Bewegung: „Wer die Jugendbewegung nicht selbst erlebt hat, sondern von ihr nur hörte oder literarische Bekanntschaft unterhielt, dem ist das innere Wesen verborgen geblieben“[8] – eine Formulierung, die sich ganz ähnlich auch bei anderen Autoren jugendbewegter Herkunft findet. Schoeps fordert denn auch einen „Theoretiker des Erlebnisses“, einen „Denker des Intuitiven“, was möglicherweise einem Widerspruch in sich gleichkommt, daher kaum einzulösen ist.

Dem jugendbewegten Natur- und Gemeinschaftserleben kommt nun aber eine Besonderheit zu, die es ganz wesentlich unterscheidet von einer scheinbar ähnlichen Praxis des Unterwegsseins etwa in Wander- und Naturvereinen. Früh schon in der Jugendbewegung wurde der Blick darauf gelenkt und zwar recht unvermittelt durch eine Schrift von Hans Blüher „Die deutsche Wandervogelbewegung als erotisches Phänomen. Ein Beitrag zur Erkenntnis der sexuellen Inversion", die 1912 als dritter Band seiner Geschichte des Wandervogels erschien und sogleich ein furioses Echo auslöste, dabei in und zwischen den Bünden spaltete in begeistert Zustimmende und vehemente Gegnerschaft. Ohne das Traktat und die darin ausgebreiteten Thesen im einzelnen aufzugreifen – in meinem Textband „Rückblicke und Ausblicke" bin ich näher darauf eingegangen[9] – , Blüher sah den Wandervogel als mann-männliche Gemeinschaft, zusammengefunden und -gebunden durch eine besondere Art „sexueller Inversion", ein Begriff, der damals nahezu nichts anderes als homosexuell meinte. In weiteren Veröffentlichungen, so in seiner späten Autobiographie „Werke und Tage" (1953), bemühte er in diesem Zusammenhang die griechische Metapher vom Eros paidikos, wobei er rückblickend noch einmal auf sein Pamphlet von 1912 ausführlich zu sprechen kam, etwa wie er damit das „Plattfußvolk" der Wandervögel überlistet habe. Diese Autobiographie bleibt auf mancherlei Weise ein skurriles, um nicht zu sagen „verrücktes" Buch, wie es mein Pate Walter Schmitthenner apostrophierte, als er es mir zum Abitur schenkte. In der Tat, da werden im Zusammenhang der Wandervogel-Geschichte Magnus Hirschfelds sexuelle Zwischenstufen-Jahrbücher zitiert, dabei Genitalanomalien wie peniscrotale Hypospadie angesprochen, neben Huldigungen an Kaiser Wilhelm II. mit der Schilderung gemeinsamer Spaziergänge in dessen Exilort Doorn, Adnoten zu Preußens Untergang, zu Antisemitismus und Antifeminismus und weitere bunt aneinandergereihte Auslassungen über unterschiedlichste, für Blüher offensichtlich bedeutsame Themen, Menschen, Episoden.

Zurück zum Stichwort Eros paidikos, das in gewisser Weise Beachtung verdient, weist es doch auf eine spezifische Komponente, die in den Gemeinschaften der Jugendbewegung zum Tragen kommt, eine Verbundenheit, eine einander Zugeordnetheit, die im Umfeld des Eros anzusiedeln ist, insbesondere eines Eros zwischen Jugendlichen gleichen Geschlechts, aber auch von Älteren zu Jüngeren, dann mitunter als pädagogischer Eros bezeichnet. Beide Male ist diese Form von Eros grundsätzlich geschieden von einer Welt des Sexus, in psychoanalytischem Verständnis nur schwer nachzuvollziehen, was aber auch nicht bedeutet, die Bereiche könnten nicht ineinander übergehen. Dass Liebe, dass Eros eine Triebkraft ist, welche Personen zueinander zieht, sie aneinander bindet und zusammenhält, bleibt zunächst trivial, dass aber diese besondere Form des Eros paidikos in den Bünden der Jugendbewegung, wenn auch kaum merklich und bewusst zugegen, eine nahezu unabdingbare Voraussetzung ist, darauf aufmerksam gemacht zu haben, zwar nicht gerade auf glückliche Art und Weise, bleibt das Verdienst Blühers.

Sollte in diesem Zusammenhang die Rede von Liebe und Eros unangebracht oder gar suspekt erscheinen, so könnten dafür die in der Pädagogik gängigeren Begriffe wie „pädagogischer Bezug“ (Herman Nohl) oder „pädagogisches Verhältnis“ (Wolfgang Klafki) stehen. Gemeint ist „das leidenschaftliche Verhältnis eines reifen Menschen zu einem werdenden Menschen, und zwar um seiner selbst willen, daß er zu seinem Leben und seiner Form komme. (…) Das Verhältnis ist immer doppelt bestimmt: von der Liebe zu ihm in seiner Wirklichkeit und von der Liebe zu seinem Ziel, dem Ideal des Kindes: aus dem Kinde machen, was aus ihm zu machen ist, das höhere Leben in ihm zu entfachen.“[10] Dabei wird zugleich deutlich, dass dieser pädagogische Bezug nicht auf Dauer angelegt ist, dass er seinem Wesen gemäß einer bestimmten sensiblen Phase auf dem Weg vom Kind zum Jugendlichen zugehört, in der Heranwachsende – längst nicht alle – empfänglich sind für diese Art einer gegenseitigen Zuwendung, eines „leidenschaftlichen Verhältnisses“.

Allerdings, dieses Phänomen des pädagogischen Eros erscheint nicht weiter erklärbar oder rationalisierbar, verbleibt im Bereich des Irrationalen, des Atmosphärischen, der Gefühle und Befindlichkeiten, nicht zuletzt des Transzendenten. In der Pädagogik, die sich als empirische Erziehungswissenschaft versteht, ist der Begriff heute mancherlei Kritik ausgesetzt, wird meist vermieden. Verständlich, wem diese Form des Eros fremd, dem hilft auch eine weitergehende Analyse oder Beschreibung nicht. So bleibt also die Schwierigkeit einer Wesensbestimmung des Bündischen fortbestehen, auch wenn versucht wurde einige der Grundphänomene anzudeuten.

2. Ausgewählte Themen und Publikationen

In unmittelbarer Anknüpfung an das vorausgegangene Teilkapitel soll noch nachgetragen werden, dass möglicherweise gerade diese ungenügende und unbefriedigende Standort- und Wesensbestimmung der Jugendbewegung dazu beigetragen hat und noch weiterführt, in immer neuen Untersuchungen und speziellen Arbeiten ihr auf die Spur zu kommen, sie genauer ergründen, erklären und begreifen zu wollen, wobei die Gefahr besteht, vor allzu vielen Details das Ganze aus dem Blick zu verlieren, eine Gefahr, die der Wissenschaft der Gegenwart insgesamt innewohnt. Warum allerdings gerade die Schriften von Blüher und anderen Autoren, die sich mit der Eros- und Sexualthematik der Jugendbewegung befassen, etwa von Gustav Wyneken oder Fritz Jungmann, so viel Beachtung gefunden haben und heute erneut finden, zum Teil schon lange bevor die Diskussion um sexuellen Missbrauch und Pädophilie in reformpädagogisch orientieren Landschulheimen und kirchlichen Internaten die Medienöffentlichkeit beschäftigten, mag offen bleiben. Die Mutmaßung, dass sie mit einer entsprechend sexuellen Orientierung ihrer Autoren und der heutigen Interpreten im Zusammenhang stehen, wurde an anderer Stelle schon geäußert,[11] aus tiefenpsychologisch-schicksalsanalytischer Sicht nicht abwegig.

1960, im selben Jahr, als mich Blühers Autobiographie „Werke und Tage“ erreichte, die mir zwar fremd und doch faszinierend blieb, erschien ein weiteres Buch zum Thema, „Die Blaue Blume des Wandervogels. Vom Aufstieg, Glanz und Sinn einer Jugendbewegung“ von Werner Helwig, das genau das bot, was ich suchte, geradezu wegweisend wurde. In Umrissen zeichnet es eine Geschichte der Bewegung, zwar weniger mit Daten- und Quellenmaterial, mehr in Form von atmosphärisch dichten, authentischen Schilderungen und Zeugnissen zahlreicher Gewährsleute aus den Bünden, vom Autor zu einer imaginären Tafelrunde geladen. Helwigs literarisch gekonnt komponiertes Werk beeindruckt neben den gebotenen Fakten insbesondere mit seinen immer wieder aufscheinenden Reflexionen und Einsichten, die um Wesen und Verstehen der „Blauen Blume" kreisen, ist zugleich spannend abgefasst und unmittelbar geeignet, in bündischen Gruppen auf Fahrt und Lager damit bekannt zu machen. Zu bedauern blieb, dass das Buch nach wenigen Jahren bereits vergriffen, eine Neuauflage nicht in Sicht war.

„Habent sua fata libelli", auch Bücher haben ihre Schicksale, so weiß die Redensart. Ein wenig habe ich das Schicksal der „Blauen Blume" in die Hand genommen, bedrängte ab und an Horst Fritsch, den engagierten Verleger der Jugendbewegung, in seinem Südmarkverlag das Buch neu herauszugeben, zumal ich wusste, dass er mit dem Autor in freundschaftlicher Verbindung stand. Und so ergab es sich, dass ich 1980 die Überarbeitung für eine Neuauflage angehen und mit Werner Helwig in Kontakt treten konnte, der mir das Werk vertrauensvoll überließ mit einer Reihe von ihm zur Ergänzung vorgesehenen Manuskripten, die es einzufügen galt. Teils handelte es sich um neu verfasste, zusätzliche Kapitel, teils um erweiternde und korrigierende Einschübe in bestehende, wobei ich alle Freiheiten der Gestaltung hatte. Welche Intentionen ich dabei verfolgte und welchen Stellenwert ich dem Buch beimaß, darüber berichtet ein knappes Nachwort. Am wichtigsten waren mir die neu aufgenommenen Kapitel über den „Hohen Meißner 1913", die Bünde aus dem Bereich der „Konservativen Revolution" und vor allem über das „Graue Corps". Auch der nun wesentlich erweiterten Neufassung war ein durchaus respektabler Erfolg beschieden, nach knapp einem Jahrzehnt war die Auflage wiederum vergriffen und wieder war mir wichtig, das Buch verfügbar zu wissen, wobei der Südmarkverlag, inzwischen in anderen Händen, nicht mehr in Frage kam, auch war der Autor nicht mehr am Leben, Werner Helwig starb 80-jährig im Februar 1985.

Im Zusammenhang eines Nachrufs auf diesen wohl bekanntesten Dichter der Jugendbewegung im „Eisbrecher", einer damals führenden bündischen Zeitschrift, deren Redaktion ich seit geraumer Zeit innehatte, kam ich mit seiner zweiten Frau, Gerda Helwig, in einen freundschaftlichen Kontakt, und als sich eine erneute Auflage der „Blauen Blume" abzeichnete, war sie sogleich bereit, das Vorhaben zu begleiten und hilfreich zur Seite zu stehen. Noch einmal konnte das Buch in einigen Details berichtigt, vor allem aber um einen Bildanhang erweitert werden. So erschien dann 1998 im Deutschen Spurbuchverlag die verbesserte Neuausgabe von Helwigs „Blauer Blume des Wandervogels" in großformatiger, großzügiger Ausstattung, versehen wieder mit einem Nachwort, das besonders auch die aktuelle Bedeutung des Buches und der Bünde ansprach.[12] Gerda Helwig ist während der Drucklegung überraschend unter merkwürdigen Umständen 56-jährig verstorben; sie hatte sich in selbstloser Weise für das Werk Werner Helwigs eingesetzt, zuletzt für die „Blaue Blume" – möge ihr Einsatz nicht vergeblich gewesen sein.

Aus der über zehn Jahre währenden Verbindung mit ihr ist ein umfangreicher Briefwechsel geblieben, auch eine Reihe von persönlichen Begegnungen, stellte sich doch heraus, dass ein behinderter Sohn Helwigs aus erster Ehe seit Jahrzehnten hier in Reutlingen in einer diakonischen Einrichtung lebte, vom Vater gemieden, nach dessen Tod jedoch von der Stiefmutter Gerda mit bewundernswerter Zuwendung bedacht. Bei ihren Besuchsaufenthalten im Heim machte sie gerne Station bei uns, wo sie in ausufernden Erzählungen viel aus ihrem Leben preis gab, allem Anschein nach ein eher schwieriges, wenig erfülltes Leben. Einmal, kurze Jahre nach dem Tode Werner Helwigs, konnte ich sie in Genf besuchen, zu einer Zeit, in der die Räume noch unverändert in dem Zustande schienen, wie sie sich zu seinen Lebzeiten befanden, konnte dort auch in einem Gästezimmer nächtigen und in Atmosphäre und Aura dieser Welt und dieses Lebens eintauchen; etwas Beklemmendes, Magisches, Mystisches wohnte jenen Stunden inne, seien sie der Ausstrahlung des Verstorbenen, dem Ort oder der Witwe zuzuschreiben, die sich in betont esoterisch-spirituellen Dimensionen bewegte.

Im Übrigen war es nicht das erste Mal, dass ich diesem Ort nahe kam, bereits um 1972 hatte ich mit Werner Helwig korrespondiert, wohl ohne besonderen Anlass, vielleicht seiner einstigen Freundschaft mit Hans Henny Jahnn oder seines literarischen Schaffens wegen, und angefragt, ob ein Besuch in Genf möglich wäre, was umgehend positiv beschieden und ein Termin in Aussicht genommen wurde. Einen Tag zuvor, bereits in der Nähe des Genfer Sees unterwegs, zusammen mit einem bündischen Freund, der sich für Lyrik interessierte, selbst auch Gedichte schrieb, brachte ein Telefonanruf die große Enttäuschung: Nein, der Besuch in diesen Tagen sei doch nicht möglich, nein, es passe leider wirklich nicht. Wahrscheinlich handelte es sich um akute Verschlechterungen im Krankheitsgeschehen seiner Frau Yvonne, die einen Besuch nicht zuließen, so die nachträgliche Mutmaßung. Dieses Leiden und Sterben, der Abschied und die Trauer führten spät noch einmal zu einer seiner reifsten Dichtungen, „Totenklage“ überschrieben (1984). Zusätzlich enttäuscht waren wir von der Wohnumgebung, die wir uns, wenn schon die Begegnung mit dem Dichter nicht sein sollte, kurz angeschaut hatten, uns dabei einem riesigen Wohnkomplex gegenübersahen, eine Anlage erschreckend großen Ausmaßes, eine regelrechte Wohnmaschine, in der ein wer weiß wie zusammengewürfeltes Menschenkonglomerat leben musste. Dabei hatten wir uns Helwig als einst naturverbundenen Wandervogel, Globetrotter und Abenteurer vorgestellt, lebend in rustikalem Anwesen am Ufer des Genfer Sees. Die Zeit seiner Weltfahrten jedoch lag lange zurück, an deren Stelle traten „Weltfahrten nach innen“, wie er sich gelegentlich bildhaft äußerte, ein mir sympathisches Wort, das ich auch für mich gerne übernehmen wollte. Im übrigen ließ die Gestaltung der Wohnung, so wie sie sich mir noch nach seinem Ableben zeigte, mit all den völkerkundlichen Sammlerstücken, den Musikinstrumenten, den Bücher- und Bilderwelten ein höchst individuelles, außergewöhnliches Leben erahnen, das „Weltfahrten nach innen“ entgegenkam, und nicht zuletzt bot der Blick vom hohen Balkon über den Genfer See gleichermaßen nahe Natur wie ferne Weiten.

Nach Abschweifungen im Anschluss an Werner Helwigs „Blaue Blume des Wandervogels“ zurück zu weiteren bündischen Publikationen jener Zeit, die mir entgegenkamen in meinem Bemühen Jugendbewegung in ihrer Geschichte, bündische Welt in ihrer Daseinspraxis zu verstehen, die zugleich Anregung boten für die Gestaltung des eigenen Bundes. Neben der Blüher- und Helwig-Lektüre erreichte mich noch im selben Jahr 1960, unmittelbar nach seinem ersten Erscheinen, der neu begründete „eisbrecher – eine Zeitschrift der Jungen“, eine durch und durch bündische Schrift, in Anlehnung an den legendären Vorkriegs-„eisbrecher“ von Eberhard Köbel-Tusk der Jahre 1932-1934, nunmehr im Südmarkverlag von Horst Fritsch herausgegeben. Da fand sich eine jungenschaftliche Welt, wie ich sie gesucht hatte, Fotos und Erlebnisse von Fahrt und Lager, von fremden Ländern, fernen Zonen, von Jungen in unberührter Natur, unterwegs mit Kohte und Klampfe, dazwischen anspruchsvolle Geschichten und Gedichte, Grafik und Kunst, Reflexionen und Notizen bündischer Vergangenheit und Gegenwart, Heft für Heft gestaltet in moderner, ansprechender Typographie. Die Namen der im Redaktionskreis Genannten waren mir größtenteils neu; dass es sich dabei um Namen handelte, die etwas zu sagen hatten, ergab sich unmittelbar aus ihren Beiträgen. Mit einem der frühen Schriftleiter, Hans-Albrecht Pflästerer, genannt hapf, hatte ich alsbald den Kontakt gesucht und gefunden; er begründete und führte die d.e.j 58, einen evangelischen Jungenschaftsbund im Raume Nordbaden-Hessen-Pfalz, mit dem sich in diesen Jahren, wie im vorausgegangen Kapitel erwähnt, eine freundschaftliche Verbindung zu unserer im Entstehen begriffenen Gemeinschaft ergab, auch zu gemeinsamen Lagern führte und mir für den eigenen Bund über eine gewisse Zeit zum Vorbild wurde.

Die Redaktion des „eisbrechers“ wechselte im Rückblick auf die nunmehr über 50 Jahre seines Erscheinens naturgemäß des öfteren, entsprechend auch sein Kurs. Die Entwicklungen und Tendenzen, die sich dabei zeigen, könnten zugleich das

Bild der Bünde dieser Jahrzehnte spiegeln. Dass mir selbst einmal die Schriftleitung des „Eisbrechers" zufallen sollte, das ergab sich dann doch recht plötzlich. Ende der 70er-, Anfang der 80er-Jahre mehrten sich beim Verleger kritische Stimmen über eine bündische Schrift, in der allzu sehr Bilder von allzu „schönen" Knaben dominierten, Porträts, die eher idealisierte Posen boten, anstatt Jungen und Gruppen in Aktion voll Tatendrang und Abenteuerlust auf Fahrt und Lager. Auch waren Geschehnisse in den Bünden und Gemeinschaften des öfteren von hämischen Untertönen begleitet, eher zwischen den Zeilen, dennoch nicht zu überhören, wie überhaupt die bündische Szene mit reichlich Klatsch und Tratsch bedacht wurde. So kam es, dass mir Horst Fritsch als Verleger 1982 die Herausgeberschaft angesonnen hatte, die ich dann ab Heft 2, 1983 ohne viel Bedenken annahm, zumal ich auf einen größeren Kreis von bündischen Mitstreitern zählen konnte, dabei auch so prominente wie Walter Scherf und Werner Helwig als Freie Mitarbeiter. Als Autor habe ich mich so gut wie gar nicht betätigt, abgesehen von den knapp abgefassten Editorials zu jedem Heft, im Laufe der fünf Jahre insgesamt 19 an der Zahl. Es war mir lieb, Ende 1987 die Schriftleitung wieder abgeben zu können, stand doch ein Jahr später das 75-jährige Meißner-Jubiläum an, das ich redaktionell nicht begleiten wollte, zu fremd blieben mir so manche Erscheinungen im Vorfeld.

In meinem letzten Eisbrecher-Heft hatte ich dann doch einen umfangreicheren Beitrag im Hinblick auf das Meißner-Jubiläum verfasst über „Menschenbilder und Menschenbildnisse der Jugendbewegung"[13], ausgehend von zwei Gemälden – Fidus' „Lichtgebet" und Oskar Justs „Fahnenträger" –, beide Bilder zu verstehen einmal als Typus des Wandervogels, einmal der bündischen Jahre. Die am Ende aufgeworfene Frage, wie denn das Bild eines Bündischen 1988 aussehen müsste, ließ ich offen – eine Frage, die sich anlässlich des hundertjährigen Jubiläums 2013 wieder stellen mag.

Wesentlich blieb mir in meiner Redaktionszeit, den „Eisbrecher" aus der Nähe eines Knabenmagazins zu holen, in das er zuletzt gerückt werden konnte, was nicht bedeutet, dass künftig

Knabenwelt und Jugendlichkeit ausgeblendet bleiben sollten, jedoch eingebunden in bündisches Leben und Treiben oder auch in künstlerische Gestaltung. Dank einiger Mäzene ergab sich die Möglichkeit, Kunstwerke in Farbe abzubilden, damals in bündischen Blättern nahezu einmalig. Ein weiteres Anliegen kam hinzu, die Welt des Bündischen mit einem gewissen geistigen Anspruch zu begleiten, sei es in literarischen Reflexionen oder in Betrachtungen über den Tag hinaus. Auch verbannte ich den Szenenklatsch, ohne dabei Hinweise auf neue, lebendige Entwicklungen und Ereignisse auszuschließen. Eine eigens geschaffene Beilage zu den Zeitschriften des Südmarkverlags, genannt „Die Buschtrommel", bietet seitdem gesondert Nachrichten und Termine aus den Bünden. Und schließlich legte ich Wert darauf, ökologische Themen aufzugreifen, die zu dieser Zeit noch wenig Beachtung fanden – nicht nur im bündischen Schriftgut. Wichtig war mir beispielsweise die Vorstellung des Buches von Jürgen Dahl „Der unbegreifliche Garten und seine Verwüstung. Über Ökologie und Ökologie hinaus", die Werner Helwig auf meine Anregung hin übernahm, eine seiner letzten Veröffentlichungen überhaupt, die zwar reichlich pessimistisch gestimmt, dennoch bei aller Skepsis in die Aufforderung mündet: „Greift in die Speichen. Bremst den Wahnsinn, der allenthalben tätig ist."[14] Dass so viel an Wahnsinn auch heute „allenthalben tätig ist", daran hat sich allerdings wenig bis nichts geändert.

Zum Umfeld bündischer Publikationen gehört auch der anlässlich einer Tagung der „Gesellschaft für Geistesgeschichte" entstandene Beitrag „Der Mythos des Naturerlebnisses in der Jugendbewegung"[15]. In der eingangs des Kapitels zitierten kleinen Abhandlung „Vom Wandern und Naturerleben"[16] wird ein Teil dieser Überlegungen zum „Natur-Mythos" wieder aufgegriffen und weitergeführt. Im Übrigen finden sich die Themen Natur, Ökologie und „über Ökologie hinaus" auch im Rahmen der Hochschultätigkeit wieder, ebenso in dem für die „Graue Edition" zusammengestellten Band mit dem Titel „Verlassene Wege zur Natur"[17], worüber noch zu berichten sein wird.

3. Überbündische Treffen – Begegnungen mit Bünden und Menschen

Warum ich ohne groß zu zögern die Schriftleitung des „eisbrechers“ übernommen hatte, hängt insbesondere mit dem „6. Überbündische Treffen“ 1977 zusammen, bei dem ich sozusagen hautnah Einblicke in die Vielfalt der Bünde bekommen, mannigfach positive Resonanzen erfahren und lebendige Freundschaften gewonnen hatte. Was hat es nun mit diesen „Überbündischen Treffen“ auf sich? Wie schon angeführt, bedeutete für mich das Überbündische Treffen 1958 auf Burg Waldeck so etwas wie eine Initiation in die Welt des Bündischen, und als wir 1966 den Allenspacher Hof auf der Schwäbischen Alb als Heimstatt unseres Bundes in Besitz nehmen konnten, war es das umgebende Gelände mit seinem typischen Weide- und Steppenheidecharakter, das in mir den Wunsch, mehr noch, die Vision aufkommen ließ, an diesem Ort selbst einmal zu einem „Überbündischen Treffen“ einzuladen, so ideal schienen die landschaftlichen Gegebenheiten. Es wäre nicht klug gewesen darüber zu sprechen, zu sehr beanspruchten die Bau- und Ausbauarbeiten am Hof die Kräfte unserer Gemeinschaft, zu nahe rückten die 68er-Jahre, die einen Niedergang der Bünde im Gefolge hatten, eine Erscheinung, die bis heute eher tabuisiert und verdrängt blieb, geschweige denn aufgearbeitet wurde. Wie in der großen Politik, wo sich nach Ende der Nazi-Herrschaft, ebenso des DDR-Regimes, einstige Maßgebliche zurückmeldeten und teilweise wieder zu Einfluss gelangten, so auch in Kreisen der Jugendbewegung: aktiv an der Zerstörung der Bünde Beteiligte finden sich nach einer gewissen Zeit wieder ein. An dieser Stelle soll jedoch nicht nach Schuld und Schuldigen gesucht, auch keine Ursachenforschung betrieben werden, zumal die gesellschaftlich-politischen Ereignisse dieser Jahre in der jungen Generation eine neue, andere Art von bewegter Jugend, eine neue Jugendkultur im Gefolge hatten, die sich ohnehin nicht monokausal erklären lässt.

Wie auch immer, die Bünde waren bis gegen Mitte der 70er-Jahre zahlenmäßig stark dezimiert, hatten an Substanz eingebüßt in endlosen Streitereien, Querelen und politischen Agitationen, erlebten Abspaltungen, gaben sich gelegentlich selbst auf. Wenn ich je etwas in der Jugendbewegung richtig erkannt habe, so dies, dass just zu der Zeit die Talsohle des bündischen Niedergangs erreicht und nunmehr eine neue Sammlung, ein neues Treffen, ein *Überbündisches* Treffen die immer noch verbliebene Gemeinsamkeit der traditionellen Bünde sichtbar werden lassen und Zeichen eines Aufschwungs setzen könnte. Es war klar, das Vorhaben konnte nur gelingen, wenn mein Bund, ich war schon nicht mehr Bundesführer, voll dahinter stehen würde, wenn befreundete Bünde die Idee mittragen würden, wenn der Ring junger Bünde (RjB) nicht übergangen würde, wenn die bündischen Zeitschriften sich publizistisch einsetzen würden, wenn die lokalen Behörden zustimmen und sich noch so viele weitere Voraussetzungen erfüllen würden.

Idee und Planungen, vorbereitende Arbeiten, fester Einsatzwille, alles zusammen stand unter einem guten Stern. Der Nerother Wandervogel unter seinem neuen Bundesführer FM (Fritz-Martin Schulz) tat von Anfang an mit, mir wichtig, da bereits drei der vorangegangen Treffen von den Nerothern ausgerichtet wurden. Schnauz (Erich Mönch) von den Grauen Reitern, Urheber und guter Geist der Überbündischen Treffen, bestärkte mich im Vorfeld in der Durchführung des Vorhabens, selbst bereits von Krankheit gezeichnet, ohne Möglichkeit der aktiven Mitgestaltung. Horst Fritsch von der Deutschen Freischar mit seinem Südmarkverlag, Siegfried Schmidt von der Tatgemeinschaft mit seinem Elch Verlag, beide veröffentlichten wie selbstverständlich in ihren Zeitschriften die Aufrufe zum Treffen. Ein erstes Anschreiben an die Bundesführungen erfolgte im Februar 1976, ansprechend gestaltet von einem Grafiker unseres Bundes, ein zweites folgte im Mai, jeweils abgedruckt in den bündischen Blättern. Unter der in großen Lettern gesetzten Überschrift *„6. ‚Überbündisches Treffen' – Pfingsten 1977 – Allenspacher Hof“* heißt es unter anderem: „Auf Burg Hohen Krähen im Hegau hat 1957 ein erstes ‚Überbündisches Treffen' nach dem Kriege stattgefunden. 1958 trafen sich die Bünde auf Burg Waldeck, 1961 auf Burg Hohlenfels, 1963 (anlässlich der 50. Wiederkehr des Meißnertages) auf dem Hohen Meißner und noch ein letztes Mal 1965 auf Burg Waldeck. Diese ‚Überbündischen Treffen' haben sich nie als große Demonstrationen einer bündischen Einheit mit programmatischen Zielsetzungen verstanden, sondern hatten ein lockeres Zusammentreffen und gegenseitiges Kennenlernen in freundschaftlicher Weise zu ermöglichen versucht, all jener, die sich bündisch nennen und an die Tradition der deutschen Jugendbewegung anknüpfen." Die Resonanzen waren überraschend vielfältig, die Zusagen zur Teilnahme beachtlich, eine Vorbesprechung und Abstimmung unter den teilnehmenden Bünden fand im Oktober in Langen statt, organisiert von der CP Dreieich. In der Mitarbeiter- und Dokumentationsschrift des Südmarkverlags, „puls", Heft 2, Herbst 1976, stellte ich einen Beitrag zusammen unter dem Titel „Von den fünf ‚Überbündischen Treffen' und einem werdenden sechsten"[18]. Der Text endete lapidar: „Über Ereignisse, die erst in Jahresfrist stattfinden sollen, ist schwer zu berichten."

Berichtet wurde dann im Nachhinein in nahezu allen bündischen Schriften von Rang und Namen über gelungene, erfüllte Lagertage zu Pfingsten 1977 auf dem Allenspacher Hof. Das 6. Überbündische Treffen unter der Leitidee „Gemeinsamkeit in Vielfalt" war zum großen Erfolg geworden, der sich nicht einem außergewöhnlichen Programm oder einem bislang nie dagewesenen bündischen Geschehen verdankte, sondern allein der Tatsache, dass die teilnehmenden Bünde, dass die über 3500 Jungen und Mädchen bündische Gemeinschaft erfuhren zu einer Zeit, wo sie glauben mochten auf verlorenem Posten zu stehen und nun erlebten, über welche Lebendigkeit, über welche Faszination sie immer noch verfügten, welche Bedeutsamkeit bündischer Gemeinschaft ungebrochen zukommen mag. Überschwänglich wurde in einigen bündischen Publikationen von einer „bündischen Renaissance" gesprochen, ein bescheideneres Wort wäre mir sympathischer gewesen, es mag aber zum Ausdruck bringen, das immense Engagement aller Beteiligten, vornean unseres Bundes, hat seinen Sinn in sich getragen und erfüllt.[19]

Im Rückblick hätte ich dem Treffen vielleicht doch eine geistig herausragende, souverän über dem Zeitgeist stehende Persönlichkeit als Festredner und Schirmherr gewünscht, jemand, der den jungen Bünden Wegweisendes zu den Herausforderungen des Heute und Morgen zu sagen gewusst hätte, so wie beim Meißner-Jubliäum 1963 Helmut Gollwitzer in seiner Ansprache Worte und Themen über den Tag hinaus gefunden hatte. Carlo Schmid, Meißner-Fahrer von 1913, weit mehr, Homme de lettres, war angefragt, konnte aber dem Ansinnen nicht nachkommen. Sein Antwortbrief findet sich im Anhang wiedergegeben, zusammen mit weiteren Dokumenten zum Treffen.[20] Ein dunkler Schatten legte sich dann doch über die Tage des Lagers, Schnauz, bis kurz zuvor dem Treffen aus der Ferne verbunden, verstarb zwei Tage vor Beginn. Zur Beerdigung am Pfingstmontag in seinem Heimatort Unterjesingen bei Tübingen machte sich eine Abordnung der Grauen Reiter und des Nerother Wandervogels auf den Weg. Einen Nekrolog auf den von mir so geschätzten Menschen, Künstler und Pfadfinder stellte ich im „Stichwort“, der bündischen Älterenschrift des Südmarkverlags zusammen, dabei auch einige Wiedergaben seiner Lithographien, dabei auch HAP Grieshaber, den einstigen Studiengefährten von Erich Mönch, den ich für Worte des Gedenkens gewinnen konnte.[21]

Der Aufschwung in den Bünden hat angehalten, die Freundschaften, die auf dem Allenspacher Hof entstanden, wirkten weiter. Bereits zwei Jahre später ergriff die „evangelische jungenschaft Tyrker“, ein junger Bund aus der Elbmarsch, die Initiative und lud Pfingsten 1979 befreundete Bünde zum Lager „Achterndiek“ nach Marschacht. Ein anspruchsvolles Lager, das sich auf den Wiesen entlang der Elbe „hinterm Deich“ abspielte, mit eindrucksvollen Angeboten an Aktivitäten und prominenten Gästen im Programm. Mit gutem Recht kann es zahlenmäßig mit seinen rund fünfzehnhundert Teilnehmern wie auch vom bündischen Anspruch als „Überbündisches Treffen“ gesehen werden. Und wieder zwei Jahre später, Pfingsten 1981, rief eine sich freundschaftlich verbundene Gruppe unter dem Motto „Bünde in Gemeinschaft“ ein Lager im Hahnenbachtal im Hunsrück aus, gestellt unter die Lageridee einer mittelalterlichen Stadt mit Zünften und Gilden, mit Magistrat und Ratsherren. An die fünfzig historische Handwerksgilden luden zum aktiven Tun und Werken ein, in denen die Jungen und Mädchen der über einem Dutzend teilnehmender Bünde sich nicht nur spielerisch, durchaus ernsthaft in altem Handwerk betätigen konnten.

Diese beiden angeführten Lager dürfen unmittelbar in der Folge des „6. Überbündischen Treffens" 1977 gesehen werden. Allerdings wurde nach diesem Lager die Tradition nicht wieder aufgegriffen, eigens Treffen unter der nämlichen Bezeichnung zu führen und mit einer fortlaufenden Ziffer zu versehen, sodass das „6. Überbündische Treffen" das letzte unter diesem Namen blieb. Natürlich setzten sich Treffen mit überbündischem Charakter fort, eben jene beiden erwähnten, insbesondere auch das große Lager zum 75-jährigen Jubiläum des Meißner-Festes 1988[22] wäre dazuzuzählen. Einem überbündischen Projekt ganz eigener Art gilt das folgende Kapitel.

4. Die Bündische Akademie Lüdersburg

Aus den Tagen des überbündischen Treffens auf dem Allenspacher Hof blieb als nachhaltigste Verbindung die freundschaftliche Beziehung zur „evangelischen jungenschaft Tyrker". Ähnlich unserem Bund, entstand sie aus evangelischen Jungenschaften kirchlicher Prägung in der Elbmarsch, überwiegend im Landkreis Winsen/Luhe, orientierte sich an bündischen Formen historischer Jugendbewegung, wählte den Namen „Tyrker" in bewusster Anlehnung an Tusk, der auf jenen legendären normannischen Jüngling einst aufmerksam gemacht hatte. Der Pioniergeist dieses heldenhaften Tyrker-Jungen sollte wohl Zeichen des neuen Bundes werden, ausgerufen im Jahre 1976. Auch wurde früh der Wunsch wach, über ein Bundeszentrum zu verfügen, der schon fünf Jahre später Realität wurde, als in Lüdersburg, Kreis Lüneburg, eine alte Rauchkate erworben werden konnte, umgeben von einem größeren Wiesengelände mit Baumbestand, ein idealer Ort für Kohten- und Jurtenlager. Der Bundesgründer und -führer Hartwig Bodmann, genannt buddy, zog mich von Anfang an ins Vertrauen, sowohl was die Gestaltung seines Bundes als auch die Ausbauarbeiten in Lüdersburg betraf. Tatsächlich zeigten sich manche Parallelen in der Entstehung unserer beiden Bünde und der weiteren Entwicklung des jeweiligen Bundesgeschehens. Auch zeigte sich, die Gruppen waren in ihrer Art recht ähnlich, erstaunlich, einmal schwäbische Jungen, einmal Jugendliche der Elbmarsch, und dennoch, der Freundschaften und Begegnungen ergaben sich viele.

Lüdersburg als Bundeszentrum der Tyrker, auch als Jugendhof und Lagergelände für befreunde bündische Gruppen gedacht und alsbald reichlich nachgefragt, entwickelte sich in steter baulicher Arbeit fort, für den Bund gelegentlich an den Rand des Zuträglichen führend. Überdies konnten mehrmals angrenzende Grundstücke dazu erworben werden samt weiteren Gebäuden. Wie und warum auch immer, irgendwann kam die Idee auf, in Lüdersburg eine Art geistig-bündisches Zentrum zu schaffen, das vor allem jüngeren führenden Kräften in den Bünden die Möglichkeit geben sollte, den eigenen Bundeshorizont zu übersteigen, sich mit der bündischen Welt, mit Themen und Problemen der Zeit geistig tiefer auseinanderzusetzen als für gewöhnlich in bündischen Kreisen üblich. Wann genau der Name „Bündische Akademie“ für diese Idee aufkam, wie sie sich im Detail realisierte, wäre zu rekonstruieren, ein eigentliches Gründungsdatum gibt es wohl eher nicht, wie so oft, wenn Bewegungen aufbrechen und ihren Lauf nehmen. Jedenfalls hatte ich im Spätjahr 1990 erstmals zu Papier gebracht, wie ein pädagogisches Konzept eines solchen Vorhabens der „evangelischen jungenschaft Tyrker“ in Lüdersburg aussehen könnte, abgefasst unter dem Aspekt die Projektidee vorzustellen, zugleich auch für eine Förderung und Unterstützung zu werben. Ich hob bewährte Prinzipien der Reformpädagogik hervor, das „Learning by doing“, die Verbindung von „Kopf, Herz und Hand“, zitierte maßgebliche Pädagogen jener Zeit wie Andreas Flitner und Hartmut von Hentig, ging auf

„Erlebnispädagogik", „Naturbezogene Pädagogik", „Ökopädagogik" und weitere damals aktueller „Pädagogiken" ein, auch von einer Tagungs- und Bildungsstätte war die Rede, die nicht nur intellektuell-theoretisch, auch praktisch-handwerklich, gleichsam „mit allen Sinnen", arbeiten sollte.

Als dann 1993 unter dem Namen „Bündische Akademie" quasi offiziell die Einladung zu einer ersten Tagung erfolgte, der eine Reihe von befreundeten und interessierten Bünden nachkam, hatte ich eine fundierte Konzeption ausgearbeitet und unter dem Titel „Idee und Gestalt einer bündischen Akademie" vorgestellt.[23] Insgesamt sieben Fundamente wurden benannt, auf denen diese Akademie gegründet und errichtet werden sollte: Handwerk – Werken mit den Händen; Entfaltung der Sinne – Sinnes- und Sinnerfahrungen; Wege zur Natur – Naturerfahrung, Naturschönheit, Naturschau; Standortbestimmung der Gegenwart – Handeln in der Gesellschaft; Religiöse Besinnung – Refugien für Stille, Gebet und Meditation; Musisch-ästhetische Kultur – Spielen, Gestalten, Genießen; Nähe zum Jugendbund – Leben in bündischer Umgebung. Was auf diesen Fundamenten aufgebaut wurde, was die praktische Umsetzung ergab, was daraus geworden ist, kann nicht im Einzelnen ausgeführt werden.

Jedenfalls hatte sich seitdem ergeben und ist zur festen Institution geworden, einmal jährlich zu Himmelfahrt eine Akademie-Tagung auszurichten, die in den Jahren, in denen ein Evangelischer Kirchentag nahezu zeitgleich stattfindet, sich in kleinerem Rahmen abspielt, da viele der Akademie-Aktiven auch dort engagiert mitwirken. Überhaupt, im Laufe der Jahre nahmen mehr und mehr Bünde an den Akademie-Veranstaltungen teil, die zugleich den Kirchentagen verbunden sind, zum Teil auch damit zusammenhängend, dass buddy als Geschäftsführer in der Kirchentagsleitung lange Jahre tätig war. Dabei ergaben sich für ihn eine Fülle von Kontakten zu Persönlichkeiten aus Theologie, Wissenschaft, Kultur und Politik, die für die Tagungen als Referenten und Mitwirkende gewonnen werden konnten. Einige derer, die nach Lüdersburg gekommen sind, seien eher beiläufig genannt, auf die Gefahr hin sich mit prominenten Namen zu schmücken, dabei der Akademie ebenso wesentliche Personen zu übergehen: Wolfgang Huber, Fulbert Steffinsky, Antje Vollmer, Marianne Birtler, Hartmut von Hentig; daneben aber auch Personen von Rang und Namen ohne Kirchentagshintergrund wie etwa Franz Vonessen, Jürgen Dahl, Mins Minssen, Hans-Peter von Kirchbach, Rüdiger Nehberg, Arno Klönne, Christoph Stählin, Johannes Grützke. Auch seien noch etliche der Themen angeführt, die sich handwerklichen, musischen, sportlichen, naturkundlichen, spirituellen Aktivitäten widmeten, wie in den „Fundamenten" vorgesehen, beispielsweise Arbeitsgruppen, die sich mit der Kunst des Schmiedens befassten, Eisenerzverhüttung erprobten, Eulennistkästen bauten, Windharfen konstruierten, Fechten, Bogenschießen, Bumerangwerfen übten, sich als Wünschelrutengänger versuchten, Camera-obscura-, Licht- und Farbspielexperimenten nachgingen, Formen des Puppenspiels, des Volkstanzes und Chorgesangs kennen lernten, Pflanzensymbolik und Heilkräuterwissen umsetzten, Zazen und japanischen Meditationsformen nachhingen und was der Angebote mehr waren, mehr und meist anderes als sonst in Kreisen der Jugendbewegung anzutreffen, überdies angeleitet und durchgeführt von Experten ihres Gebietes, bewusst auch und gerade von außerhalb der Bünde hinzugezogen.

Die nunmehr gut zwanzig Jahrestagungen der Bündischen Akademie haben im Wesentlichen ihren Sinn erfüllt, haben sich nicht nur auf intellektuelle Weise Problemen der Zeit gestellt, haben darüber hinaus in ganzheitlichem Erleben Jugendlichen aus bündischen Gemeinschaften Bestätigung ihres Tuns, erfüllte Begegnungen, Daseinserweiterungen im Persönlichen bedeuten mögen. Wohl ist nicht alles so gekommen, wie in anfänglichem Idealismus gedacht und geplant, manche Abstriche sind hinzunehmen, eine neue Generation von Aktiven ist nachgekommen mit eigenen Ideen und Vorstellungen. Es bleibt als Schicksalsfrage aller jugendbewegten Gründungen, wie sie einmal Geschaffenes in nachfolgende Zeiten zu überführen vermögen, ein Thema, das im Folgenden am Beispiel des eigenen Bundes aufgegriffen wird.

5. Vom eigenen Bund – Entwicklungen und einiges mehr

Mehrfach wurden in den vorangegangenen Kapiteln Daten und Ereignisse genannt, wie sich die allmähliche und doch gezielte Gründung und Entwicklung unseres Bundes vollzog, wie unsere „Evangelische Jungenschaft HORTE“ (EJH) in Berührung und zu Begegnungen mit verwandten bündischen Gemeinschaften kam, wurden Fahrten, Lager, Orte und weiteres Geschehen erwähnt, was sich aber inhaltlich und substanziell ereignete, blieb eher randständig. Als christlich-konfessionelle Jungenschaft begleiteten theologische Themen, Glaubensfragen und religiöse Besinnung wie selbstverständlich das Leben unseres Bundes. Beispielsweise setzte man sich mit Fragen der Vereinbarkeit von Schöpfungsbericht und Evolutionstheorie auseinander, griff Probleme des Atheismus und der sogenannten „Entmythologisierung“ im Gefolge Rudolf Bultmanns auf, befasste sich mit außerchristlichen Religionen, beschäftigte sich mit der Remilitarisierung der Bundesrepublik, ein nicht nur theoretisches Thema, vielmehr mit hautnah praktischen Konsequenzen für die Jungen in den Gruppen. „Warum ich als Christ nicht Soldat sein kann“, so der Titel einer Schrift von Walter Schlenker, meinem einstigen Nagolder Religionslehrer und Pfarrer, den wir zu Gast hatten und der uns zwingend mit dieser Frage konfrontierte. Leidenschaftlich setzte er sich für eine konsequente Kriegsdienstverweigerung aus Gewissensgründen ein, damals eine durchaus Mut erfordernde Entscheidung für die Jugendlichen, wurden sie doch, wenn auch unausgesprochen, als Drückeberger, als unmännliche Schwächlinge, vielleicht mit dubiosen Neigungen, oder auch im Zeichen des Kalten Krieges einfach als vaterlandslose Gesellen gesehen. Wir hatten jedenfalls eine überdurchschnittliche hohe Zahl in unserem jungen Bund, die sich für den Ersatzdienst entschied, dies nicht aus politischer, vielmehr aus christlicher Überzeugung. Bünde aus einem jungenschaftlich linken Milieu, die es Ende der 50er-, Anfang der 60er-Jahre durchaus gab, und die sich etwa an den aufkommenden Ostermärschen und anderen politischen Aktionen beteiligten, blieben uns fremd.

Christliche Gesinnung fand sich auch in unserem Liedgut wieder, das eine Reihe sogenannter Bekenntnislieder kannte, wie sie etwa im CVJM verbreitet waren, wobei wir darauf achteten, allzu konventionelle oder frömmelnde Lieder zu meiden, in Text und Melodie eher nach zeitgemäßen Ausschau hielten. Ansonsten sang man viele Lieder aus dem „Turm“, *dem* Liederbuch der Bündischen, das in diesen Jahren eben erst erschien. Zwar mied man gewisse Landsknechts- und Soldatenlieder oder sonst wie martialische Gesänge, bevorzugte eher besinnliche Weisen, etwa die von Walter Scherf, genannt tejo, dessen „Summt der Regen am Abend ins Tal, träumt mein Zelt von den Lommen“ zu den für uns wesentlichen Liedern zählte, ebenso wie „Schilf bleicht die langen, welkenden Haare strähnengleich unterm Regenwindgrau“, oder auch „König Suleimans weiße Zelte stehn rings im roten Sand“. Im Rückblick ergeben sich gewiss reichlich Einwände gegenüber dem bündischen Singen, von so mannigfachem Kitsch und Krampf ganz abgesehen, für mich immer noch schwer verständlich, wie so viele der Lieder Kampf und Krieg und Schlacht thematisieren, Leiden, Sterben und Tod besingen, Themen, die dem jugendlichen Menschen eigentlich ferne liegen sollten. Ob hier eine romantische Todessehnsucht aufscheint? Oder nur gedankenloses jugendliches Abenteurertum? Wahrscheinlich darf man die Liedtexte weder streng rational bewerten noch sonst wie auf eine ethisch-moralische Goldwaage legen, weder die der Bündischen, noch der Liedkunst generell. Bei aller Liebe zum Lied, insgesamt kam bei uns dem Singen nicht *die* überragende Bedeutung zu wie in so manch anderen Bünden, wo man nachfragen könnte, wie einmal rhetorisch zugespitzt formuliert, „War man nun eigentlich ein Wanderverein oder ein Gesangverein?“[24]

Vorträge und Diskussionen, Gespräche und Reflexionen – keinesfalls Dogmen oder Belehrungen – gehörten wesentlich unserem Bund zu und ergaben sich neben religiösen oder gesellschaftlich aktuellen Themen auch aus Literatur und Kunst. Bei so manchen Anlässen dienten Gedichtverse oder kurze Prosastücke der Einstimmung und Besinnung oder gaben ein

Motto ab, etwa von Dichtern wie Rilke, George, Walter Flex, Herman Hesse, Manfred Hausmann, Werner Helwig, aber auch von im Bündischen weniger gängigen Autoren wie Gottfried Benn. Hin und wieder wurden auf Lagern, Fahrten oder Festen literarisch anspruchsvolle Geschichten gelesen, so von Heinrich Böll aus „Wanderer, kommst du nach Spa…", von Alfred Andersch aus „Geister und Leute", von Hans Henny Jahnn aus „13 nicht geheure Geschichten" und selbst Arno Schmidt mit Passagen aus „Leviathan" zählte dazu. So intellektuell und scheinbar fern von jugendlichem Verstehen die letzt genannten Autoren auch scheinen mögen, so hatten sie zwischendurch doch ihren Platz neben Abenteuergeschichten und harmlosen Schwänken, bevorzugt auch schwäbische Dorf- und Bauerngeschichten, die teilweise in humoristische Theaterstücke umgesetzt und erfolgreich vor Publikum gespielt wurden.

Wie in Bewegungen und Bünden nicht selten, die Aufbruchs- und Gründerjahre bedeuten zugleich eine Hoch- und Blütezeit, so auch in unserer Jungenschaft. Das angeführte 10jährige Jubiläum 1969 zeigte den Bund in Hochform, die allerdings nicht mehr lange vorhalten sollte. Zunächst waren es Reflexe der sogenannten „68er-Jahre", die in die Gruppen eindrangen und zu Versuchen einseitiger politischer Einflussnahme führten. Letzten Endes waren es eher Kleinigkeiten, die das gemeinschaftliche Leben und Erleben störten, beispielsweise endlose Debatten, ob dieses oder jenes Lied zu singen politisch vertretbar sei – das Wort von political correctness gab es noch nicht – mit dem Ergebnis, dass überhaupt nicht gesungen wurde. Auch Diskussionen, ob man in der Dorfkirche den Gottesdienst besuchen oder lieber selbst eine geistliche Besinnung und Andacht abhalten sollte, endeten ähnlich, weder das eine noch das andere fand statt. Überhaupt, die ausufernden Diskussionen, meist voller Polemik und Gezänk, waren neu und verstörend, kurios unter anderem, dass mit zwei Händen zu Wort gemeldet, einen Antrag zur Geschäftsordnung bedeute, der vorgezogen werden müsse, dabei hatten wir doch gar keine Geschäftsordnung. Im Nachhinein mögen dies Lächerlichkeiten sein, kaum der Rede wert, aber sie hatten eine zersetzende, lähmende Wirkung im Bundesgeschehen, spalteten die zuvor vorhandene Gemeinsamkeit. Ende 1971 führten wir eine Trennung herbei, bei der einige Gruppen ausschieden, die sich in Gesinnung und Praxis nach „links" orientierten, zugleich auch etliche, die gar nicht mehr aktiv am Bundesleben teilnahmen. Nach dieser Klärung, die zahlenmäßig keinen allzu großen Aderlass bedeutete und unsere Jungenschaft weiterhin als einen Bund von knapp hundert Mitgliedern fortbestehen ließ, kehrte zunächst eine Phase der Konsolidierung ein, führte zu gewissen Aufschwüngen und hätte mich eigentlich mit großer Zufriedenheit erfüllen können.

Indessen, dem war nicht so, ich sah das Problem der auseinanderdriftenden Altersstufen des in die Jahre kommenden Bundes, für das sich mir keine rechte Lösung abzeichnete, nahm zu viele Aufgaben wahr, die kaum zu erfüllen waren; auch fand ich nicht mehr die Befriedigung im Bundesgeschehen wie in den Jahren zuvor, wurde empfindlicher gegenüber lästigem Alltagskram und kleinkarierter Kritik an der Bundesführung, empfand manche Enttäuschung, glaubte einen allmählichen Substanzverlust zu bemerken, tröstete mich, dass Schwankungen im Niveau der Gruppen in der Natur der Bünde liegen, blieb abwartend. Darüber hinaus hatte ich 1972 an der PH Reutlingen die Dozentur angetreten, die auf andere Weise als bislang Zeit und Einsatz forderte. Ohne dass es einen einzelnen, konkret zu benennenden Grund oder Anlass gegeben hätte, ich konnte und wollte den Bund nicht länger führen, ich spürte, ja, ich „wusste" irgendwann recht plötzlich, meine Zeit als Bundesführer ist um, nach fast 14 Jahren seit der Gründung. Im Oktober 1973 trat ich zurück, für alle überraschend, vielleicht auch für mich selbst. Im Rundbrief, in dem ich die Mitteilung machte, unterlief mir ein Fehler im Datum, ich schrieb Oktober 1974 (!) – eine Freudsche Fehlleistung? Wollte ich doch erst ein Jahr später aufgeben? Nein, es war das richtige Datum.

Die in den letzten Seiten angeklungenen Fragen, ob und wie in einem Bund einmal Geschaffenes über längere Zeiträume hinweg erhalten werden kann, ist ohne Antwort geblieben. Die Generationen eines Jugendbundes lösen sich ja naturgemäß ab in Zeiträumen von vier, fünf, sechs Jahren, allenfalls ein paar wenige mehr, dann finden sich andere, jüngere Jugendliche im bündischen Geschehen. Was geschieht nun mit den Älteren im Bund, die nicht mehr am Fahrten- und Lagerleben teilhaben können und wollen? Gibt es für sie eine Weiterführung der Gemeinschaft? Wenn sie selber wieder Gruppen führen, dann setzt sich ihre aktive bündische Phase noch eine Zeitlang fort, irgendwann geht auch sie zu Ende. Bei nicht wenigen Bünden bestehen Älterengemeinschaften mit einem gesonderten, mehr oder weniger eigenständigen Status, in denen versucht wird auf irgend eine Weise die Traditionen des Bundes weiterzuführen. Mögen sie gelegentlich an Veteranenvereine erinnern, die in vergangenen Zeiten schwelgen und ihre Jugendtage besingen und beschwören, ein gewisser Sinn mag ihnen ebenso zukommen wie den „Alten Herren" in studentischen Verbindungen. Überzeugender scheinen Lösungen, wo Ältere konkrete Aufgaben im Bund, speziell für die Jüngeren, übernehmen, wie in Altpfadfindergilden praktiziert, was in der Realität recht unterschiedlich gelingen mag. Auch schließen sich gelegentlich Ältere aus verschiedenen Bünden in Kreisen zusammen, um etwa bündische Geschichte aufzuarbeiten und für eine angemessene Dokumentation zu sorgen (ich denke hier beispielsweise an den „Mindener Kreis" um Wolfgang Hempel) oder um sich Zeitproblemen zu widmen und aus einer bestimmten bündischen Gesinnung Stellung zu beziehen (wie etwa im „Werother Kreis", begründet von Alexej Stachowitsch).

Überdies nimmt eine Reihe von Bünden für sich in Anspruch Lebensbund zu sein, was der eigentlichen Wortbedeutung nach gar nicht einzulösen ist, es sei denn in klösterlichen Ordensgemeinschaften. Auch das Bild vom Bund als große Familie bleibt ein schiefes Bild, der Jugendliche bricht ja gerade aus der Familie aus in dem Moment, in dem er sich in eine bündische Gemeinschaft begibt. Bündische Jugend vollzieht sich nur unter Jungendlichen und zwischen Jugendlichen untereinander, und wo einem Bund der Nachwuchs wegbricht, eine nachfolgende jüngere Generation ausbleibt, ist auch der Bund erledigt. Er kann zwar weiterhin eine Gemeinschaft in angestammten Traditionen und Lebensformen fortführen, ein Freundeskreis bleiben, als lebendiger, bündischer Bund ist er aber nicht mehr zu bezeichnen – die Geschichte der Jugendbewegung kennt genug dieser Beispiele.

Ein nämliches Schicksal ist unserem Bund widerfahren. In so manchen Gruppen sind keine Jüngeren nachgekommen, in der Folge gab es an einzelnen Orten den Bund nicht mehr. Die vorgesehene und notwendige Trennung von Bereichen und Belangen der Jungen im Jungenschaftsalter und den Älteren in der „Althorte“, wie wir unsere Älterengemeinschaft nannten, wurde nicht konsequent genug verfolgt. Ich sah zwar die Probleme, konnte sie aber nicht wirklich ändern, vielleicht war dies unterschwellig mit ein Grund, die Bundesführung aufzugeben. Meine Nachfolge, in die ich mich bewusst nicht einschaltete, machte die Situation nicht besser, im Gegenteil.

In diesem Zusammenhang soll das Thema der Bundesführung angesprochen und der Blick auf die Person des Bundesführers gerichtet werden. Wo es zu einem Wechsel in der Bundesführung kommt, wo ein neuer Bundesführer antritt, erscheint es nur zu selbstverständlich, dass sich im Bund Veränderungen ergeben. Führerpersönlichkeiten lassen sich eben nicht einfach ersetzen oder austauschen, schon gar nicht im bündischen, jugendbewegten Feld. Bewegungen gründen zuallererst auf Menschen, die sich engagiert für Ideen einbringen und zur Verwirklichung drängen, die Gemeinschaften stiften und gestalten, im Gegensatz zu Institutionen, die auf Programmen, Statuten und Satzungen beruhen. Als führende Kräfte im Bund bedarf es Persönlichkeiten mit einer bestimmten, nicht näher definierbaren Ausstrahlung, mit gewissen charismatischen Zügen, die es mit sich bringen, andere, vor allem jugendliche Menschen anzusprechen und an eine Idee und in eine

Gemeinschaft zu binden. Im Extremfall mögen es Korybanthen, Besessene und Sektierer sein, die am Werke sind, in der Geschichte der Jugendbewegung gäbe es dafür genug der Beispiele.

Den „großen", legendären Führergestalten der Vergangenheit kommen, in unterschiedlicher Ausprägung, diese charismatischen Eigenschaften zu; exemplarisch seien einige Namen genannt: Hermann Hoffmann, Karl Fischer, Eberhard Köbel-Tusk, Fred Schmid, Walter Scherf-tejo. Gemeinsam ist ihrer Führerschaft, dass sie jeweils nur wenige Jahre währt; kometengleich scheinen ihre Namen auf, strahlen für eine kurze Zeit hell in ihrem Bund und darüber hinaus, versinken wieder in eine Welt der Namenlosigkeit. Im Nachhinein wird ihr Erscheinen Legende, gerät zum Mythos. Mit ihrem Untergang verlieren zugleich ihre Bünde an Glanz und Strahlkraft, fallen in Durchschnittlichkeit zurück, wechseln mitunter ihre Namen und Identitäten oder erlöschen gänzlich. Ohne diese Phänomene im Einzelnen aufzuklären, sie hängen damit zusammen, dass Bünde immer wieder neu aufbrechen, zu Blüte und Reife gelangen und eben auch das Vergehen in sich tragen.

Welche Zeit ein Bund bestehen, wie lange ein Bundesführer einen Bund führen kann, lässt sich nicht abstrakt festlegen, je mehr ein Bund in Richtung Institution angelegt ist, etwa wie in großen Pfadfinderverbänden, je länger kann er überdauern, je austauschbarer bleibt die Führung. In festgelegten Perioden kann eine neue Führung gewählt werden gemäß demokratischer Prinzipien. Es wäre jedoch ein Irrtum, Bünde wie politische Gebilde zu sehen, ebenso, ihnen politische Intentionen anzusinnen. Wo Bünde ideologisch indoktrinieren und politisch agitieren, ob von links oder rechts, verkennen sie ihr Wesen, verlassen ihren Ursprung, verfehlen ihre Ziele und Ideale, mit Worten der Meißner-Formel, ein Leben „aus eigener Bestimmung, vor eigener Verantwortung, mit innerer Wahrhaftigkeit" zu leben. Es handelt sich dabei weder um eine Programmatik, noch um Erziehungs- und Bildungsziele, die methodisch umzusetzen wären. Es ist dieses spezifische Erleben bündischer Atmosphäre, einer Gemeinschaft und Freundschaft im

Unterwegssein auf Fahrt in die Weite der Natur, im Unterwegssein zu sich selbst. In der Welt der Blauen Blume sind Vokabeln aus Pädagogik und Wissenschaft wenig tauglich, auch Worte, die gelegentlich gebraucht werden, wie Selbsterziehung oder, wie bei Tusk, wo vom Ideal des „Selbsterringenden" die Rede ist, erklären nicht das, was sich im Jugendlichen in seinen bündischen Jahren ereignet. Es ist ein diesem Erleben Innewohnendes, das da formt und prägt und bildet; ob man dabei von immanenter Erziehung spricht oder von Erziehung des bündischen Milieus, erscheint belanglos.

Was bleibt aus dieser Welt der Jugendbewegung, der historischen wie der gegenwärtigen? Mit Hans-Joachim Schoeps weiter gefragt und geantwortet: „Was dabei herausgekommen ist? Zweckhaft betrachtet: überhaupt nichts. Sinnhaft betrachtet: viel Freude und Herzeleid und ein Wissen um reiche Möglichkeiten des Menschseins, das uns bis heute einen anderen Blick, eine andere Weise des Umgangs von Menschen gegeben hat – überhaupt eine andere Art des In-der-Welt-Seins."[25] Was im Zitat zum Ausdruck kommt, wurde im eigenen Bund in eben dieser Weise erfahren, viel Freude und Glückhaftes, dabei auch Enttäuschung und Schmerzliches. Das Zusammensein mit Jugendlichen in den Jahren ihres Werdens, in denen noch so viele Entwicklungswege offen stehen, in denen sich Schicksalsmöglichkeiten nur vage abzeichnen und doch schon umrisshaft erahnen lassen, diese Teilhabe an konkreten, leibhaftigen Schicksalen, Schicksal gleichsam in statu nascendi zu erleben und zu begleiten, dies schien mir stets das besondere Faszinosum in der Welt des Bündischen. Eine Vielzahl glückhafter jugendlicher Freundschaften wurde dabei erlebt, Freundschaften, die sich gewandelt haben oftmals zu Jahrzehnte währenden lebendigen Verbindungen. Dazu gehörten aber auch die Erfahrungen von unerwartet abdriftenden Jungen, die einem nahe standen und die dann plötzlich oder auch allmählich andere Wege gingen und gänzlich aus den Augen schwanden, mitunter nicht aus dem Sinn. Enttäuschend auch, dass der Allenspacher Hof, über dem dieselben Worte stehen könnten, wie sie sich auf Burg Waldeck finden: „Erbaut von Jungen für Jungen", dass diese Worte ihre Gültigkeit verloren haben. Wo der Jungenbund verloren geht, wo nur ein Kreis Ehemaliger zurückbleibt, mutiert auch ein Bundeszentrum zum beliebigen Ort. Zehn Jahre nach meinem Rücktritt als Bundesführer habe ich mich ohne Ressentiment aus meinem ehemaligen Bund verabschiedet.

Abschließend noch einmal die Frage „Was ist geblieben?“, diesmal in Sicht und Deutung von Fred Schmid: „Es ist falsch zu sagen: Was ist daraus geworden? Wo sind sie heute, und was hat es genutzt? Nicht mehr und nicht weniger als die Rosen in einem Garten, die im Herbste welken. Es war ein Vorgang im Kraftstrom des Rosenstockes, der durch ein paar wenige Schößlinge ausbrechen mußte und Blüten trug. Nicht die Nützlichkeit oder die Dauer dieser Blüten ist wichtig, sondern daß das Geglückte einmal Wirklichkeit war für einen Augenblick und als Zeichen einer fernen Zeit“.[26]

VI. Im Gefolge der Jugendbewegung – „Graue Edition“ und „Scheidewege“

1. Alfred Schmid: „Das Graue Corps und sein Herr“ – „Uomo virtuoso der Renaissance“

Das vorangegangene Kapitel endete mit einem Zitat von Fred (Alfred) Schmid, das zugleich das Thema Jugendbewegung abschließen sollte. Wenn nun der Name nochmals aufgegriffen wird, dazu herausgehoben unter eigener Überschrift, scheint der Abschluss doch nicht gelungen. Tatsächlich, das Phänomen Jugendbewegung spielt des weiteren eine Rolle, zwar in anderer Weise, in gewandelten Bezügen, weist über das unmittelbar bündische Geschehen hinaus, führt in neue Dimensionen.

Auf den Namen Alfred Schmid bin ich erstmals aufmerksam geworden in Werner Helwigs „Blauer Blume des Wandervogels“ im Jahre 1960. Dort wird er den herausragenden Führern in der Spätphase der Bünde gegen Ende der Weimarer Republik zugezählt, und sein Bund, das „Graue Corps“, unmittelbar neben den von Eberhard Köbel-Tusk, der „dj.1.11“, gestellt, zugleich auch die Unterschiedlichkeit im Typus der beiden Führer und ihrer Bünde hervorgehoben. Über „Fred“, so sein Name in der Jugendbewegung, finden sich kurze Ausführungen über seine Erfindungen als Wissenschaftler und Professor, die ihn wohlhabend gemacht haben, ein eigenes Flugzeug ermöglichten, über seine aus Spengler und Nietzsche gespeisten Schriften und Büchern, seine Erscheinung: „Im Benehmen souverän, (…) von vollkommenen Manieren, fast wie ein Snob auf diese bedacht. Seine gewinnende Strahlung wie ein Virtuose handhabend, seine Wirkung genau berechnend. (…) Der *Uomo virtuoso der Renaissance* (…) fand in ihm eine moderne Repräsentation.“[1] Dieses Wort kannte ich zuvor nicht, mag auch nicht beurteilen, ob es treffend gewählt. Überraschenderweise tauchte es Jahrzehnte später noch einmal in einem autobiographischen Bericht eines Autors[2] auf, der in ganz anderen

Zusammenhängen ein bestimmtes Bild von Alfred Schmid suggerieren wollte, das geradewegs zum Zerrbild geriet, worüber noch zu berichten sein wird.

Viel mehr über Fred und das Graue Corps war damals in der mir zugänglichen Literatur zur Jugendbewegung nicht zu erfahren, und wo die Namen schon erwähnt waren, standen sie meist in Verbindung mit Worten wie legendär, elitär, charismatisch, snobistisch, extravagant, esoterisch, geheimnisvoll und was der Adjektive sonst noch waren. Wie auch immer, das Interesse an diesem Bund und dessen Führer war geweckt, nähere Informationen zu erhalten blieb indes schwierig. Erst viel später, zu Beginn der 70er-Jahre, gelangte ich schließlich an die richtige Adresse, die über die Zeit des Grauen Corps und Fred Schmid verlässliche Auskünfte aus erster Hand geben konnte und dazu auch bereit war. Seit meinem ersten Besuch dort in Zell am Harmersbach bei Dietmar Lauermann, so die Anschrift, verbindet mich bis heute eine nunmehr vierzigjährige Freundschaft mit ihm. Es ist zu einer vertrauensvollen, produktiven Verbindung gekommen, die weit über den ursprünglichen Anlass hinausführte, Einzelheiten einer historischen Episode der Jugendbewegung in Erfahrung zu bringen. Als Junge einst Fähnrich im Corps und später mit Professor Alfred Schmid lebenslang menschlich, geistig und geschäftlich verbunden, auch dessen Erbe angetreten und in eine Stiftung eingebracht, konnte Dietmar Lauermann ein lebendiges Bild, ein authentisches Zeugnis vermitteln. Fred Schmid, 1968 verstorben, bin ich bedauerlicherweise nicht mehr persönlich begegnet, und dennoch begegnet in der Person und durch die Person Dietmar Lauermann.

Inzwischen kann man in so mancherlei Publikationen auf Angaben zu Leben und Werk Alfred Schmids treffen, oft nur bruchstückhaft und wenig präzise, und immer noch in eine Atmosphäre des Geheimnisvollen, Hermetischen gerückt, auch der Homoerotik und Extravaganz, finden Legenden- und Mythenbildung statt. Dass im Laufe der Zeit charismatische Führer der Jugendbewegung sich aus dem realen Geschehen lösen und zum Mythos gerinnen, dieses Phänomen wurde bereits erwähnt und zeigt sich in geradezu klassischer Weise an Fred Schmid und seinem Bund. Dabei dürfte die Historie des Grauen Corps und das Wirken Fred Schmids allenthalben bekannt und gut zugänglich sein, seit sich in einer maßgeblichen Dokumentation der Jugendbewegung[3] ein eigenes Kapitel dazu findet, ebenso wie in den Neuauflagen von Helwigs „Blauer Blume“[4] unter der Überschrift *„Das Graue Corps und sein Herr“*. Auch die Schrift „In memoriam Alfred Schmid“[5] bietet, neben manch subjektiven Deutungen und Impressionen, eine Reihe von Daten aus dem Umfeld des Bundes und der Person, insgesamt genügend Faktenmaterial, um das damalige Geschehen aus dem Zwielicht von Gerüchten und Geraune herauszuhalten, ohne dabei den Mythos zu zerstören.

Einige wenige Daten zu Leben und Werk Alfred Schmids seien kurz angeführt. Als Schweizer Staatsbürger am 29. Januar 1899 im elsässischen Mühlhausen geboren und dort aufgewachsen bis 1913, dann Umzug der Eltern nach Basel, wo er sich einer Schülergruppe des „B.K.“ (Bibelkreis) anschloss, auch selbständig Gruppen führte. Um 1922/23 Lösung vom B.K. und Gründung des „Basler Ring“, eines Jugendbundes, ähnlich der deutschen Jugendbewegung. Ab1926 Kontakte zu bündischen Gruppen in Süddeutschland, in der Folge Gründung eines eigenständigen Bundes „Graues Corps“ (15.1.1930) unter gleichzeitigem Ausscheiden aus bisherigen bündischen Gruppierungen. Neben den jugendbewegten Aktivitäten Studium der Naturwissenschaften in Basel einschließlich Promotion, Habilitation und Assistententätigkeit, bereits mit 28 Jahren a. o. Professor für Physikalische Chemie an der Universität Basel. Als Hochschullehrer zugleich eine Reihe von Erfindungen und Patenten auf dem Gebiet der Elektrochemie (Galvanische Elemente, Batterien, Brennstoffzelle), im Bereich der aufkommenden Kunststoffe und Kunstharze, in der Entwicklung von „Homogenholz“, Vorläufer der heutigen Spanplatten und in weiteren Teilgebieten.[6] 1932 Aufgabe der Professorentätigkeit und Übersiedlung nach Berlin zur unternehmerischen Auswertung seiner Erfindungen. 1933/34 Verbot und Auflösung der Bünde durch das NS-Regime, davon betroffen auch das „Graue

Corps". Oktober 1939 bis Januar 1940 in Gestapo-Haft wegen „bündischer Umtriebe", politischer Belastung – Schmid gab mit Harro Schulze-Boysen die Zeitschrift „Gegner" heraus –, kritischer, nonkonformistischer Einstellungen, auch Homosexualitätsverdächtigungen. 1944 durch Kriegseinwirkungen Zerstörung seines Anwesens und Beeinträchtigung der Forschungsarbeiten, Übersiedlung nach Konstanz, bei Kriegsende Rückkehr in die Schweizer Heimat, zuletzt mit Wohnsitz in Locarno-Orselina. Die späteren Lebensjahre bleiben überschattet von physischen und psychischen Beschwernissen, Tod am 31. Dezember 1968 in Freiburg i. Br. Anzufügen wären die Schriften und Bücher Fred Schmids, die zum Teil im Rahmen der verlegerischen Aktivitäten der Grauen Edition Erwähnung finden.

Wo immer man auf Spuren Fred Schmids stößt, stets ist von ihm als außergewöhnliche Persönlichkeit die Rede, besonders hervorgehoben eine ihm eigene Ausstrahlung, eine suggestive Kraft in Blick und Wort und Haltung, der sich sein Gegenüber nur schwerlich zu entziehen vermag, wobei diese Wirkung sich oftmals als polarisierend erweist. So konnte er in bündischen Gemeinschaften Jungen und deren Gruppenführer, die ihm wesensmäßig zugehörig schienen und um die er warb, für sich und seinen Bund begeistern und gewinnen, womit er zugleich verständlicherweise Neid und Anfeindungen auf sich zog. Etwa Tusk, Führer von dj.1.11., der ihn gerne seiner Jungenschaft zugezählt hätte, suchte zunächst anerkennend und bewundernd Verbindung und Nähe, und erst als Fred sich klar und eindeutig für den eigenen, kleinen Bund entschied, ausgerichtet auf seine Person, schlägt die vorherige Faszination um in Feindseligkeit und Verleumdung.[7]

Zu einem vergleichbaren Umschwung in einem ganz anderen Bereich kam es in der Zusammenarbeit mit Harro Schulze-Boysen und dessen Zeitschrift „der gegner"[8]. Als Fred Schmid sich 1932 in Berlin niederließ, muss es alsbald zum Kontakt mit Schulze-Boysen und dem „Gegner-Kreis" gekommen sein. Fred glaubte wohl für kurze Zeit in diesen politisch turbulenten Jahren um 1933 mit den aus der Jugendbewegung kommenden Kräften einen gewissen Einfluss auf die gesellschaftspolitische Situation nehmen zu können, glaubte, in einem Kreis von jungen Menschen abseits von Parteien eine Gegenkraft zu den mehr und mehr sich radikalisierenden Massen bilden zu können. In Schulze-Boysen, seinem Kreis und seiner „Gegner"-Zeitschrift sah er eine Plattform für ein Wirken jenseits gängiger politischer Ideologien, Phrasen und Parteien, beteiligte sich finanziell an dem Projekt, schrieb in nahezu jeder „Gegner"-Nummer eigene Beiträge und ließ seine kämpferisch-bekennende Schrift „Aufstand der Jugend"[9] in der Reihe „Die Schriften der Gegner" erscheinen. Schulze-Boysen bezeichnete ihn in Briefen an seine Eltern als „mein Freund Fred Schmid", und „dass Fred Schmid fest für unsere Gegnerarbeit gewonnen ist, das ist natürlich ein großer Erfolg"[10]. Kaum ein Jahr später klingt es ganz anders: „Auf Fred Schmid lege ich gar keinen Wert". (...) „Er ist der einzige meiner früheren Mitarbeiter, dessen ich mich schäme". (...) „Ebenso beute ich andere Leute aus (...). Wieviel Nutzen habe ich von (...) Fred Schmid (...) gehabt. Und wie wenig Gegenzahlung habe ich im Grunde (...) Schmid geleistet: Nichts Wesentliches!"[11] Das Umschlagen von zuvor gepriesener Freundschaft in Verachtung und Feindseligkeit erfolgte in dem Moment, wo Schmid sich aus dem „Gegner" zurückzog, als er mit der Machtergreifung Hitlers keine Möglichkeit mehr sah, politisch etwas bewirken zu können. Der Weg in Konspiration und Widerstand, den Schulze-Boysen gegangen, entsprach nicht seinem Wesen.

Dass Alfred Schmid aber den „Weg der Kollaboration mit dem Nationalsozialismus wählte, (...) dass er sich für die Identifikation mit dem Aggressor entschied"[12], wie neuerdings bei einem Autor, Professor für Wissenschaftsgeschichte, zu lesen ist – zwar vorsichtig formuliert, „es deutet alles darauf hin" – so zeugt dies von einer völligen Verkennung der Person Schmids. Gewiss, die Erfindungen und Herstellungsverfahren im Bereich von Batterien, glasfaserverstärkten Kunststoffen und Homogenholz mögen für den Nationalsozialismus besonders nach Kriegseintritt von Interesse gewesen sein, sie waren jedoch technische Entwicklungen, die als solche unabhängig von

Kriegs- und Rüstungsindustrie erfolgten, wenn sie auch für gewisse militärische Anwendungen in Betracht kommen konnten. Im Übrigen war Schmids Institut eine private Forschungsgesellschaft, ein Laboratorium, und kein (Kriegs-)Güter produzierendes Unternehmen, industriell anwendbare Ergebnisse lagen denn überhaupt nicht vor. Und wo der zitierte Autor sein Fachgebiet verlässt und sich als Psychologe geriert, dabei Schmid als „autoritären Charakter bezeichnet, der für den Faschismus (...) Sympathie empfand“[13], belegt mit Zitaten aus dessen Buch „Der Erzkönig. Ein Bekenntnis zu Friedrich dem Großen“[14], erschienen 1933 unter dem Pseudonym Georg Sebastian Faber, und der Gründung und Bundesführung des „Grauen Corps“, so zeigt er damit, dass ihm jedweder Zugang nicht nur zu dieser Schrift, mehr noch zu Idee, Gestalt und Geschehen der Jugendbewegung, insbesondere des Bündischen, fehlt.

Über den „Erzkönig“ hatte übrigens keine Geringerer als der Kulturhistoriker Richard Benz im Februar 1934 in einer der nationalsozialistischen Kulturpolitik nahestehenden Zeitschrift eine ungemein positive Rezension verfasst, was Benz danach in erhebliche Schwierigkeiten brachte. Er musste sich vor dem Parteiapparat der NSDAP rechtfertigen, er habe nicht gewusst, dass sich hinter dem Pseudonym der Schweizer Professor Alfred Schmid verberge und ohne Kenntnis des Autors lediglich das Werk in den Mittelpunkt gerückt. Auch sei es ihm nicht um die Bewertung dessen politischer Vergangenheit gegangen, hatte doch Schmid noch 1933 im „Gegner“ ausdrücklich eine Opposition zu Hitler angekündigt. „Eine ‚sehr maßgebliche politische Stelle’ warnte jedenfalls ‚eindringlichst’ vor Schmid“, so einer neueren Dissertation über Richard Benz zu entnehmen.[15]

Diesen, den Nazis so suspekten Alfred Schmid, der dazu noch eine viermonatige Gestapo-Haft hinter sich hatte, als Sympathisant, als Kollaborateur des Nationalsozialismus zu bezeichnen, bleibt jedoch absurd. Für seine Verachtung dieses Systems, die er tunlichst nach der Haftentlassung nicht öffentlich bekannte, gibt es dennoch Zeugnisse; so berichtet zum

Beispiel Heinrich Graf von Einsiedel von einem Gespräch am 15. Juni 1941, in dem es um einen möglichen Krieg gegen Russland ging und Schmid u.a. ausführte: „Was wissen diese Banausen (die Nazis) von Russland, vom russischen Menschen. (...) was immer die Bolschewisten dem Land angetan haben, es wird vergessen sein, wenn deutsche Knobelbecher vor Kiew oder Petersburg erscheinen. Wir kommen ja nicht als Befreier. Hinter Stalin wird plötzlich Mütterchen Russland stehen (...) und dann England und vor allem Amerika. Selbst wenn das System schon im Sterben liegt, unser Angriff wird wie eine Adrenalinspritze, wie eine Bluttransfusion wirken. An Russland geht Hitler zugrunde und mit ihm leider Deutschland."[16]

Auf andere Weise wurde Fred Schmid in ein falsches Licht gerückt und verächtlich gemacht, und zwar in dem schon andeutungsweise erwähnten autobiographischen „Bericht" von Nicolaus Sombart.[17] Dort wird Schmid als „Typus des kosmopolitischen, ganz auf ästhetisch-artistische Valeurs gestellten Paedophilen" gezeichnet, bei dem „die Verherrlichung eines asketisch-ästhetischen, sadistisch-mystischen Lebensideals, in dem friderizianisches Preußentum und der *uomo virtuoso der Renaissance* eine explosive Bindung eingingen". Angemerkt wird des weiteren, „daß das Elite-Ideal des ‚Schwarzen Korps', das in den Napolas der SS um diese Zeit verwirklicht werden sollte, dem des ‚Grauen Korps' wie ein Ei dem andern glich!" Insgesamt nehmen die Ausführungen zu Alfred Schmid einen erstaunlich großen Raum ein, ist ihm doch der Biograph als etwa Siebzehnjähriger nach eigenen Angaben nur zweimal kurz und flüchtig begegnet. Offensichtlich muss der Eindruck ein sehr starker und nachhaltiger gewesen sein, der nach Jahrzehnten in hämischer und verleumderischer Diktion seinen Niederschlag findet, wobei – und das ist wiederum kennzeichnend für Alfred Schmid – zwischen den Zeilen beim Autor doch auch so etwas wie Faszination und Bewunderung, vielleicht auch Neid zu verspüren sind.

Warum werden hier überhaupt diese negativistischen, bei Sombart geradezu bösartigen Auslassungen über Alfred Schmid nahezu unkommentiert angeführt? Sie mögen zeigen, dass, wo immer er in Erscheinung trat, eine polarisierende Wirkung von ihm ausging, entweder war man für ihn freundschaftlich, ja begeistert eingenommen oder lehnte ihn vehement ab, eingeschlossen ein Oszillieren zwischen Sympathie und Gegnerschaft. Dort, wo zustimmende, bewundernde Zeugnisse und Bekenntnisse aus seinem Bund oder dem weiteren jugendbewegten Umkreis vorliegen, wurden und werden sie gerne auch als Hagiographien abgetan[18]. Gewiss, Schriften wie „In memoriam Alfred Schmid", herausgegeben von Dietmar Lauermann, oder die Erinnerungen von Wilhelm Wald „Inseln der Unantastbarkeit"[19] nehmen seine gewinnende Ausstrahlung in Blick, sein Charisma als Jungenführer innerhalb der Jugendbewegung, seine außergewöhnliche, auch extravagante Erscheinung, seine vielseitige Bildung, seinen lebendigen Geist, seine erfolgreichen Erfindungen. Sollte darin eine Stilisierung zur „Lichtgestalt" gesehen werden, so könnte diesem Wort selbst eine gewisse Symbolik zukommen, trägt doch das Hauptwerk von Alfred Schmid den Titel „Traktat über das Licht"...

In den beiden zuletzt erwähnten Publikationen finden sich jedoch bereits Hinweise, dass die späteren Jahre – etwa nach 1933, mit dem Verbot der Jugendbewegung, mit Gestapohaft und -überwachung, mit Kriegsereignissen und Krankheitsgeschehen – von einer „Erfüllten Zeit"[20] der Jugendbewegung und der frühen erfolgreichen wissenschaftlichen Tätigkeit in eine „leidvolle Zeit" führen. Ohne auf Einzelheiten dieser zweiten Lebenshälfte einzugehen, für Fred Schmid stand fest, das Erlebnis „Graues Corps" kann nur singulär, unwiederholbar bleiben; ein neues Engagement in der Jugendbewegung wird es für ihn nicht geben. Auch verlor sich allmählich sein Interesse an wissenschaftlichen Arbeiten, an deren Stelle traten Studien zu naturphilosophischen und religiösen Themen. Zu psychischen, überwiegend depressiven Beeinträchtigungen, kam 1965 ein an sich harmloser Sturz mit einem Beinbruch, der jedoch auf Grund eines nachträglich diagnostizierten Sarkoms nicht mehr heilte und schließlich zu einer Amputation zwang. Alfred Schmid mag zwar nicht in äußerer Vereinsamung gestorben sein, ein Freundeskreis, auch und gerade von jungen

Menschen, der sich in Anlehnung an mittelalterlich-mystische Symbolik „Catena aurea“ nannte, blieb ihm bis zuletzt, die innere Einsamkeit ist ihm dennoch nicht erspart geblieben.

Für seine frühen Publikationen bis zum Erscheinen des „Erzkönigs“ 1933 wählte Alfred Schmid das schon erwähnte Pseudonym Georg Sebastian Faber, als ob er ahnte, dass neben dem kämpferischen St. Georg der leidende Märtyrer und Heilige Sebastian sein Schicksal bestimmen würden. Die polarisierende Wirkung, die ihm eignete, lag begründet in seiner Weltsicht, zugleich in einer Polarität seines Wesens, einer Doppelnatur zwischen moderner Naturwissenschaft und gnostischer Naturphilosophie, zwischen luxurierendem Leben und fordernder Askese, dem Janusgesicht des Wassermanns gleich, in dessen Zeichen er geboren. Wie auch immer seine Person und sein Werk gesehen werden mögen, seine Einsichten in Welt und Wesen der Jugendbewegung und der Führung ihr zugehöriger junger Menschen zählen nach meinem Dafürhalten zu den gültigsten Zeugnissen, die je vorgelegt wurden. Und seine auf die Naturwissenschaft der Neuzeit und Moderne so andersartige, konträre Sicht von Natur und Materie, auf physikalische Gesetze und kosmisches Geschehen, scheint noch kaum wahrgenommen. Wo vereinzelt Physik und Metaphysik sich aufeinander zubewegen, da sind im Spätwerk noch neue, ungewöhnliche Erkenntnisse und Impulse zu erwarten.

2. Die Graue Edition – Schriftenreihe und Verlag der Prof. Dr. Alfred Schmid-Stiftung

Herausgabe, Pflege und Förderung des Werkes von Alfred Schmid soll Zweck der seinen Namen tragenden Stiftung sein, so in deren Satzung festgelegt. Wenn auch unter anderen Prämissen ins Leben gerufen, „Die Graue Edition“ hat sich im Laufe der Zeit innerhalb der Prof. Dr. Alfred Schmid-Stiftung zu einem relativ eigenständigen Verlag entwickelt, zu dessen vorrangigen Aufgaben zählt, die Schriften Alfred Schmids vorzulegen, insbesondere den Nachlass zugänglich zu machen. Aus den zahlreich vorhandenen Manuskripten, die meist nicht zur vollen Druckreife gelangten, konnten bislang die in einzelnen Teilkapiteln ausgeführten Texte zu in sich geschlossenen Büchern zusammengefügt und herausgegeben werden: „Von der Natur der Liebe“ und „Principium motus“[21]. So unterschiedliche Inhalte den beiden Werken zukommen, sie stehen beide unter demselben Motto, einem imaginären Zyklus *„Abel contra Kain“*. Eben diese „*Konträre* Polarität“, von der Schmid spricht, gehört zum Weltcharakter, zum kosmischen Prinzip, sei es in der Natur der Liebe, sei es in der Natur des Physikalischen. Allem in der Welt, von den Himmelskörpern, Mineralien und Lebewesen bis hin zu den Elementarteilchen, liegt kein kausal bedingtes Handeln zugrunde, die Dinge handeln aus sich selbst heraus, jeder Teil der Schöpfung hat die Fähigkeit zum eigenständigen Handeln, so die Quintessenz der Gedankenwelt und Schau Alfred Schmids in seinem Spätwerk.

Nebenbei, der „Natur der Liebe“ wäre zu wünschen, sie würde auch in jugendbewegten Kreisen mehr als bislang wahrgenommen, besonders dort, wo es um das „Blüher-Thema“, um „Eros paidikos“ oder auch um die sogenannte „Missbrauchsdebatte“ geht. Und dem „Principium motus“ wäre angemessen mit in den Diskurs zu gelangen, der gegenwärtig, und wahrscheinlich noch auf lange Sicht, in den Grenzgebieten zwischen Naturwissenschaft, Philosophie und Religion stattfindet. Das weitere zur Veröffentlichung anstehende Werk bietet gerade zu diesen Bereichen, darüber hinaus zu genuin religiösen und gnostischen Themen eigenwillige Beiträge mit neuen, herausfordernden Einsichten und Erkenntnissen. Im Übrigen liegen derzeit in der „Grauen Edition“ nahezu sämtliche Publikationen Alfred Schmids vor, zumeist neu herausgegeben und mit Einführungen versehen von Dietmar Lauermann[22].

Wie nicht ungewöhnlich für so manches aus dem Umfeld der Jugendbewegung Hervorgegangene, ein Verlag mit Namen „Die Graue Edition“ war weder geplant, noch trugen die ersten Publikationen diesen Namen, noch liegt ein eindeutiges Gründungsdatum vor. Der Beginn ist eng verbunden mit dem Südmarkverlag Fritsch, Heidenheim, einem Verlag der Nachkriegsbünde in der Tradition der Jugendbewegung, auf den noch gesondert zurückzukommen ist, ebenso wie auf meine freundschaftliche Verbundenheit mit Horst Fritsch, dem Verleger. Wie ergab sich nun die Zusammenarbeit mit diesem Südmarkverlag? Als Dietmar Lauermann im Jahre 1975 das Buch „In memoriam Alfred Schmid" in der Prof. Dr. Alfred Schmid-Stiftung herausgab, erschien es gleichsam als Privatdruck und somit praktisch chancenlos, außerhalb eines eng begrenzten Freundeskreises wahrgenommen zu werden. Zu dieser Zeit war ich mit Dietmar Lauermann bereits recht gut befreundet und regte an, das Buch in das Programm des Südmarkverlags zu geben, was sich problemlos verwirklichen ließ. Die beiden folgenden Bücher[23] von und über Alfred Schmid erschienen dann wie selbstverständlich im Südmarkverlag.

Die weitere Entstehungsgeschichte der „Grauen Edition" setzte sich um 1980 fort, als mir Horst Fritsch anbot, die Redaktion der Südmarkzeitschrift „Stichwort – Führungsschrift der Jugendbewegung" zu übernehmen, ein Ansinnen, dem ich jedoch nicht nachkommen mochte, war ich dem langjährigen Schriftleiter, Fritz Krapp, genannt Doc, zu verbunden, als dass ich ihn von seinem angestammten Posten verdrängen wollte. Inzwischen waren schon etliche Überlegungen angestellt, wie eine anspruchsvolle Schrift für aktiv und führend wirkende Kräfte in den Bünden aussehen könnte, und so entschloss sich Horst Fritsch kurzerhand eine neue Schriftenreihe in seinen Verlag aufzunehmen, die den Namen „Die graue Reihe" tragen sollte, in bewusster Anlehnung an eine gleichnamige Reihe des Günther Wolff Verlags zu Plauen aus dem Jahre 1935. Als erster Band dieser *historischen* „Grauen Reihe" erschienen übrigens Erzählungen von Werner Helwig unter dem Titel „Strandgut", einige wenige Bände folgten noch, bzw. blieben angekündigt, da Günther Wolff wegen „bündischer Umtriebe" und Gegnerschaft zum Nationalsozialismus verfolgt und sein Verlag liquidiert wurde. Überflüssig anzumerken, dass „Grau" als Name der *neuen* Reihe auch und gerade auf den einstigen Bund, das „Graue Corps", anspielt – damals bezogen auf das Feldgrau der Soldaten. Darüber hinaus kommt der Farbe Grau in der Farbsymbolik Alfred Schmids im „Traktat über das Licht“ ein besonderer Stellenwert zu.

Im Herbst 1981 war es dann so weit: Band 1 der *neuen* „Grauen Reihe“ im Südmarkverlag konnte erscheinen, „Vom Wesen des Erzieherischen“, so der Titel, ein „Lesebuch“, mit von mir zusammengestellten Texten, im Impressum der Vermerk: „Die Graue Reihe. Schriften zur Neuorientierung in dieser Zeit. Herausgegeben von Prof. Dr. Walter Sauer. In Zusammenarbeit mit der Prof. Dr. Alfred Schmid-Stiftung. Südmarkverlag Fritsch, Heidenheim“. Die angeführte „Zusammenarbeit“ bestand zum einen in der weitgehenden Übernahme der Herstellungskosten durch die Stiftung, zum andern in der gemeinsamen inhaltlichen und redaktionellen Arbeit mit Dietmar Lauermann, der jedoch mit seinem Namen im Hintergrund bleiben wollte. Zum Signet der „Grauen Reihe“ wurde das persönliche Wappen Alfred Schmids gewählt, ein dreigezackter Stern, der einst schon seinem Bund, dem „Grauen Corps“, als Zeichen diente, auch bereits in einigen seiner frühen Schriften auf dem Titel erschien. Die Ursprünge dieses Symbols mögen auf jene vierzackigen Eisendornen verweisen, zu Zeiten als Waffe im Kampf vor angreifende Pferde geworfen. In der flächigen Wiedergabe lassen sich nur drei der Zacken zeigen, die vierte bleibt unsichtbar. Und eben diese vierte, unsichtbare Dimension soll als Hinweis auf die Wirklichkeit des Transzendenten verstanden werden, eine der Grauen Edition wesentliche Dimension. Der zugehörende Wappenspruch lautet „Qui s'y frotte, s'y pique“, frei übertragen „Wer daran rührt, sticht sich“, eine Losung, ein Motto, den Schriften der Grauen Edition angemessen.

Ein Jahr später folgte Band 2 „Grenzen des Intellekts – Herausforderung durch den Geist“, ebenfalls als „Lesebuch“ bezeichnet, gemeinsam mit Dietmar Lauermann herausgegeben. Erstmalig 1982 lautet nun das Impressum *„Die Graue Edition“* mit dem Zusatz „im Südmarkverlag Fritsch, Heidenheim“. Die Bandnummerierung, hier „Die Graue Reihe 2“, bleibt erhalten und bis heute fortgeführt, derzeit angelangt bei Nummer 61. Im Einzelnen soll nun keine Bibliographie der Edition aufgeführt werden. Nur ein paar Daten seien genannt, die verlegerisch gewisse Veränderungen erkennen lassen. In den Bänden 7-10, erschienen 1991/1992 – der Südmarkverlag Fritsch, Heidenheim, war inzwischen in jüngere Hände übergegangen –, lauten Verlagsname und Erscheinungsort „Südmarkverlag Michael Fritz, Witzenhausen“; als Herausgeber der Reihe wird nun auch Dietmar Lauermann genannt. Da die Veröffentlichungen zunehmend über einen jugendbewegten Adressatenkreis hinausführten, eher kulturgeschichtlich-philosophischen Charakter angenommen haben, kommt es 1993 zur Lösung vom Südmarkverlag in Witzenhausen, zugleich zur Eintragung eines eigenständigen Verlages „Die Graue Edition“ in der Prof. Dr. Alfred Schmid-Stiftung mit Sitz in Zug/Schweiz als Mitglied des Schweizer Buchhändler- und Verleger-Verbandes (SBVV) mit eigener Buchnummer (ISBN). Im Laufe der Jahre ist es mehrmals ungewollt zum Wechsel der Verlagsauslieferungen gekommen und damit auch zu unterschiedlichen Ortsangaben im Impressum, was in Bibliographien gelegentlich Irritationen nach sich zog. Seit geraumer Zeit lautet der Erscheinungsort nur noch Zug/Schweiz, Sitz der Stiftung.

Die Autoren und ihre Bücher in der Grauen Edition ergaben sich „wie von selbst“, so könnte man rückblickend sagen, zum Teil waren es Verbindungen von Dietmar Lauermann, etwa zu dem Philosophen Franz Vonessen, von dem insgesamt acht Titel erschienen, unmittelbar dazugehörig die fünf Bände „Sokrates-Studien“, oder auch zu dem Publizisten Gerd-Klaus Kaltenbrunner, dessen opus magnum und Spätwerk seinen Ort in der Grauen Edition fand. Andere Verbindungen gingen auf die philosophische Jahresschrift „Scheidewege“ zurück, deren Redaktionskreis ich seit längerem zugehörte, wovon noch die Rede sein wird. Autoren, die dort mit herausragenden Beiträgen auf sich aufmerksam gemacht hatten, konnten in der Folge auch für Buchpublikationen in der Grauen Edition gewonnen werden, so zum Beispiel Gernot Böhme, Jürgen Dahl, Thomas Fuchs, Ludger Lütkehaus, Mins Minssen und einige mehr. Nicht zuletzt kamen Autoren auch von sich aus auf den Verlag zu. Einen gemeinsamen Nenner aller Veröffentlichungen der Grauen Edition anzugeben, fällt nicht leicht, zu verschieden bleiben Inhalte und Absichten der einzelnen Bücher. In Prospekten und Werbeaktivitäten wurde gelegentlich formuliert: „Die Graue Edition richtet sich nicht in der Art modischer Anti- oder Alternativ-Literatur *gegen* die Situation unserer Zeit, sie will viel eher *für* etwas eintreten und zu einer geistigen Um- und Neuorientierung beitragen“. Oder noch kürzer: „Schriften zur Neuorientierung in dieser Zeit“.

Die beständige Freundschaft zu Dietmar Lauermann brachte es mit sich, dass wir gemeinsam Tagungen und Veranstaltungen besuchten, etwa der „Gesellschaft für Geistesgeschichte“, wo wir selbst einmal mit Vorträgen präsent waren[24], oder der „Sokratischen Gesellschaft“ oder auch zu jugendbewegten Stätten fuhren, so zur Nerother Burg Waldeck oder bei bündischen Treffen vorbeischauten, uns gelegentlich im Tessin am einstigen Wohnort Fred Schmids aufhielten oder uns im winterlichen Engadin trafen, wenn ich dort als Gast zugegen war. Wo immer wir zusammenkamen, in seinem so persönlich gestalteten, in jeder Hinsicht großzügigen Zuhause am Rande des Schwarzwalds, oder vielfältig unterwegs, die Gespräche kreisten viel um Fred Schmid und dessen Weg durch die Zeiten, um philosophische und religiöse Themen, um Geist und Intellekt, um Kunst und Literatur, nicht zuletzt um die Führung eines von Alfred Schmid übernommenen Unternehmens, und schließlich um die gemeinsame Arbeit an der Grauen Edition. Stets fanden wir uns neben aller Ernsthaftigkeit in einer von Muße, Witz und Lebensfreude geprägten Atmosphäre zusammen, bis sich mit zunehmendem Alter die so lebendigen geistigen Kräfte allmählich erschöpften. Während der Fertigstellung der vorliegenden autobiographischen Aufzeichnungen ging sein Leben im Alter von beinahe 97 Jahren am 3. August 2012 zuende. – Ein Schicksal hatte sich erfüllt.

Der älteste Sohn, Florian Lauermann, trat nun an die Stelle des Vaters in die Stiftung, erfreulicherweise auch in die Herausgeberschaft der Grauen Edition. An Themen für eine „Neuorientierung in dieser Zeit“ dürfte so rasch kein Mangel sein.

Schon mehrfach wurden die Namen Südmarkverlag und Horst Fritsch genannt, zuerst im Zusammenhang mit der ab 1960 erscheinenden Zeitschrift „der eisbrecher". Der unmittelbare Kontakt ergab sich, als wir unsere erste Lapplandfahrt vorbereiteten und wussten, dass ein umfangreicher Band mit Schriften von Tusk im Südmarkverlag erscheinen sollte, darin auch der „Fahrtbericht 29"[25] über jene legendäre Lapplandfahrt, auf deren Spuren wir uns begeben wollten. Da das Buch auf sich warten ließ, ging eine Anfrage an den Verlag mit der Bitte uns eventuell vorab einen Korrekturabzug mit dem gesuchten Text zur Verfügung zu stellen. Prompt und wie selbstverständlich wurde uns ein Exemplar der Fahnenabzüge überlassen – damit war die Verbindung zu Horst Frisch gegeben. Wie sich die zunächst zögerlich anbahnende Korrespondenz weiter entwickelte, blieb wenig spektakulär. Jahre später, zu unserem Bundeslager 1969 nahe der Burgruine Waldeck im Schwarzwald – nicht zu verwechseln mit der Nerother Burg Waldeck im Hunsrück – hatten wir, wohl ohne besonderen Anlass, Horst Fritsch eingeladen; Verlauf und Atmosphäre des Lagers mussten ihn offensichtlich beeindruckt haben. Nebenbei bewegte ich ihn, die beiden tusk'schen Liederbücher von 1933 und 1934 als Faksimile neu herauszugeben, sagte auch zu, für unseren Bund ein größeres Kontingent abzunehmen, worauf ein Jahr später die „Lieder der Eisbrechermannschaft" als Reprint erscheinen konnten, eingeleitet mit einer kurzen Notiz „Zur Neuauflage", darin die Bemerkung „Den Ausschlag gab ein Gespräch, das ich mit dem Bundesführer eines Jungenbundes in dessen Kohtenlager hatte".[26]

Zufall oder nicht, gerade rechtzeitig zur Feier des zehnjährigen Bestehens unseres Bundes – vermutlich auf Horst Fritschs Veranlassung – brachte der „eisbrecher" in der Rubrik „Das Prominentenfoto"[27] eine kurze Vorstellung meiner Person und Jungenschaft. Wieder Jahre später folgte 1978 die von mir zusammengestellte Sammlung mit Texten zur Geschichte der Jugendbewegung nach 1945 unter dem Titel „Rückblicke und

Ausblicke". Bald darauf kam die Neuausgabe von Werner Helwigs „Blauer Blume des Wandervogels" zustande, von 1981 an folgten die ersten Bände der „Grauen Edition" und ab 1983 übernahm ich die Redaktion des „eisbrechers", dies nur als kurze Wiederholung und Ergänzung meiner bereits angeführten publizistischen Aktivitäten im Südmarkverlag. Dazwischen und danach fanden mit einer gewissen Regelmäßigkeit jährliche Mitarbeitertreffen statt, unter anderem auch auf dem Allenspacher Hof, bei denen ich teilweise aktiv mitwirkte und in deren Folge die bis in die Gegenwart erscheinende Dokumentationsschrift „puls" für die Freunde des Verlags entstand, ebenso wie aus einem dieser Treffen das so genannte „Bündische Forum" hervorgegangen ist, ein Kreis, der über viele Jahre als eigenständige bündische Institution Bestand hatte, bei dessen erster Zusammenkunft ich Jürgen Dahls kritische Positionen „Über Ökologie und über Ökologie hinaus" vorstellte, offensichtlich ohne auf viel Verständnis zu treffen, so einer Rückschau auf das 20jährige Bestehen dieses Forums zu entnehmen[28].

Dass ich für Horst Fritsch zum 80. Geburtstag eine Würdigung seiner Person und seines Lebenswerkes schrieb[29], verstand sich von selbst nach der jahrzehntelangen freundschaftlichen Zusammenarbeit und Verbundenheit. Einige der Ausführungen seien hier in Umrissen wiedergegeben, insbesondere einige Daten und Stationen zu Person und Verlag. Geboren 1919 im Thüringer Wald, mit zehn Jahren in einer bündischen Gruppe bis zum Verbot der Bünde, kurze Zeit Jungvolkführer, dann als Soldat im Krieg einschließlich Verwundung und Gefangenschaft, danach beruflich im kaufmännischem Bereich über 40 Jahre tätig in der Firma Zeiss, Oberkochen. Familiengründung in Heidenheim an der Brenz, daneben Aufbau bündischer Gruppen in der „Deutschen Freischar" („Gau Südmark"), später deren Bundesführer in schwierigen, von Krisen und Spaltung bedrohten Jahren (1954-1962). Neben Familie, Beruf und Bund ab 1948 Veröffentlichungen von Liedblättern und bundesinternen Schriften als Keimzelle des Südmarkverlags, nach und nach überbündische Zeitschriften, zahlreiche Bücher bündischer Autoren, dabei schwerpunktmäßig Liederbücher, insgesamt eine Titelliste von weit mehr als hundert Publikationen. Im Alter von 70 Jahren Suche nach einem Nachfolger und Aufgabe des Verlages. Was bleibt, ist die Gewissheit, dass Horst Fritsch und sein Südmarkverlag nicht übergangen werden können, wann und wo immer Jugendbewegung und ihre Bünde zwischen 1945 und 1990 in den Blick gelangen. Und mit Sicherheit ist die Verlegertradition der Jugendbewegung wie folgt fortzuschreiben: Eugen Diederichs, Jena – Ludwig Voggenreiter, Potsdam – Günther Wolff, Plauen – Horst Fritsch, Heidenheim.

Horst Fritsch verkörperte zwar nicht den Typus eines charismatischen Jugendführers, wirkte eher sachlich, bescheiden und doch bestimmt, bemühte sich um Verstehen und Ausgleich divergierender Kräfte, mit einem sicheren Gefühl für das Mögliche. Nicht spektakuläre Aktionen, vielmehr Gleichmaß und Beständigkeit im Persönlichen wie im Verlag zeichneten ihn aus. Im besten Sinne ehrenamtlich und selbstlos im Dienste der Jugendbewegung widmete er sich außerhalb seiner vollen beruflichen Tätigkeit der Verlagsarbeit. Bewusst wählte er als Signet des Südmarkverlages weder den Greif des Wandervogels, noch den Falken der Jungenschaft, noch die Lilie der Pfadfinder, nicht Kornblume und Kirschblüte und was der bündischen Embleme mehr sind, vielmehr galt ihm als verbindendes Zeichen aller Waldläufer das Hubertusgeweih in stark abstrahierter, kaum erkennbarer Form. Es sollte Symbol sein für eine übergreifende bündische Gemeinschaft, für einen Verlag, der über enge Bundesschranken, starre Ideologien und trennende Dogmen hinausführt.

In den späteren Lebensjahren verfolgte er mehr und mehr aus der Ferne und mit großer Gelassenheit das Geschehen in den Bünden, natürlich auch die Fortführung seines einstigen Verlags, die er sich allerdings anders vorgestellt hatte, widmete sich bislang vernachlässigter Liebhabereien, vornean der Genealogie und Ahnenforschung. Mit dem Tod seiner Frau, stets guter Geist im Verlag und treue Lebensbegleiterin, schwanden rasch die eigenen Kräfte, auch der Lebenswille; kaum ein Jahr später verstarb er 2007 im 88. Lebensjahr. Auf seinen Wunsch hin und den der Kinder übernahm ich beide Male die Gestaltung der Trauerfeier, einen Dienst, dessen Erfüllung mir nicht leicht fiel, den ich als Dank für eine lange Freundschaft doch gerne übernahm, auch im Bewusstsein, dass es Horst Fritsch war, der am Beginn der Grauen Edition gestanden hatte und der ihr den Zugang in die Verlagswelt bot.

4. Max Himmelheber – Pfadfinder, Erfinder, Philosoph

Der Exkurs über Horst Fritsch und den Südmarkverlag verblieb naturgemäß in der Welt der Jugendbewegung, führte zugleich darüber hinaus, war doch mit diesem, seinem Lebenswerk ein Ort geschaffen, der den Bünden neben aller Bestätigung eine beständige Reflexion ihres Tuns, auch eine kritische Distanz ermöglichte. Wenn nun Leben und Wirken Max Himmelhebers in den Blick kommen sollen, so wurzeln die ihn prägenden Einflüsse ebenfalls in der Jugendbewegung, wirken lebenslang weiter, zeigen jedoch auch ganz andere, außergewöhnliche Facetten seiner Persönlichkeit, die ihn als erfolgreichen Erfinder und Unternehmer wie auch als philosophisch fundierten, ökologisch engagierten Autor und kritischen Publizisten ausweisen.

Zunächst jedoch zur jugendbewegten Abkunft: 1904 in Karlsruhe geboren, aufgewachsen unter zahlreichen Geschwistern in behüteter, anregender Atmosphäre eines bildungsbürgerlichen Elternhauses mit einer Möbelfabrik in Familienbesitz, fand er im Alter von etwa zehn Jahren zu einer Pfadfindergruppe, ab 1919 zum Altwandervogel und in der späteren Weimarer Zeit über den „Bund der Wandervögel und Pfadfinder“ zum „Grauen Corps“, wobei gerade Max Himmelheber es war, dem sich die Verbindung zwischen der deutschen Jugendbewegung und dem „Baseler Ring“ Fred Schmids verdankt, hervorgegangen aus einem ersten gemeinsamen Lager im Sommer 1926 in Ermatingen am Bodensee. Seit diesem Datum berühren und kreuzen sich deren Wege, führen dabei weit über jugendbewegtes Terrain hinaus, worauf noch ausführlich zurückzukommen ist.

Beide waren sie in diesen späten zwanziger Jahren unmittelbar in das turbulente Geschehen der Bünde jener Zeit eingebunden, unter anderem auch in die Aktivitäten der im Entstehen begriffenen Jungenschaft von Eberhard Köbel-Tusk. Max Himmelheber hatte, wie er später schreibt, „Tusk schon ziemlich früh kennengelernt und während dreier Jahre unternahmen wir manche gemeinsame Reise kreuz und quer durch Deutschland auf unseren BMW-Motorrädern zu Tagungen, Treffen und Lagern der verschiedensten Gruppen und Bünde“[30], Unternehmungen, die auch von Tusk auf ähnliche Weise berichtet werden[31]. Mögen dies scheinbar belanglose Reminiszenzen bleiben, so zeigen sie doch, dass Max Himmelheber in naher Verbindung zu Tusk stand, und wenn er sich später kritisch, ja polemisch über ihn äußerte, so basieren seine Einschätzungen und Urteile auf eben dieser Nähe.

Die spätbündische Phase der Jugendbewegung endete bekanntlich abrupt mit Beginn der Naziherrschaft und dem Verbot der Bünde. Bald jedoch nach den Jahren der Diktatur und des Krieges begannen ehemalige Führer aus den unterschiedlichsten Pfadfinder- und Jungenschaftsbünden wieder mit dem Aufbau von bündischen Gruppen, so auch Max Himmelheber, inzwischen in Baiersbronn im Schwarzwald ansässig. Er gehörte um 1948 zu den Mitbegründern des „Bundes Deutscher Pfadfinder“ (BDP) in der französischen Besatzungszone, führte selbst vor Ort eine Jungengruppe, veröffentlichte in der neubegründeten Pfadfinderzeitschrift „Das Lagerfeuer“ regelmäßig teils programmatische, teils erzählende Beiträge, gehörte zeitweise auch deren Schriftleitung zu. Außerdem war er Bundesbeauftragter im BDP für Führerbildung und schrieb in den internen „Briefen an die Führerschaft“ über pfadfinderische Erziehungs- und Bildungsfragen. Durch seine Präsenz im bündischen Schrifttum war er bald über die Grenze der eigenen Landesmark hinaus bekannt, erfuhr, wo er auf überregionalen Lagern und Treffen in Erscheinung trat, gerade bei jüngeren Gruppenführern große Aufmerksamkeit und Resonanz, was seitens der Bundesführung Missfallen auslöste, zu Verleumdungen und Anschuldigungen führte und letztlich 1961 seinen Ausschluss aus dem BDP zur Folge hatte.

Ohne sich dagegen entscheidend zur Wehr setzen zu können – ein Ehrengerichtsverfahren wurde ihm aus formalen Gründen verweigert – zog er sich gänzlich aus den Bünden und ihren Organisationen zurück, führte um so konsequenter seine eigene, sich ständig erneuernde Jungengruppe über Jahrzehnte hin bis ins hohe Alter fort, in einer Art und Weise, wie sie seinen idealen Zielen bündischer Idee und Praxis entsprachen. Dass dabei der Großfahrt, der Großen Fahrt, ein besonderer Stellenwert zukam, bildete für ihn *das* Kriterium allen bündischen Tuns. Sein hohes Verständnis von Jugendbewegung, gleichsam sein bündisches Credo, legte er in einer bekenntnishaften, zugleich kämpferischen Schrift nieder, unter dem Titel „In der Dürre der Wüste ... Vom Sinn des Bündischen". Ohne die Gedankenwelt dieser Schrift zu entfalten und ohne weitere Interpretation sei ihr lediglich ein längeres Zitat entnommen, das ein wenig vom geistigen Impetus erkennen lassen mag: „Das Auseinanderfallen von Aktion und Kontemplation, von Schaffen und innerem Erleben, die sich wie kinetische und potentielle Energie zueinander verhalten, bewirkt, daß beides nur noch Surrogate, nur noch jämmerliche Zerrbilder dessen sind, was als Sinn des menschlichen Lebens einmal uns aufgegeben war: tätig die Schöpfung und uns in ihr zu erleben, erlebend in uns die Kräfte des Schaffens aufbrechen zu fühlen und in der Einheit von Tun und Erleben die Würde des menschlichen Seins als Auftrag zu erfüllen."[32]

Als ich Max Himmelheber um 1972 erstmals in Baiersbronn aufsuchte, um seine spezifische Sichtweise der bündischen Ideenwelt näher kennen zu lernen, um Einblicke in die Gruppenpraxis des einstigen Grauen Corps und der Gegenwart seiner Jungengruppe zu erhalten und Anregungen für die aktuelle Situation des eigenen Bundes wie die der Bünde insgesamt zu gewinnen, traf ich darüber hinaus auf eine gänzlich andere Facette seiner Persönlichkeit. Was ich bis dahin nur andeutungsweise wusste, dass er mit der Erfindung und Fabrikation der Spanplatte zu tun und in dieser Branche ein führendes Untenehmen aufgebaut hatte, davon erzählte er auf spannende, auch für den Laien verständliche Weise. Bei der Besichtigung seiner Firma, unter dem Namen „Laboratorium Himmelheber“ geführt, zeigte er auf einer großen Weltkarte die mit roten Punkten markierten Standorte der von ihm errichteten Spanplattenwerke, dabei kein Kontinent, der nicht wenigstens einige dieser Punkte aufwies.

Wie er auf die Idee der Spanplatte gekommen war, dazu holte er weit aus. Sein Vater habe ihm schon in der Kindheit vermittelt, dass sich vom ursprünglichen Baum kaum 40 Prozent im fertigen Möbelstück wiederfinden, der Rest der Holzsubstanz als minderwertiger Abfall zurückbleibe. Aus diesen Abfällen einen neuen, großflächigen Holzwerkstoff zu gewinnen, damit beschäftigte er sich nach erfolgreichem Ingenieurstudium als junger Assistent am Chemisch-Physikalischen Institut der Universität Basel unter Prof. Dr. Alfred Schmid, dem nur wenig älteren bündischen Weggefährten und Freund, der ungewöhnlich früh, schon 1927 in dieser akademischen Position angekommen war. Als Ergebnis der experimentellen Forschungsarbeit konnte 1932 ein erstes schweizerisches Patent angemeldet werden mit dem wenig aufschlussreichen Titel „Holzähnliche Masse und Verfahren zu deren Herstellung“, lautend auf Alfred Schmid, den Institutsleiter, und Dipl. Ing. Max Himmelheber. Abgekürzt und intern wurde von „Homogenholz“ gesprochen, dem direkten Vorläufer der späteren Spanplatte.

Nachdem Schmid im selben Jahr die Professur aufgab und nach Berlin übersiedelte, war Max Himmelheber zunächst von der Weiterentwicklung des Patentes abgeschnitten, war als Fluglehrer in Luftsportgruppen tätig, verfügte über sämtliche Flugführer- und Kunstflugscheine, wurde vom politisch neu etablierten Luftfahrtsministerium angestellt und mit Kriegsbeginn als Jagdflieger dem Geschwader Richthofen Nr. 2 zugeteilt. Bei Einsätzen über England als Kampfflugzeugbegleitung im Raum Kenley kam es zum Abschuss seiner Maschine; ein Vermerk im Verzeichnis der „Frontflüge des Oblt. Max Himmelheber“ unter dem Datum des 6.9.1940 lautet lapidar: „Vom

Einsatz nicht zurückgekehrt". Schwer verletzt in Lazarett und Kriegsgefangenschaft erfuhr er als Offizier der Luftwaffe eine vorbildliche medizinische Betreuung, in jeder Hinsicht eine respektvolle, großzügige Behandlung, erhielt zum Beispiel alle gewünschte Fachliteratur zu physikalisch-philosophischen Themen, konnte an Plänen verbesserter Verfahren der Homogenholz-Fertigung arbeiten. 1943 kam es im Rahmen eines Verwundetenaustausches zwischen Deutschland und England zur Entlassung und Rückkehr in die Heimat. Die Arbeiten an der Entwicklung industrieller Verfahren zur Homogenholzproduktion ließen sich unmittelbar weiterführen, da mit der Fortdauer des Krieges und dem Abgeschnittensein vom internationalen Rohstoffmarkt politisch ein verstärktes Interesse bestand, Ersatzstoffe wie gerade das vielseitig und vielversprechend einsetzbare Homogenholz zu gewinnen. Im Auftrag des Reichsluftfahrtministeriums, auch in Zusammenarbeit mit Alfred Schmid, entstand zunächst eine kleinere Produktionsanlage in Görlitz, des weiteren kam es zu Planungen und Vorarbeiten für Werke in Varel, Neustrelitz und Baiersbronn. Das Kriegsende und die Demontage der bereits vorhandenen oder im Aufbau befindlichen Anlagen zogen jedoch zunächst einen Schlussstrich unter das Kapitel „Homogenholz".

1950 erfolgte in Baiersbronn die Gründung eines Instituts mit Laboratorium, Konstruktionsbüro und Versuchsanlage, das den Herstellungsprozess effizienter gestalten und zu Spanplatten vorbestimmter technischer Eigenschaften führen sollte. Die Form der verwendeten Holzspäne wurde nicht dem Zufall überlassen, sondern gezielt erzeugt in bestimmten Abmessungen und Strukturen, wofür spezielle Hobel- und Zerspanungsmaschinen konstruiert werden mussten. Auch das dosierte Einbringen von Kunstharzleimen in das Spänegemenge erforderte bestimmte Apparaturen und Verfahren, ebenso das Beheizen und Pressen der Platten. Im Laufe dieser Entwicklungs- und Konstruktionsarbeiten erhielt Max Himmelheber über 70 Patente auf die von ihm geschaffenen Maschinen und Verfahren. Zu den wesentlichen Aufgaben seines Ingenieurbüros zählte die Gesamtplanung von Spanplattenfabriken; weltweit wurden von seiner Firma mehr als 80 solcher Werke errichtet. In der Branche zählte das Unternehmen zu den führenden und seine von ihm in den entsprechenden Fachorganen publizierten Beiträge[33] machten ihn über Jahrzehnte zu einem renommierten Experten auf dem Gebiete der Spanplattenfabrikation.

An dieser Stelle ein kurzer Sprung in die unmittelbare Gegenwart der Himmelheber'schen Erfindung: Völlig unerwartet meldete sich 2009 ein Freier Mitarbeiter des SWR mit dem Vorhaben einen Film unter dem Titel „Die Spanplatte des Herrn Himmelheber“[34] zu produzieren und zwar in der Reihe „talente & patente“, eine Fernsehserie, in der Erfindungen von Gebrauchsgütern des Alltags aufgegriffen werden, von denen im Allgemeinen kaum jemand den Erfinder kennt, so beispielsweise der Fall bei Reißverschluss, Kugelschreiber, Büstenhalter usw., so auch bei der Spanplatte, die heute in der Mehrzahl aller Möbelstücke Verwendung findet. Da eine Reihe von Dokumenten des „Herrn Himmelheber“ in meinen Besitz gekommen war, sollten auch bei mir Filmaufnahmen und Interviews stattfinden, worin ich gerne einwilligte. Ich erwähne dies deshalb, weil der gut recherchierte Film auf eindrückliche Weise Max Himmelheber als Erfinder der Spanplatte würdigt, dabei eine Reihe von Experten der Industrie- und Hochschulforschung im Bereich der Holz- und Spanplattentechnik zu Wort kommen lässt. Übereinstimmend die Feststellung, dass das „System Himmelheber“ – ein Terminus, der Fachliteratur, wie dem Film entnommen – zwar mancherlei Weiterentwicklung erfahren, aber seine grundsätzliche Bedeutung nicht verloren hat.

Am Rande blendet der Film auch die ökologische Bedeutung der Spanplatte ein. Sie bildet ein frühes Beispiel für Abfallrecycling, für eine Kreislaufwirtschaft, für eine ökologische Technologie zu einem Zeitpunkt, als kaum jemand diese Begriffe kannte. Die heute täglich weltweit hergestellte Spanplattenmenge entspricht, so wird geschätzt, einer Nutzholzmenge von an die 100.000 hiebreifen Schwarzwaldtannen, eine Zahl, die Max Himmelheber nicht oft genug herausstellen konnte.

Dass hier ein schier unvorstellbar großer Beitrag zur Schonung des Waldes, zur nachhaltigen Nutzung des kostbaren, weil nur langsam nachwachsenden Rohstoffes Holz geleistet wird, bedarf nicht näherer Ausführungen. Mit aus diesem Grunde zeichnete die Theodor-Heuss-Stiftung im Jahre 1987 Max Himmelheber mit der Theodor-Heuss-Medaille aus. Als zusätzliche Begründung nennt die Verleihungsurkunde die Herausgabe der „Scheidewege". Damit ist eine weitere, die dritte wesentliche Facette von Person und Werk Max Himmelhebers angesprochen, die ich eine „philosophische" nennen möchte, gewichtig genug um gesondert vorgestellt zu werden.

5. Scheidewege – Jahresschrift für skeptisches Denken

Bei meinem ersten Besuch in Baiersbronn kamen neben den Themen Jugendbewegung und Spanplatte auch die noch nicht lange zurückliegende Gründung einer Zeitschrift mit Namen „Scheidewege" zur Sprache, „Vierteljahresschrift für skeptisches Denken", eben erschienen im 2. Jahrgang im Verlag Vittorio Klostermann, herausgegeben von Max Himmelheber und Friedrich Georg Jünger. Assoziationen zum Namen führten unwillkürlich zurück in die Bilderwelt jugendlicher Lektüre, den „Sagen des Klassischen Altertums", einprägsam illustriert von John Flaxman, aus denen mir „Herakles am Scheidewege" noch deutlich vor Augen stand. Der aktuelle Scheideweg indes um vieles bedrohlicher, eher gemahnend an das in pietistischen Kreisen verbreitete Bild vom „schmalen und breiten Weg", wobei der breite ins Verderben, direkt in die Hölle führt. Ohne religiöses Pathos ausgedrückt, die Gefährdung der Menschheit liegt in der Maßlosigkeit und Vermessenheit des Menschen, im Umgang mit der Natur wie im Verlust menschlichen Maßes auf so vielen Gebieten des Lebens. Zwar waren der Bericht des Club of Rome zur „Lage der Menschheit" unter dem Titel „Die Grenzen des Wachstums" noch nicht erschienen, auch nicht Ernst Friedrich Schumachers „Small ist Beautiful" mit dem deutschen Untertitel „Die Rückkehr zum menschlichen Maß", aber eben diese wenig später in den Blick gelangenden Erkenntnisse führten mit zur Gründung der „Scheidewege", teils vorweggenommene, teils einfach nur wahrgenommene Einsichten in die Situation der Zeit.

Ohne den konkreten Anlass der Gründung im Jahre 1971 rekonstruieren zu wollen, zur ideellen Abkunft der „Scheidewege" gehörten zweifellos auch philosophische Kreise, die für die Verantwortung der Wissenschaft einstanden, wie die „Gesellschaft für Anthropoökologie" um Friedrich Wagner, der mit seinem Werk „Die Wissenschaft und die gefährdete Welt" Gefahren bewusst gemacht hatte, in welche die Menschheit durch einseitiges Fortschrittsdenken im Gefolge eines wissenschaftlichen Positivismus und Reduktionismus geraten ist. In einer weiteren philosophisch ausgerichteten Runde, die seit den Nachkriegsjahren in Überlingen am Bodensee zusammenkam, begegnete Max Himmelheber Friedrich Georg Jünger, in dessen Werken „Die Perfektion der Technik" und „Die vollkommene Schöpfung" er seinen eigenen geistigen Standort erkennen konnte. Die Übereinstimmung war unmittelbar gegeben, der Plan einer gemeinsam herauszugebenden Zeitschrift geboren, die Verwirklichung ließ nicht lange auf sich warten. Jünger stellte die Verbindung zu seinem Verleger Klostermann her, Himmelheber sicherte das Unternehmen finanziell, die Herausgeberschaft war eine gemeinsame, der Name „Scheidewege" einvernehmlich gefunden, einschließlich des Untertitels „Vierteljahresschrift für skeptisches Denken", Skepsis dabei nicht verstanden als eine destruktive, paralysierende, vielmehr dem griechischen Wortsinne nach, Skepsis als umherschauen, betrachten, prüfen, sorgfältiges Zusehen, ohne vorschnell an Scheidewegen möglicherweise falsche Richtungen einzuschlagen. Skepsis insbesondere auch gegenüber einem rasanten, unkontrollierten und unkontrollierbaren wissenschaftlich-technischen Fortschritt bei gleichzeitiger Vernachlässigung des Humanum und Missachtung der Natur, Skepsis gegenüber einem Fortschritt, der die Selbstzerstörung in sich trägt – so etwa könnten die Intentionen der Scheidewege auf einen kurzen Nenner gebracht werden.

Dass Max Himmelheber für die Finanzierung einstehen konnte, war ihm ermöglicht durch Einnahmen aus seinen Erfindungen, Patenten und Lizenzen, die zu Zeiten reichlich flossen und die ihm zuvor schon erlaubten, ein Anwesen nach ganz und gar eigenwilligen Vorstellungen zu schaffen, teils mit japanischen, teils mit abendländisch-klösterlichen Stilelementen, ausgestattet mit Werken großer Namen der Gegenwartskunst wie Max Beckmann, Emil Nolde, Karl Schmitt-Rottluff, auch mit antiken Skulpturen, nicht zu vergessen japanische Holzschnitte, Aquarelle und Tuschen, ohne dabei im eigentlichen Sinne zum Kunstsammler zu werden, vielmehr um sich mit einer ihm gemäßen Welt von Kunst zu umgeben. Die Affinität zur japanischen Kultur ging zurück auf längere Aufenthalte in Japan[35] anfangs der fünfziger Jahre, wo er mit der Errichtung von Spanplattenfabriken und der Vermarktung der Spanplatte frühe Erfolge erzielte. Die ihm dort begegnenden Menschen, ihre kulturelle und religiöse Prägung, ihr Verhältnis zu Natur und Technik, schienen ihm zu dieser Zeit in manchem verantwortlicher im Hinblick auf einen nachhaltigen Umgang mit der Natur als die im westlichen Kapitalismus an Wirtschaftswachstum und Wirtschaftswunder orientierte Gesellschaft – ob diese Sichtweise zutreffend sein mochte, sei dahingestellt.

Zurück zu den Scheidewegen. 1970 gründete Max Himmelheber die seinen Namen tragende Stiftung, ermöglichte damit zugleich die Herausgabe der „Vierteljahresschrift für skeptisches Denken“, die dann 1971 im 1. Jahrgang erscheinen konnte, vorgelegt in vier gediegen gedruckten Heften zusammen mit über 450 Seiten Umfang. Unter den Beiträgen finden sich neben denen der beiden Herausgeber Max Himmelheber und Friedrich Georg Jünger Essays des ersten Schriftleiters, Franz Vonessen, sowie weitere von so namhaften Autoren wie Günther Anders, Friedrich Wagner, Otto Julius Hartmann und manch anderen. Es wäre abwegig im Folgenden all die Autoren und Themen der nunmehr über vierzig Scheidewege-Jahrgänge aufzuführen; mit Sicherheit wird sich eines Tages eine akademische Fleißarbeit dieser Aufgabe annehmen, dabei Wandlungen, vielleicht auch Brüche und Widersprüche feststellen können. Ein paar wenige Namen seien dennoch angeführt, eher unsystematisch und zufällig, Namen, die den Scheidewegen von Anfang an zu einem beachtlichen Rang und Erfolg unter kulturphilosophisch ambitionierten, zugleich ökologiebewusst engagierten Zeitschriften verhalfen.

Neben den bereits genannten Autoren zählten schon früh dazu: Jürgen Dahl, Erwin Chargaff, Hugo Kükelhaus, Gerd-Klaus Kaltenbrunner, Ernst Jünger, Adolf Portmann, Martin Wagenschein, Günter Altner, Ernst Ulrich von Weizsäcker, Barbara von Wulffen, Robert Spaemann, Klaus-Michael Meyer-Abich. Später finden sich ein: Hans Jonas, Reinhard Löw, Michael Ende, Erhard Eppler, Mins Minssen, Peter Cornelius Mayer-Tasch, Hans-Martin Schönherr-Mann, Thomas Fuchs, Gernot Böhme, Michael Hauskeller, Ulrich Grober, Ludger Lütkehaus, Josef H. Reichholf. Die Aufzählung dieser Namen nennt selbstverständlich nur einen kleinen Teil der Autoren, die ebenfalls anzuführen wären, verbunden zugleich mit einem unguten Gefühl über die Beliebigkeit der Auswahl. Sie mag aber zeigen, wie ganz unterschiedliche Persönlichkeiten am Diskurs über so vielerlei Scheidewege der Gegenwart mitgewirkt und das Bild der „Scheidewege. Vierteljahresschrift für skeptisches Denken“ geprägt haben. Gelegentlich wurden Autoren und Beiträge – und dazu könnten manche Namen verführen – einem politisch konservativ-rechten Lager zugeordnet, wie auch einem grün-linken, eine Verortung, gegen die Max Himmelheber sich stets verwahrte, war doch der geistige Standort für ihn weder links noch rechts festzumachen, lag vielmehr auf einer senkrecht dazu stehenden Achse. Dass ab und an von einer Zeitschrift für „Ökosophie“ die Rede war, wurde durchaus als angemessen empfunden, sofern damit eine Verbindung von Ökologie und Philosophie gemeint war, eine philosophische Fundierung von Ökologie, eine ökologische Fundierung der Philosophie, eine „Ökologie des Geistes“ (Gregory Bateson), aktuell in einer Zeit, in der allüberall und gedankenlos die Worte „Öko“ und „ökologisch“ Verwendung finden, bar oft jeden geistigen Hintergrundes.

Waren die Scheidewege in den ersten zwölf Jahren als „Vierteljahresschrift“ erschienen, so kam es mit dem Jahrgang 1983/84 zur Umstellung auf eine jährliche Erscheinungsweise und zur Umbenennung in „Jahresschrift“, erinnerlich noch die Überlegungen, ob der Untertitel nicht besser „Jahrbuch“ lauten sollte, ein schließlich verworfener Vorschlag. Seit dieser Zeit etwa war ich in die Redaktion eingebunden, zwar nur auf lose, unverbindliche und ehrenamtliche Weise, erhielt eingehende Manuskripte, konnte mich äußern über Annahme oder Ablehnung, wobei Max Himmelheber meine Rückmeldungen meist schätzte, sich aber immer vorbehielt alleine zu entscheiden, auch gegen die Redaktion, zu der bereits seit langem Jürgen Dahl und später Reinhard Löw zählten. Mit Löws frühem Tod 1994 sollte ich dann offiziell, nunmehr im Impressum ausgewiesen, in den Redaktionskreis kommen, dabei weiterhin ehrenamtlich tätig – in der Tradition der Jugendbewegung hatte man sich eine Mitarbeit nie vergüten lassen.

Im Einzelnen sollen die Veränderungen in der Redaktion, der Autorenschaft und den Verlagsauslieferungen, zu denen es natürlicherweise im Laufe von Jahrzehnten kam, nicht weiter ausgeführt werden, erwähnenswert aber doch, weil einschneidend, dass mit dem Ableben von Reinhard Löw ziemlich zeitgleich der Rückzug von Max Himmelheber einsetzte. Er stand damals im 90. Lebensjahr, seine geistigen wie physischen Kräfte begannen mehr und mehr zu schwinden, allmählich wurde er zum Pflegefall, gewiss eine unschöne Redeweise Menschen als „Fall“ zu bezeichnen; die letzten Jahre aber bis zu seinem Tod im Dezember 2000 gerieten für ihn zu einer langen Leidenszeit. Im Testament war vorgesehen, dass sein Vermögen der Stiftung zufallen und mir die Geschäftsführung übertragen werden sollte. Ich übernahm die Gestaltung der Trauerfeier, sorgte für Kontinuität in Sekretariat, Redaktion und Stiftung. Kurze Zeit nach der Beerdigung meldete sich Jürgen Dahl mit der knappen Mitteilung, er sei an Krebs erkrankt und habe nur noch wenige Wochen, allenfalls Monate zu leben. So kam es denn auch – er starb im Herbst 2001.

Mit ihm hatte ich die letzten Jahre allein die Redaktion verantwortet, wobei er die Hauptlast trug, stand ich doch voll im Beruf an der Hochschule. Es waren gute, für mich lehrreiche Jahre der Zusammenarbeit mit ihm, unvergessen die Besuche in seinem „Lindenhof" am Niederrhein, unvergessen die Begegnungen mit einem außergewöhnlichen Menschen, der Natur und ihrer Bewahrung so eng verbunden wie dem engagierten, geschliffenen Essay.

Es wäre nun umfangreich zu berichten, wie sich die Abwicklung und Umsetzung des Testamentes, die Verlagerung der Stiftung von Baiersbronn nach Reutlingen, die Fortführung der Redaktion im Einzelnen vollzogen haben. Nachdem aber durchweg gute Lösungen gefunden wurden, insbesondere mit der Auslieferung und Abonnentenbetreuung durch den Verlag Hirzel, Stuttgart, erübrigen sich Details zu so manchen Problemen und deren Bewältigung; die Leserschaft dürfte vermutlich nur wenig an Veränderungen bemerkt haben. Auch inhaltlich wurde die Linie der Scheidewege unverändert fortgeführt, gewiss mit neu hinzugekommen Themen, Autoren und Akzenten, auch mit einzelnen gestalterischen Neuerungen wie einigen Bildseiten in Farbe. Die Grundkonzeption der Scheidewege, wie vor Jahren formuliert, hat indes noch immer Bestand: „Überkommenes wird unsrem Denken im gleichen Maße fragwürdig wie Fortschrittsgläubigkeit: Das Gestern ist nicht wiederzuholen, aber das Morgen kann auch nicht einfach eine verbesserte Form des Heute sein. In die Tradition zu retirieren ist so aussichtslos wie die Hoffnung, dass dem Fortschritt, so wie er derzeit betrieben wird, ein zweckmäßiger Mechanismus der Selbstregulation innewohne, der endlich alles zum Guten wenden werde. (...) Skeptisches Denken ist auf jene gerichtet, die glauben, den Code des Lebens und des Zusammenlebens entschlüsselt zu haben und daraus schnellfertig die Verfahren ihres Handelns ableiten zu können. Skeptisches Denken erbringt Einwände und Einsichten, die nicht immer Weg und Ziel, aber doch eine Richtung anzeigen."

Alfred Schmid und Max Himmelheber, beide haben sie ihre Wurzeln in der Jugendbewegung, beide gehörten sie zur selben Zeit jener bündischen Generation zwischen den Weltkriegen an, beide kamen ihnen herausragende Positionen zu. Fred Schmid trat als Führer eines anspruchsvollen Jungenbundes in Erscheinung, umrankt von Legende und Mythos. Max Himmelheber wirkte lange Zeit eher in die Breite der Bünde, um sich später ganz auf seine örtliche „Bubengruppe" zu beschränken, wie er seinen Jungenkreis in Baiersbronn gerne nannte. Fred schuf für wenige Jahre den eigenen Bund, gleichsam als einmaliges Ereignis ohne Fortsetzung, wenn auch später weiterhin jungen Menschen verbunden und ihre Entwicklungsjahre begleitend. Max hingegen setzte das bündische Fahrtenleben in und mit seiner Gruppe fort, kultivierte das Erlebnis der Großfahrt zum Kunstwerk, nahezu lebenslang, könnte man sagen, bis ihm im letzten Lebensjahrzehnt das hohe Alter die Möglichkeiten nahm. Überhaupt, die *Fahrt* bedeutete ihm Ein und Alles in der Welt der Jugendbewegung. Die Verbindung mit den Elementen der Natur, die Unbedingtheit, die Härte, das Asketisch-Fordernde, all dies schien seinem Wesen zu entsprechen, eher einer apollinischen, denn dionysischen Welt zugehörig. Bei Fred stand das *Lager* im Zentrum des Bundesgeschehens mit sportlichem Spiel und Kampf, mit Proben und Prüfungen, mit zeugerischem Wirken durch das Wort und den Geist, mit übermütigen Festen und Feiern, insgesamt mehr dem Dionysischen verschrieben, ohne den Gegenpol von Mut, Disziplin und Selbstüberwindung preiszugeben.

Bei aller Verwurzelung im Geiste der Jugendbewegung, besonders in jener bündischen Welt des Knaben- und Jünglingsalters, ihre Persönlichkeiten weisen weit darüber hinaus, zeigen ganz andere Facetten. Beide standen voll und ganz in der Erwachsenenwelt, hatten sich profiliert in Wissenschaft und Unternehmertum, waren erfolgreich mit Erfindungen und Patenten, schufen sich ein geistiges Umfeld, eingeschlossen Dichtung,

Kunst und Philosophie, eingeschlossen auch eine Kultur des Wohnens und der Daseinsgestaltung. Natürlich gab es nicht zu übersehende Unterschiede ihrer Lebensführung und Wesensformen, waren sie doch ausgeprägt individualistische Persönlichkeiten. Ohne charakterologische Betrachtungen im Detail anzustellen, sollen einige der weiteren Gemeinsamkeiten wie auch der Unterschiede angesprochen werden. Was das Erfindertum betrifft, so kam Alfred Schmid eine intuitive Kraft zu, eine Gabe der Schau, der Schau von Dingen, Funktionen und Wirkungen, die noch gar nicht vorhanden, aber geschaffen werden könnten. Max Himmelheber verkörperte eher den Typus des Ingenieurs, des Tüftlers, der systematisch experimentiert, um ein angestrebtes Ziel zu erreichen. Natürlich bleibt diese Zuschreibung recht schematisch, Erfindungen bedürfen immer des Zusammenwirkens von Intuition und fachlichem Wissen und Können. Im Bereich des Philosophischen, in dem sich beide vor allem in ihren späten Lebensjahren bewegten, zeigen sich ähnliche Momente. Alfred Schmid nennt sein Hauptwerk „Traktat über das Licht", im Untertitel *„Eine gnostische Schau"*, bleibt einer Esoterik, im Besonderen der Gnosis verbunden. Max Himmelheber verbleibt mehr in herkömmlichen philosophischen Bahnen, näher an akademischen Denktraditionen. Nebenbei, seine Anschauungen über Natur, Geist und Materie, niedergelegt in dem Scheidewege-Beitrag „Die Trinität der Natur", führten zu einer fruchtbaren Korrespondenz mit Hans Jonas, dem großen Philosophen seiner Zeit, aus der unmittelbar dessen Veröffentlichung „Materie, Geist und Schöpfung" hervorging.[36]

Ohne Leben und Werk von Alfred Schmid und Max Himmelheber weiter zu verfolgen, nur kurz noch zu der Frage, wie es zu den jeweils ihren Namen tragenden Stiftungen kam. Beide waren sie unverheiratet und ohne Nachkommen. Über ihren Nachlass verfügten sie testamentarisch, zwar auf ganz unterschiedliche Weise, letztlich aber doch so, dass ihr Vermögen in je eigene Stiftungen einging. Max Himmelheber nahm selbst die Gründung seiner Stiftung in die Hand, wie erwähnt, bereits im Jahre 1970, mit der Hauptaufgabe, das Erscheinen der Scheidewege über seinen Tod hinaus zu sichern, was sich bislang auch ohne weiteres und in seinem Sinne verwirklichen ließ, immerhin nun schon über einen Zeitraum von gut zwölf Jahren. Alfred Schmid, dessen Lebenszeit wesentlich früher im Alter von nicht einmal ganz 70 Jahren zu Ende ging, bestimmte Dietmar Lauermann zum Erben, den langjährigen Weggefährten seit Jugendtagen, in dem sicheren, jenem gnostischen Wissen, dass das, was gewollt und zu tun ist, auch geschehen würde in der Betreuung und Verantwortung seines Nachlasses, des geistigen wie materiellen. Und so ist es gekommen: Dietmar Lauermann gründete die „Prof. Dr. Alfred Schmid-Stiftung", ansässig in der Schweiz, mit dem Ziel, das Werk, vor allem das nachgelassene, zu befördern und zugänglich zu machen, daneben aber auch Schriften und Zeugnisse von Autoren vorzulegen, denen verwandte geistige Kräftefelder eignen.

Letztlich ohne eigenes Zutun sind beide Stiftungen auf mich zugekommen, wiederum auf ganz unterschiedliche Weise. In die Max Himmelheber-Stiftung mit der Rechtsform einer gemeinnützigen GmbH bin ich testamentarisch als Geschäftsführer eingebunden, vorrangig befasst mit der Herausgabe der „Scheidewege". Mit der Alfred Schmid-Stiftung dagegen gibt es rechtlich gar keine Verbindung, allein die Freundschaft mit Dietmar Lauermann führte zur Gründung der „Grauen Edition", die mir, in enger Zusammenarbeit mit ihm, das Erscheinen der inzwischen so umfangreichen und vielgestaltigen Buchreihe ermöglicht hat. Neben den laufenden verlegerischen Arbeiten stehen längerfristig die Sichtung und Herausgabe nachgelassener Manuskripte an. Bei Alfred Schmid handelt es sich zunächst um die Fortführung und den Abschluss des „Principium motus", sowie um naturphilosophische und religiöse Schriften. Bei Max Himmelheber stehen Arbeiten zu ökologischen Themen im Vordergrund, neben vielen anderen, zum Beispiel „Vorschläge für alternativen Gütertransport im kombinierten Verkehr" oder Vorschläge für „Lagerstätten zur Endlagerung radioaktiven Materials", wobei hierzu eine Patentanmeldung und ein bereits erteiltes US-Patent vorliegen[37]. Außerdem bedarf es noch der Durchsicht und Archivierung einer Vielzahl von Korrespondenzen, führte doch Max Himmelheber einen Briefwechsel kaum vorstellbaren Ausmaßes.

Rückblickend auf mein Engagement in den beiden Stiftungen mit der Herausgabe der „Scheidewege“ und den Büchern der „Grauen Edition“, es war meist von Zuspruch und Lob begleitet, darf als Erfolg gesehen werden. Unter wirtschaftlichen Gesichtspunkten allerdings kann eher weniger davon die Rede sein, die Nachfrage der Bücher hält sich doch sehr in Grenzen, aber letztlich gehört es zum Wesen von Stiftungen, Vorhaben zu verwirklichen, die unter finanziellen Aspekten nicht möglich wären. Ich habe im Gefolge der Jugendbewegung beiden Stiftungen und ihren Stiftern, Max Himmelheber und Dietmar Lauermann, außergewöhnliche Erfahrungen zu verdanken, bin ich doch in so vielerlei Korrespondenzen mit Autoren eines „skeptischen Denkens“ in Verbindung gekommen, mit Wissenschaftlern und Denkern, die abseits des gängigen Zeitgeistes stehen, abseits von Weltbildern eines Positivismus und Materialismus, mit Menschen, denen Zugänge zu Metaphysik und Transzendenz nicht fremd. Darüber hinaus haben sich persönliche Begegnungen ergeben mit auf je besondere Weise herausragenden, prominenten Menschen, die sonst nie stattgefunden hätten. Und schließlich – mag dies ein trivialer Nachsatz bleiben –, das Herausgeben, das Gestalten und Verlegen von Büchern, die Affinität zum Buch haben mich schon immer angezogen. Davon handelt das folgende Kapitel.

VII. Affinitäten zum Buch. Vom Sammeln und Verlegen. Von Kunst und Künstlern

1. Bücher, Bibliophilie, Bibliothek Omphalos

„Amor librorum nos unit“, so lautet traditionell das Motto der Antiquare – wann mich diese Liebe zu den Büchern ergriffen hatte, das musste schon im Vorschulalter passiert sein; es war gar nicht nötig Lesen zu können, das bloße Öffnen und Schließen, das Blättern der Seiten, das Suchen und Betrachten von Bildern, von denen meist nur wenige zu entdecken, allein schon darin lag der Reiz. Natürlich gab es auch etliche Bilderbücher, illustrierte Märchen- und Tierbücher, überkommen aus Eltern- und Großelternhänden, neue in den Kriegs- und Nachkriegsjahren eher nicht dabei, aber das Wenige faszinierend genug. Wenn auch nicht gerne gesehen, das Stöbern in den elterlichen Bücherborden bot so manch spannende Entdeckung. Einige der besonders anziehenden Bände stehen noch heute vor Augen, etwa eine großformatige, illustrierte Ausgabe von Grimmelshausens „Simplicissimus“ in Halbleder gebunden, oder Hugo Adolf Bernatziks „Geheimnisvolle Inseln Tropen-Afrikas“ mit rauem Wildlederrücken, oder ein Prachtband über Hagenbecks Hamburger Tierpark mit golden geprägtem Titelbild. Was dabei mehr an Faszination ausübte, die Federzeichnungen der Kriegsschrecken, die Fotos von halbnackten Eingeborenen, die Bilder exotischer Tierwelt, vornean eine Riesenschlange, ein Schwein verschlingend, oder aber das „Buch an sich“, die ungewöhnlichen Formate, die auffällig gestalteten Einbände, das mag unentschieden bleiben. Wahrscheinlich ging gerade von der äußeren Gestalt der Bücher ein besonderer Reiz aus, lag weniger an den Bildern und schon gar nicht an den Inhalten, die verschlossen blieben. Bücher, so meine rückblickende Deutung, sie wurden mir früh schon zu einem sinnlichen, ästhetischen Wahrnehmen und Erleben, aisthesis verstanden in seiner ursprünglichen Bedeutung, bildeten so etwas wie eine eigene Welt für sich.

Nach dem späten Lesenlernen in der Schule meldete sich dann doch recht plötzlich, was man gewöhnlich als das Lesealter der reifen Kindheit bis etwa zur Pubertät bezeichnet, ein Verschlingen all der Kinder- und Jugendbücher, deren man habhaft werden konnte. Die Büchereien boten der Auswahl mehr als genug, aber neben und mit dem Lesen entstand zugleich der Wunsch, die Bücher eigen zu haben, sich mit ihnen umgeben, mit ihnen leben zu können. Verständlicherweise waren dem Erwerb enge Grenzen gesetzt. Wie aus Internatszeiten erwähnt, wurde mit Nachhilfestunden der Kauf einzelner, auch teurerer Ausgaben ermöglicht, ansonsten blieb das Eintauchen in die große Welt der Bücher eine eher virtuelle Angelegenheit, befriedigte sich im Studieren und Sortieren von Verlagsprospekten und Katalogen, auch im Aufsuchen von Buchhandlungen und Antiquariaten wo immer möglich. Mit Beginn des Studiums ergaben sich größere Unabhängigkeiten und Freiheiten, auch ein Mehr an Mobilität, und dem lang gehegten Wunsch, die Frankfurter Buchmesse zu besuchen, stand nichts mehr im Wege. Eine einstige Internatsfreundschaft bestand fort, führte 1960 zu einer gemeinsamen Motorradfahrt nach Frankfurt, zum Einquartieren für zwei Nächte auf einem Campingplatz und gedrängten Tagen in den Messehallen. Im Bestreben alle, und wirkliche alle Verlage besuchen und deren Publikationen wahrnehmen zu können, sah man schließlich vor lauter Bäumen den Wald nicht mehr.

Etliche Gespräche mit Lektoren auch der großen Verlage wie Fischer, Suhrkamp, Rowohlt blieben dennoch haften, eindrücklich das Kennenlernen von Lothar-Günther Buchheim, damals mit seinem aufstrebenden Verlag für anspruchvolle Kunstbücher, besonders der Expressionisten-Generation, eine markante Erscheinung, bereits erkennbar das Temperament, das ihn später zum „Enfant terrible von Feldafing“ werden ließ. Nicht weniger beeindruckend Victor Otto Stomps, genannt VauO, Gründer und Herr der Eremiten-Presse in Stierstadt/Taunus, Schloss Sanssouris, so die ironische Bezeichnung für die mehr als schlichte Behausung. Das Außenseitertum VauOs, wie das seiner Bücher, schlug mich besonders in Bann – so hätte ich auch gerne Bücher gestaltet und verlegt, halb bibliophil, halb handwerklich roh und doch exklusiv, oft auf Packpapier gedruckt, mit Originalgraphik, signiert und nummeriert in kleinen Auflagen! Dass ich nie nach Stierstadt gekommen bin, ist mir heute noch bedauerlich.

Am Rande eine kleine Anekdote zum ersten Buchmessenbesuch: Wie man uns zu Hause hinterher erzählte, seien wir im Fernsehen, wahrscheinlich in der Tagesschau, für einen kurzen Moment zu sehen gewesen. Vermutlich war es am Stand des Wunderlich Verlages, wo ein Buch des ehemaligen Bundespräsidenten Theodor Heuss in dessen Anwesenheit präsentiert wurde, wobei der Zufall es wollte, dass wir dicht neben ihm zu stehen kamen. Zu der Zeit war die Messe insgesamt noch deutlich kleiner, von heute aus gesehen familiärer, auch war es einfacher, mit prominenten Verlegern und Autoren ins Gespräch zu kommen. Seit diesen nun zurückliegenden über fünfzig Jahren bin ich nahezu Jahr für Jahr zur Buchmesse gefahren, anfänglich mehrtätig, später nur noch für einen Tag, längst mit einer vorbereiteten Liste zugange, um nicht viel mehr als ein paar Dutzend Verlage, meist aus den Bereichen Kunst und Grafik, gezielt anzusteuern und bestimmte Neuerscheinungen anzuschauen, auch in Händen zu halten. Vermutlich gibt es nur wenige Vertreter der Verlagswelt, einschließlich des Buchhandels, die berufsbedingt so viele und so regelmäßige Buchmessenbesuche vorweisen können; mehr als vier-, fünfmal habe ich in diesen Jahrzehnten nicht gefehlt. Wie lange ich mir den Messestress noch antun werde, zugegebenermaßen handelt es sich inzwischen um einen solchen, darauf bin ich selbst gespannt.

Ebenso regelmäßig bin ich auf der nunmehr seit über fünfzig Jahren stattfindenden Antiquariatsmesse in Stuttgart dabei, und dies ab der ersten Ausstellung im Jahre 1962, und auch hier nur einige wenige Male aussetzend. Auf der vom Verband Deutscher Antiquare ausgerichteten und zur Institution gewordenen Veranstaltung lernte ich erst so richtig kennen und schätzen, was Bibliophilie bedeutet, was bibliophile Bücher auszeichnet. Etwas schematisch ließe sich zusammenfassen: Es bedarf der Einheit von Text, Schrift, Satz, Typografie, Druck, Papier, Farbe und Einband, der Kunst also, die einzelnen Elemente möglichst vollkommen in Einklang zu bringen. Diese Kunst, wie alle Kunst, gehört weniger einem intellektuellen Vermögen zu, liegt vielmehr im Bereich der Sinne, vorneweg in der optischen und haptischen Wahrnehmung, selbst noch in der akustischen: den Einband zu fühlen, sei es genarbtes oder glattes Leder, Pergament oder Velours, sei es Roh- oder Feinleinen, Bütten- oder Japanpapier. Überhaupt die Papiere, solche von samtiger Weiche, die sich unhörbar umblättern, oder von schwerer Stärke, so fest wie Karton beinahe, die kraftvoll tönen beim Umschlagen, ihre verschiedenartigen Strukturen, zuweilen kaum fühlbar, nur sichtbar, zuweilen rau wie Sandpapier, ihre Farben vom reinsten Weiß über unzählige Chamois- und Beigenuancen bis zum kräftigen Kolorit, schließlich die handgeschöpften, gefärbten und gemusterten Marmorpapiere als Vorsatz oder Einband. Und immer auf allen Seiten der verschwenderisch große Rand, all dies entzieht sich der Vernunft, bleibt sinnliches, ästhetisches Abenteuer.

Etwa seit den 70er-Jahren sind Bleisatz und Buchdruck auf dem Rückzug und heute nahezu ausgestorben. Die großen Pressendrucke der Vergangenheit, und in seltenen Ausnahmen auch der Gegenwart, waren und sind nicht anders denkbar als im Bleiletterndruck, an dem noch eine Eigenheit bibliophiler Ästhetik angesprochen werden kann. Durch den Druck der Presse wird an den Rändern der Lettern unvermeidlich etwas Farbe ausgequetscht, die Umrisslinien des gedruckten Buchstabens geraten demzufolge nie ganz so exakt, wie die Schrift ursprünglich gezeichnet und geschnitten. Diese winzige Unvollkommenheit, dieses minimale, kaum sichtbare Abweichen von der Vorlage ergibt den Unterschied zur perfektionierten Technik etwa des Offsetdrucks, die keinerlei Toleranz, nicht die mindeste Individualität kennt. So gerät der bibliophile Handpressendruck in Einheit mit dem Papierschöpfer und Buchbinder zum Unikat mit individuellen, lebendigen Zügen, gegenüber dem homogen sterilen Industrieprodukt.[1]

Ohne mich als großen Kenner der berühmten Luxus- und Pressendrucke des 19. und 20. Jahrhunderts zu sehen, so stellen für mich die von Melchior Lechter in seiner Einhorn-Presse im ersten Drittel des vergangenen Jahrhunderts geschaffenen Drucke so etwas wie den Inbegriff von gelungener Buchgestaltung dar. Im Laufe der Jahre konnte ich denn auf Auktionen zu einigen dieser raren Ausgaben gelangen, dabei Stefan Georges „Teppich des Lebens“, „Der siebente Ring“ und das Gedenkbuch „Maximin“. Auch wenn ich zur Dichtung Georges kaum je einen größeren Zugang gefunden habe, diese Bände erscheinen mir als beispielhaft gelungenes bibliophiles Gesamtkunstwerk. Vergleichbares aus der Gegenwart zeigt sich mir in den Ausgaben der The Bear Press, Bayreuth: handgesetzt, handgedruckt auf handgeschöpftem Papier, von Hand geheftet und gebunden, mit eingedruckter Originalgraphik von Künstlern mit Rang und Namen, die Auflagen klein, nummeriert und signiert. Aufmerksam geworden bin ich auf diese Pressendrucke, als dort Mitte der 80er Jahre Hans Henny Jahnns „Die Nacht aus Blei“ erscheinen sollte, eingebunden Radierungen von Klaus Böttger, dessen Werk ich schon früh kennen und schätzen gelernt hatte und mit dem ich mich alsgleich über Hans Henny Jahnn und dessen später Prosa austauschen konnte. Auch weitere Editionen des Verlags fanden mein Interesse und weckten das Sammlerbegehren, vornean die Ausgaben mit Radierungen von Eberhard Schlotter, dabei eine Kurzgeschichte von Arno Schmidt. Nach meinen Vorstellungen, so ein Fazit, lassen sich die von der The Bear Press vorgelegten Bücher kaum trefflicher bezeichnen als mit dem französischen Begriff der „Editions de luxe“, eine Buchkunst, eine Bibliophilie par excellence.

Wenn man selbst an das Herausgeben von Texten, an das Verlegen von Büchern dachte, durfte man sich allerdings kaum an diesen Pracht- und Luxusausgaben orientieren, dafür mussten bescheidenere Vorbilder dienen. Anlass für die Pläne zu einer eigenen kleinen Buchreihe und zur Gestaltung von wenigstens ansatzweise bibliophilen Ausgaben waren Verse und Gedichte, die mir ein Gymnasiast aus einer unserer Jungenschaftsgruppen zeigte, an denen ich spontan Gefallen fand. Daneben gab es immer noch die Verbindung zu dem einstigen Dozenten aus Studienzeiten am Esslinger Pädagogischen Institut, Albrecht Müller, dessen lyrisches Schaffen ich mehr und mehr schätzen lernte, und in dem ich, ob zu Recht oder nicht, eine entfernte Benn-Verwandtschaft zu erkennen glaubte. Auch kam hinzu, dass ein Älterer aus unserem Bund eine kleinere Druckerei in Leonberg innehatte, die zu geringen Kosten den Druck einer Broschur in Aussicht stellen konnte. Mit dem jugendlichen Verfasser von Gedichten, ebenfalls in Leonberg zu Hause, hatte ich mich inzwischen näher angefreundet, war mit ihm unterwegs zu dem erwähnten, reichlich missglückten Helwig-Besuch in Genf, zusammen tüftelten wir an der Gestaltung einer Buchreihe, diskutierten über Format, Farbe, Papier und Bindung, suchten vor allem nach einem Namen für den zu gründenden Verlag. Wir entschieden uns für „Bibliothek Omphalos", im Rückgriff auf die Nagolder „Nabel-Philosophie", nunmehr ins Griechische übertragen, phantasievoll und doch prägnant, extravagant der Klang. Die Aufmachung orientierte sich an der Reihe „Sammlung Horizont" des Arche-Verlages, Zürich, ein handliches quadratisches Format von etwa 18x18 cm, Klappenbroschur in kräftigen Farbtönen mit Aufdruck in Silber, hervorgehoben der Titel, der Autorenname eher schlank, der Verlagsname versal, der Vermerk im Impressum „Bibliothek Omphalos, Dr. Sauer, Reutlingen und Leonberg, Auflage 300 Exemplare, handsigniert und nummeriert". Der Umschlag von Band 1 auf purpurrotem Grund: „Uwe Jung, Blutstunden. Gedichte", von Band 2 auf türkisfarbenem Fond: „Albrecht Müller, Traumstadt Olivia. Gedichte", beide Bände erschienen zusammen im Herbst 1973, einmal mit 20, einmal 30 Seiten Umfang.

Die Freude über das Gelungene war groß, im Freundeskreis konnten die beiden Ausgaben generös verteilt und verschenkt werden, fanden Gefallen und Beachtung. Der Versuch aber, die Broschuren in Buchhandlungen im Raume Stuttgart und Reutlingen unterzubringen, fiel recht bescheiden aus. Es kam bald zu der ernüchternden Erkenntnis, Bücher herauszugeben, auch anspruchsvoll gestaltete, ist die eine, vergleichsweise einfache Seite, für Bücher Abnehmer zu finden, eine ganz andere, viel schwieriger zu bewerkstelligende. Noch war es zu keiner Entmutigung gekommen; mit dem Grafiker Klaus Böttger stand ein Jahr später die Edition eines Bändchens mit Radierungen an, diesmal in einer Auflage von 500 Stück, davon 125 als Vorzugsausgabe mit einer eingelegten signierten Original-Grafik. Den Absatz übernahmen bestimmte Galerien und Kunsteditionen, zu der Zeit allenthalben in Jahren einer Hochkonjunktur. Die Auflage verkaufte sich, wenn nicht wie warme Semmeln, so doch binnen Jahresfrist. Wieder ein Jahr später, 1975, sollte es noch einmal zu einer Bildbroschur kommen: Ein Künstler unter dem Namen „Voaga" in der Region leidlich bekannt, stellte Metall-Klischees seiner Arbeiten zur Verfügung, die sich unmittelbar für eine Ausgabe im Buchdruckverfahren eigneten, eine Teilauflage versehen mit einer Original-Radierung; insgesamt jedoch geriet der Band zu dem, was man gemeinhin einen Flop nennt. Als weitere Drucke erschienen in den Folgejahren noch drei Ausgaben mit Gedichten von Albrecht Müller, die letzte in seinem Todesjahr 1995. Mit diesen insgesamt sieben Bänden endete die Geschichte der Bibliothek Omphalos[2] – bislang; nicht auszuschließen, dass es zu einer Wiederbelebung und Fortsetzung kommen könnte. Spuren dieser „Bibliothek" finden sich gar nicht so selten in Internet-Antiquariaten, erstaunlich, wie die Privatdrucke an ganz unterschiedliche Orte Deutschlands gelangten.

2. Betrachtungen über das Sammeln

Affinitäten zum Buch bedeuten nicht nur Lust am Lesen und Freude an Büchern, vielleicht mehr noch ein „Haben", ein Besitzen von anspruchsvoll Gedrucktem und Gebundenem, eine, wie vorhin bereits erwähnt, bei mir früh schon wahrgenommene Eigenart, die allerdings in Kindertagen kaum als Sammeln bezeichnet werden konnte. Kindliches Sammeln beginnt in der Regel mit Naturobjekten, auffällig gemusterten Schneckenhäusern, bunten Steinen, bizarr geformten Hölzern, farbigen Blättern, etwas später, im Grundschulalter, mögen Bilder und Karten unterschiedlichster Motive hinzukommen, auch Plastikfigürchen und Objekte aller Art, in kommerzieller Absicht geschaffen von der Mode- und Werbewelt. Anfang der 50er-Jahre warben insbesondere verschiedene Margarine-Firmen mit Bildern aus groß angelegten Sammelserien als Zugabe beim Kauf ihrer Produkte; bei der Marke „Voss" waren es natur- und farbgetreue Darstellungen aus dem Tierreich, bei „Sanella" Landschaften und Szenen aus fernen Kontinenten. Die Eltern einer meiner Freunde besaßen eine Bäckerei mit kleinem Lebensmittelladen, verfügten deshalb von den begehrten Farbbildern mehr als an Kunden abzugeben, sodass das Sammeln zielstrebig vorankam. Auch gab es zu den verschiedenen Serien passende Sammelalben zu erwerben, in die die Bilder auf markierten Feldern eingeklebt werden konnten, zusätzlich versehen mit erläuternden Texten. Der Wunsch nach Vollständigkeit, das Bestreben eines jeden Sammlers, auch des kindlichen, ergab sich auf diese Weise wie von selbst. Von den Serien fremder Länder besitze ich noch heute die Alben über Afrika, Asien, Australien und Südamerika; sie hielten über viele Jahre eine Fahrtensehnsucht nach fernen Zielen wach, die unerfüllt geblieben.

Etwa zur selben Zeit begann das Sammeln von „Jörn Farrow's U-Boot-Abenteuer"[3], jener schon erwähnten sogenannten Groschenhefte mit den Erlebnissen einer eingeschworenen Mannschaft unterwegs in allen Meeren der Welt, immer wieder unterbrochen von gefahrvollen Unternehmungen im Landesinnern fremder Kontinente, Geschichten, die natürlich in erster Linie der Spannung wegen gekauft und verschlungen wurden, darüber hinaus auch lückenlos präsent sein mussten. Aus Pappe fertigte ich mehr schlecht als recht so etwas wie Schuber, in denen eine bestimmte Anzahl der Hefte aufbewahrt werden konnte, sorgfältig beschriftet und nummeriert „von – bis", legte Titelverzeichnisse an, die ansatzweise bibliographischen Ansprüchen genügen konnten. Solche Titellisten führte ich auch über meine sonstigen Lektüren, insbesondere über die bevorzugten Autoren. Die ausführlichste entstand zu Jack London, bereits mit Schreibmaschine getippt. Das Systematisieren, das Registrieren, das Komplettieren dessen, was vorhanden und was erreichbar, bedeutete neben allem Inhaltlichen eine besondere Befriedigung.

Ebenfalls in diese Zeit fiel mein Interesse für Briefmarken; von den Eltern gab es ein Konvolut ungeordneter Marken aus aller Welt, die ihrer Buntheit wegen Aufmerksamkeit erfuhren, bald aber, vermutlich auf elterlichen Rat, ging es mehr um den Erwerb der laufenden Neuerscheinungen und Sondermarken der Post. Da die Bundesrepublik Anfang der 50-er Jahre noch jung war, konnten nach und nach alle Ausgaben seit ihrem Bestehen rückwirkend erworben werden, dies zu vergleichsweise mäßigen Preisen, die wenige Jahre später eine beachtliche Wertsteigerung ergaben. Die Freude am Briefmarkensammeln währte bis zum Jahr 1958, als ich den Besuch der Weltausstellung in Brüssel erwog, was einiges an Kosten bedeutete, die nur durch Ferienarbeit hätten aufgebracht werden können. Um dem zu entgehen, verkaufte ich kurzerhand meine Sammlung „Bundesrepublik Deutschland“, komplett, von den Anfängen bis zur Gegenwart, erzielte einen Erlös von einigen hundert Mark mit dem Gefühl, nunmehr zum Krösus geworden zu sein. Der Entschluss, mich von dem jahrelang begeistert Gesammelten zu trennen, kam für mich selbst überraschend, ganz plötzlich und doch wie selbstverständlich, ein Phänomen, das ich später von Sammlern bestätigt fand. Wenn ein Sammelgebiet absolute Vollständigkeit erlangt hat, wenn das Ziel des Sammelns erreicht ist, so die Erklärung, dann verliert es seinen Reiz, dann fällt eine Trennung leicht; die engagiert und mit viel Ausdauer, Lust und Liebe zusammengetragene Sammlung kann dann auch wieder verkauft oder sonstwie abgegeben werden. Ich komme im Zusammenhang meiner Bücher- und Grafiksammlung darauf zurück. – Eine Anmerkung zur Philatelie noch: Ich trauere dem Aufgeben meiner Bundesrepublik-Sammlung nicht nach, aber den aktuellen Briefmarkenausgaben kann ich immer noch etwas abgewinnen, geben sie doch Tendenzen von Kunst und Zeitgeist wieder, bilden kulturgeschichtliche Zeugnisse im Kleinen. Bedauerlich, dass unter der Vorherschaft elektronischer Kommunikation die althergebrachte Tradition des Briefeschreibens mehr und mehr verloren geht, in der Folge auch das Biefmarkensammeln, bedauerlich der Verlust dieser Art zwischenmenschlicher Verbindung und Verständigung, ein Verlust, weit mehr als nur unter philatelistischen Aspekten.

Das Sammeln im Kindes- und Jugendalter wurde gelegentlich gedeutet als eine Rekapitulation der Stammesentwicklung gemäß Ernst Haeckels Biogenetischem Grundgesetz, wonach die Ontogenese eine verkürzte Stammesgeschichte durchlaufe, eine Theorie, allenfalls in Ansätzen zutreffend, noch weniger in der Übertragung von kulturgeschichtlichen Stufen der Menschheit auf bestimmte Entwicklungsphasen des Individuums. Wenn gewisse steinzeitliche Epochen als Jäger- und Sammlerkulturen bezeichnet werden, so ist dies aus frühgeschichtlichen Forschungen gut belegt. Das Sammeln und Jagen des Frühmenschen kann indes, falls überhaupt sinnvoll, nur metaphorisch mit dem in Verbindung gebracht werden, was in der Gegenwart als Sammler und Sammeln bezeichnet wird. Sicher geht es beim Sammeln schon immer um ein Bewahren und Aufbewahren von etwas, das verloren und verlustig gehen könnte, um Vorsorge gegen Verfall und Verderb, um Sorge für Erhalt und Bestand. Und was das Jagen betrifft, so gehören jeweils Instinkt und Leidenschaft, auch Mut und Entschlossenheit dazu, um an das begehrte Objekt zu gelangen. Nebenbei, Ernst Jünger hat Betrachtungen über seine Insektensammlung und seine Sammelleidenschaft für Käfer den Titel „Subtile Jagden“[4] gegeben – vielleicht also doch nicht ganz abwegig, dem heutigen Sammler eine zumindest psychisch-mentale Verwandtschaft zu prähistorischen Jäger- und Sammler-Kulturen anzusinnen.

Aus Psychologie und Psychoanalyse könnten so manche Deutungen zur Persönlichkeit des Sammlers und dem Phänomen des Sammelns beigebracht werden. Da ist etwa die Rede von einer „Urtendenz der Analität (...) alles zu sammeln, zurückzuhalten, die Retention von allem, was vermeintlich oder real Wert hat (...) und alles aufzuheben (...) und Festhalten an allem, was alt ist, was einmal war", auch von „Habgier und Sammelsucht (…) ohne die es keine privaten und öffentlichen Kunstsammlungen, keine Nationalökonomie, keine Bankgeschäfte, keine Antiquariate und Kunstkritik gäbe".[5] Ich weiß, solche Verlautbarungen rufen meist Unverständnis und Ärger hervor, sie sind auch nicht realiter zu verstehen, vielmehr als heuristische Prinzipien innerhalb theoretischer Konstrukte. Wie auch immer, dass Sammlern charakteristische Persönlichkeitsmerkmale zukommen mögen, ohne hier näher darauf einzugehen, dass das Sammeln zu Manie und Sucht geraten kann, dies liegt im Bereich der Alltagserfahrung. Wo aber die Grenzen zwischen einer Liebe zu Büchern, einer Biblio*philie*, zur Biblio*manie* verlaufen, wo die Leidenschaft für Bücher in Gier und Habsucht, in Zwang und Wahn umschlägt, da finden sich nur unscharfe Kriterien. Wenn in jüngster Zeit Personen als „Messie" bezeichnet werden, charakterisiert durch wahlloses, chaotisches Sammeln und Ansammeln von Beliebigem, so scheint klar, dass ein solches Verhalten jenseits von Normalität liegt, vielmehr auf eine Störung, auf eine wie auch immer geartete „Verrücktheit" weist. Mangelt diesen Menschen eventuell nur der Sinn für ein Ordnen und Systematisieren, ein Gefühl für Affines und Kohärentes, etwas der Zielstrebigkeit und Sorgfalt, Eigenschaften, die sie zu echten Sammlern machen würden?

Die Frage sei noch einmal gestellt, ob nicht in so manchem Sammeln gewisse psychopathologische Züge, Sucht- und Zwangssymptome etwa, oder andere psychische Auffälligkeiten gesehen werden könnten. Wie verhält es sich beispielsweise mit dem Sammeln von Literatur in Erstausgaben? Es bleibt zunächst schwer zu verstehen, warum diese Bücher oft zu einem vielfachen Preis gegenüber späteren Auflagen gehandelt werden. Hierfür ein aktuelles Beispiel, entnommen dem Katalog der 52. Antiquariatsmesse Stuttgart 2012: „Walter Benjamin, Einbahnstrasse. Berlin, Rowohlt, 1928, 83 S. Orig.-Broschur. € 8000,–". Im Buchhandel ist derselbe Titel als Taschenbuch für genau € 8,– erhältlich. Warum für ein und den selben Inhalt das Tausendfache ausgegeben wird, das bleibt unter Gesichtspunkten der Vernunft nur schwer zu erklären, das ist nur dem Sammler verständlich. Offensichtlich verlangt das Sammeln jene besondere Authentizität, die in der Zugehörigkeit des Objekts zu seiner Entstehungszeit zum Ausdruck kommt, im Falle des Buches etwa in der Art der Gestaltung, in der Beschaffenheit des Papiers, des Einbandes, der Schrifttype, der Ausstattung insgesamt, einschließlich typischer Eigenheiten des Verlages. Insofern scheinen die Usancen des Antiquariatshandels plausibel, eingeschlossen die Preisgestaltung, je seltener ein Buch, je begieriger die Nachfrage, desto höher der Wert. Dass gelegentlich Erstausgaben, mehr noch Kunstwerke, aus rein materiellen, pekuniären Gründen gesammelt werden, davon ist auszugehen, wiewohl in dieser Beziehung manch ein Sammler sich allzu gerne übertriebene Vorstellungen vom Wert des Gesammelten macht.

An dieser Stelle mögen auch jene Momente ins Spiel kommen, die dem Sammeln einen kapitalistischen Charakter zuschreiben, die eine enge Verbindung zur Welt des Geldes und des Kapitals sehen; im großen Stil wären so herausgehobene Kunstsammlungen anzuführen wie beispielsweise der Fondation Beyeler, des Museums Frieder Burda, des Museums Ludwig, der Kunsthalle Würth, in kleinerem Maßstab vielleicht der Sammler, der sich die Erstausgabe von Walter Benjamins „Einbahnstrasse" zulegt. Diesbezüglich hält sich meine Sammlung in Grenzen, neben bibliophilen Einzelstücken mit Originalgraphik sind es im wesentlichen die Erstausgaben der Werke Hans Henny Jahnns sowie einiger weiterer Autoren des 20. Jahrhunderts. Was die Jahnn-Ausgaben betrifft, so wurde im Laufe der vielen Jahre nahezu Vollständigkeit erreicht, einschließlich der Einband- und Ausgabenvarianten; von der „Nacht aus Blei" beispielsweise stehen bald ein Dutzend verschiedener Exemplare beisammen. Letztlich fehlen meiner Jahnn-Sammlung nur zwei Varietäten, die im Buchhandel gar nie erschienen sind, die nur in Korrekturabzügen oder als hektographierte Bühnenmanuskripte existieren[6], aber so wie der Briefmarkensammler nach zufälligen Fehldrucken Ausschau hält, offiziell nicht einmal gültige Postwertzeichen, so verhält es sich auch mit diesen beiden Rarissima. Alles in allem, Stimulus genug, eine Sammlung nicht aufzugeben, die letzten Lücken zu schließen, und mitunter tauchen auch neue Sujets auf, die gesammelt werden wollen. Noch also sind Sammlerdasein und Sammelleidenschaft zu pflegen und zu genießen. Sammler gehören „glücklichen Menschen“ zu, wie der Buchtitel eines respektablen Sammlers verspricht[7], dem cum grano salis zugestimmt werden kann, ohne zu beschreiben, worin dieses Glück besteht.

In der Regel bleiben Sammlungen unabschließbar, enden erst mit Ende des Sammlerlebens. „Ist bei den Eskimos der Fangmann gestorben, so werden Boot und Waffen zerschlagen, sie haben nun keine Bedeutung mehr“, notiert Ernst Jünger in seinen „Subtilen Jagden“[8]. Eine Buch- und Grafiksammlung bleibt für die Nachkommen meist ebenfalls ohne Bedeutung; über den Antiquariats- und Kunsthandel wird sie wieder in ihre Einzelstücke „zerschlagen“, auf die wieder neue Sammler warten mit ihren je eigenen Sammelleidenschaften. Es wäre auch merkwürdig, wenn es eine zweite Person gäbe, die exakt dieselben Objekte zusammentrüge wie der vorausgegangene Sammler. In meinem Falle, wer hätte just dieselben Vorlieben für Hans Henny Jahnn und *zugleich* für Trivialliteratur im Stile von Karl-May- und Jörn-Farrow's U-Boot-Abenteuer?, für dadaistische Schriften und *zugleich* für Literatur über Schicksalsanalyse?, für Bücher und Zeitschriften zur Jugendbewegung und *zugleich* für bibliophile Buchkunst?, für Originalgrafik von so unterschiedlichen Künstlern wie beispielsweise Johannes Grützke und *zugleich* Walter Stöhrer? Die Aufzählung der so heterogenen Gebiete meines Sammelns ließe sich unschwer fortsetzen, sie mag aber zeigen, dass die Einheit einer Sammlung ganz in der Person des Sammlers gründet, dass Sammlung und Sammler untrennbar verbunden bleiben.

3. Annäherungen an Kunst und Künstler

Unter den in Baden-Württemberg zur Wahl stehenden Themen im Deutsch-Abitur 1960 befand sich das folgende: „Romano Guardini kennzeichnet das Kunstwerk als so ‚überflüssig vor allen praktischen Maßstäben und doch so unentbehrlich jedem, in dessen Leben es einmal eingegangen ist'. Erläutern Sie dieses Wort." Was ich in der Ausnahmesituation der Reifeprüfung zu Papier gebracht hatte, ist mir nicht mehr erinnerlich, nur eben, dass meine Wahl auf dieses Thema fiel. Vermutlich habe ich mit schülerhaften Worten versucht, so etwas wie das Wesen von Begegnungen zum Ausdruck zu bringen, ohne den Begriff in seiner existenzphilosophischen Bedeutung zu kennen, ohne Kenntnis auch von Rilkes „Archaischer Torso Apolls" mit der entscheidenden Wendung „denn da ist keine Stelle, die dich nicht sieht. Du mußt dein Leben ändern." Jedenfalls habe ich damals intuitiv verstanden, dass dem Kunstwerk eine Wirkung zukommen müsse, zwar keine genau definierbare, keine allgemeingültige, vielmehr bezogen auf den jeweiligen Menschen, *„in dessen Leben es einmal eingegangen ist"*. Aussagen über Kunst in Theorien, Reflexionen und Betrachtungen, was Kunst denn sei, konnten mich zwar hin und wieder beschäftigen, etwa die klassischen Auffassungen von Platon und Schiller, Hegel und Heidegger bis hin zu Verlautbarungen aus unmittelbarer Gegenwart, insgesamt aber wurde mir früh klar, dass das Phänomen Kunst sich absoluter Aussagen entzieht.

Wo kein Auge, kein Organ für Kunst vorhanden, da bleibt sie verschlossen, wem Gespür und Empfänglichkeit für Kunst fehlen, dem bleibt sie unzugänglich, gemäß der Redensart, dass dem Blinden nicht von der Farbe zu erzählen sei. Bei gelegentlichen Ausstellungseröffnungen konnte ich mir in einleitenden Worten nicht verkneifen anzumerken, auch wenn es ungern gehört wurde, wer die Bilder, wer Kunst nicht wahrnehmen, nicht sehen könne, dem helfen auch keine Erläuterungen, letztlich wäre es überflüssig Ausführungen über die Bilder zu machen, sie ließen sich nicht erklären. Ich weiß, dies mag eine zu einfache, einfältige Position sein, aber mir waren und sind Erklärungsversuche kunstdidaktischer Art meist ärgerlich ob ihres Glaubens, Kunst und Kunstverständnis seien herbeizuführen, seien methodisch zu vermitteln. Dies bedeutet aber nicht, dass sich in einer „Schule des Sehens", in einer Gegenwart von

Kunstwerken sich nicht ein Erleben und Verstehen von Kunst einstellen könnte. Zum Ärgernis gerät darüber hinaus der gar nicht so selten anzutreffende Jargon von Kunstkritikern und Kunstinterpreten, die bildungsbeflissen und mit nicht zu übersehendem Imponiergehabe glauben, Kunst erklären zu müssen. Ausführungen zu den Bildern eines zeitgenössischen Künstlers lauten dann beispielsweise: „Sicher ist seine Arbeit Ausdruck einer kulturellen Spätzeit, jedoch nicht im Sinne einer synkretistischen Zusammenfassung, sondern – hervorgegangen aus einem spirituellen Verdauungsakt – in Form einer alexandrinischen Metamorphose. Dafür wiederum sind die archetypischen Antriebe in eleusinischen Mysterien, im Chtonischen, in den feuchten Grotten des Dionysos zu finden (...) Entfernt sich das Künstliche über die Amplitude der Dekadenz hinaus noch weiter vom Natürlichen, dann kehrt es aus der Bahn einer hyperbolischen Kurve in das exakte Spiegelbild.“[9]

So wie man Liebe oder Glaube oder Glück weder allgemeingültig definieren, noch erklären, noch wollen, noch herbeizwingen kann, so verhält es sich im Wesentlichen auch mit der Kunst; sie ist nicht verfügbar, sie ereignet sich im jeweiligen Menschen, je verschieden nach Wesensart, je verschieden in Bezug auf bestimmte Kunstwerke, nicht vorzustellen, jedes Kunstwerk spräche jeden Menschen gleichermaßen an. Begegnungen mit Kunst bleiben schicksalhaft, das Kunstwerk wird nur dem unentbehrlich *„in dessen Leben es einmal eingegangen ist“*, um die Worte Guardinis aufzugreifen. Es dürfte sich um eine Täuschung handeln, wenn man die bereits seit Mitte der 70er-Jahre anhaltenden Erfolge bestimmter Kunstausstellungen[10] an hohen Besucherzahlen festmacht und daraus schließt, sie spiegeln einen Zugang breiter Schichten zur Kunst. Es bleibt die Frage, ob darin nicht viel mehr ein Mode- und Konsumverhalten zum Ausdruck kommt, ob Kunst nicht in gewissen Kreisen zu jenen „Events“ zählt, die man mitmachen muss um dazuzugehören. Mag der Bemerkung Arno Schmidts noch so viel Polemik und Arroganz zugrunde liegen, „das Volk kennt Kunst nur in Verbindung mit -dünger und -honig“,[11] so werden es aufs Ganze gesehen doch nur Wenige sein, in deren Leben

Kunst *„unentbehrlich“* wird, um ein letztes Mal Guardini zu bemühen, des bin ich mir ziemlich sicher.

Meine Beziehung zum Kunst- und Grafiksammeln führt im Übrigen ebenfalls auf einen Modetrend zurück, der in den späten 60er-Jahren aufkam, als, ähnlich wie in Buchclubs, per Abonnement und Mitgliedschaft in Versandgalerien Originalgrafiken bezogen werden konnte, ausgewählt aus einem Katalogangebot von Arbeiten unterschiedlichster Künstler und Techniken in limitierter Auflage. Um gewissen Abnahmeverpflichtungen nachzukommen, waren gegebenenfalls auch Blätter anderer Künstler zu akzeptieren, falls die gewünschten vergriffen. In diesen Jahren des Grafikbooms, der sich schätzungsweise über vielleicht knapp zwei Jahrzehnte hinzog, wenn auch allmählich abschwächend bis zum fast völligen Erliegen, eignete ich mir nach und nach eine stattliche Zahl von Arbeiten verschiedenster Künstler an, Künstler, deren Namen innerhalb der Kunstszene bald wieder verschwanden, aber auch solche, die an Bedeutung gewannen. Da ich nie nach Wertsteigerungen am Kunstmarkt fragte, nur das erwarb, was mich ansprach und von dem ich sicher war, dass ihm künstlerischer Rang zukam, kann ich mich im Rückblick mit dem Gesammelten nach wie vor identifizieren, von ganz wenigen Ausnahmen abgesehen. All die Künstler und Grafik vorzustellen, die mir auf irgendeine Weise wichtig wurden, auch nur zu benennen, ergäbe eine Aufzählung Dutzender von Namen, ein steriles Unterfangen, insbesondere wenn nicht zugleich illustrierende Bildbeispiele gezeigt werden könnten. So sollen in exemplarischer Weise nur einige wenige Künstler und ihr Schaffen aufgegriffen werden; nebenbei mag zum Ausdruck kommen, worin das Besondere lag, das mich faszinierte und zu näheren, auch persönlichen Verbindungen und Freundschaften führte.

In den Katalogen verschiedener Grafikeditionen fielen mir des Öfteren Arbeiten von *Klaus Böttger* auf, oberflächlich betrachtet zeigten sie anmutige Gesichter hübscher Mädchen und Frauen, auch reizvolle Halbakte in Pin-up-Pose, bekannt aus einschlägigen Magazinen, vertraut aus der alltäglichen Sexualisierung gegenwärtiger Gesellschaft, dennoch schienen sie mir weit entfernt von dem, was erotischer Stimulation zugehören könnte. Die Art der Darstellung weist eher in Richtung eines distanzierenden, surrealen Realismus, zum anderen führen die verschiedenen Radiertechniken zu Verfremdungen, hinterlassen gezielt auf den Gesichtern und Leibern neben aller Schönheit Spuren von Vergänglichkeit und Tod. Auch die schönsten Gestalten sind auf die eine oder andere Weise verwischt, verkleckst, verätzt, durchbrochen, durchbohrt, in Zielkreisen, Fadenkreuzen und Käfigen gefangen. So l'inconnue-de-la-Seine-haft, so nofretetengleich klassisch diese Schönen anmuten, sie bleiben nicht frei von Stigmen des Thanatos, jenem ständigen Begleiter und Gegenspieler von Eros. Viel später, 1982, als ich Klaus Böttger schon recht gut kannte, schrieb ich über dieses Thema einen kleinen einführenden Essay für sein Buch „Erotische Zeichnungen“ unter der Überschrift „Eros und Thanatos. Vorbemerkungen zu einer erotischen Kunst“[12].

Aus der Frühzeit seiner graphischen Arbeiten liegt eine Radierfolge vor, bezeichnet „Sex and Crime“, darin die griechischen Gottheiten im Titel gleichsam transponiert in gängige Anglizismen und in die Aktualität der späten 60er-Jahre, von der selben Art und aus der gleichen Zeit auch die Mappe „Totentanz 69“. In diesen Blättern spiegelt sich zum Teil die Gegenwart des Vietnamkrieges, der die damalige junge Generation allenthalben beschäftigte und zu vielerlei Protest und Anklage führte, zum Ausdruck gebracht auch und gerade in den Arbeiten engagierter Künstler. Im Wilhelm-Hack-Museum Ludwigshafen sind diese Arbeiten Böttgers in einer Ausstellung „Schrecknisse des Krieges“[13] mit aufgenommen, druckgraphische Bildfolgen aus fünf Jahrhunderten, irgendwo zwischen Goya, Dix, Grosz und Hrdlicka. Das Thema Krieg findet sich ferner in der Mappe „Epitaph“ und mehr noch in den Illustrationen zu Erzählungen von Ambrose Bierce[14] aus den Jahren des amerikanischen Bürgerkriegs. Wenn Bildwerke zu einem Text oft leichtfertig als „kongenial“ bezeichnet werden, so gilt dieses Attribut auf jeden Fall aber für diese Zeichnungen und Gouachen Böttgers in beispielhafter, geradezu einmalig gelungener Weise: den „bitteren Bierce“, wie der Dichter gerne apostrophiert wurde, auf eben solch „bittere“ Weise im Bild wiederzufinden, das bleibt ein Höhepunkt im Schaffen des Künstlers.

Sollte der Eindruck entstanden sein, Böttgers Werk sei zu gewissen Teilen einer politischen Kunst zuzuordnen, so trifft dies so wenig zu, wie andere seiner Arbeiten einer erotischen Kunst zugehören, zu eng sind bei ihm Eros und Thanatos ineinander verwoben, miteinander legiert. Und schließlich kommen im Werk auch ganz andere Motive ins Bild. Da finden sich eine Reihe von Landschaften, angesiedelt in nördlichen Gefilden, ausgeführt in dunkel-romantischen Farbtönen und Stimmungen, dabei Leichtigkeit und Schwere, Harmonie und Spannung gleichermaßen zum Ausdruck bringend. In den späten Radierungen scheinen nochmals neue Themen auf, nehmen Porträts von Dichtern, von Komponisten, Philosophen und Politkern einen bevorzugten Rang ein, darunter Namen wie Goethe und die Brüder Grimm, wie Kafka und Brecht, Rimbaud und Neruda, wie Bach und Beethoven, Mozart und Mahler, wie Marx und Engels und Rosa Luxemburg, eine lange Kette von Namen, die vollständig anzuführen bloße Aufzählung bliebe. Diese Großen der Kultur- und Geistesgeschichte wurden gewiss unzählige Male in Bildnissen festgehalten, und natürlich hat Böttger auf Vorlagen zurückgreifen müssen, aber wie er diese Personen in Szene setzt, was er an Accessoires und Attributen in die Kompositionen einbringt, das zeichnet ihn vor so vielen anderen künstlerischen Arbeiten zu den nämlichen Sujets aus.

Ich hatte so manche Male Gelegenheit unmittelbar am Entstehungs- und Schaffensprozess seiner Radierfolgen teilzunehmen, war ich doch schon Anfang der 70er-Jahre bei ihm in Wiesbaden im Atelier zu Besuch, ohne mich allerdings noch genau an die erste Begegnung zu erinnern. Irgendwie verstanden wir uns recht spontan, und als die Herausgabe eines Bändchens mit Radierungen in der „Bibliothek Omphalos“ anstand, da intensivierten sich unsere Kontakte. Ich konnte gerne auch mit Freunden aus jugendbewegten wie aus studentischen Kreisen vorbeikommen, auch nächtigen, dabei unvergessen die langen, intensiven Gespräche bis in die frühen Morgenstunden. Als sich die Arbeiten zu Hans Henny Jahnns „Die Nacht aus Blei“ abzeichneten, da war es für mich ein Leichtes mit speziellen Auskünften behilflich zu sein, ebenso bei den Vorbereitungen zu dem großen, monumentalen Hans Christian Andersen-Buch[15], zu dem ich Einzelheiten zur Psychopathographie des Dichters beibringen konnte. An diesem Buchprojekt erfuhr ich beispielhaft, mit welcher Intensität sich Klaus Böttger auf die Person einließ, die da künstlerisch umzusetzen war, wie sehr er sich in den Menschen und seine Zeit versetzte, wie ganz und gar er sich damit identifizierten konnte. Von H. C. Andersen etwa ist bekannt, dass er mit gewissen zwangsneurotischen Vorstellungen und Handlungen behaftet war. Böttger vertiefte sich so sehr an Hand der Tagebücher, Schriften und Überlieferungen in dieses Leben, dass er bald selbst in die Nähe jener Symptomatik geriet.

Am Rande der Gespräche ergab es sich auch, mich mit der Technik der Radierung vertraut zu machen. In der Druckwerkstatt, in der man gerne zusammensaß, lernte ich, jedenfalls ansatzweise, die unterschiedlichen Radierverfahren kennen, verfüge seitdem über konkrete Vorstellungen von Kaltnadel-, Ätz-, Aquatinta-, Mezzotinto- und Vernis-Mou-Radierung. Konnte zusehen, wie Asphaltlack aufgebracht, wie Kolophoniumpulver im Staubkasten sich auf der Kupferplatte absetzt, danach eingebrannt wird, wie in Stufen zu ätzen ist, unterschiedlich in bestimmten Säuren und Eisenschlorid, wie ein „Plattenton“ durch Auswischen der Druckfarbe entsteht, wie Büttenpapier angefeuchtet auf die Presse kommt usw., usw. All dies geschah so nebenbei auf kurzweilige Art und Weise ohne jede belehrende Absicht. In derselben Weise wurde auch über eine besondere Liebhaberei Klaus Böttgers gesprochen, über seine ethnologische Sammlung von Schrumpfköpfen aus dem indonesisch-polynesischen Raum, wahrscheinlich eine der größeren Sammlungen dieser Art in privater Hand. Ein leichtes Grauen beim Betrachten und Erklären dessen, was da in den Vitrinen zugegen, das blieb nicht aus. Eigentümlicherweise fand dieses extravagante Sammelgebiet im künstlerischen Werk an keiner Stelle seinen Niederschlag.

Die mehr als zwanzigjährige Freundschaft mit Klaus Böttger endete unerwartet mit seinem frühen Tod im Jahre 1992. Eine Krebserkrankung, mutmaßlich zurückzuführen auf den ständigen Umgang mit Säuren und ätzenden Stoffen beim Bearbeiten der Radierplatten, setzte seinem Leben im Alter von nur 50 Jahren ein Ende. Sein Werk[16], mehr als 600 Radierungen und eine Vielzahl von Zeichnungen und Gouachen umfassend, wird weiter Bestand haben, unabhängig von Tendenzen des Kunstmarkts. Auch wenn sich das grafische Oeuvre vollständig in meiner Sammlung findet, bleibt sie dennoch nicht abgeschlossen, der Mensch Klaus Böttger lebt weiter in ihr.

Etwa zur selben Zeit Ende der 60er-, Anfang der 70er-Jahre und zum Teil in denselben Angeboten des Grafikhandels fielen mir neben Arbeiten Klaus Böttgers die eines ebenfalls jungen Künstlers auf, Jahrgang 1937, mit Namen *Johannes Grützke*. Das erste Blatt, das ich von Grützke erwarb, trug den Titel „Und Du?", ein Offset aus dem Jahre 1972, zu sehen zwei männliche Köpfe, dicht beisammen, eine Hand auf der Schulter des anderen, beide irgendwie lächelnd, eher grinsend, etwas hinterhältig und doch gemütlich, etwas dümmlich und doch nicht debil, fragend, aber schon wissend, ein wenig schwarzer Humor und doch keine Karikatur. Zur weiteren Charakterisierung wären noch so manche Adjektive beizubringen, zu vielsagend bleiben die Gesichter, zu vieldeutig die Grafik. In all den weiteren Arbeiten, die mir nach und nach begegneten, war etwas von diesem Hintergründigen und Mehrdeutigen zu sehen und zu spüren, was immer auch die Figuren und Szenen zeigten, in der Malerei noch präsenter als in den Grafiken.

Der in vorangegangenen Kapiteln verschiedentlich angesprochene Sammler, Galerist und Kunsthändler Carl Laszlo widmete eine Doppelnummer seiner Panderma-Zeitschrift zu einem großen Teil Johannes Grützke mit einer Reihe von Bildern zu einem Zeitpunkt, als die Kunstszene den Namen noch kaum kannte, auch verfasste er zuvor einen kurzen Text, in dem sich Sätze finden wie diese: „Weit weg von jeder Abstraktion, unberührt von modischen Einflüssen, ohne Vorläufer in Deutschland (…) geht *Grützke* mit einer gewissen Gutgläubigkeit an das Bild des Menschen und seiner Umwelt heran. (...) Durch *Grützke* erscheint in der Kunstgeschichte wieder ein Phänomen, das man kaum mehr kennt und nicht mehr erwartet: *Ein grosser Maler der sichtbaren Wirklichkeit*"[17]. Bei meinen Laszlo-Besuchen in Basel bekam ich früh schon die Werke Grützkes zu Gesicht, bevor noch der Name im Kunstbetrieb allenthalben auftauchte.

In der Folge erfuhren Künstler und Werk vielfältige Resonanzen im Zusammenhang einer aufkommenden Realismus-Debatte. Die Bilder mit ihren Szenen und Figuren waren schließlich nicht zu übersehen, zu auffällig die Physiognomien und Posen, das Krampfhaft-Feierliche, das Dümmlich-Selbstsichere, das ungewollt Lächerliche – jedoch gar nicht so weit außerhalb dessen, was alltäglich in Zeitungen, Gazetten und Werbung zu sehen, im Gegenteil, die Wirklichkeit erscheint zuweilen peinlicher. Bald überschlugen sich im laufenden Kunstbetrieb die Meinungen und Urteile: von fotografisch-surrealem, von manieristisch-pathetischem, von gestisch-groteskem Realismus, selbst von satirisch-politischem war die Rede, von Historienbildern und Karikaturenmalerei und was der Zuschreibungen sonst noch waren, allesamt mögen sie *einen* Moment der Bilder aufgegriffen haben, ohne doch damit Wesen und Gesamtcharakter zu treffen, die letztlich unbenennbar bleiben, sonst bedürfte es der Bilder nicht.

Besondere Aufmerksamkeit und Diskussion zogen verständlicherweise Bilder auf sich mit Titeln wie den folgenden: „Walter Ulbricht", „Benno Ohnesorg greift zum Gewehr", „Marx, Freud und Marcuse", „Böcklin, Bachofen, Burckhardt und Nietzsche auf der Mittleren Rheinbrücke in Basel", „Die Befreiung der Frau durch die Frau, dargestellt von Vera Lier", „Fünf nackte Männer", „Prometheus am Affenfelsen", „Der Tod des Sokrates". Weitere Titel aus dem Werk anzuführen oder gar zu beschreiben, würde zu einer „unendlichen Geschichte" führen, so immens ist dies in über fünf Jahrzehnten des Schaffens angewachsen, allein die Druckgraphik weist bereits mehr als fünfhundert Arbeiten auf, die sich, und darauf bin ich schon ein wenig stolz, größtenteils in meiner Sammlung befinden. Im Übrigen liegen zahllose Bücher, Kataloge und Werkverzeichnisse vor, die einen Ein- und Überblick in die Bilderwelt ermöglichen. Aus der neueren Literatur seien nur zwei Titel genannt, erstens: „Die Schule der Neuen Prächtigkeit“ – die „Schule“, eine Gründung und Erfindung Grützkes, die Bezeichnung, „nomen est omen“ – und zweitens: „Johannes Grützke. Die Retrospektive“[18].

Als um 1980 die Radierung „Für Hans Henny Jahnn“ erschien, da war für mich der Anlass gegeben mit Grützke in Verbindung zu kommen. Ein Antwortbrief traf alsbald ein: „Berlin, d. 20.2.1983. Wie angenehm, jemand zu treffen, der wie ich vielleicht zu jener kleinen aber selbstverständlichen Gemeinde Hans Henny Jahnns gehört. Mir ging es so: Als ich 1960 Kulissenschieber an der Berliner Volksbühne war, fragte ich meinen Kollegen (...) ‚Was soll ich lesen?’ Er nannte mir zwei Namen, den Hans Henny Jahnns und Arno Schmidts; und seither habe ich eigentlich mit nichts anderem zu tun gehabt. (...) In einer Zeitschrift sah ich denn ein Photo von Hans Henny Jahnn, das mir auffiel, weil mir die Gesichtzüge so gewöhnlich, so ordinär erschienen und ich doch wußte, daß dahinter der größtmögliche Geist wohnte. Ich habe das Gesicht dann des öfteren gezeichnet und gemalt, eben dieses Widerspruchs wegen. Auf dem Bau nämlich, ich war auch eine Zeit lang Bauarbeiter, begegneten mir Gesichter, die meine oberflächliche Kenntnis von Charakterköpfen berichtigten: Leute, die aussahen wie Einstein, und die gibt es auf dem Bau, sind die allergrößten Dummköpfe gewesen.“

Seit diesem Datum besteht die Verbindung mit Johannes Grützke, gehen Briefe hin und her, zwar nicht eben häufig, aber doch kontinuierlich, ebenso Telefonate und Besuche, wobei ein erstes Kennenlernen nicht im Berliner Atelier in der Güntzelstraße stattfand, sondern in Hamburg in einer ehemaligen Brotfabrik, vorübergehend Zweitatelier zu Arbeiten an Bühnenbildern für das Deutsche Schauspielhaus unter Peter Zadek. Man verstand sich unmittelbar, mit Grützke allerdings auch keine Schwierigkeit, so unbefangen und wie von selbst nimmt die Unterhaltung ihren Lauf. Dass Hans Henny Jahnn und Carl Laszlo Gesprächsstoff abgaben, dass seine eigenen Bilderwelten stets Themen waren ebenso wie die graphischen Techniken, dass die neuen Arbeitsvorhaben angesprochen wurden – am spannendsten das monumentale Gemälde-Projekt „Der Zug der Volksvertreter“ für die Paulskirche in Frankfurt, das ihn endgültig über den engeren Kreis von Kunstinteressierten hinaus bekannt machte –, all dies war und blieb ganz selbstverständlich auch bei den späteren Besuchen in Berlin. Man traf sich auch bei so manchen Vernissagen seiner Ausstellungen, erlebte die deklamatorischen Reden und Rezitationen, eingeschlossen die Auftritte seines Musikensembles der „Erlebnisgeiger“, eher Performance und Happening, denn Konzert. Auch holte ich ihn am Stuttgarter Flughafen ab, um ihn an den Bodensee zu bringen, wo in der Galerie Brandstätter Martin Walser und Jutta Limbach in die Arbeiten zur Erinnerung an Hecker und die Badische Revolution 1848/49 einführten, auch in das dreiteilige Majolika-Relief „Morgen brechen wir auf“, angebracht an der Fassade des Konstanzer Bürgersaales.

Ohne besondere Überredungskünste konnte ich Johannes Grützke für die Teilnahme an einer Tagung der „Bündischen Akademie Lüdersburg“, Himmelfahrt 2006, gewinnen, wo er etliche seiner Texte und Balladen vortrug, damit auch einem Kreis von Jugendbewegten eine bislang wohl fremde Welt nahe brachte. Offensichtlich hat er sich in dieser für ihn eher ungewohnten Umgebung zusammen mit seinem Sohn Gustaf durchaus wohl gefühlt, auch muss ihm mein bündischer Fahrtenname imponiert haben, denn als ich mich einige Jahre später von ihm portraitieren ließ, gab er dem Bild den Titel „Der Wasa“. Mir schwebte eine Art Doppelportrait vor, zusammen mit Hans Henny Jahnn, den er ja, wie in dem zitierten Brief erwähnt, mehrfach gezeichnet und gemalt hatte. Aus Anlass der Feierlichkeiten zu Jahnns hundertstem Geburtstag kam es zu einem Auftrag der Veranstalter, ein Bildnis Jahnns zu fertigen, das er als großformatiges Pastell ausführte. Unter den Auftraggebern entspannen sich heftige Diskussionen über dieses Porträt, so manchen schien es nicht „schön“ genug bzw. allzu hässlich ausgefallen zu sein. Die Mehrheit des Gremiums akzeptierte dann doch das Bild, das schließlich zum Cover des Programmheftes wurde, auch als Großplakat für die Veranstaltungen warb. Eben dieses Plakat bildet eine Art Hintergrund auf meinem Portraitbild; bei manchem Betrachter mag es Befremden auslösen, nicht bei mir, bin ich doch sicher, Hans Henny Jahnn vor Augen zu haben, wie ich ihn schon immer sah. Und in dem Band der „Scheidewege", in dem sich ein Beitrag von Grützke „Übers Portraitieren"[19] findet, zusammen mit vierzehn Farbreproduktionen, bleibt dieses Portrait nicht das einzige, das ein Befremden auslösen mag, aber dies gehört zu einer „Jahresschrift für skeptisches Denken".

Auf ganz andere Weise als bei Klaus Böttger und Johannes Grützke ist die Freundschaft mit dem Maler *Borris Goetz* zustande gekommen; war es zuvor der aktuelle Kunstbetrieb im weitesten Sinne, so liegt hier der Ursprung im Bereich der Jugendbewegung und zwar im Hause Dietmar Lauermann. Dort findet sich eine Fülle an Bildern beisammen, ohne musealen Charakter anzunehmen oder eine besondere Sammelleidenschaft zu spiegeln, vielmehr um Leben und Wohnen in einer Atmosphäre zu gestalten, der Kunst notwendig zugehört. In dieser Bilderwelt stieß ich früh schon auf den Namen Borris Goetz, verbunden mit dem Hinweis, es handele sich um einen Künstler, der dem „Grauen Corps" zugehört habe, dem Bund der gemeinsamen Frankfurter Jugendjahre; man sei einander zeitlebens in Freundschaft verbunden geblieben, auch sei er hier öfter als Gast anzutreffen. Es hat dann aber doch eine Reihe von Jahren gedauert, bis ich um 1980 Borris Goetz bei Dietmar Lauermann erstmals begegnet bin. Man wusste wohl voneinander, um so erfreulicher, auch eine spontane, herzliche Sympathie feststellen zu können, ebenso wie eine anregende, zugleich streitbare Übereinstimmung in Kunst- und Weltanschauungsfragen, nicht zu vergessen in Geschichten jugendbewegter Vergangenheit. Von Dietmar Lauermann angedacht, stand unvermittelt die Idee im Raum, einen umfassenden Bildband des künstlerischen Schaffens in der Grauen Edition herauszugeben, keine der üblichen Kunstmonographien sollte es werden, vielmehr der Versuch, dem Schicksalhaften einer

Künstlerexistenz in der Verschränkung von Leben und Werk nachzuspüren.

„Borris Goetz oder der Weg eines Malers durch seine Zeit“[20], unter diesem Titel konnte dann 1986, nach beinahe drei Jahren Vorarbeit, der Band erscheinen. Wieso es dieser langen Zeit bedurfte, ist im Nachhinein unwichtig; aus heutiger Sicht stellt sich sogar das leicht ungute Gefühl ein, Dietmar Lauermann und ich als die beiden Autoren hätten immer noch über zu wenig Kennerschaft verfügt, um das gestellte Thema souverän zu bewältigen. Trotzdem, es war wichtig, dass der Band vorlag für die Graue Edition und mehr noch für den Maler, fanden doch bald darauf zwei größere Ausstellungen zum Gesamtwerk statt, bei denen Buch und Retrospektive wechselseitig aufeinander verwiesen. Je länger die Freundschaft mit Borris Goetz währte, je mehr es Einblicke in das Leben mit den so leidvollen Zeiten und Schicksalsschlägen gab, desto mehr gewann auch sein Künstlertum an Konturen, die bei der Abfassung der Monographie noch nicht so deutlich erkannt. Ein paar wenige Momente des Schaffens sollen hier kurz angesprochen werden.

Wenn Borris Goetz gelegentlich als Künstler der Jugendbewegung bezeichnet wurde, so bleibt dies völlig unzutreffend, macht ohnehin keinen Sinn. Jugendbewegung hat, aus Gründen, denen hier nicht nachgegangen werden soll, nicht eigentlich Kunst hervorgebracht, hervorbringen können. Gustav Wyneken urteilte schon 1913 recht scharfsinnig: „Bei aller Liebe zu dieser Bewegung muß ich es doch aussprechen, daß ihre bisherige Kultur, wenn man sie ganz ernst nehmen und konsequent fortentwickeln wollte, zu Mittelmäßigkeit, Banalität und Kitsch führen würde.“[21] – Auch nach den inzwischen vergangenen hundert Jahren ist an dieser Bemerkung nichts zu korrigieren. Was in Borris Goetz’ Werk an jugendbewegten Motiven aufscheint, sind Arbeiten noch des Gymnasiasten, Szenen aus dem Leben einer Jungengemeinschaft auf Fahrt und Lager, gestaltet als einfache Linienschnitte im Linoldruckverfahren ausgeführt. Die künstlerische Begabung lässt sich aber doch bereits erkennen, die nach der Schule zum Kunststudium führte, zunächst an die „Städelsche Kunstschule“ Frankfurt, später zu

Studienaufenthalten nach Frankreich, dazwischen Beschäftigung mit angewandter Graphik.

Seine Malerei erscheint in der Folge recht vielgestaltig, wechselvoll, experimentierend in den verschiedensten Stilrichtungen, teils expressionistisch, teils kubistisch, teils surrealistisch, figürlich gleichermaßen wie gegenstandslos. In den Jahren des Nationalsozialismus war nonkonformistische Malerei nicht ungefährlich, bot einem jungen Maler wenig Raum sich künstlerisch zu verwirklichen oder gar durchzusetzen. Leben und Werk zwangen meist zur Flucht nach innen, dies das Schicksal jener Künstlergeneration insgesamt, der Borris Goetz, Jahrgang 1915, zugehörte. Nach Krieg und Kriegsgefangenschaft einen Neuanfang zu finden, gestaltete sich nicht weniger schwierig. Eine Zeitlang gelang der Anschluss an den neu sich etablierenden Galerie- und Kunstbetrieb, so zu der Künstlervereinigung „Frankfurter Sezession“. Aber Konzessionen, die dort verlangt, blieben dem Künstler verhasst. Ein Wappenspruch seiner Familie wurde ihm Leitmotiv: „A nul autre!“, frei übersetzt, „Keinem andern weich' ich!“, für eine Künstlerexistenz nicht einfach durchzuhalten, einerseits der Wunsch nach Anerkennung und Erfolg auf dem Markt, anderseits dessen Verachtung ob seiner Zwänge.

Eine Dozentur am „Institut für Modeschaffen“ der Stadt Frankfurt sicherte den Lebensunterhalt, daneben Arbeiten als freischaffender Maler, Staatsaufträge für „Kunst am Bau“, Gutachtertätigkeiten, alles zusammen führte zu einem Dutzend guter Jahre, bis 1964 ein schwerer, unverschuldeter Autounfall eine schicksalhafte Zäsur brachte. Zwar kam es nach längerer Rekonvaleszenz noch einmal zu einem Neuansatz im Werk, den sogenannten „Anamorphosen“, ungegenständliche, an tachistische Malerei erinnernde, aber doch ganz eigenständige Farbkompositionen von großer Intensität, insgesamt aber blieben Kreativität und Schaffenskraft geschmälert, nur noch wenige, voll gelungene Werke entstanden. In so manchen Gesprächen war Borris Goetz diesen so persönlichen Themen zugänglich, litt selbst am Schicksal des sich reduzierenden künstlerischen Schaffens sowie an der Situation, im Abseits der

Kunstszene zu stehen, stritt zugleich vehement und geistreich über das aktuelle Kultur- und Zeitgeschehen, zeigte dabei weder Verbitterung noch Pessimismus, glaubte an eine Zukunft von Kunst und Kultur in kleinen Kreisen. Auch ließen sich einige kleinere publizistische Vorhaben[22] verwirklichen, man erfreute sich an gemeinsamen Freunden aus der alten Jugendbewegung, vornean im Zusammensein mit Dietmar Lauermann, ebenso wie aus dem Kreis der jüngeren Bünde, wobei die Nerother Burg Waldeck ihm zum geschätzten Ort wurde.

Die sich mehr und mehr verschlechternde Gesundheit als Folge verschiedener Organerkrankungen führte1998 zum Tod. Seine Grabstätte liegt auf dem Friedhof in Zell am Harmersbach, in unmittelbarer Nähe zur Evangelischen Kirche, in der sich eines seiner reifsten Werke findet, ein monumentales Altarbild, schlicht „Triptychon“ benannt. Die Darstellung zeigt schemengleich einen Zug von Menschen, strebend aus einem Dunkel hin zum Licht, Thema seines Lebens, jedes Lebens, symbolisch gedeutet, auch eine Hommage an Alfred Schmid, den lebenslangen Mentor, Mäzen und Freund und dessen Schau vom Licht.

4. Weitere Begegnungen mit Kunst und Künstlern

Wenn nach den bislang angesprochenen Künstlerfreundschaften ein neuer Abschnitt folgt, in dem noch einige weitere Begegnungen vorgestellt werden sollen, so nicht aus inhaltlichen Gründen, lediglich um eine gewisse Chronologie in der Abfolge der Begebenheiten sichtbar zu machen. So wie die letzt geschilderte Bekanntschaft mit Borris Goetz sich dem Hause Dietmar Lauermanns verdankte, so auch die folgende mit *Johannes Dörflinger*. Sie ergab sich ein gutes Jahrzehnt später auf ähnliche Weise, in dem mich einige der Bilder aus der Vielfalt des Vorhandenen besonders ansprachen, wahrscheinlich weniger der Motive oder Formate als der subtilen Ausführung wegen. Es waren Arbeiten in Ölmalerei, eher ungegenständlich, durchaus farbig, zwar in gedämpften Tönen aber doch mit hoher Leuchtkraft, in den Details der Flächen, Formen und Figuren fein strukturiert, vielfach übermalt, angereichert mit subtil ziselierten Zeichen, Spuren, Signaturen, oft kaum wahrnehmbar und doch präsent. Vielleicht könnte man die Darstellungen als eine Art Urformen oder Archetypen bezeichnen, als Versuche, Mythen aus Natur- und Menschheitsgeschichte in eine Welt des Sichtbaren zu transformieren. Entsprechende Bildtitel lauten etwa Ei, Vogel, Flügel, Baum, Berg, Welle, Haus, Turm, Tor, Atlas, Erdstrahl, Sonne, Fetisch, Flamme, Feuervogel, Lebensbaum. Die Themen sind, wenn auch nicht konkret-realistisch, so doch als Idee und Zeichen zugegen. Der Malerei unmittelbar verwandt und ebenbürtig erscheinen die Arbeiten in Pastell, auch hier die akribisch übereinandergelegten Farbaufträge, die nuancierten Abstufungen und Kontraste. Und in der nämlichen Art und Weise gearbeitet auch die technisch aufwändigen Farbserigraphien unter Verwendung einer großen Anzahl übereinander gedruckter Siebe.

In dieser Technik des Handsiebdrucks liegen neben diversen, handwerklich höchst experimentierfreudigen Einzelarbeiten ein großformatiger zwölfteiliger „Lebenszyklus" vor, ebenso eine Tarot-Serie mit den 22 Figuren der „Großen Arkana", als da sind Magier, Isis, Herrscher, Hierophant, Eremit, Glücksrad, Kraft, Gehenkter, Tod, Geburt, Teufel, Universum, Narr. Bei diesen Themen und Motiven könnte es scheinen, Johannes Dörflinger sei in einer Welt des Esoterischen zu Hause, hänge parapsychologischen Praktiken an oder zähle sich New-Age-Kreisen zu. Dem ist gewiss nicht so, wohl hat er sich mit C. G. Jung und dem kollektiven Unbewussten befasst, mit mittelalterlichen Buchmalereien und frühen Apokalypsedarstellungen und deren Verbindung zu Tarot-Figuren, jedoch sind Leben und Werk des Künstlers ganz in der Realität der Gegenwart angesiedelt. In seinen Bildsymbolen und archetypischen Figuren mag sich der Versuch zeigen, einer Welt voll Deformation und Zerrissenheit eine verlorengegangene Harmonie von Mensch und Lebensraum entgegenzusetzen, für Johannes Dörflinger vielleicht schon eine zu weit hergeholte, zu philosophisch befrachtete Deutung. Nicht, dass er nicht für intellektuelle Reflexionen zugänglich wäre, als Künstler aber vollzieht sich seine Auseinandersetzung mit der Welt zuerst im Medium der Kunst.

Wir kamen oft und viel in Gesprächen zusammen, teils lockere Plaudereien, teils mit Themen der „Scheidewege" befasst, teils in Überlegungen zu Buchprojekten der „Grauen Edition" vertieft. Insbesondere als Dietmar Lauermann anregte eine Monographie zum Gesamtwerk ins Auge zu fassen, da ergaben sich mit den vorgesehenen Autoren so manch arbeitsintensive Treffen in Dörflingers Domizil in Konstanz. Wichtig wurde auch eine Co-Produktion mit einem größeren Kunstbuchverlag, was gewisse Probleme mit sich brachte, jedoch zu einem guten Ergebnis führte, wie eigentlich alles, was man gemeinsam anging. Einige Jahre später folgte noch ein weiteres Buch unter ähnlichen Voraussetzungen, insgesamt zwei respektable Publikationen[23], die der Grauen Reihe gut anstehen, nicht minder dem Werk Johannes Dörflingers. Auch in den „Scheidewegen" konnte zweimal ein Bildbeitrag erscheinen, zum einen eine Reihe der neu entstandenen filigranen Kleinskulpturen, gefertigt aus edlen Materialien, in enger Zusammenarbeit mit einem ungewöhnlich talentierten Goldschmied, zum anderen eine Serie bemalter Polaroid-Transformationen zu einer spanischen Apokalypse aus dem 10. Jahrhundert.[24]

Unsere Begegnungen intensivierten sich ein weiteres Mal, als die Pläne für eine sog. „Kunstgrenze" zwischen Deutschland und der Schweiz Gestalt annahmen. Im Herbst 2006 konnte das Projekt fertiggestellt und eröffnet werden. Die von Johannes Dörflinger geschaffene „Kunstgrenze" besteht aus einem 300 Meter langen Grenzabschnitt zwischen Konstanz und Kreuzlingen, markiert eine Außengrenze der Europäischen Gemeinschaft mit 22 acht Meter hohen Stahl-Skulpturen, die die Namen der „Großen Arkana" des Tarot tragen. Es dürfte wohl bislang kaum einen Künstler geben, dessen Werk in solcher Weise politische Grenzen markiert, zugleich Grenzen überwindet . – Bleibt als eine nicht ganz ernst gemeinte Nachbemerkung zu Johannes Dörflinger: seine Hinwendung zur Objektkunst, den Klein- wie den Monumentalskulpturen, hat naturgemäß das graphische Schaffen in den Hintergrund gedrängt, eine hinzunehmende Entwicklung, dem Sammler allerdings weniger erfreulich.

Auf eine ganz andere Weise kam es zur Entdeckung des Holzschneiders *Peter Fetthauer.* In einer kleinen lokalen Ausstellung zeitgenössischer Kunst in Reutlingen, die vorwiegend Hochdruckgrafik zeigte, im wesentlichen also Holz- und Linolschnitte, waren in einem separaten Raum großformatige Märchenmotive zu sehen, die sowohl durch die Auswahl der Themen wie durch die besondere Technik auffielen. Da ich mich innerhalb der Pädagogik seit langem mit Märchen befasste, speziell auch unter tiefenpsychologischen Aspekten, fanden die allgemein weniger bekannten mein besonderes Interesse, etwa „Die drei Schlangenblätter", „Frau Trude", „Die sechs Schwäne", „Das Mädchen ohne Hände". Und was die Drucktechnik betrifft, so bildet meist eine Schwarzplatte den Untergrund, ausgeschnitten nur die Umrisse bestimmter Figuren, die das weiße oder auch farbige Papier freigeben und auf diese Weise die Darstellung zeigen. Für gewöhnlich druckt beim Holzschnitt nicht das, was weggeschnitten, vielmehr das Erhabene, was stehen bleibt, daher auch der Name Hochdruck. Bei Fetthauer verhält es sich eher umgekehrt, die Figuren erscheinen in dem aus der Platte Ausgeschnittenen, also in einer Art Negativdruck. Ungewöhnlich bleibt auch, dass häufig mit einer zweiten oder gar weiteren Platte Motive in Weiß oder Farbe auf das Schwarz des Untergrunds gedruckt werden, wobei sich, insbesondere wenn die Farbe auf dem Abzug der ersten Platte noch nicht ganz trocken, melierende, auch irisierende Effekte ergeben, die den Drucken sowohl Diffusität wie Leuchtkraft verleihen. Beides also, Themen und Technik, faszinierten mich auf den ersten Blick.

Der Kontakt zu Peter Fetthauer, in den Signaturen seiner Werke immer nur als PEFE präsent, war bald hergestellt und erste Besuche konnten folgen. Es war die Zeit, in der ich der „Bündischen Akademie" wegen öfter in die Elbmarsch kam und somit der Weg ins Atelier nach Hamburg nahe lag. Ein beeindruckend großes Holzschnittwerk tat sich hier auf, dessen

Fülle noch an Reichhaltigkeit gewinnt, da den einzelnen Holzschnitten meist Unikatcharakter zukommt, indem die Abzüge jeweils in unterschiedlichen Farben auf unterschiedlichen Papieren gedruckt, insgesamt ohnehin in kleinster Auflage. Wieder und wieder sind es menschliche Figuren, Gesichter, Köpfe, Körper, Akte, Torsi, die in schier unendlichen Variationen geschnitten, mal mehr linienförmig, mal eher flächig, mal in großen, mal in kleineren Formaten, mal farbkräftig, mal eher monochrom, mal in angedeuteten Räumen, mal auf leeren Flächen. Die zu Anfang wahrgenommenen Märchenblätter bleiben eher die Ausnahme, ebenso ein großformatiger Passionszyklus oder auch etliche Landschafts-, Tier- und Pflanzenmotive. Insgesamt aber zeigen die Arbeiten trotz einer gewissen Monomanie in den Sujets vielfältigste Variationen, bieten immer wieder überraschend neue Gestaltungen.

Dass die Holzschnitte im Schaffen Fetthauers nur einen Teil darstellen, dass Ölmalerei und Skulpturen hinzugenommen erst das Gesamtwerk ergeben, das erschloss sich erst im Laufe so mancher Begegnungen, teils in Hamburg, teils bei uns zu Hause, wenn auf der Durchfahrt in den Schweizer Urlaub bei uns Station gemacht wurde. Meine Sammlung der Holzschnitte wuchs im Laufe der Jahre beständig, auch Dank so manch freundschaftlicher Dedikationen, verstand man sich doch recht einvernehmlich in so vielen Einschätzungen gegenwärtiger Zeitläufe. Die in den „Scheidewegen" problematisierten Themen bildeten immer wieder Stoff für anspruchvolle Gespräche, in denen man sich kritisch und doch in entspannter Atmosphäre austauschen konnte. Als in den Bänden der „Scheidewege" Bildbeiträge in Farbe hinzukamen, waren die Holzschnitte Peter Fetthauers ziemlich zu Beginn dabei mit eben jenen Märchenmotiven, die einst die erste Aufmerksamkeit geweckt hatten. Ein ehemaliger Hochschulkollege verfasste einige essayistische Betrachtungen zu diesen Bildern unter dem Titel „Körperspiel und Köperschrecken: Die Märchenholzschnitte Peter Fetthauers"[25]. Auf überzeugende Weise wird gezeigt, wie diesen scheinbar zeitlosen Märchengeschichten und den scheinbar so beliebigen Umsetzungen des Künstlers sehr wohl

Gegenwartsbezüge, ja Aktualität zukommen können. Falls sich ein erster Eindruck ergäbe, die Kunst Peter Fetthauers trage l'art pour l'art-Züge, so wäre dies eine Fehleinschätzung.

Last not least ist hier das graphische Werk von *Jan Peter Tripp* anzuführen, *nicht zuletzt*, weil mir die Radierungen schon seit frühen Jahren vertraut, und *doch zuletzt*, weil die persönliche Begegnung sich erst spät ergeben hat. Bereits in den 60er Jahren kam ich von Esslingen aus häufig nach Stuttgart, sei es ins Theater, sei es zu Ausstellungen, sei es in Bibliotheken und Buchhandlungen, wobei der Buchladen von Wendelin Niedlich im Mittelpunkt stand. Dort waren Bücher zu finden, die sonst nirgendwo zu sehen, Schriften von Klein- und Alternativverlagen, bibliophile und signierte Ausgaben mit Originalgraphik, Pressendrucke aller Art neben maßgeblichen Bildmonographien und Werkverzeichnissen großer Künstlernamen, ebenso Ausgaben klassischer wie entlegener Literatur der Moderne, an den Wänden wechselnde Ausstellungen junger Künstler, dabei auch und gerade Jan Peter Tripp mit seinen ersten Radierungen. Dass Niedlichs Buchladen mehr und mehr zu einer politisch pointiert „linken" Institution wurde, störte mich nicht, da Kunst und Bibliophilie immer präsent blieben.

Was bei Tripp unvermeidlich ins Auge fällt, ist der Realismus seiner Darstellungen, anfänglich noch in einer Art, die man als phantastischen Realismus im Gefolge der „Wiener Schule" ansprechen könnte, verständlich, studierte er doch ein Zeitlang bei Rudolf Hausner in Wien. In einer dieser frühen Arbeiten ist auf einem Regal ein Buch zu sehen, auf dessen Rücken deutlich das Wort „Szondi" zu erkennen. Im Gespräch erläutert er, wie entscheidend ihn die Beschäftigung mit Szondi und dessen Schicksalsanalyse geprägt hat, die ihm auch während eines Studienaufenthalts in einer psychiatrischen Anstalt begegnete und die in so manchen seiner Arbeiten eine Rolle spielt, etwa in dem sog. „Schreber-Album", einer Folge von 12 Radierungen zu Leben, Wahn und Krankheit des Daniel Paul Schrebers. Indessen, die Arbeiten Tripps stilistisch einem Realismusbegriff unterzuordnen, vorangestellt eventuell ein klangvolles Adjektiv, greift daneben, zu vielgestaltig, teilweise verfremdet erscheinen Motive, Themen und Ausführungen, dabei auch solche mit ganz surrealen Akzenten und Titeln wie „Andrew Wyeth's Blick über die Grenze", „Margareta van Eyck + Marcel Duchamp", „Kinsey meets Man Ray", „Le Miracle du Domptage". Daneben dann die vielen Porträts von Dichtern, Künstlern, Prominenten, allesamt so gearbeitet, dass die Porträtierten ohne weiteres erkenntlich und doch nicht photographisch wiedergegeben, vielmehr eine tiefere, gleichsam metaphysische Schicht ihres Wesens zeigend. Auch eine Trompe-l'oeil-Kunst, die in manchen Arbeiten aufscheinen mag, ist nicht gegeben, selbst wenn auf einer Farbradierung die Feigen so natürlich aussehen, dass vorstellbar wäre, Vögel könnten danach picken, wie in der griechischen Anekdote von den gemalten Trauben des Künstlers Zeuxis berichtet – das Blatt jedoch nennt sich „La Temptation of the Blind Man"; die Früchte zeigen eben mehr und anderes als nur reife Früchte, zeigen etwas, was den Augen unsichtbar. „Ich male nicht was ich sehe, ich male was ich nicht sehe"[26], so äußerte sich Tripp gelegentlich.

Nur ganz allmählich, aber doch beständig wuchs mein Bestand an Tripp-Radierungen, für den Sammler eine besondere Freude, da und dort in einer entlegenen Galerie oder einem Kunstantiquariat, später in Internet-Angeboten, auf eine gesuchte Graphik zu stoßen oder eine bislang unbekannte zu entdecken und dies zu einem günstigen Preis. Ein Werkverzeichnis[27] der Radierungen erschien erst spät, erfreulich festzustellen, dass doch eine stattliche Anzahl, gerade auch der wichtigen Arbeiten in der Sammlung vorhanden. Einen der Höhepunkte des graphischen Schaffens dürfte das Gemeinschaftswerk mit W. G. Sebald darstellen, „Unerzählt", so der Titel, in dem Tripp zu 33 literarischen Miniaturen Sebalds, halb Gedichte, halb Aphorismen, die Augenpaare ihnen jeweils bedeutsamer Menschen aus künstlerisch-literarischem Umfeld als Miniaturen radierte. Die eindrucksvolle Nähe zwischen dem mir seit seinen literarischen Anfängen vertrauten Dichter W. G. Sebald und Jan Peter Tripp, diese Nähe sowohl im Geographischen, mehr noch im Geistigen wie Künstlerischen, wurde mir erst spät bewusst in diesen wechselseitig einander zugeordneten Bild- und Wortschöpfungen. Als sich abzeichnete, für die „Scheidewege" könnte ein Beitrag[28] mit Bildern von Jan Peter Tripp entstehen, schien dies ein glückhafter Moment für die Jahresschrift wie für meine Graphiksammlung. Und schließlich kam es jüngst zu einem Portrait, das mich im Umfeld der Schicksalsanalyse mit einer Fotoserie aus dem Szondi-Test zeigt[29], gleichsam Erfüllung eines lange gehegten Wunsches.

5. Rückblicke und Ausblicke auf Kunst und Sammlung

Wenn das, was im Laufe der Jahrzehnte gesammelt wurde, umfangreicher hätte vorgestellt werden sollen, so wären noch eine Vielzahl an Namen und Werken zu nennen gewesen, aber bevorzugt ging es ja um diejenigen Künstler, mit denen sich persönliche Begegnungen, Verbundenheiten und Freundschaften ergaben. Bedauerlich bleibt zum Beispiel, dass ich den Maler und Radierer *Walter Stöhrer* nicht näher kennengelernt habe, abgesehen von ein, zwei flüchtigen Treffen anlässlich von Ausstellungseröffnungen. Seine Radierungen wie auch seine Malerei zeigen im Wesentlichen rein abstrakte Chiffren und Zeichen, ab und an in Umrissen menschliche Figuren, „Aber vor allem Flügel, Zähne, Klauen" – so der Titel einer Radierfolge. Mit dem Begriff „intrapsychischer Realismus" wurde gelegentlich versucht die Arbeiten zu deuten und zu verorten, ein für mich überzeugendes Wort, ob von ihm selbst oder von Dritten geprägt. Eine Mappe mit frühen Farbradierungen, von denen es im graphischen Werk nicht allzu viele gibt, „Der Kopf des Vitus Bering" benannt, angeregt durch Konrad Bayers gleichnamiges Prosastück, scheint mir tatsächlich so etwas wie einen intrapsychischen Realismus zu zeigen, sowohl in der abstrakten Gestalt des Vitus Bering wie im Schaffen des Künstlers. Als ob der Schädel gespalten, als ob Zeichen von Krämpfen und Paroxysmen im Kopf des Trunksüchtigen und Epileptikers Bering zu erkennen, dieses innerpsychische Geschehen zum Ausdruck gebracht, auf abstrakte Weise sichtbar gemacht zu haben, hat mich die Metapher vom intrapsychischen Realismus verstehen lassen. Neben allerlei Einzelblättern wie auch mehreren Mappenwerken faszinierten mich ebenso die von Stöhrer gestalteten Künstlerbücher, vornean „Empedokles aus Agrigent. Fragmente über die Natur", ein großformatiges Werk in geringer Auflage mit 18 eingedruckten Radierungen in Zusammenarbeit mit einem passionierten Buchgestalter entstanden, der Einband in Rohleinen von Stöhrer individuell bemalt, betitelt und signiert. Insgesamt ist in meiner Sammlung eine weit in die hundert gehende Zahl an Arbeiten zusammengekommen, und doch nur ein begrenzter Ausschnitt aus dem Radierwerk Walter Stöhrers.

Ähnlich großen Raum in der Sammlung nehmen die Arbeiten von *Eberhard Schlotter* ein, vielleicht durch seine Freundschaft und manch gemeinsamer Edition mit Arno Schmidt auch in literarischen Kreisen bekannt. Schlotters Themen kommen meist aus der Literatur, haben in gewissem Sinne illustrativen Charakter, ohne jedoch das Erzählte lediglich zu visualisieren oder inhaltlich zu paraphrasieren. Es entstehen eigenständige Bilderwelten, die den Texten gleichrangig gegenüberstehen, eine verfremdende, tief- und hintergründige Atmosphäre schaffend, Literatur und Kunst sich gegenseitig steigernd. Eher losgelöst von literarischen Vorlagen zeigt ein Radierzyklus zum Thema „Kolumbus. Die Tragödie des Menschen" neben Szenen aus der Eroberungsgeschichte der Neuen Welt zeitlos anthropologische Situationen, getragen von einer eher pessimistischen Grundstimmung, darin Arno Schmidts Welt- und Menschenbild verwandt.

In eine wesentlich heiterere Welt hingegen führen die Arbeiten von *Pit Morell* mit märchenhaften Szenen, angesiedelt in Traum- und Phantasielandschaften, teils naiv-verspielt, teils surreal-hintergründig, ohne bestimmte Weltsichten zu vermitteln, und doch keine schlichten Märchenbilder, die in herkömmlichen Kinderbüchern Platz finden könnten, eine untergründige, tiefenpsychologische Schicht in den Darstellungen steht dem entgegen. Pit Morell stand ganz am Anfang meines

Sammelns, bedauerlich, dass gegen Ende der 70er-Jahre keine neuen Radierungen mehr entstanden bzw. mir untergekommen sind, geschätzt habe ich ihn stets.

Der Grafik-Boom jener Jahre brachte noch so mancherlei Arbeiten unterschiedlichster Art in die Sammlung, dabei auch Blätter, die einer Pop- und Op-art zugerechnet werden könnten, Kunstrichtungen, die mir eher weniger gelegen, aber im Einzelnen doch gefallen mochten. Wie lange genau dieser Graphikmarkt in Blüte stand, wann der Höhepunkt überschritten, soll offen bleiben; vermutlich setzte der Umschwung zu Beginn der 80er-Jahre ein, nachdem die Auflagenhöhen einzelner Blätter zum Teil exorbitante Ausmaße angenommen hatten und Grafiken in 10.000er-Auflagen in den Handel kamen.

Wie schon einmal angeführt, Aspekte einer Wertsteigerung oder sonstige spekulativen Überlegungen blieben mir fremd in der Auswahl dessen, was wichtig schien zu erwerben. Natürlich bestimmten die finanziellen Möglichkeiten letztlich darüber, was überhaupt in Betracht kommen konnte. Es hat eine Zeitlang gedauert, bis ich den Unterschied zwischen Kunst und Kunstmarkt in seiner ganzen Tragweite begriff und erkennen konnte, dass diese beiden Bereiche überhaupt nichts miteinander zu tun haben müssen. Was Kunst ist, was Kunst wert ist, dafür gibt es keine objektiven Kriterien. Wie im Kunsthandel Kunst in Geldwert übersetzt und umgerechnet wird, das bestimme „der Markt“, so die einfache Erklärung, ohne anzugeben, wer und was das ist, „der Markt“. Wenn sich in den letzten Jahrzehnten der Kunstmarkt mehr und mehr kommerzialisierte und seit langem auf Auktionen Bilder der klassischen Moderne wie auch der Gegenwart hohe zweistellige Millionenbeträge erzielen, dann bleiben schon Fragen zurück, wie sich solche Summen erklären lassen, ob in solchen „Wahnsinnspreisen“ nicht tatsächlich etwas von Wahn und Irrsinn zum Ausdruck kommt.

Dass solche Beträge immer wieder Fälscher auf den Plan rufen, um daran mitzuverdienen, bleibt nur allzu verständlich. Als vor kurzem wieder einmal Fälschungen in großem Stil aufgekommen sind, haben sich dabei auch renommierte Gutachter diskreditiert mit ihren zuvor gegen teures Geld erstellten „Echtheitszertifikaten". In einem Interview mit dem „Jahrhundertfälscher" Beltracci wird ihm vorgehalten: „Es gibt Kunstkritiker, die Ihre Fälschungen zur Konzeptkunst erklären, weil Sie damit die Absurditäten des Kunstmarkts thematisieren". Aus der Antwort: „Leute, ich verarsche euch jetzt. Und die Leute machen mit. (…) Müssten Sie sich denn nicht fragen, wie es sein kann, dass Gerhard Richter sich selbst öffentlich darüber mokiert, dass ein Bild zwölf Millionen Euro kostet? Der Markt ist bereit, diese Summen zu zahlen." Weitere Frage: „Aber wann ist etwas Kunst?" Antwort: „Für den Zyniker definiert sich Kunst über Geld. Das ist natürlich eine ganz traurige Aussage. (…) Lesen Sie mal ein Buch von Beuys. Dann wissen Sie überhaupt nicht mehr, was Kunst ist."[30]

Natürlich gibt es in meiner Graphiksammlung keine Arbeiten von Gerhard Richter. Dass er heute der bedeutendste, größte deutsche Künstler sein soll, wie nicht selten zu hören, das ist für mich nicht nachzuvollziehen – evtl. nur deshalb, weil er zu den am teuersten gehandelten zählt? Carl Laszlo hatte 1962 in einer Sondernummer seiner Panderma-Zeitschrift[31] auf der Titelseite zweisprachig verkündet: „Schröder-Sonnenstern – Der grösste in Deutschland lebende Maler" / „Le plus grand peintre vivant en Allemagne". War das etwa falsch? Mir scheint diese Behauptung mindestens so richtig wie die, dass es heute Gerhard Richter sein soll oder etliche andere der gegenwärtig hoch Gehandelten. Die in meiner Sammlung vertretenen Künstler sind für mich zwar nicht „die größten" – eine Kategorie, die nur Sinn machen würde, wenn es einen Maßstab gäbe – aber es sind Arbeiten, die für mich Kunst bedeuten, auch in dem Sinne wie Grützke sagt „Kunst ist nicht modern, sondern immer!"[32] Ich habe mich kaum je einmal getäuscht in dem, was an Graphik in meiner Sammlung Platz gefunden hat, vielleicht so selten wie in Freunden und Freundschaften.

Noch geht das Sammeln ungebrochen weiter, vielleicht wählerischer als vor Jahren; neue Namen zeichnen sich ab, zu früh um welche zu nennen. Ein triviales Problem kommt zunehmend in den Blick, die Crux, die alle Sammler kennen: Zunächst reichen ein Regal, ein Kasten, ein Schrank, ein Zimmer, die Wohnung und endlich wird auch ein großes Haus zu klein – noch ist es nicht ganz so weit.

VIII. Beruf, Familie, Freunde – eine Trias

1. Von der Pädagogik zur Erziehungswissenschaft

In den Jahren meines Studiums ab 1960 und der späteren Hochschullehrertätigkeit seit 1972 bis über das Jahr 2000 hinaus hat das Fach Pädagogik als universitäre Disziplin vielfältige Wandlungen erfahren, eigentlich selbstverständlich, denn in keiner Wissenschaft, in keiner akademischen Fachrichtung gibt es über Jahrzehnte hinweg Beständigkeit, weder in den Forschungsgebieten noch in den Methoden, weder in der Theoriebildung noch in den Praxisfeldern. Dass Entwicklungen der Forschung mitunter auch in Sackgassen und auf Irrwege führen oder sich als bloße, unfruchtbare Moden erweisen, auch das gehört zum Wissenschaftsbetrieb. Der Geschichte der Pädagogik im Laufe der zweiten Hälfte des 20. Jahrhunderts bis heute nachzugehen, kann hier nicht Aufgabe sein, nur gerade mal ein paar Streiflichter sollen auf einige markante Veränderungen hinweisen, so wie ich sie im Zusammenhang der Lehrerausbildung erfahren habe. Da stand noch bis zu Anfang der 60er-Jahre die sogenannte geisteswissenschaftliche Pädagogik mit den ihr eigenen hermeneutischen Verfahren im Vordergrund, anknüpfend an Wilhelm Dilthey wie auch an reformpädagogische Impulse vor und während der Weimarer Zeit. Die maßgeblichen Namen, auf die man sich bezog, lauteten etwa Nohl, Litt, Spranger, Flitner, Weniger, auf Schule und Unterricht gewendet, Kerschensteiner, Gaudig, Petersen, Montessori; ebenso hatte die Geschichte der Pädagogik von Comenius über Rousseau, Pestalozzi, Fröbel bis hin zu den Reformpädagogen ihren festen Platz.

Ein gewisses Unbehagen gegenüber diesem Verständnis von wissenschaftlicher Pädagogik war zumindest latent vorhanden, aktuelle pädagogische Probleme schienen in solcher Theorie und Praxis eher randständig zu bleiben, auch die methodischen Ansätze unzureichend. In eben diesen Jahren kam es denn zu jener so genannten „realistischen Wende“ in der pädagogischen Forschung, verbunden mit einer Hinwendung zu empirischen Verfahren wie zuvor schon in den Nachbardisziplinen Psychologie und Soziologie. Untersuchungen quantitativer, statistischer Art traten in den Blickpunkt pädagogischer Arbeiten. So wurde, um ein Beispiel zu nennen, die Praxis der schulischen Zensuren- und Zeugnisgebung unter die Lupe genommen, wobei sich herausstellte, dass es um Objektivität und Gültigkeit dieser Ziffernnoten nicht zum Besten bestellt ist, dass ebenso die aufkommenden „Numerus clausus"- Berechnungen für die Studienzulassungen an Hochschulen eher unter willkürlichen, denn sachlichen Gesichtspunkten erfolgten. Auch Untersuchungen über Ausleseverfahren für weiterführende Schulen bzw. die Selektion der Schüler in einem bestimmten Lebensalter auf die einzelnen Schularten des dreigliederigen Schulsystems förderten ein erhebliches Maß an Fragwürdigkeiten zu Tage. Jedoch, diese empirisch gewonnenen Ergebnisse bewirkten und bewirken in der gesellschaftlich-politischen Landschaft offensichtlich nur wenig bis nichts, im Gegenteil, Jahrzehnte später, im Gefolge von „Pisa" mit den Schulleistungsuntersuchungen und Bildungsstandards kommt gerade dem messbaren Erfolg eine entscheidende Bedeutung zu – dass Pädagogik, dass Bildung und Erziehung sich nicht nur im Messbaren erschöpfen, hier scheinen „blinde Flecken" unverändert geblieben.

Vielleicht wirksamer im Hinblick auf gesellschaftliche Veränderungen erwiesen sich Ergebnisse der Sozialisations- und Bildungsforschung. So wurden in vielerlei Erhebungen schichtenspezifische Erziehungsstile, unterschiedliche Sprachcodes und weitere Daten mangelnder Chancengleichheit dokumentiert, sowohl aus der sich im Aufschwung befindlichen Sozialpädagogik der politisch bestimmten 68er-Jahre wie auch aus liberal-bürgerlichen Kreisen, die sich einer Bildungs-, Schul- und Hochschulreform widmeten. Von der „Deutschen Bildungskatastrophe"[1] war die Rede, von „Bildung ist Bürgerrecht"[2], ausgehend von dem schlichten Tatbestand, dass kaum mehr als fünf Prozent eines Geburtenjahrgangs die Hochschulreife erlangten. Die Benachteiligten dieser Situation wurden, ein wenig karikierend und doch treffend, auf den Nenner des „katholischen Arbeitermädchens vom Lande“ gebracht, wobei jedes einzelne der Wörter die ursächliche Misere benennen sollte. Im Verlaufe der Jahrzehnte haben sich hier jedoch die Verhältnisse durchgängig und entscheidend verbessert. Dass Kinder aus sozial benachteiligten Schichten sich immer noch schwerer tun, schulisch und beruflich zu reüssieren, dies wird sich wohl nie völlig beseitigen lassen, wobei zu den wirklichen Verlierern heute vorwiegend Kinder und Jugendliche mit Migrationshintergrund zählen.

Ein weiterer Ansatz, der auf Bildungsreform und erziehungswissenschaftliche Forschung abzielte, wurde in einer „Revision des Curriculum“[3] gesehen, ein in der schulpädagogischen Diskussion rasch sich ausbreitender Terminus, ohne genau erinnerlich, wann und wo er zuerst aufgekommen. Jedenfalls entstand eine Curriculumforschung sui generis, in Vielem eine Art intellektueller Glasperlenspielerei, weit abgehoben von schulischer und unterrichtlicher Realität, wenn etwa über „Dissemination, Implementation und Evaluation neuer Curricula“ geschrieben wurde, so in einem „Curriculum-Handbuch“[4] in drei Bänden mit über 2000 Seiten Umfang, das versuchte den Stand dieser Forschung zusammenzufassen. Unmittelbar mit dessen Erscheinen 1975 wurde bereits angemerkt, dass es sich bei dem vielen Papier um Makulatur handle, oder wie in einer anderen Rezension formuliert, „Der einzige Trost, den man bei der Lektüre solcher Luftschlösser hat, liegt in der Gewißheit, daß sie keinen Bestand haben können.“[5] Eigentlich bedurfte es keiner besonderen Hellsichtigkeit dies zu erkennen, trotzdem hatte man sich immer wieder damit auseinanderzusetzen, wobei ich mir so manche Lektüre dieser Art ersparte, nur auf dem Gebiet des Sachunterrichts der Grundschule kam man nicht umhin, sich mit den verschiedenen auf den Markt gekommenen Curricula in Theorie und Praxis zu befassen, was später noch etwas näher ausgeführt werden soll.

Die Ende der 60er-, Anfang der 70er-Jahre aufkommende „Kritisch-emanzipatorische Erziehungswissenschaft“, beeinflusst durch Entwicklungen in Politik, Soziologie, auch Philosophie, und in die Pädagogik eingegangen im Gefolge von gesellschaftlichen Veränderungen etwa durch die Studentenbewegung, einer generellen Kapitalismuskritik oder sonstigen systemkritischen Tendenzen der Zeit, dieser wissenschaftstheoretische Ansatz hat auf die schulpädagogische Theorie und Praxis, im Gegensatz etwa zur Sozialpädagogik, eher weniger Einfluss ausgeübt. Veränderungen, insbesondere in der Primarstufe, ergaben sich kaum aus neuen erziehungswissenschaftlichen Ansätzen, kamen vielmehr von „unten", gingen von der Basis aus, der Arbeit von engagierten Grundschullehrerinnen, begleitet von einzelnen Grundschuldidaktikern, indem methodisch, nicht ideologisch, an reformpädagogische Traditionen wie Offener Unterricht und selbsttätiges Lernen, an Wochenplan- und Freiarbeit, an handlungs- und projektorientiertes Lernen, an „Lernen vor Ort" und weiterer dieser Lehr- und Lernformen angeknüpft wurde, dabei die theoretischen Implikationen durchaus unter kritisch-emanzipatorischen Aspekten reflektierend.

Auch hier hat sich die „Pädagogik" in gewisser Weise zur „Erziehungswissenschaft" gewandelt, wie in obiger Kapitelüberschrift anklingen sollte, entsprechend einem Buchtitel[6], der die so streitbar geführten akademischen Auseinandersetzungen dieser Jahre auf eben jene griffige Formel „Von der Pädagogik zur Erziehungswissenschaft" brachte. Die damaligen Diskussionen müssen hier nicht nachgezeichnet werden, auch mag offen bleiben, was mit diesem „Wortwechsel" möglicherweise gewonnen und was verlorengegangen. In genau diese Zeit, 1972, fällt – eine scheinbare Nebensächlichkeit und doch etwas mehr – die Umbenennung des „Pädagogischen Seminars" der Universität Tübingen in „Institut für Erziehungswissenschaft", womit sich bereits im Namen die Loslösung der Pädagogik von den Geisteswissenschaften zeigt, verbunden mit dem neuen Selbstverständnis, nunmehr den empirischen Sozialwissenschaften zuzugehören. Das bedeutet aber nicht zwangsläufig, dass damit eine radikale Abkehr von geisteswissenschaftlichen Traditionen gemeint war, ein Entweder – Oder, sondern durchaus bewusst bleiben konnte, dass Empirie auf interpretative Verfahren, wie umgekehrt hermeneutisches Vorgehen auf empirisch gewonnene Daten angewiesen sind – jedenfalls aber ist es mit dieser Akzentverlagerung zu einem veränderten Verständnis in Pädagogik und Erziehungswissenschaft gekommen.

Der Wandel kam nicht überraschend, wurde bald auch bundesweit zum Standard innerhalb der akademischen Disziplin mit neugeschaffenen Diplomstudiengängen. Da ich von 1969 bis 1972 eine Assistentenstelle am Pädagogischen Seminar in Tübingen innehatte, worüber bereits in einem vorausgegangenen Kapitel berichtet[7], habe ich diese Veränderungen sozusagen hautnah erlebt, bin mitten in diesen teilweise heftigen Auseinandersetzungen gestanden. Wie schon angedeutet, waren Allgemeine Pädagogik, ebenso Schulpädagogik weit weniger betroffen als die sich etablierende Sozialpädagogik, die maßgeblich an diesem neuen Selbstverständnis von Pädagogik mitwirkte. So gerne ich den Aufgaben, die mit meiner Stelle verbunden waren, nachkam, die zudem genügend Raum ließ, die Dissertation abzuschließen, so empfand ich es doch glückhaft, als sich ein Wechsel auf eine Dozentur an einer Pädagogischen Hochschule ergab, und dies nicht nur, weil Assistentenstellen immer schon zeitlich befristet waren, auch weil mehr und mehr spürbar wurde, dass nach diesen drei, letztlich doch als verlängertes Studium empfundenen Jahren, ein neuer Berufs- und Lebensabschnitt zu beginnen hatte.

2. Drei Jahrzehnte Lehrerbildung an Pädagogischen Hochschulen

In den späten 60er- und frühen 70er-Jahren erlebten Schul- und Bildungswesen nach Jahrzehnten des Stillstandes bundesweit einen ungeahnten Aufschwung. Vom Kindergarten über Vorschule, Primar- und Sekundarstufe bis zur Hochschule, alle Bildungsinstitutionen standen in der Reformdiskussion. Bildungspolitik genoss weithin Priorität, im föderalistischen System der Bundesrepublik zwar in den einzelnen Ländern unterschiedlich akzentuiert, bei gewissen Reizthemen, wie der Schaffung von Gesamtschulen, parteipolitisch heftig zerstritten. In einem „Strukturplan für das Bildungswesen“[8], erarbeitet von der Bildungskommission des Deutschen Bildungsrates, somit unter Einbeziehung von Regierungsvertretern der Länder, wurden, gemäß dem Titel, die grundlegenden Strukturen für das Bildungswesen zukunftsweisend erarbeitet und verabschiedet und auch von der Kultusministerkonferenz politisch mitgetragen. Dieser Strukturplan stellte so etwas wie ein bildungspolitisches Konsensusdokument dar, von dem man glauben konnte, dass ihm auf lange Sicht Gültigkeit zukäme. Warum dieser Konsens nur kurzlebig war, wieso diese Reformansätze missrieten, bleibt ein Thema für sich; Andreas Flitner ist unter dem bezeichnenden Titel „Mißratener Fortschritt“[9] der Bildungspolitik jener Jahre nachgegangen.

Wie auch immer diese Bildungseuphorie aufbrach und rasch wieder verflog, sie brachte mit sich, dass die Lehrerausbildung intensiviert wurde; zunächst rein zahlenmäßig war nun der Bedarf an mehr Lehrern gegeben, aber auch qualitativ sollte die Ausbildung höheren Ansprüchen genügen. Die meisten Bundesländer integrierten ihre bestehenden Pädagogischen Hochschulen, zuständig in der Regel für die Ausbildung von Grund-, Haupt- und Realschullehrern, in Universitäten und Gesamthochschulen, um für Lehrer *aller* Schularten ein vollgültiges, wissenschaftliches Studium zu gewährleisten. Baden-Württemberg, als schließlich einzigem Bundesland, verblieb bei den Pädagogischen Hochschulen, die sich lange um eine Gleichstellung mit den Universitäten mühen mussten, welche sie nach und nach auch erlangten. Dieser Sonderweg wurde oftmals als Benachteiligung beklagt, im Nachhinein könnten eher Vorteile gesehen werden gegenüber einer Eingliederung in den Massenbetrieb der Universitäten. Jedenfalls, auch in Baden-Württemberg kam es zu einer Erweiterung der räumlichen und personellen Kapazitäten sowie der institutionellen Ausstattung und damit zu einer Verbesserung der wissenschaftlichen Rahmenbedingungen. Dass die Expansion der Lehrerausbildung just zu dem Zeitpunkt stattfand, als ich Studium und Assistententätigkeit abgeschlossen hatte und mich auf dem Absprung auf eine Dozentur an eben eine jener Pädagogischen Hochschulen befand, dies ist der Gunst der Stunde zu verdanken. Einige Jahre früher oder, noch fataler, später in derselben Situation, der Weg in die Hochschullaufbahn wäre möglicherweise versperrt geblieben.

Stellenausschreibungen gab es gar nicht so wenige, doch mit Bewerbungen war ich relativ zögerlich. Skrupel, ob man ein Fach in seiner ganzen Breite würde vertreten können, ob man den wissenschaftlichen Anforderungen gewachsen wäre, ebenso den Erwartungen der Studierenden, oder wie man einem erfahrenen Kollegium gegenüber bestehen könne, das blieben Fragen, die sich nicht so leicht übergehen ließen, die paralysierend wirken und phobische Reaktionen auslösen konnten, womit ich in dieser Zeit ohnehin zu tun hatte. Einige der Bewerbungsversuche schlugen denn auch fehl, einmal auf eine Stelle für Allgemeine Pädagogik, einmal für Sonderpädagogik/Verhaltengestörtenpädagogik. Ausgerechnet auf einer Stelle für Schulpädagogik mit Schwerpunkt Grundschuldidaktik bin ich dann angekommen, immerhin an der Pädagogischen Hochschule in Reutlingen, wo wenigstens keine Orts- und sonstige familiären Veränderungen anstanden. Indessen, wenn man sich auf Anlage-Umwelt-Themen, auf pädagogische Anthropologie, auf Pädagogik des Jugendalters, auf psychoanalytische Pädagogik, auf Erziehung schwieriger Kinder, auf Kinder- und Jugendliteratur eingestellt hatte, so war diese Berufung nicht unbedingt die erwünschte.

Was mich dann aber doch für diese Dozentur einnehmen konnte, das war der große Bereich des Sachunterrichts, der im Rahmen der Grundschuldidaktik seinen legitimen Ort hatte. Dabei handelte es sich um ein recht vages Terrain, in der Praxis – immer bezogen auf die Situation in Baden-Württemberg – dominierte an den Schulen noch die alte Heimatkunde und an der Hochschule fehlte ein entsprechendes Studien- und Prüfungsfach. Themen des Sachunterrichts blieben randständig, meist beliebig und stiefmütterlich angehängt an einzelne Fachdidaktiken. Der Wandel von der Heimatkunde zum Sachunterricht hatte naturgemäß vielerlei Ursachen; einer der auslösenden Momente war der sogenannte „Sputnik-Schock" des Jahres 1957, als es der Sowjetunion gelang, den ersten Satelliten in die Erdumlaufbahn zu bringen, in den Zeiten des Kalten Krieges für die USA eine höchst alarmierende Niederlage in der wissenschaftlich-technischen Vormachtstellung. Vom Vorschulalter bis in den Hochschulbereich sollte alles versucht werden, die Defizite aufzuholen. So entstanden curriculare Programme zur Grundlegung und Förderung wissenschaftlichen Denkens und Arbeitens bereits für die Grundschule, die mit einiger Verspätung auch in Deutschland ankamen. Dabei ging es um fundamentale Grundstrukturen der (Natur-)Wissenschaft, die von der Grundschule bis zur Hochschule spiralförmig auf jeweils höherem Niveau wiederkehren sollten, um so Lern- und Bildungsprozesse basal zu verankern und zu sichern.

Als Beispiel eines solch strukturorientierten Curriculum sei die Unterrichtseinheit für das 2. Schuljahr „Wechselwirkungen und ihre Partner"[10] angeführt, in der Themen nebeneinander stehen wie zum Beispiel: Glasmurmeln erhitzen und wieder abkühlen; Rotkohlsaft verfärben, einmal mit Spülmittel, einmal mit Essig; Hebelwirkungen auf der Wippe; Magnetwirkungen am Kompass; elektrostatische Wirkungen am Plastikkleiderbügel; Tauziehen auf Rollschuhen usw., stets handelt es sich strukturell um Wechselwirkungen, für das Kind jedoch um ganz unterschiedliche, willkürlich aneinandergereihte Inhalte, die keinen Zusammenhang erkennen lassen. Und zur selben Zeit fand noch traditionelle Heimatkunde statt, wo Themen wie seit alters lauten konnten: „Der Herr Wind", „Wie der Herbst den Vögeln den Tisch deckt", „Wie unser Brief reist", „Liese hilft der Mutter beim Spülen", „Das schlafende Feuer (Zündholz)", „Die beiden Fensterlein (Das Auge)" usw., Themen[11], zwar aus Alltag und Umwelt der Kinder, aber auf anthropomorphisierende, kinder- und heimattümelnde Weise in nicht mehr zeitgemäßer Form geboten, selten auch nur in Ansätzen wissenschaftsorientiert oder kritisch reflektiert. In diesem Spannungsfeld zwischen reformbedürftiger Tradition und überzogener Wissenschaftlichkeit, zwischen heimatlicher Nähe und moderner Weltoffenheit, zwischen Kind und Sache, in dieser Gegensätzlichkeit Ziele, Inhalte und Methoden für eine angemessene Grundschularbeit zu finden, dies blieb eine Herausforderung, die zwar nicht immer befriedigende Lösungen erbrachte, die aber in der Erarbeitung, im Diskurs mit den Studierenden zu fruchtbaren Momenten führte, wichtiger und spannender als Ergebnisse kanonisierter Lernpsychologie und Allgemeiner Didaktik zu vermitteln, was zwar ebenfalls zu den Aufgaben gehörte, jedoch eher zu den undankbaren.

In dem weiten, wenig festgelegten Feld des Sachunterrichts galt es aber auch konkrete Themenstellungen zu bearbeiten, die nebenbei zu Publikationen führen sollten. Im Argen lag damals, wie heute immer noch, der Bereich Verkehrserziehung, dem ich mich zunächst widmete. Die Zahl der Verkehrstoten belief sich bei einem Höchststand im Jahre 1970 auf etwa 19.000, eine Zahl, so wurde angeführt, die den Toten im Vietnamkrieg im selben Jahr gleichkam, dabei nur die gefallenen US-Soldaten gezählt. Der Anlass war gegeben, bereits im Grundschulalter das Thema Verkehr aufzugreifen, wiewohl lernpsychologisch eher als Anpassungspädagogik zu betrachten. Eine Empfehlung der Kultusministerkonferenz von 1972[12] führte eigens aus, dass es bei der Verkehrserziehung auf ein „kritisches Verständnis des Verkehrsablaufs", auf ein „Mitwirken an der Verbesserung der Verkehrsverhältnisse" und auf eine „humane Gestaltung des Verkehrs" ankomme, insgesamt also weit mehr als bloße Anpassung. Es war jedoch nicht zu übersehen, dass es sich bei diesen Formulierungen um vollmundige Worte handelte, in Wirklichkeit aber letztlich doch nicht der Verkehr an das Kind, sondern das Kind an den Verkehr anzupassen ist. Zusammen mit einem Kollegen kam es zu zwei Veröffentlichungen[13] zum Thema, wobei u. a. versucht wurde, das Verkehrsgeschehen unter literarischen, letztlich auch philosophischen Aspekten zu reflektieren, ein vorweggenommener didaktischer Ansatz, gelegentlich als „Kinderphilosophie" bezeichnet, mit der ich mich später eigens befasste.

Einen weiteren thematischen Schwerpunkt, sowohl aktuell wie grundlegend dem Sachunterricht zuzuzählen, lag auf dem Gebiet der Geschlechtserziehung. Gesamtgesellschaftliche Wandlungen in der Einstellung gegenüber Sexualität und Sexualmoral, ohne deren Ursachen nachzugehen oder zu bewerten, forderten auch die Schule heraus, diesen gesellschaftlich wie individuell so relevanten Lebensbereich nicht länger zu übergehen. Das Kind galt der „alten" Heimatkunde, und nicht nur ihr, als geschlechtliches Neutrum, peinlichst bemüht sexuelle Themen zu vermeiden, wobei doch hätte bekannt sein können, wie so wenig zutreffend eine solche Auffassung. Sigmund Freud hatte einst drastisch formuliert: „Es ist gewiß nicht so, daß der Sexualtrieb zur Pubertätszeit in die Kinder fährt, wie im Evangelium der Teufel in die Säue"[14]. Dennoch, es bedurfte der „68er-Generation", um Tabus aufzubrechen, um dabei zugleich einem anderen Extrem, der „repressiven Entsublimierung", zu verfallen, wie die Schlagworte damals lauteten. Paradigmatisch ist eine Art Aufklärungsbuch mit dem Titel „Sexfront"[15] anzuführen, das sexuelle Themen vulgärsprachlich aufgriff, wie sie für Kinder und Jugendliche von Interesse sein mochten, ähnlich der Konzeption des Jugendmagazins „Bravo". Wo zuvor noch, wenn auch noch so latent, das Walter-Flex-Wort vom „Rein bleiben und reif werden" gelten sollte – das „Rein bleiben" zu verstehen als Negation und Verdrängung des Geschlechtlichen –, da ging es jetzt um eine Bejahung der Sexualität.

In dieser Polarität didaktisch-methodisch eine Geschlechtererziehung zu verorten, kam einer Quadratur des Zirkels gleich, wobei sich gelegentlich Ansätze fanden, die in die richtige Richtung wiesen, wenn etwa eine Unterrichtseinheit für Grundschüler mit dem Thema „Peters Opa ist gestorben" einsetzte, dabei die Verbindung von Geburt und Tod ansprach, in anthropologisch-philosophischem Sinne auf die untrennbare Zusammengehörigkeit von Eros und Thanatos verwies. Auch erschien ein pädagogisch vielversprechender Beitrag unter dem Titel „Erziehung zur Liebesfähigkeit"[16], der jedoch nur bedingt einlösen konnte, was er vorgab. Im Wesentlichen beschränkte ich mich auf eine Geschlechteranthropologie, ohne inhaltlichen Fragen oder einer Methoden- und Mediendiskussion auszuweichen. Nach einer gewissen Zeit war denn auch der Zenit des Interesses an Sexualpädagogik überschritten, was nicht bedeutet, das Thema hätte sich erübrigt, jedoch traten andere Themen in den Vordergrund.

Andere Themen, das waren Natur- und Umwelterziehung, gelegentlich auch Ökopädagogik genannt, aufgekommen im Zusammenhang verschiedener Umweltkrisen und ökologischer Bewegungen. In der traditionellen Heimatkunde der Weimarer Zeit waren Natur- und Heimatschutz die Stichworte, die lehrplanmäßig Berücksichtigung fanden, zum Teil unterschwellig Blut-und-Boden-Ideologien nahe, nunmehr aber ging es um ein kritisches Umweltbewusstsein mit gesellschaftspolitischen Konsequenzen für einen neuen, anderen Umgang mit Natur und Umwelt angesichts der „Grenzen des Wachstums“, so 1972 vom Club of Rome zur Lage der Menschheit auf den Punkt gebracht. Ich habe diese Thematik breit aufgegriffen, zum einen, weil mir Naturbewusstsein und Naturerleben im Gefolge der Jugendbewegung so sehr vertraut und wichtig waren, als dass sie übergangen werden könnten; zum anderen, weil ich von der Biologie herkam und die entsprechenden Kenntnisse zumindest über die heimische Fauna und Flora mitbrachte, die vielfältig in Gefahr waren Schaden zu nehmen; und schließlich aus der Vertrautheit mit der geistesgeschichtlichen Entwicklung seit Beginn der Neuzeit, an deren Ende ein materialistisches, reduktionistisches, positivistisches Weltbild die Vorherrschaft angetreten hat und bis heute dominiert. In den „Scheidewegen“ standen diese Themen seit ihrem ersten Erscheinen im Mittelpunkt. Als ein Ergebnis dieser Beschäftigung ist ein „Lesebuch“ entstanden „Verlassene Wege zur Natur. Impulse für eine Neubesinnung“[17], zu dem ich zwei Beiträge verfasste und im übrigen ganz unterschiedliche, auch entlegene philosophische und literarische Stücke beibrachte und zu einer Gesamtkonzeption fügte, der auch im Abstand zweier Jahrzehnte noch unverändert Gültigkeit zukommen kann – erschienen ist der Band 1992 in der „Grauen Edition“.

In der praktischen Arbeit mit Studierenden ergaben sich unterschiedliche Projektvorhaben, nachdem 1979 eine neue Prüfungsordnung in Kraft trat, die den Sachunterricht endlich als eigenes Studien- und Prüfungsfach auswies. Zu solchen Projekten gehörten zum Beispiel das Anlegen von Schulgärten in Zusammenarbeit mit verschiedenen Ausbildungsschulen, darüber hinaus auch Übungen zu einer elementaren Sinneserziehung und ästhetischen Bildung in Anlehnung an Hugo Kükelhaus' „Entfaltung der Sinne“[18]. Sinnliche Erfahrungen im Zusammenspiel mit kognitiven Prozessen sollten zu einem umfassenden Verstehen von Welt und Umwelt führen. „Verstehen lehren“[19], dieses Grundanliegen der Pädagogik Martin Wagenscheins konnte, mehr noch als in anderen Fächern, insbesondere an Themen des Sachunterrichts umgesetzt und als „exemplarisches Lernen“ eingelöst werden.

Von Wagenschein ergab sich auch ein Weg zu Maria Montessoris „Kosmischer Erziehung“[20], die zwar schwer zugänglich, aber doch anregend genug schien, um den Sachunterricht zu bereichern. Sie fügte sich geradezu zwanglos in das weite Feld des „Philosophierens mit Kindern“, seit bald mehr als zwei Jahrzehnten im pädagogischen Diskurs, zwar nicht unumstritten, aber doch zu neuen didaktischen und methodischen Impulsen führend, wie ich in einem mir wichtigen Beitrag[21] ausgeführt habe. In diesem „Philosophieren“ können nicht zuletzt Fragen der Kinder aufgegriffen werden jenseits aller Lehrpläne, Fragen auf die es und für die es keine eindeutigen Antworten und Lösungen gibt. Nicht eine feststehende Welt ist zu zeigen und zu vermitteln, vielmehr sind *Bilder der Welt* in ihrer Aspekthaftigkeit vor Augen zu führen, um Welt und *Weltbilder* erst entstehen und bewusst werden zu lassen. „Kinder zur Welt bringen“ – in einer Formulierung Schleiermachers, wie im Sinne sokratischer Hebammenkunst – so könnte die knappste Formel und zugleich die Aufgabe des Sachunterrichts, ja aller Pädagogik lauten. Was hier für Kinder des Grundschulalters gelten sollte, sollte mutatis mutandis auch an Hochschulen gelten können. Überflüssig anzumerken, dass mir die Vermittlung feststehender Fakten eher zweitrangig blieb, wobei ich mich durchaus einem Kanon pädagogischer Kenntnisse verpflichtet wusste.

Verschiedentlich kam es in diesen Jahrzehnten an der Hochschule zu gewissen Einschnitten, mal besonders schwerwiegenden, mal weniger belangvollen. Die Umwandlung des Dozentenstatus nach einigen Jahren in eine Professur blieb damals eher Formsache, eine Beförderungsangelegenheit, verbunden mit gewissen Dienstjahren und an einige Publikationen geknüpft. Gravierender blieb die Schließung der Pädagogischen Hochschule Reutlingen 1985, als es nach Jahren des Lehrermangels zu einer „Lehrerschwemme“ gekommen war und ein auch noch so gutes Examen die Studierenden allzu oft nicht in den angestrebten Lehrerberuf führte. Dass hier Ausbildungskapazitäten abgebaut werden sollten, war einzusehen, dass gerade die große und nachgefragte Hochschule in Reutlingen, neben zwei weiteren kleinen, von der Schließung betroffen war, dies blieb eine rein politische Entscheidung, für die es keine Sachargumente gab. Die Versetzung auf eine Stelle an der PH Ludwigsburg blieb ein Glücksfall für mich, da ich die dortigen Kollegen größtenteils kannte und auch ein ähnliches Verständnis und dieselben Strukturen der Organisation des Sachunterrichts antreffen konnte, sodass die Schließung für mich einigermaßen glimpflich ausging, im Gegensatz zu den vielen anderen Kollegen, die allermeist an die weiter entfernten, noch verbliebenen Hochschulen wechseln mussten. Bei einer Konzentration des Deputats auf zwei bis drei Tage in der Woche im Semester, konnte ein Umzug vermieden werden, war ein Pendeln zwischen Wohnort und Hochschule machbar, wenn auch nicht immer bequem.

Einen nicht minder bedeutsamen Einschnitt brachte eine um 2002 geplante neue Prüfungsordnung mit sich, in Kraft getreten 2003, die zur Abschaffung eines eigenständigen Studien- und Prüfungsfaches Sachunterricht führte, Sachunterricht wieder, wie in den Jahren vor 1979, zum beliebigen Anhängsel einzelner Fachdidaktiken werden ließ, studiert in gewissen „Kompetenzbereichen“ und „Modulen“, wie die neuen Studien- und Sprachregelungen lauteten im Zusammenhang der

Umsetzung von „Bologna-Beschlüssen“ – für mich der Zeitpunkt, allmählich an die Verabschiedung in den Ruhestand zu denken, neben noch so einigen weiteren Momenten, die darauf hindeuteten, dass die aktive Zeit an der Hochschule zu Ende gehen sollte. Mit Ablauf des Wintersemesters 2002/2003 war es dann so weit. Darüber wird noch zu berichten sein.

3. Familienkonstellationen, Familienschicksale

Wenn nach der Darstellung verschiedener Themen- und Lebensbereiche ziemlich spät erst auf die familiäre Situation zurückgekommen werden soll, dabei an die Eingangskapitel anknüpfend, so könnte es scheinen, dass dieser eigentlich doch bedeutsame Lebenskreis eher randständig und ohne besondere Bedeutung geblieben sein müsste. Dem ist jedoch nicht so, im Gegenteil, das Eingebundensein, die Einwurzelung in familiäre Beziehungen und Bindungen – verstanden als „enracinement“ in existenzphilosophischem Sinne (Simone Weil) – bildete so etwas wie den sicheren, tragenden Grund, von dem die Lebensgestaltung ihren Ausgang nehmen konnte. Eine eigene Familie zu gründen, setzte für mich unabdingbar voraus, dass die Studien- und berufliche Situation geklärt und abgeschlossen sein musste. Ich sah bei Kommilitonen, und später noch häufig genug unter Studierenden, die vielerlei sich ergebenden Schwierigkeiten, wenn neben den Anforderungen des Studiums zugleich auch familiäre Verpflichtungen zu bewältigen waren.

Mit dem Abschluss des Staatsexamens, zugleich Beginn der Assistententätigkeit, schien der Zeitpunkt gekommen, die Familiengründung zu verwirklichen, war ich doch seit den Studienjahren am Pädagogischen Institut mit einer Kommilitonin, zwischenzeitlich Lehrerin, in Verbindung, wenn zunächst auch recht locker und aus der Ferne und erst allmählich zu einer festen Freundschaft sich entwickelnd, so ergab sich ab einem bestimmten Moment, dass wir uns für ein gemeinsames Leben entscheiden wollten. Im Hause meiner Eltern wurde eine Wohnung frei, somit kamen der Heirat und der Gründung eines eigenen Hausstandes auch die äußeren Umstände entgegen. Unsere Kinder wurden Anfang und Mitte der 70er Jahre geboren, wir bildeten nun eine Art „Mehr-Generationen-Haus“, wie im neueren Sprachgebrauch die Rede, mit all den Vorzügen, etwa die Großeltern bei Bedarf zur Hilfe zu haben, und umgekehrt, sie am Heranwachsen der Enkelkinder Anteil nehmen zu lassen. Alles in allem, verglichen mit der eigenen Kindheit der Kriegs- und Nachkriegsjahre, kam dieser jetzigen Generation eine „Wohlstandskindheit“ zu mit all ihren Annehmlichkeiten, aber auch den Kehrseiten, die wir möglichst klein zu halten suchten.

Unsere Familiensituation gestaltete sich im Rahmen des Üblichen – die Kinder vor Ort in den öffentlichen Bildungseinrichtungen vom Kindergarten bis zum Abitur, der mütterliche Elternteil beruflich zeitweise beurlaubt oder mit reduziertem Deputat an der Schule, meine Tätigkeit an der Hochschule zeitlich ziemlich flexibel organisiert, sodass ich öfter auch zu Hause arbeiten und präsent sein konnte. Gelegentlich wurde eines unserer Kinder von Schulfreunden gefragt, ob denn der Vater arbeitslos sei, da er untertags häufig anzutreffen wäre, gewiss, schwierig für Kinder, die eher unspektakuläre Tätigkeit eines Dozenten einordnen zu können, von der doch so wenig wahrnehmbar, nur eben das ständige Sitzen am Schreibtisch mit Büchern und Papier befasst, wobei nicht einmal gestört werden sollte. Dass nun unser Familienleben zur puren Idylle geraten wäre, dem war sicher nicht so; natürlicherweise gab es der Sorgen und Probleme so manche, letztlich hier nicht weiter erwähnenswert.

Gewünscht hätte ich mir etwa im zweiten Lebensjahrzehnt der Kinder, sie hätten Zugang zu einer bündischen Gemeinschaft gefunden, und wäre es eine noch so durchschnittliche Pfadfindergruppe gewesen; dies jedoch hatte sich nicht ergeben. Stattdessen waren sie im musikalischen Bereich engagiert, spielten Instrumente, fanden Anschluss an örtliche Freundes- und Musikgruppen, spielten in „Bands“, gründeten deren eigene, erlebten dort Gemeinschaft, zwar eine andersartige als die mir vertraute jugendbewegte, mussten sich um Proberäume, möglichst schalldicht, und deren Ausstattung kümmern, in derselben Art und Weise, wie Pfadfinder sich um die Ausgestaltung ihrer Gruppenräume mühen, fieberten „Gigs“ entgegen, wie bündische Gruppen sich für überregionale Singewettstreite und Treffen rüsten, kurzum, sie gingen in dieser Szene auf, die ihnen sicherlich Erfüllung bedeutete und die nicht herabgesetzt werden soll gegenüber jugendbewegtem Erleben.

Die Begeisterung und Begabung für Musik und deren aktive Ausübung verweisen eindeutig auf Anlagen und Einflüsse der Mutter. Sie absolvierte schon in jungen Jahren eine professionelle Ausbildung in Gesang, trat als Sopranistin in kirchlichen und weltlichen Konzerten solistisch auf, wirkte in einigen Operetten als Hauptdarstellerin und engagierte sich später für lange Jahre in einem Pantomimen-Theater, dabei mit den unterschiedlichsten Rollen betraut. In den großen Ferien waren wir als Familie beinahe regelmäßig in der Schweiz, nahe Luzern, wo meine Frau am dortigen Konservatorium die Meisterkurse für Gesang belegte. Als die Kinder schon etwas älter waren, entdeckten wir das Tessin mit seiner mediterranen Natur, mit seinen wilden Tälern und den verlassenen, verwunschenen Orten, auch den besonderen „Kraft-Orten“, ohne unbedingt an die von Esoterikern unterschiedlichster Couleurs behauptete energiereiche Strahlung zu glauben. Ascona jedoch, mit dem Monte Verità[22], blieb für mich von Anfang an eine faszinierende, magisch anziehende Stätte, schien mir nicht zufällig gewählt von jenen Außenseitern einer Kunst-, Natur- und Lebensreformbewegung zu Beginn des 20. Jahrhunderts. Hier fanden sich so viele Künstler- und Literatennamen beisammen, Lebenserneuerer und Reformer, Nudisten und Vegetarier, politische Anarchisten und religiöse Schwärmer, Enthusiasten abseits jeder Realität, eine Welt, die mich, bei aller Reserve gegenüber allzu viel an Skurrilität und Wahn, in Bann schlagen konnte, ohne dafür rationale Begründungen zu finden.

Auf ähnliche Weise faszinierte mich etwa der Kultbau der Anthroposophen, das Goetheanum in Dornach, nahe Basel, ohne der Steiner'schen Geisteswelt viel abgewinnen zu können. Oder das nicht weit von Ascona entfernte „Elisarion“ in Minusio, gestaltet von Elisar von Kupffer[23], teils Kunst-, teils Weihestätte, auch hier ohne mich mit den Ausdeutungen androgyner Jünglingsgestalten identifizieren zu wollen. Ähnlich zwiespältig und doch imponierend schätze ich den als Gesamtkunstwerk konzipierten Tempelbau von Johann Michael Bossard[24] in der Nordheide bei Jesteburg, eine Stätte, die wir im Zusammenhang der Bündischen Akademie kennenlernten. Was Hans Henny Jahnn als Stifter der Glaubensgemeinde „Ugrino“ vorschwebte, ein sakrales Bauwerk am Rande der Lüneburger Heide zu schaffen, musste Utopie bleiben. Räumlich nur wenig entfernt und etwa zur selben Zeit, verwirklichte sich im Werk Bossards eine nicht geringere Utopie, eine der wenigen Realisationen jener in einem doppelten Sinne „Inflationszeit“ der 20er-Jahre, wo Illusionisten und Tempelbauer, selbsternannte Heilige und Propheten, Okkultisten und Besessene aller Art Konjunktur hatten[25]. Wann auch immer ich derartige Orte aufsuchte, sei es mit der Familie oder mit Freunden aus jugendbewegten oder studentischen Kreisen, es bleiben Zweifel, ob der Funke meiner Faszination je übergesprungen …

Nach dieser Abschweifung in etwas abseitige Gefilde, zurück zu Ereignissen in der Familie, zugleich fortführend die Begegnungen mit neuen Orten, mit Aufenthalten in bislang fremden Ländern und Kontinenten, Bereiche, die ausschließlich mit dem Erwachsenwerden unserer Kinder zusammenhingen. Beide waren im Laufe ihres Studiums für je ein Jahr in den USA, jeweils Kalifornien, einmal in Arcata, einmal in San Francisco. Unsere Besuche dort führten uns über größere Strecken entlang der Pazifikküste, gleichermaßen in den Norden wie in den Süden, in die Natur großer Nationalparks wie in das Zentrum großer Städte. Was die Redewendung vom „American way of life“ im Detail bedeutet, das wurde wohl doch nur ansatzweise erfahren, blieb immer noch bruchstückhaft, auch nachdem wir den Kontinent von West nach Ost, von San Francisco nach New York mit dem Auto durchquert hatten. Es müssen hier jedoch keine Bilanzen gezogen werden über Eindrücke einer gegenüber der unseren unterschiedlich erlebten

Gesellschaft, wobei offen bleiben mag, wie groß die Unterschiede tatsächlich einzuschätzen sind oder wie Angleichungsprozesse, meist einseitige, seit langem stattgefunden haben und weiterhin stattfinden.

Unterschiede gravierendster Art ergeben sich selbstverständlich im Vergleich mit den gesellschaftlich-politischen Verhältnissen in Brasilien, wo wir unsere Tochter während eines Postdoc-Jahres an der Universität in Sta. Cruz do Sul im Süden des Landes besuchten. Wir verbrachten dort nur wenige Tage, brachen dann gemeinsam Richtung Nordwesten auf, um abseits von Touristenregionen zu den Iguazu-Wasserfällen zu gelangen, ein Naturschauspiel, das uns in Vielem gewaltiger erschien als die Jahre zuvor auf unserer USA-Reise erlebten Niagara-Fälle. Aus einem eigentlich irrationalen Grunde waren mir diese Fälle im brasilianisch-argentinisch-paraguayischen Grenzgebiet wichtig, ich hatte seit langem ein Foto vor Augen, gleichsam ein sehnsuchtsträchtiges Bild, das Nerother Wandervögel auf ihrer Weltfahrt 1931 an jenem Ort zeigt – nun also kam ich an denselben Ort, wenn auch nicht unterwegs als Wandervogel, dennoch, eine Sehnsucht erfüllte sich.

Die Weiterfahrt ging ostwärts Richtung Atlantischer Ozean, von dort wieder gen Süden, dabei die Regionen durchquerend, wo einst sich deutsche Aussiedler niederließen und Städte wie Blumenau gründeten; deutsch allerdings wird hier kaum noch gesprochen, auch wenn Transparente auf ein jährlich stattfindendes „Oktoberfest" hinweisen. Auf der Rückfahrt nach Porto Alegre suchten wir noch, nicht ganz zufällig, eine deutsch-brasilianische Forschungsstation auf, die in einem forstwissenschaftlichen Projekt versucht, Araucarien-Wälder zu rekultivieren, eine brasilianische Kiefernart, durch Raubbau erheblich dezimiert. Biologen der Universität Tübingen sind mit in dieses Vorhaben eingebunden, und so ergab sich die kuriose Situation, dass ich im tiefsten Süden Brasiliens auf einen Dozenten meines Alters traf und wir uns an Jahrzehnte zurückliegenden Histörchen aus der „Tübinger Biologie" delektieren konnten. Einen bescheidenen, eher symbolischen Beitrag zur Wiederaufforstung leisteten wir mit dem Pflanzen einiger

Araucarien-Setzlinge. Wieder zu Hause, wächst nun in unserem Garten ebenfalls eine Araucarie, die sich mit dem Klima des Albvorlandes zwar etwas schwer tut, aber doch gedeiht.

Erneut scheint unsere Familiensituation aus dem Blick geraten, der doch dieses Kapitel gelten sollte. Es kann aber nur noch einmal wiederholt werden, die Reisen in diese weit entfernten Länder galten ausschließlich den Besuchen unserer Kinder, entsprangen keinesfalls einem touristischen Bedürfnis – was hätten wir denn auch im Norden Kaliforniens oder im Süden Brasiliens gesucht? Überhaupt, was sucht denn die Mehrzahl der heutigen Menschen, die sich so vehement von den Angeboten der Tourismusbranche verführen lässt, in jenen ihr doch fremden, fernen, exotischen Orten? Schon zu Beginn des Wirtschaftswunders, und in dessen Folge die unaufhaltsame Ausbreitung eines Fern- und Massentourismus, kursierte als Witz der fiktive Dialog: „Wo liegt denn dieses Mallorca?" „Ich weiß nicht so genau, wir sind hingeflogen". Was also suchen Menschen in einer ihnen anonymen Ferne? Gewiss nicht, wie einst der Wandervogel, die „Blaue Blume". Zum Glück müssen hier keine Antworten gegeben werden, sie würden der Gegenwart ein wenig schmeichelhaftes Zeugnis ausstellen. – Zum Phänomen des gegenwärtigen Tourismus noch ein Bonmot aus einer von mir geschätzten Satire, zugleich ein Plädoyer für Individualismus und Individualität: „Neapel sehen und sterben? Neapel *nicht* gesehen haben und sterben!"[26]. Gegen Ende folgt der Satz: „Damit einer Individualist sein kann, dafür bedarfs freilich einer großen einfältigen Masse". Der Satz mag unkommentiert bleiben.

Stattdessen soll der Blick endlich zurück auf familiäre Ereignisse, auf die weiteren Familienkonstellationen fallen. Da ist zunächst das Schicksal meiner Mutter anzuführen, bei der sich und in der sich das Schicksal ihrer Mutter zu wiederholen schien, von einer geistig anregenden Persönlichkeit, in jüngeren Jahren im Mittelpunkt des Familienlebens stehend, sich allmählich verstrickend in psychosomatische Krisen und Krankheiten, in den späten Jahren ein überwiegend leidvolles Leben führend. Unsere Kinder waren noch im Grundschulalter, als ein Organversagen 1984, kaum 74-jährig, ihrem Leben ein Ende setzte. Ob sie etwas von Leiden, Leid und Tod der Großmutter verstehen konnten, bleiben offene Fragen. Was wir Erwachsenen verstanden haben, wohl ebenso, wir standen hilflos beiseite.

Im Lichte der Schicksalsanalyse stellen sich weitere Fragen, etwa: Warum konnte es nicht gelingen, diese Schicksalswiederholung zu durchbrechen? Warum ließ sich dieses Zwangsschicksal nicht in ein Freiheitsschicksal wandeln? Blieben die genetischen Faktoren die bestimmenden gegenüber den Umwelteinflüssen und -prägungen? Letztere mussten mit Sicherheit günstiger gewesen sein als in der vorangegangenen Generation. Es könnten Unterschiede im familiären Mikromilieu der beiden Generationen ausgemacht werden, wozu es eines neutralen Analytikers bedürfte und keinen familiär Betroffenen. Im Übrigen, und das war ja ein Fazit meiner Dissertation, die Anlage-Umwelt-Wirkungen bleiben unauflöslich ineinander verwoben – zusammen ergeben sie das Schicksal.

Mein Vater ist erstaunlich gut mit dem Alleinsein zurechtgekommen, jedenfalls so weit von außen erkenntlich, führte recht selbstständig seinen Haushalt, bearbeitete den Garten und die Wiesengrundstücke, hatte seinen heimatlichen Aktionsradius, war eingebunden in örtliche Vereinsaktivitäten und Freundesgruppen, bot uns in Vielem eine Hilfe, bildete für die Kinder eine wichtige Bezugsperson, blieb bis ins hohe Alter gesundheitlich ohne größere Probleme. Als er 2003 im 93. Lebensjahr verstarb, kamen kurz zuvor meine Frau wie auch ich am Ende unserer beruflichen Tätigkeit an, traten nahezu gleichzeitig in den sogenannten „Ruhestand“. Die Kinder lebten schon längere Zeit außer Hauses, hatten abgeschlossene Studien hinter sich und standen am Beginn einer Hochschullaufbahn. Meine eigene Ausbildung und Profession zwischen Pädagogik und Biologie „spaltete“ sich unter ihnen auf, als handle es sich um Mendel’sche Regeln, einmal ergab sich eine Spezialisierung in Sozialpädagogik und Sozialwesen, einmal in Zellbiologie und Pflanzengenetik. Ihre Liebhabereien verblieben im musischen Bereich, quasi als Erbteil der Mutter, meine Kunst- und Sammelleidenschaft, meine Verbundenheit mit der Jugendbewegung führte wohl zu rezessiven Anlagen, die phänotypisch untergingen, so könnte man mit Begriffen der Erbbiologie, wenn auch nicht ganz ernst gemeint, die Situation beschreiben.

Im Alltag ist seitdem die Familie wieder reduziert auf eine nunmehr bald viereinhalb Jahrzehnte eingespielte Zweiergemeinschaft, zugleich findet im Hause so Vielerlei an Betriebsamkeiten statt: Zum einen ist hier die Max Himmelheber-Stiftung ansässig mit Archiv und Redaktion der „Scheidewege", sodann das Lektorat der „Grauen Edition", beide Male ergeben sich immer wieder Zusammenkünfte und Besprechungen verschiedenster Art, und schließlich gibt es noch die Gästewohnung, in der sich gar nicht so selten Besuche aus den unterschiedlichen Freundeskreisen einfinden. Diese Freundeskreise sollen im Folgenden Thema sein.

4. Freunde, Freundschaften, Freundeskreise

Als während des Studiums am Pädagogischen Institut in einer Philosophieveranstaltung einstmals Aristoteles' „Nikomachische Ethik" im Mittelpunkt stand und Referate zu vergeben waren, meldete ich mich für das Kapitel „Die Freundschaft". Ich versprach mir zu diesem Thema, dem in der Jugendbewegung – und natürlich nicht nur dort – schon immer Bedeutung zukam, umfassende und tiefgründige Einsichten zu gewinnen. Meine Erwartungen erfüllten sich nur bedingt, wenn sich da Sätze fanden wie: „Das Verhältnis des Mannes zur Frau hat die Merkmale einer Aristokratie". Oder: „Der sittlich hochstehende Freund ist für einen ebenfalls hochstehenden Mann ein natürlicher Gegenstand der Wahl". Oder: „Das Wohlwollen hat etwas an sich von einem freundschaftlichen Verhältnis, ist aber nicht eigentlich Freundschaft". – Sätze, die mir wenig sinnerhellend blieben. Daneben gab es aber auch immer wieder Stellen, die unmittelbar nachvollziehbar schienen, eigene Erfahrungen bestätigten und neue Einsichten bedeuteten, beispielsweise war zu lesen: „So ist es doch wohl das richtige, nicht so viel Freunde wie nur irgend möglich zu wollen (...). Denn es erscheint ja auch undenkbar, mit vielen eine tiefe und starke Freundschaft zu pflegen". Oder: „So darf das Wohlwollen als Anfang der Freundschaft gelten, wie es für die sinnliche Liebe die Lust des Sehens ist. Denn niemand liebt ohne sich zuvor an der Gestalt (des Geliebten) entzückt zu haben. Aber wer sich an der Gestalt (eines anderen) freut, ist deswegen noch keineswegs ein Liebender: dies wird er erst dann, wenn er nach dem Abwesenden Sehnsucht hat und seine Nähe begehrt."[27] Ganz verstanden waren diese Gedankengänge sicher nicht, aber anregend ihnen nachzudenken. Wahrscheinlich war es überhaupt töricht, von Aristoteles psychologische Deutungen über das Wesen der Freundschaft zu erwarten, die eigentlich gesucht wurden.

Das Thema blieb also weiterhin präsent. Bei einem gelegentlichen Wiederlesen der einstigen Schullektüre von Theodor Storms Novelle „Der Schimmelreiter" stieß mir die im Gang der Handlung recht belanglose Wendung auf: „Man mag wohl fragen, was mitunter ganz fremde Menschen aneinander bindet."[28] Diese Frage, so naiv wie treffend gestellt „was mitunter ganz fremde Menschen aneinander bindet", diese Frage ist beständig geblieben, letztlich auch ohne Antwort geblieben, bei aller Beschäftigung mit Tiefenpsychologie und Schicksalsanalyse. Dass Wahlverwandtschaften auf Gen- und Triebkonstellationen beruhen, das mögen die ursächlichen Wirkfaktoren des Phänomens sein, die konkreten Begegnungen indes erklären sie nicht, diese bedürften darüber hinaus eines beschreibenden und deutenden Verstehens, einer Phänomenologie der Freundschaft, die erst geschaffen werden müsste, eine Aufgabe, die hier nicht angegangen werden kann. Auch sollen keine Definitionsversuche unternommen werden, ab wann etwa menschliche Beziehungen und Verbindungen als Freundschaft zu bezeichnen sind, welche Kriterien dafür in Frage kommen könnten oder wie Intensitäten einer Freundschaft zu bestimmen wären – jede Freundschaft ist Freundschaft sui generis, bleibt einmalig, gleicht keiner anderen, nicht beliebig, immer beruhend auf einer inneren, unsichtbaren Wahlverwandtschaft, auf Schicksalhaftigkeit, die mehr als bloßer Zufall.

In lockerer Aneinanderreihung sollen nun etliche der Freunde und Freundschaften angeführt werden, die mich über kürzere oder längere Zeit begleitet haben und die mir auf je eigene Weise bedeutsam waren. Als Schwierigkeit erweist sich, anders als bei den bereits angeführten Verbindungen zu Künstlern, dass keine Werke zur näheren Veranschaulichung vorgestellt werden können und deshalb die Beschreibungen etwas blass bleiben müssen. Eine Ausnahme bildet ein Freund aus jungenschaftlichen Tagen, der Ende der 60er-Jahre an der Kunstakademie in Stuttgart bei Alfred Hrdlicka Bildhauerei studierte und seitdem als freischaffender Künstler lebt, wobei ich mir, gewiss fälschlicherweise, einbilde, ich hätte bei ihm schon als 16-Jährigen seine spätere künstlerische Laufbahn vorhergesehen. Wie auch immer, mit seinen meist monumentalen Marmor- und Sandsteinskulpturen in der figürlichen Tradition seines Lehrers, konnte er sich in Sammler- und Galeriekreisen in einigermaßen zufriedenstellender Weise durchsetzen, zumal in späteren Jahren noch großformatige Holzschnitte hinzukamen. Kosmos und Natur, Menschen und Tiere, teils der Realität, teils der Mythen- und Sagenwelt entstammend, bilden über die Jahrzehnte hinweg die wesentlichen Themen des Werkes von Hans Daniel Sailer.

Eine Besonderheit ist dieser langwährenden Verbindung anzufügen, ich wurde Taufpate seines ältesten Sohnes, mit dem sich etwa im selben Alter, wie einst mit dem Vater, wiederum eine Freundschaft ergab, die eine Generation später sich zwar ganz anders gestaltet, aber doch als eine Art Wiederholung empfunden werden kann. Warum ich diesem Ereignis eine gewisse schicksalhafte Bedeutung beimesse? – zum einen, weil darin Theorien einer Wahlverwandtschaft nach Szondi aufscheinen, zum anderen sich Assoziationen einstellen zu den Geschehnissen in Hans Henny Jahnns Romanwerk „Fluss ohne Ufer“, wo die Schicksale der Protagonisten in einer nachfolgenden Generation erneut durchgespielt werden sollten, ein Vorhaben, das Fragment bleiben musste. Fragment bleiben müssen solche Konstellationen auch in der Realität, da der jahrzehntegroße Altersunterschied einer lange währenden Freundschaft entgegensteht.

Noch ein zweites Mal ergab sich diese Situation, dass Freundschaften eine Generation später eine Fortsetzung fanden. In den Jahren, als ich die Eisbrecher-Redaktion innehatte, dabei viel auf Treffen, Lagern und Besuchen quer durch die Republik unterwegs, da begleitete mich damals ein gerade 18-jähriger Jungenschaftsfreund aus meinem Bund, noch in der Ausbildung einer Schreinerlehre stehend, inzwischen längst Architekt in wohlbestallten Verhältnissen. Mit dessen Sohn, just im selben Alter wie damals der Vater, kam es wieder zu einer freundschaftlichen Beziehung, nunmehr in keinster Weise jugendbewegt, eben ganz anders. – Nebenbei, dass diese beiden Jungen jeweils denselben Vornamen tragen, dies bleibt eher zufällig, ohne schicksalhafte Bedeutung – oder doch?

Mit nicht wenigen Freunden aus der Zeit der Bundesgründung unserer Jungenschaft ist die Verbindung beständig geblieben, hat sich in dem inzwischen vergangenen halben Jahrhundert natürlich gewandelt, die Teilhabe an ihrem Schicksal aber und dem ihrer Familien besteht ungebrochen fort. Bemerkenswert, dass viele von ihnen, wie damals zu Beginn der 60er-Jahren noch üblich, handwerkliche oder kaufmännische Berufe erlernten, später über Zweiten Bildungsweg und Studium in akademischen Berufsfeldern ankamen, teilweise als Ingenieure, vorwiegend aber als Lehrer, Sozialpädagogen und Psychologen. Schon aus den Anfängen der Jugendbewegung ist bekannt, dass die aus ihren Kreisen Kommenden sich überproportional in sozialen Berufen ansiedelten, so auch noch Generationen später in meinem bündischen Umfeld.

Nachdem bereits in der Frühzeit unseres Bundes Kontakte und Freundschaften zur „deutschen evangelischen jungenschaft 58" bestanden, die sich allmählich ausdünnten, ergaben sich im Zusammenhang des „Überbündischen Treffens" 1977 wieder neue Freundschaften mit jungen bündischen Menschen. Insbesondere kamen die Freunde aus der „evangelischen jungenschaft Tyrker" und dem „Nerother Wandervogel", mit denen ich bis heute verbunden bin, wenngleich diese inzwischen nicht mehr als „junge Freunde" gelten können. In beiden Bünden habe ich dabei Einblicke aus großer Nähe erfahren, auch

Anteil genommen an deren Geschehen, wie sonst kaum je Außenstehenden möglich. Aus beiden Bünden sind immer wieder Jüngere nachgekommen, neue Beziehungen entstanden, zu denen der Altersunterschied inzwischen fünf Jahrzehnte und mehr betragen kann, der dennoch einem gegenseitigen vertrauensvollen Austausch, auch einer Zuneigung nicht entgegensteht, so asymmetrisch solche Kommunikationen scheinen könnten. Als der Ältere in der Beziehung mag man dem Jüngeren bei der Suche nach Sinn Orientierung bieten, auf seine Fragen und Probleme Antworten finden, mag ihm als Freund und Mentor zur Seite stehen. Es ist aber beileibe kein einseitiges Geben des Älteren, vielmehr kommen ihm Einblicke in ein individuelles Schicksal zu, lassen ihn teilhaben an Werde- und Reifeprozessen eines Jugendlichen. Dabei erlebt er Jugendlichkeit nicht nur als eine für ihn längst vergangene Lebensphase, sondern erneut als lebendige Beziehung einer spezifischen Freundschaft.

In vergangenen Zeiten gab es unter Pädagogen die Mutmaßung, dass Schullehrer durchweg ein hohes Lebensalter erreichten, da sie von den Ausdünstungen der Kinder beständig umgeben, sich gleichsam in einem „Dunstkreis", einem „balneum vaporis" von Jugendlichkeit bewegten, von einem „Mana der Jugend" erfüllt[29]. Natürlich bleiben diese Vorstellungen purer Aberglaube, schlichtweg Unsinn. Dass jedoch der nahe Umgang in einer Freundschaft mit jungen Menschen etwas von Jugendlichkeit und jugendlichem Geist bewahren hilft, auch Zugang zu jugendlichem Denken und Fühlen verschaffen kann, oft bis hinein ins hohe Alter, dies darf als gesicherte Erfahrung und Erkenntnis gelten, so jedenfalls in Kreisen der Jugendbewegung.

Neben diesen jugendbewegten Freundschaften, die sich übrigens nicht ausschließlich auf die genannten Bünde beschränkten, auch aus anderen bündischen Gemeinschaften hervorgingen, da gab und gibt es einen weiteren, beinahe ebenso großen Kreis von Jugendlichen, zu denen freundschaftliche Beziehungen entstanden. Der Dozentenberuf an der Pädagogischen Hochschule brachte es naturgemäß mit sich, dass man immer mit Studierenden jugendlichen Alters zu tun hatte. Anfänglich blieb ich zögerlich, in Gesprächen über das Fachliche hinaus auf Persönliches einzugehen, aber man spürte, ob und wann ein Student, eine Studentin sich mitteilen und etwa über Herkunft, Familie, Alltag, persönliche Erlebnisse und Probleme reden wollte. Es waren gewiss keine psychologischen oder gar seelsorgerlichen Gesprächssituationen, es war ein freundschaftliches, vertrauensvolles sich Mitteilen und Austauschen. Am ehesten ergaben sich solche Situationen mit Studierenden der Sonderpädagogik, die meist im Rahmen ihres Zivildienstes oder eines „Sozialen Jahres" Behinderteneinrichtungen kennenlernten und motiviert und gezielt ihr Studium mit Blick auf ein bestimmtes Berufsfeld angingen, im Gegensatz zu nicht Wenigen in den verschiedenen sonstigen Studiengängen, die aus Verlegenheit oder weil es sonst zu keinem anderen Studium reichte, eben mal „auf Lehramt" studierten. Bei aller Zielstrebigkeit und Bewusstheit mit der diese künftigen Sonderpädagogen ihr Studium gestalteten, es waren eher sensible, noch offene und aufgeschlossene Jugendliche, noch nicht in einem festgelegten, starren Status der Erwachsenheit angekommen, darin Jugendlichen ähnlich, wie ich sie aus den Bünden kannte.

Seit bald zehn Jahren, mit dem beruflichen Ausscheiden aus der Hochschule, konnten sich auch keine neuen Begegnungen aus studentischen Kreisen ergeben. Jedoch hat ein gut Teil der einstigen Verbindungen weiterhin Bestand, die Damaligen wirken längst irgendwo im Land als engagierte Lehrer, haben Familie und Kinder. Einige setzten neben Beruf und Familie ein Studium fort, promovierten und qualifizierten sich für bestimmte berufliche Positionen. Nicht anders verhält es sich mit den bündischen Freunden im selben Alter: Von außen gesehen zeigen sich beide Male „gutbürgerliche", bildungsbürgerliche Existenzen, in Wirklichkeit jedoch weit entfernt von aller Spießigkeit, durchweg interessierte, engagierte, auch skeptische Zeitgenossen, die sich den Mainstreams und Moden der Gegenwart weitgehend entziehen, ihre eigene Welt leben und gestalten, eingebunden in Kreisen von Gleichgesinnten, in Lebensformen, die auf gewandelte Weise etwas von Jugendlichkeit fortführen.

Neben den Freundschaften zu Gleichaltrigen und Jugendlichen, gab es auch jene eher kleinere Zahl von Freunden, die eine Generation älter waren als man selbst, Freundschaften, die ebenso intensiv sein konnten, jedoch auch wieder anderer Natur; man war hier eher der Empfangende als der Gebende, von deren Bildung, Lebenserfahrung und Daseinsgestaltung das aufgenommen werden konnte, was im Rahmen einer Freundschaft und Wahlverwandtschaft vorgezeichnet war. Einige dieser mir wichtigen Menschen sind in den vorangegangen Kapiteln angeführt, Freundschaften, denen der Tod seit längerem ein Ende setzte. Dass auch Freunde gleichen und jüngeren Alters bereits verstorben sind, das gehörte ab einem gewissen Zeitpunkt zu den Unausweichlichkeiten des Schicksals. In der Schicksalsanalyse werden denn auch Krankheit und Tod nicht als zufällig erachtet, vielmehr angelegt in vorgegebenen Schicksalsmöglichkeiten. Auch wenn es schwer fällt in diesem Bereich an Wahl und Wahlhandlungen zu denken, so gab mir doch der eine oder andere Tod von Freunden Anlass, darüber nachzusinnen, ob nicht der jeweilige Tod gerade zu diesem Leben gehören musste – die Achtung der Freundschaft lässt hier keine Mutmaßungen zu.

Wenn es bei Aristoteles lautete, wie eingangs zum Thema zitiert, „es erscheint ja auch undenkbar, mit vielen eine tiefe und starke Freundschaft zu pflegen", so könnte gefragt werden, ob der Kreis meiner Freunde nicht über eine zuträgliche Größe hinausgewachsen sei. Tatsächlich mögen die angeführten Verbindungen den Anschein erwecken, eine „tiefe und starke" Freundschaft wäre wohl nicht vorstellbar. Es muss jedoch bedacht werden, dass diese Beziehungen nicht alle *zugleich* bestanden; auch wurden mehrmals die Wandlungen angesprochen, denen alle Freundschaften unterliegen. Gefühle, Leidenschaften, Intensitäten haben ihren Zenit, idealerweise gehen sie über in andere, beständigere Formen. So lässt sich denn das Schicksal von Freundschaften schwerlich vorhersehen, manche verdünnen sich mehr und mehr, bestehen nur noch im Verborgenen oder enden gänzlich, manche brechen abrupt ab aus unerfindlichen wie verständlichen Gründen, manche werden einseitig gebrochen, für den einen schmerzlich, den anderen befreiend. Rückblickend konnte ich so manche dieser verschiedenen Wege der Freundschaft erfahren, allesamt zu ihrer Zeit schätzend, am erfülltesten jene, die sich auf eine Weise wandelten, die beständig weiterwirkt.

Wenn nun des öfteren von einem Freundeskreis die Rede war, so darf dabei nicht an einen geschlossenen, hermetischen Kreis gedacht werden, vergleichbar dem Kreis um Stefan George, da ein Meister, dort die Jünger, da ein Guru, dort die Adepten, da ein Führer, dort die Gefolgschaft, auch wenn ich einen Bund gegründet und geführt habe. Zu keiner Zeit habe ich für Ideologien und Weltanschauungen geworben, bestimmte Lebensweisen gefordert oder uniforme Verhaltensmuster erwartet. Ein unsichtbares Band der Freundschaft hat den Bund, hat den Kreis geformt und gestaltet. Ich habe die Freundschaften nicht *gesucht* – gelegentlich gewünscht, manchmal vergeblich –, sie haben mich *gefunden,* zuzuschreiben einer schicksalhaften Wahlverwandtschaft. Einem Pädagogen mag es erlaubt sein, Worte des Schweizer Lehrers, Kinder- und Jugendtherapeuten Hans Zulliger auf sich zu beziehen, Worte, die wie folgt lauten: „Es ist das mit dem Erzieher (...) verbundene und ihm wesenhaft *Unfaßbare*, das wirkt – *die Aura seiner Seins-Dichte*, (...) die berührt“.[30] „Berührt“, so möchte ich anfügen, zwar nicht Beliebige, jedoch jene, die verwandten Schicksalskreisen zugehören.

5. Beständigkeit und Wandel in der Zeit

Warum „Beruf, Familie, Freundschaft“ in diesem Kapitel zusammengefasst und „eine Trias“ genannt wurden? Wieder hängt es mit den bereits auf den ersten Seiten des Buches angeführten tiefenpsychologischen Auffassungen der Schicksalsanalyse von Leopold Szondi zusammen, dessen grundlegendes Werk mit vollständigem Titel lautet „Schicksalsanalyse. Wahl in Liebe, Freundschaft, Beruf, Krankheit und Tod“[31]. Damit soll zum Ausdruck kommen, dass diese Trias auf eine gemeinsame Wurzel verweist, nämlich die der *Wahl*, der Wahlmöglichkeiten und Wahlhandlungen. Dass es sich bei Krankheit und Tod um ein Wahlverhalten handeln soll, das scheint für den, der nicht mit schicksalsanalytischem Denken vertraut ist, schwer nachvollziehbar, vielleicht aber doch nicht völlig absurd. Dagegen in den Bereichen Beruf, Familie, Freundschaft ist im Alltag ganz selbstverständlich von Berufs*wahl*, auch von Liebes*wahl* oder von Freundes*wahl* die Rede. Welche Freiheiten in diesen Wahlen tatsächlich bestehen, welche Anlagen- und welche Umwelteinflüsse dabei mitwirken und wie Zufälle ins Spiel kommen, das wurde gelegentlich schon angesprochen und soll hier nicht weiter diskutiert werden, weder im Rahmen Szondi'scher Theorien, noch aktueller neurowissenschaftlicher Forschungen, letztere eine Wahl- und Willensfreiheit eher in Zweifel ziehend.

Im biographischen Rückblick lassen sich aber wohl jene Fragen stellen, inwieweit es sich tatsächlich um Wahlen handelte, auch wie richtig und wie beständig sich diese Wahlen erwiesen, wie sehr sie einem Wandel unterlagen oder gar der Revision bedurften. Antworten auf diese Fragen fallen schwer. Eigentlich bin ich an keiner Stelle vor Scheidewegen gestanden, die in ganz unterschiedliche Richtungen geführt hätten, je nachdem welcher Weg gegangen, welche Wahl getroffen – und dabei doch zum Herausgeber der „Scheidewege“ geworden. Irgendwann war für mich klar, dass der Beruf auf pädagogischem Gebiete liegen sollte, nämlich im Umgang mit Kindern und Jugendlichen. Dass er vom Volksschullehrer zum Hochschullehrer mutierte, war nicht vorauszusehen. Die Weichenstellung erfolgte mit der Aufnahme eines Zweitstudiums, wurde aber nicht als Scheideweg empfunden, eher als eine Weiterführung der pädagogischen Interessen und Neigungen. Die Affinität zum Psychotherapeutenberuf blieb wohl zu schwach ausgeprägt, um ihr nachzukommen. Was die Freundeskreise betrifft, so lagen ihnen immer Wahlhandlungen zugrunde, nur zu selbstverständlich, dass Freunde sich gegenseitig *wählen*, soll es sich um Freundschaft handeln. Dasselbe gilt in noch viel ausgeprägterem Maße für die Partnerwahl und Familiengründung. Es bleibt nur schwer zu verstehen, wie Menschen offensichtlich Probleme haben, so jedenfalls gegenwärtig allenthalben zu beobachten, sichere Wahlen zu treffen, wenn es um die Gründung einer dauerhaften Lebensgemeinschaft als Familie geht. Inzwischen zählen Scheidungen keineswegs mehr zu außergewöhnlichen Erscheinungen, so wenig wie sogenannte Lebensabschnittspartnerschaften, Patchworkfamilien, „Alleinerziehende" oder was es der einschlägigen Wörter und Begriffe mehr gibt.

In der Generation, der meine Biographie zugehört, waren die getroffenen Wahlen gerade in den Bereichen der Trias Freundschaft, Familie, Beruf in der Regel verbindlicher, dauerhafter, zuverlässiger, tragfähiger und dennoch auch einem Wandel unterworfen. Ohne sich auf Ursachensuche zu begeben, könnte man gleichmütig den lateinischen Spruch anführen von den Zeiten, die sich ändern: „Tempora mutantur, nos et mutamur in illis", mit der Anmerkung, dass man sich in und mit ihnen verändert. Und das noch ältere griechische „Panta rhei" wäre anzufügen, „Alles fließt", alles befindet sich im Fluss. Selbstverständlich stellt man auch an sich selbst und seinem Umfeld mancherlei an Wandlungen fest, etwa, wie vorhin schon erwähnt, bei den Wegen, welche die Freundschaften genommen haben, oder in der Familiensituation, die sich verändert hat von der mehrere Generationen übergreifenden zur Kleinfamilie und schließlich zur Zweiergemeinschaft.

Am gravierendsten wurde der Wandel im Beruflichen empfunden, wobei nicht primär die Veränderungen innerhalb der Fachdisziplin „Von der Pädagogik zur Erziehungswissenschaft" gemeint sind, vielmehr im Alltäglichen des Studienbetriebs und der Studentengenerationen.

Der Aufwand an Gremien-, Ausschuss-, Prüfungs- und Verwaltungsarbeiten nahm mehr und mehr zu, was zum Teil mit den steigenden Studierendenzahlen und Studienangeboten zusammenhing, zum Teil mit generellen Strukturveränderungen an der Hochschule. Einführende Pflichtveranstaltungen mussten als Massenveranstaltungen durchgeführt werden, und von Studienordnungen vorgeschriebene Leistungsnachweise machten Benotungen erforderlich, die per Klausuren oder Tests erfolgten, in denen nur Wissen abgefragt werden konnte. Interesse und Motivation der Studierenden bestanden meist darin, gut durch die Prüfungen zu kommen, ein Verständnis für pädagogisches Sehen und Denken, für erzieherische Phänomene zeigte sich eher selten. Gewiss, das klingt nach Pauschalurteilen, die unzutreffend und ungerecht bleiben mögen, ebenso wenn man bei den Studierenden je länger, je weniger ein ernsthaftes, engagiertes Studienbemühen konstatierte, stattdessen in Veranstaltungen allzu häufig Unkonzentriertheit, Schwatzhaftigkeit und Infantilismen begegnete. Letztlich sind die studentischen Generationen auch nur Kinder ihrer Zeit, sind Spiegel gesamtgesellschaftlicher Befindlichkeit.

Mit der Umsetzung der sogenannten Bologna-Beschlüsse, die zu einer Verkürzung und europaweiten Vereinheitlichung und Vergleichbarkeit von Studienabschlüssen führen sollten, verschärften sich die oben angedeuteten Entwicklungen an der Hochschule, zum Glück zu einer Zeit, als ich an das Ende der Berufstätigkeit denken konnte. Die Modularisierung der Studiengänge, die Vergabe von Creditpoints als Nachweis der Studienleistungen und damit eine Art permanente Prüfungssituation, die Lehre kaum noch ohne PowerPoint-Präsentation möglich, all dies traf mich nicht mehr in vollem Ausmaße, so wenig wie die Zerschlagung des Faches Sachunterricht. Der Gleichzeitigkeit der Einführung des Bologna-Systems[32] mit dem Aufkommen von PowerPoint kommt ein innerer, durchaus logischer Zusammenhang zu: Beide Male geht es um eine Standardisierung des Wissens, um ein Aufbereiten komplexer Fachgebiete in kleine Einzelstücke, die nur bedingt oder gar nicht zusammenhängen, und die vor allem rasch und kontrolliert vermittelt und abgeprüft werden können, ohne ein Verstehen auch nur ansatzweise zu gewährleisten. Die Persönlichkeit des Lehrers, der Dialog zwischen Lehrendem und Hörenden, der pädagogische Bezug, sie entfallen weitestgehend zugunsten digitaler Medien. Man kann dies als Verlust beklagen oder als Fortschritt preisen, eine Generation, die nichts anderes kennt, vermisst auch nichts.

Bei allen Wandlungen, die in der Biographie aufscheinen, insgesamt ist eine beachtliche Beständigkeit zu erkennen, haben keine gravierenden Einbrüche stattgefunden, überwog eine große und doch vielfältige Kontinuität. Wahlhandlungen, bewusste wie unbewusste, bedurften selten einer Revision. Nicht in Allem hat es sich um Wahlen gehandelt, in Vielem sind die Dinge einfach auf mich zugekommen, haben sich ergeben, sind mir zugefallen, nicht im Sinne eines puren Zufalls, sondern schicksalhaft, wenn ich etwa an die bündischen und verlegerischen Aktivitäten oder die ausgedehnte Sammlertätigkeit denke. Und was ganz sicher auch nicht zur Wahl stand, die Zeit, in die man hineingeboren wurde, die Kriegs- und Nachkriegszeit, die folgenden Wohlstandsjahre, die Gegenwart mit ihren globalen Problemsituationen. In einem kurzen Rück- und Ausblick soll noch darauf zurückgekommen werden.

„Das Leben rückwärts verstehen …“

„Leben lässt sich nur rückwärts verstehen, muss aber vorwärts gelebt werden“, so notiert Kierkegaard in seinem Tagebuch 1843. Eine Interpretation aus heutiger Zeit fährt ergänzend fort: „Das Leben kennt nun einmal keine Generalprobe, sondern es ist von Anfang bis Ende die erste und einzige Aufführung“.[1] Diese Anmerkungen mögen zunächst trivial erscheinen, soweit es das Leben nach vorn betrifft; mit dem rückwärtigen Verstehen verhält es sich schwieriger. Was meint, „das Leben verstehen“? Das Leben insgesamt, mit all seinen Brüchen und Kontinuitäten, den glückhaften Momenten, den alltäglich-banalen Situationen, den leidvollen, tragischen Ereignissen? Versteht sich das Leben nicht etwa von selbst? Gibt es überhaupt ein unverstandenes Leben? Tatsächlich treffen Ärzte und Therapeuten gar nicht so selten auf Menschen, die mit ihrem Leben nicht zurechtgekommen, sich und ihr Leben im rückwärtigen Blick nicht verstehen, die glauben, ihr Leben verfehlt, ja, nicht (recht) gelebt zu haben, daran leiden und erkranken. Diese in pathologische Bereiche mündenden Fragen müssen hier nicht weiter verfolgt werden.[2]

Am Ende der vorliegenden biographischen Aufzeichnungen glaube ich, den „roten Faden“, einen Lebens- und Schicksalsfaden gefunden und aufgegriffen zu haben, der verstehbar die so heterogenen Ereignisse und Begebenheiten aus den unterschiedlichen Lebensphasen aneinanderbindet. Dass man diesen Faden als *konstruiert* bezeichnen kann, empfinde ich nicht störend, ohne dabei einem Konstruktivismus anzuhängen. Verstehen bedeutet wohl immer Dinge, Erlebnisse, Situationen in Beziehung zu bringen, ihnen Sinn zu geben, wo sich zunächst keine Zusammenhänge zeigen, aber auch das zu erkennen, was keinen Sinn ergibt, was sinnlos oder unsinnig bleibt. Wie sehr es gelungen ist, ein rückwärtiges Verstehen der einzelnen Lebensabschnitte mit ihren unterschiedlichen Inhalten darzutun, von Kriegs- und Nachkriegsjahren, von glücklicher und weniger glücklicher Kindheit, von Studien- und Berufsjahren, von Familiengründung, von jugendbewegtem Erleben, von Kunst-, Sammler- und Verlegerleidenschaften, das kann man nur für sich selbst entscheiden, nicht für eine Leserschaft, für die vermutlich Vieles doch nur allzu kurz angesprochen, zu wenig verständlich ausgeführt, zu blass und belanglos bleibt. Es muss aber einer erzählenden Biographie nicht zukommen, all die angeführten Begegnungen mit Personen, Dingen, Orten, Gedanken und Werken in extenso auszubreiten.

Dem Rückblick auf die „Begegnungen und Schicksale" mögen noch Worte von Ernst Jünger angefügt sein, die auf ihre Weise die Bedeutung und den Zusammenhang von Begegnung und Schicksal in den Blick nehmen: „Zufall bleibt jede Begegnung, die nicht im Rahmen höherer Ordnung begriffen werden kann. Daher verringert sich der Zufall in dem Maße, in dem das Leben an Rang gewinnt."[3] Wo Zufall war, soll Schicksal werden – so ließe sich ein bekanntes Freud-Diktum modifizieren...

„Das Leben vorwärts leben", wie einfach, könnte sich das „Vorwärts", das Zukünftige vorwegnehmen lassen, sowohl für die einzelne Person, wie für die Gesellschaft im Ganzen. Mögen sich im Individuellen die Schwierigkeiten ganz unterschiedlich ergeben, für die Gesellschaft lassen sie sich abschätzen. Nun wäre eine Fülle von Schlagworten anzuführen, um die gegenwärtige Lage zu charakterisieren mit ihren Problemen, Konflikten und Aufgaben, die einer Lösung bedürften. Bei aller Fragwürdigkeit von Zeit-Diagnosen, einige der nicht zu übersehenden Kennzeichen sind aber doch zu benennen. Vornean werden die Folgen der Globalisierung und, bei aller Verschiedenartigkeit, die der Digitalisierung und Computerisierung in so vielen Lebensbereichen noch langehin Probleme bereiten, werden sich Tendenzen einer Wissens- und Informationsgesellschaft verstärken auf Kosten traditioneller Vorstellungen von Bildung und Erziehung. Aus der Wohlstandsgesellschaft wird mehr und mehr eine Überfluss-, Spaß- und Erlebnisgesellschaft, der überdies Züge einer um sich greifenden Infantilisierng zukommen. Vom „Verschwinden der Kindheit"[4], wie einst Neil Postmans Hypothese lautete, kann keine Rede sein – die vermeintlich ent-kindlichte zeigt sich geradezu als „infantilisierte Gesellschaft“ [5]. Und die seit alters bekannte Strategie, „Brot und Spiele“ zu bieten, wird neuerdings als „Sozialstaat und Sensationsindustrie“[6] gehandelt. Dass sich dabei dennoch die Gesellschaft auseinanderdividiert, dass die Schere zwischen Arm und Reich sich weiter öffnet, wie so oft und formelhaft festgestellt, die Folgen dieser Entwicklung lassen sich wohl nur erahnen, ebenso wie die einer zunehmend „mulitkulturellen“ Gesellschaft.

Neben partiell anwachsender materieller Armut wächst die Gefahr der Verarmung im Geistig-Kulturellen, im Ethisch-Humanen, im Religiös-Metaphysischen, im Seelisch-Zwischenmenschlichen. Das Haben dominiert gegenüber dem Sein, die Vereinzelung scheint zu-, die Bindungsfähigkeit abzunehmen, David Riesmans Metapher von der „Einsamen Masse“[7] ist wirklicher geworden, wie auch das von Günther Anders beschriebene Bild vom „Massen-Eremiten“, der mit sich allein bleibt, nicht um der Welt zu entsagen, sondern um sich ja nichts von der Welt, von einer medialen, künstlichen, virtuellen Bildschirmwelt entgehen zu lassen.[8]

Ich weiß, diese zuletzt angeführten Bemerkungen gehören nicht eigentlich autobiographischen Aufzeichnungen zu, setzen sich zudem dem Verdacht aus, eine allgemeine Lamentation über die Situation der Gegenwart und den herrschenden Zeitgeist anzustimmen, einer pauschalen Zivilisationskritik zu huldigen, einem konservativen Kulturpessimismus anzuhängen. Dieser Eindruck ist gewiss falsch; er mag wohl deshalb aufkommen, weil nur eher zufällige und sehr verkürzte Schlaglichter auf einige der herausragenden gegenwärtigen und zukünftigen Probleme geworfen werden, ohne historische, gesellschaftliche und politische Zusammenhänge und Hintergründe aufzugreifen. „Das Leben vorwärts leben“ meint aber doch auch, über die unmittelbare Gegenwart hinauszuschauen.

Den dabei aufscheinenden Problemfeldern widmen sich in großer Vielfalt auf ganz eigenständige, philosophisch fundierte Weise – und damit zurück zu zentralen Themen der Autobiographie – sowohl die Schriftenreihe der „Grauen Edition“ als auch die Jahresschrift „Scheidewege“. Wie bereits in dem entsprechenden Kapitel ausgeführt, beide Publikationsreihen wenden sich nicht „*gegen* die Situation unserer Zeit", „skeptisches Denken" bedeutet nicht *Gegnerschaft*, beide regen vielmehr mit Einwänden, Einsichten und Impulsen zu einer geistigen Um- und Neuorientierung an.

Und noch in einem weiteren Punkt sei zur Autobiographie zurückgekehrt. Der Bedeutung von Freundschaften und Freundeskreisen kam ein größerer Raum zu – in einer Gemeinschaft von Gleichgesinnten lässt sich am ehesten den Widrigkeiten der Zeit begegnen. Insbesondere die Bedeutung der Jugendbewegung stand dabei im Blick, heute zwar zahlenmäßig verschwindend klein, substanziell um so gewichtiger. Der schon eingangs zitierte Pädagoge und Analytiker Günther Bittner, selbst nicht aus der Bewegung kommend, formulierte vor geraumer Zeit im Zusammenhang von Schwierigkeiten Jugendlicher, eine sinnvolle Lebens- und Zukunftsperspektive aufzubauen: „Der Weg aus der Misere, wenn es denn einen gibt, würde darin bestehen, Räume zu schaffen, wo sich das Leben in allen seinen Facetten ereignen kann, – absichtslos, unprogrammatisch, naturwüchsig sozusagen, offen für das Alltägliche, das Individuelle, das Überraschende, offen für alles, was sich ereignen will."[9] Mit dieser Formulierung sind noch einmal, aus einer etwas anderen als der Insider-Perspektive, und ganz nebenbei, wesentliche Momente einer jugendbewegten Welt angesprochen, die auf eine zeitlose Aktualität verweisen.

Was die unmittelbare Aktualität betrifft, so steht 2013 die 100-jährige Wiederkehr des „Ersten Freideutschen Jugendtages" von 1913 auf dem Hohen Meißner an. Hatte ich zum 75-jährigen Jubiläum vermerkt, ich wollte es als damaliger „eisbrecher"-Schriftleiter redaktionell nicht begleiten, „zu fremd blieben mir so manche Erscheinungen im Vorfeld"[10], so könnte dies um so mehr für das Meißnertreffen 2013 gelten, wo, wiederum im Vorfeld, noch viel heftigere Kontroversen aufgekommen sind. Wie auch immer sich das 100-jährige Meissner-Jubiläum gestalten wird, welche Bedeutung diesem Fest für die heutigen Bünde zukommen mag, zu wünschen bleibt, es würde zum großen überbündisches Treffen, zum Zeichen einer lebendigen bündischen Gemeinschaft.

Was aber bereits als gelungenes Gemeinschaftswerk der Bünde geschaffen und im Vorjahr zum Meißner-Jubiläum fertiggestellt werden konnte, ist auf Burg Ludwigstein der Enno-Narten-Bau, benannt nach dem Entdecker der Burg, ein „nachhaltig geschaffenes, weithin sichtbares Bauwerk, zugleich ein im Verborgenen wirkendes, unsichtbares der Gemeinschaft zwischen den Bauenden unterschiedlichster Bundeszugehörigkeit", so etwa führte ich in einer Ansprache zum Richtfest aus und fuhr fort: „Damit werden sie einen Beitrag zum Meißner-Gedenkjahr 2013 geleistet haben, der dem Geiste der Jugendbewegung nicht besser entsprechen könnte."[11]

Auch wenn diese Themen aus dem Umfeld der Jugendbewegung keinen eigentlichen Schluss für eine Autobiographie ergeben, sie führen jedenfalls in die unmittelbare Gegenwart, weisen zugleich ein wenig darüber hinaus. Ohne die in Aussicht genommenen schicksalsanalytischen Deutungen der eigenen Biographie weiter aufzugreifen, die Aufzeichnungen mögen hier abrupt und beliebig enden, das Leben aber führt weiter, „offen für alles, was sich ereignen will", so das vorige Zitat, und mit Worten Kierkegaards, das Leben „muss vorwärts gelebt werden". Dass es sich nur „rückwärts verstehen lässt" – dies sollte in den „Begegnungen und Schicksale" auch zum Ausdruck gekommen sein.

Anmerkungen

Vom Sinn biographischer Aufzeichnungen (Seiten 9–13)

1 Postman, Neil: Das Verschwinden der Kindheit. Frankfurt a.M.: S. Fischer 1983, S. 15.

2 Wagenschein, Martin: Erinnerungen für morgen. Eine pädagogische Autobiographie. Weinheim u. Basel: Beltz 1983.

Kapitel I (Seiten 14–32)

1 Szondi, Leopold: Schicksalsanalyse. Wahl in Liebe, Freundschaft, Beruf, Krankheit und Tod. Basel/Bern: Schwabe 1965, 3. Aufl. Vgl. Anhang, Seite 414.

2 Bleistiftzeichnungen des Großvaters Karl Wittel aus seiner Jugendzeit, siehe Anhang, Seite 416f.

3 Zeichnung mit der Bildunterschrift: „Whyskey-Währung im Handel mit den Indianern: Zahlung in Gold oder Silber verboten". In: Der Spiegel, 41. Jg., Nr. 5, S. 153. Vgl. Anhang, Seite 416.

4 Kükelhaus, Hugo/Balkenhol, Gregor: Werde Tischler. Berlin: Metzner 1936.

5 Der Großvater Karl Wittel um1880 in Omaha, Nebraska. Foto Seite 415.

6 Adorno, Theodor W.: Tabus über dem Lehrberuf. In: Ders.: Erziehung zur Mündigkeit. Frankfurt a.M.: Suhrkamp 1970, S. 78.

7 Rutschky, Katharina (Hrsg.): Schwarze Pädagogik. Quellen zur Naturgeschichte der bürgerlichen Erziehung. Frankfurt a.M., Berlin, Wien: Ullstein 1977.

8 Die Großmutter Martha Wittel um 1895 in Nottingham. Foto Seite 415.

9 Breuer, Hans: Das Teegespräch. In: Wandervogel DB, H. 2, 1911. Aus: Ziemer, Gerhard/Wolf, Hans (Hrsg.): Wandervogel und Freideutsche Jugend. Bad Godesberg: Voggenreiter 1961, S. 227.

Kapitel II (Seiten 33–58)

1 Stadt Reutlingen (Hrsg.): Reutlingen 1930–1950. Nationalsozialismus und Nachkriegszeit. Katalog und Ausstellung zum 50. Jahrestag des Kriegsendes. Reutlingen 1995.

2 Rühmkorf, Peter: Über das Volksvermögen. Exkurse in den literarischen Untergrund. Reinbek: Rowohlt 1967.

3 Jaffé, Aniela (Hrsg.): Erinnerungen, Träume, Gedanken von C. G. Jung. Olten: Walter 1987 (5. Aufl.), S. 27.

4 Jahnn, Hans Henny: Das Holzschiff. München: Weismann 1949, S. 148.

5 Kohlhöfer, Paul: Die blauen Ringe. München: Goldmann 1954.

6 Ein Foto im Anhang (Seite 419) zeigt Karl Digel mit meinem Vater bei naturkundlichen Betrachtungen.

7 Digel, Karl: Busso und sein Reich. Reutlingen: Philadelphia-Buchhandlung 1953.

8 Zu Jörn Farrow's U-Boot-Abenteuer vgl. Kap. VII, Anm. 3.

9 Scholl, Inge: Die weiße Rose, Frankfurt a.M.: Frankfurter Hefte 1952, S. 18.

10 Jürgen Malitz: Nachruf auf Walter Schmitthenner. In: Gnomon 71, 1999, S. 174–180.

Kapitel III (Seiten 59–85)

1 Gottfried Benn, Zeile aus dem Gedicht „Jena".

2 Caselmann, Christian: Wesensformen des Lehrers – Versuch einer Typenlehre. Heidelberg, 3. Aufl. 1964.

3 Herausragendes wissenschaftliches Renommee erlangte Prof. Dr. Peter Berthold, Direktor des Max-Planck-Instituts für Ornithologie-Forschung.

4 Dichten und Trachten, Jahresschau des Suhrkamp Verlages, VI. Frankfurt/M. 1955, S. 73–78 u. S. 68–73.

5 Aufzählung der Themen in Anlehnung an Walter Muschg (Hrsg.): Hans Henny Jahnn. Eine Auswahl aus seinem Werk. Olten: Walter 1959. – Gelegentlich wurde diese Ausgabe und weitere von ihm herausgegeben Jahnn-Editionen aus Germanistenkreisen abfällig beurteilt. Muschgs Verdienst bleibt jedoch, einen wesentlichen Beitrag zu Verbreitung und Verständnis des Jahnnschen Werkes geleistet zu haben. Zu der philologisch ambitionierteren sog. „Hamburger Ausgabe", Werke in Einzelbänden (Hamburg 1985–1994), könnte, ob ihrer überzogenen editorischen Prinzipien mit Arno Schmidt angemerkt werden: „‚Große wissenschaftliche Ausgabe?' (Oh, ich weiß schon, (...): wenn sie uns zu dem Kind noch die placenta servieren!". Nach: Ruetz, Michael: Arno Schmidt. Bargfeld. Frankfurt a.M.: Zweitausendeins 1993, S. 148.

6 Lennartz, Franz: Deutsche Dichter und Schriftsteller unserer Zeit. Stuttgart: Kröner 1959, 8. Aufl., S. 348.

7 Programm in: Staatl. Aufbaugymnasium mit Heim, Nagold (Schulzeitung), Nr. 6, 2. Jg, Weinachten 1959, S. 22f.

8 Die „Lese-Erfahrungen" als Ergebnis des Wettbewerbs sind zusammengestellt in dem Buch Bitz, Ulrich (Hrsg.): Jahnn lesen: Fluß ohne Ufer. Ein Lektürebuch. München, Wien: Hanser 1993.

9 Sauer, Walter: Zweimal „Fluß ohne Ufer". Text, verfasst zur Teilnahme an dem von Botho Strauß ausgelobten Wettbewerb. (Siehe Seite 396ff.). Ders.: „Die sonderbaren Dimensionen aus Blei und Licht ...". Betrachtungen zu Hans Henny Jahnns „Die Nacht aus Blei" und den Radierungen von Klaus Böttger. In: Muschelhaufen, Nr. 27/28, Viersen 1989, S. 76–81. (Wiederabdruck, Seite 405ff.).

10 Gottfried Benn, Zeile aus dem Gedicht „Teils – teils".

11 Grieshaber, HAP: Hommage à Werkman. Stuttgart: Fritz Eggert 1958.

12 Helmut Dolmetsch/Walter Sauer: Wir besuchten Professor Grieshaber. In: Staatl. Aufbaugymnasium mit Heim, Nagold (hektographierte Schulzeitung), Nr. 2, Sommer 1958, S. 13–15.

13 Tristan Tzara, in: Arp, Huelsenbeck, Tzara: Die Geburt des Dada. Zürich: Arche 1957, S. 171.

14 Arp 1886–1966. Ausstellungskatalog Württembergischer Kunstverein Stuttgart. Stuttgart: Hatje 1986. Abb. „Die Nabel-Flasche" S. 69; zum Thema Nabel ferner S. 27 u. passim.

15 Ebd., S. 260ff.

16 Laszlo, Carl: Gespenster; Linke Nazis gegen Zionisten. Beilagen in: Panderma, Nr. 9, Basel 1969.

17 Laszlo, Carl: Die Homosexualität des Mannes im Szondi-Test. Stuttgart: Enke 1956.

18 Geipel, Ines/Ulbrich, Maren (Hrsg.): Der Sammler Carl Laszlo. Facetten der Moderne. Potsdam: vacat 1998. Artikel in: Häuser, Nr. 4/1980, S. 80ff.; Architektur Schöner Wohnen, H. 6/1990, S. 46ff.; art 12/1998, S. 46ff.

19 Szondi, Leopold: Lehrbuch der experimentellen Triebdiagnostik. Band III: Trieblinnäus-Band. Bern: Huber 1969, S. 5.

20 In zwei Arbeiten zu Leben und Werk Leopold Szondis wird darüber berichtet, Kronenberg, Béatrice: Die Schicksalsanalyse und die Lebensgeschichte ihres Begründers Leopold Szondi. Zürich: Szondi-Institut 1998. Bürgi-Meyer, Karl: Leopold Szondi. Eine biographische Skizze. Zürich: Szondi-Verlag 2000. Im Übrigen finden sich in beiden Büchern umfangreiche bibliographische Angaben zum Werk von Leopold Szondi, einschließlich Sekundärliteratur.

21 Theobaldy, Jürgen: Sonntags Kino. Berlin: Rotbuch 1978.

Kapitel IV (Seiten 86–114)

1 Müller, Albrecht: Beiträge zur Geschichte der Entwicklung Friedrich Julius Stahls. Diss. Tübingen 1933.

2 In: Pross, Harry (Hrsg.): Die Zerstörung der deutschen Politik, Frankfurt a. M.: Fischer 1959, S. 145–156.

3 Sputnik-Schock 1957. Vgl. dazu, sowie zu den wissenschaftsorientierten Curricula, Kap. VIII, 2.

4 Eberhard-Karls-Universität Tübingen, Studienführer. Tübingen 1968, S. 352–355.

5 Bittner, Günther: Der Erwachsene. Multiples Ich in multipler Welt. Stuttgart: Kohlhammer 2001, S. 107.

6 Bittner, Günther: Kein Mensch kann für mich fühlen: ich bin. Würzburg: Königshausen & Neumann 2003, S. 134; 97.

7 Jahn, Ilse (Hrsg.): Geschichte der Biologie. Heidelberg, Berlin: Spektrum Akademischer Verlag, 2000.

8 Vgl. die Bände der Reihe: Geschichte der Kaiser-Wilhelm-Gesellschaft im Nationalsozialismus, Göttingen: Wallstein 2000ff., insbes. Bd. 9: Schmuhl, Hans-Walter: Grenzüberschreitungen. Das Kaiser-Wilhelm-Institut für Anthropologie, menschliche Erblehre und Eugenik 1927–1945. Göttingen: Wallstein 2005.

9 Lagnado, Lucette Matalon/Dekel, Sheila Cohn: Die Zwillinge des Dr. Mengele. Der Arzt von Auschwitz und seine Opfer. Reinbek: Rowohlt 1994.

10 Kohlhammer, Siegfried: Eine Grundtorheit des Jahrhunderts existiert weiter. Über Mao und den chinesischen Kommunismus. In: Merkur, H. 1, 2006, S. 32.

11 Welter, Günther: Bündische Jugend heute, Frankfurt a. M.: dipa 1966, S. 108.

12 Nachrichten-Dienst. Beilage zu den Zeitschriften „Erkenntnis und Tat“ und „Der Wildpfad“. Hrsg.: Siegfried Schmidt, Hördt/Pfalz, Nr. 21, 1967. Bis zu meinem Rücktritt als Bundesführer ist unser Bund mit Nachrichten vertreten, zuletzt in Nr. 46, Dezember 1982. Mit Nr. 48, 1984, endet das Erscheinen der Zeitschrift.

13 Köbel, Eberhard: Fahrtbericht 29 (Lappland). Potsdam: Voggenreiter 1930. Wiederdruck in: tusk. Gesammelte Schriften und Dichtungen, hg. von Werner Helwig. Heidenheim: Südmark 1962; auch in: Koebel-tusk, Eberhard. Werke. Lapplandfahren und Berichte. Edermünde: Freudenstein 2002.

14 Goetze, Martin: Lebensweise und Lebensbedingungen. Säugetiere und Vögel im Kirchspiel Inari (68°30’ – 69°N) im finnischen Lappland. Diss. Bonn 1969.

15 Sauer, Walter: Lappland-Sternfahrt 1965. In: der eisbrecher, H. 12, 1965, S. 285.

16 Sauer, Walter: Vom Bauen in den Bünden. Ansprache zum Richt- und Bauhüttenfest des Enno-Narten-Baus auf der Jugendburg Ludwigstein. In: Idee und Bewegung, H. 92, 2010, S. 63–65. Wiederabdruck in diesem Band S. 299ff.

Kapitel V (Seiten 115–145)

1 Sauer, Walter: Vom Wandern und Naturerleben der Jugendbewegung. In: Stibane, Pit (Hrsg.): Kiefern im Wind – Zum Naturverhältnis in der Jugendbewegung, Karlsruhe 2010, Nr. 2 der Schriftenreihe in Verbindung mit dem Mindener Kreis, S. 72–81. Wiederabdruck in diesem Band S. 287ff.

2 Sauer, Walter (Hrsg.): Rückblicke und Ausblicke. Die deutsche Jugendbewegung im Urteil nach 1945. Heidenheim: Südmarkverlag Fritsch 1978, S. 9–41.

3 Jahrbuch des Archivs der deutschen Jugendbewegung, Witzenhausen. Die Jahrbücher erscheinen seit 1969, enthalten jeweils schwerpunktmäßig spezielle Fachbeiträge, sowie Literaturverzeichnisse und Rezensionen zu Neuerscheinungen aus dem Umkreis der Jugendbewegung. Zunächst im Selbstverlag, Witzenhausen, ab 2004 Frankfurt a. M.: Wochenschau.

4 Zitiert u. a. bei Rudi Daur und Helmut Gollwitzer. Zitiert in: Sauer, Walter: Rückblicke und Ausblicke, a.a.O., S. 18, 151.

5 Kibbo Kift. Die Bücher der Waldverwandtschaft, Band 10, Regensburg: Der Weiße Ritter 1921.

6 Stenzel, Arnold: Die pädagogische Funktion des Wanderns und ihre pädagogische Bedeutung. In: Erziehung und Leben, Heidelberg: Quelle & Meyer 1960, S. 96–122, 126–130.

7 Grober, Ulrich: Vom Wandern. Neue Wege zu einer alten Kunst, Frankfurt a. M.: Zweitausendeins 2006.

8 Hans-Joachim Schoeps, in: Sauer, Walter (Hrsg.): Rückblicke und Ausblicke, a.a.O., S. 212. Ähnlich bei Walter Scherf – tejo in einem Interview 1988: „Wer nicht in einer Gruppe und Großfahrt gelebt hat, hat die Jugendbewegung nicht von innen erlebt".

9 Sauer, Walter (Hrsg.): Rückblicke und Ausblicke, a.a.O., S. 24–31.

10 Vgl.: Nohl, Herman: Die pädagogische Bewegung in Deutschland und ihre Theorie, Frankfurt a. M.: Schulte-Bulmke 1961, S. 126–140; Klafki, Wolfgang u.a.: Erziehungswissenschaft 1. Funkkolleg Erziehungswissenschaft, Frankfurt a. M.: Fischer Bücherei 1970, S. 55–74. Zitate aus: Vom „Pädagogischen Bezug", in: Die Grundschule, 7. Jg. 1975, S. 102.

11 Sauer, Walter (Hrsg.): a.a.O., S. 24ff. Vgl. auch: Bruns, Claudia: Politik des Eros. Der Männerbund in Wissenschaft, Politik und Jugendkultur (1880–1934), Köln, Weimar, Wien: Böhlau 2008; Hergemöller, Bernd-Ulrich: Hans Blüher. Annotierte und kommentierte Bibliographie (1905–2004), Hamburg 2004; Nachdruck von Jungmann, Fritz: Autorität und Sexualmoral in der freien bürgerlichen Jugendbewegung (EA 1936), in: Holler, Eckard (Hrsg.): Um seine Jugend nicht betrogen sein…, Nr. 3 der Schriftenreihe in Verbindung mit dem Mindener Kreis 2011, S. 43–76.

12 Helwig, Werner: Die Blaue Blume des Wandervogels. Überarbeitete Neuausgabe mit einem Bildanhang herausgegeben von Walter Sauer. Baunach: Deutscher Spurbuchverlag 1998. Versehen mit einem Nachwort, zugleich wiederabgedruckt das Nachwort der Ausgabe von 1980, S. 309–315. In den beiden Nachworten ist umfassend die Erscheinungsgeschichte der drei Ausgaben dokumentiert.

13 Sauer, Walter: Vom „Lichtgebet" zum „Fahnenträger". Menschenbilder und Menschenbildnisse der Jugendbewegung. In: der eisbrecher, H. 4/1987, S. 270–276. Überarbeitete Fassung in: Meissner-Dokumentation 1988, S. 103–114 unter dem Titel: „Lichtgebet" und „Fahnenträger". Menschenbilder und Menschenbildnisse der Jugendbewegung. In diesem Band S. 271ff.

14 Helwig, Werner: Diesseits der Illusion. In: der eisbrecher, H. 4/1984, S. 137f.

15 Sauer, Walter: Der Mythos des Naturerlebnisses in der Jugendbewegung. In: Knoll, Joachim H., Schoeps, Julius H.: Typisch deutsch: Die Jugendbewegung, Opladen: Leske+Budrich 1988.

16 Vgl. Anmerkung 1.

17 Sauer, Walter (Hrsg.): Verlassene Wege zur Natur. Impulse für eine Neubesinnung. Ein Lesebuch. Witzenhausen: Südmarkverlag 1992.

18 Sauer, Walter: Von den fünf „Überbündischen Treffen" und einem werdenden sechsten. In: puls, Heft 2, 1976, S. 16–22.

19 Vgl. der eisbrecher, H. 78, 1977 (das gesamte Heft mit Berichten, Zahlen, Fakten, Bildern); ferner: Hecht, Helmut/Sauer, Walter: Zwanzig Jahre danach: 6. Überbündisches Treffen Pfingsten 1977. In: der eisbrecher, H. 2/1997, S. 32–35.

20 Brief Carlo Schmid und weitere Dokumente zum 6. Überbündischen Treffen in diesem Band S. 427–431.

21 Vgl. Stichwort. Führungsschrift der Jugendbewegung, H. 3, 1977, S. 245–251 (mit Fotos und Abbildungen graphischer Arbeiten von Erich Mönch); besonders: Grieshaber, HAP: Nekrolog auf unseren Erich Mönch. Pfingstmontag 1977, S. 250 f. (Mit einer Graphik von Grieshaber – Text und Bild meines Wissens sonst nirgendwo erwähnt und abgebildet).

22 Vgl. Meißner-Dokumentation 1988, Witzenhausen: Südmarkverlag 1989.

23 Sauer, Walter: Idee und Gestalt einer bündischen Akademie, verschiedentlich abgedruckt u. a. in: Scheidewege, Jg. 25, 1995/96. Wiederabdruck in diesem Band, S. 303ff. – Vgl. zur Bündischen Akademie insbesondere auch die „Dokumentationen" der Jahrestagungen (Baunach: Spurbuchverlag 1995, 1996, 1998 und weitere), sowie: 25 Jahre evangelische jungenschaft Tyrker, Baunach: Deutscher Spurbuchverlag 2002.

24 Gerhard Ziemer: Der Wandervogel – Bild und Deutung. In: Ziemer, Gerhard/Wolf, Hans: Wandervogel und freideutsche Jugend, Bad Godesberg: Voggenreiter 1961, S. 10.

25 Schoeps, Hans-Joachim, in: Sauer, Walter (Hrsg.): Rückblicke und Ausblicke, a.a.O., S. 212.

26 Prof. Dr. Alfred Schmid-Stiftung (Hrsg.): In memoriam Alfred Schmid. Chronik und Anruf. Altdorf/Uri: ASEAG 1975, S. 78.

Kapitel VI (Seiten 146–178)

1 Helwig, Werner, Die Blaue Blume des Wandervogels, Gütersloh: Sigbert Mohn 1960, S. 360ff. (In den Auflagen 1980 u. 1998 wurden die Passagen und Kapitel zu Alfred Schmid wesentlich erweitert und verändert. Vgl. auch in diesem Band, Kap. V.2).

2 Sombart, Nicolaus: Jugend in Berlin.1933–1943. Ein Bericht. München: Hanser 1984, S. 186.

3 Kindt, Werner (Hrsg.): Die deutsche Jugendbewegung 1920–1933. Die bündische Zeit. Düsseldorf, Köln: Diederichs 1974, S. 931–946.

4 Vgl. Anmerkung 1.

5 In memoriam Alfred Schmid. Chronik und Anruf. Herausgegeben von der Prof. Dr. Alfred Schmid-Stiftung, Altdorf/Uri 1975; jetzt: Die Graue Edition: Zug/Schweiz.

6 Vgl. Euler, Karl-Joachim: Die Entwicklung der Brennstoffzellen, München: Thiemig 1974, Kap. 4.3. Neuerdings: Weiss, Burghard: Schweizer unterm Hakenkreuz. Walter Dällenbach, Alfred Schmid und die Rüstungsforschung

des Dritten Reiches. In: Hoffmann, Dieter; Walker Mark (Hrsg.): „Fremde“ Wissenschaftler im Dritten Reich, Göttingen: Wallstein 2011, S. 230–261.

7 Das Verhältnis Eberhard Köbel – Alfred Schmid könnte im Detail, ausführlicher als bisher bekannt, geklärt werden, seit die 12-bändige Ausgabe „Eberhard Koebel-tusk. Werke“ vorliegt (Edermünde 2002–2005). Siehe insbesondere die 3 Bände „Zeitschriftenaufsätze“. Um nur *ein* Beispiel zu nennen, in Bd. 1, S. 126f. (aus: Tyrker 19, Herbst 1931): „Also, wenn sie über Grundsätzliches sprechen, unbedingt aufs Erotische kommen. Diese letzte Art von 30 Jährigen gehören aus dem Tempel verjagt, einschließlich Fred Schmid […] Wer über Eros spricht, … wird verjagt und geächtet“, wobei tusk in der Bewunderung seines vormaligen Hortenführers Romin einst Worte fand, die keinen Zweifel lassen, dass er um Homoerotik wusste, sich nunmehr aber gegenüber Fred als „Verfolger“ im Blüherschen Sinne gebärdet. Im übrigen schlägt er sich im selben Text auf die Seite eines Jungenführers („Alf“, S. 127), der nun gerade in dieser, und auch politischer, Beziehung nicht integer war, was tusk denn kurze Zeit später wohl selbst erkennen musste (vgl. „pläne“, H. 5, Juli 1932, in: s.o. S. 220). Die „Verfolger“-Mentalität schlägt schließlich in blanken, fanatischen Hass um, wenn es in dem eben angeführten „pläne“-Artikel heißt „Der proletarischen Faust, die den Hitlerfaschismus zermalmen wird, darf das Graue Corps mit seinem Übermenschen Fred Schmid nicht entwischen“ (ebd. S. 220). – Tusks vorangegangene Bemühungen um Fred Schmid und das Graue Corps, die eine gewisse Wertschätzung zum Ausdruck bringen, finden sich zum Beispiel im Zusammenhang eines Winterlagers 1929/30 (vgl. in „Zeitschriftenaufsätze“, Bd. 3, S. 180–183), oder des Lagers Ludwigswinkel 1930 (vgl. in „Zeitschriftenaufsätze“ Bd. 2, S. 130ff.), oder zuvor mit der Einladung an Fred Schmid und Max Himmelheber zur Gründungsversammlung von dj.1.11 am 1. November 1929 nach Stuttgart. – Max Himmelheber spricht im Rückblick auf Tusk von einem „seltsamen Haß-Liebe-Verhältnis zum Grauen Corps und dessen Führer“. (Vgl. Anmerkung 30, S. 367).

8 Zum „Gegner“ siehe u. a.: Schulz, Tilmann: Gegner. Nationalismus, Nationalbolschewismus und Massenpsychologie. Diss. Frankfurt a. M. 1980. Ausführlich auch bei Coppi, Hans/Andresen, Geertje (Hrsg.): Dieser Tod paßt zu mir. Harro Schulze-Boysen – Grenzgänger im Widerstand. Briefe 1915–1942, Berlin: Aufbau 1999.

9 Schmid, Fred: Aufstand der Jugend, Berlin: Hoffmann 1933 (Reihe „Die Schriften der Gegner“).

10 Coppi, Hans/Andresen, Geertje (Hrsg.), a.a.O., S. 155; 157.

11 Ebd., S. 180; 181; 182f.

12 Weiss, Burghard, a.a.O. S. 254.

13 Ebd., S. 255.

14 Faber, Georg Sebastian [d. i. Alfred Schmid]: Der Erzkönig. Eine Kampfschrift, Berlin: Der Graue Verlag 1933.

15 Scialpi, Julia: Der Kulturhistoriker Richard Benz (1884–1966). Eine Biographie. Ubstadt-Weiher: verlag regionalkultur 2010, S. 183f.

16 Einsiedel, Heinrich Graf von: Warum haben wir aufeinander geschossen? In: Böll, Heinrich/Kopelew, Lew: Warum haben wir aufeinander geschossen?, Bornheim-Merten: Lamuv 1981, S. 100f. (Zitat in sich stark gekürzt).

17 Siehe Anmerkung 2. Die Ausführungen über Alfred Schmid erstrecken sich von S. 182–186; vgl. hier besonders S. 186. Fatal an diesen Ausführungen, dass sie immer wieder zitiert werden, so als ob es sich um objektiv gültige Zeugnisse handle, zuletzt etwa bei Hergemöller, Bernd-Ulrich (Hrsg.): Mann für Mann. Biographisches Lexikon, 3. Aufl., Berlin: Lit 2012, S. 1058–1060.

18 Z. B. Grau, Helmut: In Memoriam Alfred Schmid. Chronik und Anruf (Rezension). In: Stichwort, Blätter für Jugendbildung, H. 2, 1976, S. 56–57.

19 Siehe Anmerkungen 3 und 5, insbesondere auch Wilhelm Wald: Inseln der Unantastbarkeit. Erinnerungen an Alfred Schmid und das Graue Corps. Heidenheim. Südmarkverlag Fritsch 1980, jetzt: Die Graue Edition, Zug/Schweiz.

20 Vgl. Schmid, Alfred: Erfüllte Zeit. Schriften zur Jugendbewegung. Heidenheim: Südmarkverlag 1978.

21 Schmid, Alfred: Von der Natur der Liebe. Schau und Bekenntnis. Witzenhausen: Südmarkverlag 1991. Ders.: Principium motus. Eine gnostische Schau. Zug/Schweiz u. Kusterdingen: Die Graue Edition 2007.

22 Ein Verzeichnis der Werke Alfred Schmids in der Grauen Edition ergibt keine vollständige Bibliographie. Die derzeit greifbaren Editionen sind in den jährlich aktualisierten Verlagsprospekten wie auch im Internet aufgeführt (www.die-graue-edition.de).

23 Schmid, Alfred: Erfüllte Zeit. Schriften zur Jugendbewegung, a.a.O.; Wald, Wilhelm: Inseln der Unantastbarkeit, a.a.O.

24 Lauermann, Dietmar: Das Graue Corps. Logos und Eros eines Bundes; Sauer, Walter: Der Mythos des Naturerlebnisses in der Jugendbewegung. In: Knoll/Schoeps: Typisch deutsch: Die Jugendbewegung. Beiträge zu einer Phänomengeschichte, Opladen: Leske + Budrich 1988.

25 Vgl. Kap. IV, Anmerkung 13.

26 Lieder der Eisbrechermannschaft. Neuauflage in Faksimile, Heidenheim: Südmarkverlag 1970, S. 4.

27 Das Prominentenfoto, der eisbrecher, Nr. 46, Oktober 1969, S. 275f. Vgl. S. 422.

28 dadarish: 20 Jahre Bündisches Forum. In: zeitung (Deutsche Freischar) 3/2003.

29 Sauer, Walter: Der Südmarkverlag und sein Gründer – Das Lebenswerk eines Jugendführers. In: Scouting, H. 1, 1999, S. 14f. Auch in: Flamberg. Freundeskreis -R- Bund Ekkehard, H. 13, 1999, S. 3–6. Ebenso in: Der Noppenbecher, Z. f. Familienforschung, H. 13, 1999, S. 67–70.

30 Himmelheber, Max: Erfahrenes und Erdachtes. In: Das Lagerfeuer, H. 48, Jg. 4, 1958, S. 361–371, hier S. 367; wieder abgedruckt in: der eisbrecher, H. 3, 1985, S. 252–255 unter dem Titel: Jugendbewegung – Stillstand oder Erfüllung? Vgl. auch Anmerkung 7.

31 Eberhard Koebel-tusk, Werke, a.a.O., Zeitschriftenaufsätze, Bd. 2, S. 122ff.

32 Himmelheber, Max: In der Dürre der Wüste … Vom Sinn des Bündischen. In: Schwarze Tanne, Heft Nr. 11, 1958, Hrsg.: Landesmark Nordbaden/BDP, S. 10.

Wiederabgedruckt in: Sauer, Walter: Rückblicke und Ausblicke, a.a.O., S. 226. – Ein in dieser Schrift markanter Satz, die Fahrt betreffend, „Straßen sind wie Flüsse zu überqueren", wurde für eine Darstellung der Geschichte des BDP als Titel verwendet: Hübner, Axel; Klatta, Rolf; Swoboda, Herbert (Hrsg.): Straßen sind wie Flüsse zu überqueren. Ein Lesebuch zur Geschichte des Bundes Deutscher Pfadfinder (BDP), Frankfurt a.M.: Jugend & Politik 1981. Auch wenn dieser BDP mit dem damaligen von 1958 in keinem direkten Zusammenhang steht, die Herkunft des Titels und der Name des Autors sind zutreffend benannt.

33 Kollmann, Franz (Hrsg.): Holzspanwerkstoffe. Berlin/Heidelberg/New York: Springer 1966. Die „Arbeiten des Laboratoriums Himmelheber in Baiersbronn" werden auf den Seiten 445–470 dargestellt, verfasst von Max Himmelheber. Darüber hinaus finden sich in diesem Band zahlreiche Verweise auf das „System Himmelheber". Einzelne Beiträge Himmelhebers in Fachzeitschriften, die Spanplatte betreffend, sind bibliographisch bislang nicht erfasst.

34 Die Spanplatte des Herrn Himmelheber. Ein Film von Hanspeter Michel. SWR-Fernsehen, patente & talente, 2010. Erstsendung: 3. 1. 2010 in SWR. In der Folge verschiedene Übernahmen in weitere Fernsehprogramme.

35 Eindrücke und Reflexionen über Japan und japanische Kultur finden sich in verschiedenen Pfadfinderzeitschriften: Himmelheber, Max: Brief aus Japan. In: Jungenleben, Nov. 1953, S. 290–300. Ders.: Ein Brief aus Japan. In: Das Lagerfeuer, H. 23, 1953, S. 355–362. Ders.: Erfahrenes und Erdachtes. In : Das Lagerfeuer, H. 41/42,1955, S. 144–151, 169–176.

36 Himmelheber, Max: Die Trinität der Natur. In: Scheidewege, Jg. 18, 1988/89. Jonas, Hans: Natur und Schöpfung. Kosmologischer Befund und kosmogonische Vermutung. In: Scheidewege, Jg. 18, 1988/89. Ders.: Materie, Geist und Schöpfung. Kosmologischer Befund und kosmogonische Vermutung, Frankfurt a. M.: Suhrkamp 1988.

37 Lagerstätte zur Endlagerung radioaktiven Materials, Offenlegungsschrift DE 4123034 A1, Deutsches Patentamt, 14.1.1993. – Depository for Storing Radioaktive Waste. United States Patent 5,304,705, Apr. 19, 1994.

Kapitel VII (Seiten 179–216)

1 Ausführlicher zum Thema Bibliophilie und Pressendruck, vgl. Sauer, Walter: Affinitäten zum Buch. Bibliophile Handpressendrucke der Aldus-Presse Reicheneck. In: Universitätsbibliothek Tübingen (Hrsg.): Neue Handpressendrucke der Aldus-Presse Reicheneck (Ausstellung), Tübingen 1994, S. 11–20. Leicht verändert in: Muschelhaufen, H. 31/32, Viersen 1994, S. 72–78.

2 Die bibliographischen Angaben zu den Privatdrucken der Bibliothek Omphalos lauten: (1) Uwe Jung, Blutstunden. Gedichte, 1973; (2) Albrecht Müller, Traumstadt Olivia. Gedichte, 1973; (3) Klaus Böttger, Radierungen, 1974; (4) Voaga (Volkmar Gantzhorn), Gezeichnete Bilder, 1975; (5) Albrecht Müller,

Einsicht bei Nacht. Gedichte, 1975; (6) Albrecht Müller, Meine bunten und grauen Gedichte. Gedichte, 1981; (7) Albrecht Müller, Das Banale und die Skandale. Gedichte, 1995.

3 Zu der Abenteuerheftserie vgl. Hartkopf, Wolfgang: Rolf Torrings' Abenteuer und Jörn Farrow's U-Boot-Abenteuer. Gedanken und Deutungen zu zwei Abenteuerheftserien. Norderstedt: Books on Demand 2009; Wanjek, Peter: Rolf Torring's Abenteuer. Eine deutsche Abenteuer-Heftreihe wird zur Legende. Braunschweig: Edition Corsar o.J. (1981).

4 Jünger, Ernst: Subtile Jagden. Stuttgart: Klett 1965.

5 Szondi, Leopold: Lehrbuch der experimentellen Triebdiagnostik. Bern: Huber 1960^2, S. 178f.

6 Jahnn, Hans Henny: Armut, Reichtum, Mensch und Tier. Berlin: Fischer (Bühnenmanuskript) 1934; ders.: Perrudja. München: Weismann 1948. (Nach: Bitz, Ulrich u.a.: Hans Henny Jahnn. Eine Bibliographie. Aachen: Rimbaud 1996, S. 23, Nr. 10.1 bzw. S. 31, Nr. 37.8).

7 Italiaander, Rolf: Kunstsammler, glückliche Menschen. Düsseldorf: Droste 1985.

8 Jünger, Ernst: Subtile Jagden, a.a.O., S. 335.

9 Der Autor mag ungenannt bleiben, das Zitat entnommen aus: Das Migof-Paradies. In: Brusberg Dokumente 8, Hannover 1975 (o.pag.).

10 Eine Caspar David Friedrich-Ausstellung in der Kunsthalle Hamburg 1974 mit über 200.000 Besuchern steht am Beginn einer langen Serie von Ausstellungsrekorden, die bis heute anhält.

11 Schmidt, Arno: Brand's Heide (1951). In: Ders.: Nobodaddy's Kinder. Trilogie. Hamburg 1963, S. 112.

12 Sauer, Walter: Eros und Thanatos. Vorbemerkungen zu einer erotischen Kunst. In: Böttger, Klaus: Erotische Zeichnungen. Frankfurt a.M.: Draier 1982. Unrechtmäßig und anonym wurden größere Teile des Textes ins Dänische übertragen für eine Auswahl von Geschichten aus Boccaccios Dekameron: Boccaccio. Det bedste fra Dekameron. Med illustrationer af Klaus Böttger. Kobenhavn: Lademann 1986, S. 241–244.

13 Wilhelm-Hack-Museum: Schrecknisse des Krieges. Druckgraphische Bildfolgen des Krieges aus fünf Jahrhunderten. Ludwigshafen 1983.

14 Bierce, Ambrose: Mitten im Leben sind wir vom Tod umfangen. Erzählungen. Mit 32 Zeichnungen von Klaus Böttger. Frankfurt a.M.: Büchergilde Gutenberg 1977. Ders.: Hinter der Wand. Schwarze Geschichten. Mit Bildern von Klaus Böttger. Frankfurt a.M.: Büchergilde Gutenberg 1991.

15 Böttger, Klaus: Hans Christian Andersen. Ein gezeichnetes Portrait von Klaus Böttger. Friedberg: Draier u. Büchergilde Gutenberg 1984. Buchformat 44,2x49,5cm.

16 Von Klaus Böttger liegen vier Werkverzeichnisse seiner Radierungen vor, allesamt erschienen im Verlag Draier, Frankfurt a.M. bzw. Friedberg/Ts. Band I, 1975; Bd. II, 1980; Bd. III, 1984; Bd. IV, 1991.

17 Laszlo, Carl (Hrsg.): Panderma Nr. 10/11, Basel 1971; das Zitat in: Carl Laszlo. Texte & Manifeste. Hinwil: Edition Howeg 1970 (o.pag.).

18 Die Schule der Neuen Prächtigkeit. Gemälde und Dokumente einer Künstlergruppe. Berlin: Nicolai 2009; Johannes Grützke. Die Retrospektive. Werke und Dokumente. Nürnberg: Germanisches Nationalmuseum 2011.

19 Grützke, Johannes: Übers Portraitieren. In: Scheidewege, Jg. 41, 2011/2012, S. 193–208.

20 Sauer, Walter; Lauermann, Dietmar: Borris Goetz oder der Weg eines Malers durch seine Zeit. Heidenheim: Südmark, Graue Reihe Bd. 4, 1986.

21 Zitiert nach Mogge, Winfried: Bilddokumente der Jugendbewegung. In: Jahrbuch des Archivs der deutschen Jugendbewegung, Bd. 14, 1982–83. Witzenhausen 1983, S. 152.

22 Sauer, Walter: Anamorphosen, Akt und Archetypen. In: Goetz, Borris: Brevier. Künstlerische Zeugnisse. Bad Kreuznach: Fr. Fiedler 1988, S. 5–7. Goetz, Borris: Feminine Landschaften. Zeichnungen und Reflexionen. Reicheneck: Aldus-Presse 1996. Ders.: Apollinische Landschaften. Zeichnungen und Reflexionen. Reicheneck: Aldus-Presse 1997. Die beiden „Bibliophilen Hefte" der Aldus-Presse vermerken im Impressum meine Herausgeberschaft; die Prof. Dr. Alfred Schmid-Stiftung, Zug/Schweiz ermöglichte deren Erscheinen als Handpressendrucke in nummerierter, signierter Ausgabe.

23 Gohr, Siegfried (Hrsg.): Johannes Dörflinger. Eine Monographie. Zug/Schweiz: Graue Edition; Köln: Wienand 1999. Dörflinger, Johannes: BilderFindung. Zug/Schweiz: Graue Edition; Köln: Wienand 2003.

24 Dörflinger, Johannes; Storz, Bernd: „Große Balance". Skulpturen und Gedichte. In: Scheidewege, Jg. 36, 2006/07, S. 317–344. Dörflinger, Johannes: Apokalypse – offen. In: Scheidewege, Jg. 40, 2010/11, S. 237–256.

25 Tabbert, Reinbert: Körperspiel und Körperschrecken: Die Märchenholzschnitte Peter Fetthauers. In: Scheidewege, Jg. 32, 2001/03, S. 35–58.

26 Tripp, Jan Peter: Malerei. Kultur- und Museumszentrum Schloß Glatt, 2003, S. 3.

27 Tripp, Jan Peter: Handmade. Catalogue déraisonné. Mittelbergheim, France, 2010.

28 Tripp, Jan Peter: „Das starke Bild". In: Scheidewege, Bd. 42, Jg. 2012/2013, S. 225–248.

29 Porträt „Der Szondianer", S. 460.

30 Spiegel-Gespräch: Geständnis eines ewigen Hippies. Der Maler Wolfgang Beltracchi fälschte 35 Jahre lang Gemälde und verdiente damit Millionen. In: „Der Spiegel", Nr. 10 vom 5.3.2012, S. 126–136.

31 Panderma Nr. 5, Basel o. J. (1962).

32 In: Grützke, Johannes: Malen ist Denken. Gifkendorf: Merlin 2007, S. 11.

Kapitel VIII (Seiten 217–248)

1 Picht, Georg: Die deutsche Bildungskatastrophe. Analyse und Dokumentation. Olten u. Freiburg: Walter 1964.

2 Dahrendorf, Ralf: Bildung ist Bürgerrecht. Plädoyer für eine aktive Bildungspolitik. Hamburg: Nannen 1965.

3 Robinsohn, Saul B.: Bildungsreform als Revision des Curriculum. Neuwied: Luchterhand 1967.

4 Frey, Karl (Hrsg.): Curriculum-Handbuch. Band I-III. München: Piper 1975, hier Bd. I, S. 217.

5 Loch, Werner: Anfänge der Erziehung. Zwei Kapitel aus einem verdrängten Curriculum. In: Maurer, Friedemann (Hrsg.): Lebensgeschichte und Identität. Beiträge zu einer biographischen Anthropologie. Frankfurt: Fischer 1981, S. 33.

6 Brezinka, Wolfgang: Von der Pädagogik zur Erziehungswissenschaft. Eine Einführung in die Metatheorie der Erziehung. Weinheim u. Basel: Beltz 1971.

7 Vgl. Kapitel IV.4.

8 Deutscher Bildungsrat. Empfehlungen der Bildungskommission: Strukturplan für das Bildungswesen. Stuttgart: Klett 1970.

9 Flitner, Andreas: Mißratener Fortschritt. Pädagogische Anmerkungen zur Bildungspolitik. München: Piper 1977.

10 Spreckelsen, Kay: Naturwissenschaftlicher Unterricht in der Grundschule. Wechselwirkungen und ihre Partner. Frankfurt a.M.: Diesterweg 1971.

11 Vgl. Freytag, Fritz: Am Heimatborn. Stoffsammlung für den Heimatkunde-Unterricht in der Grundschule. Esslingen a. N.: Burgbücherei 1951, 4. Aufl.

12 Empfehlung zur Verkehrserziehung in der Schule. Beschluß der Kultusministerkonferenz vom 7. Juli 1972. Abgedruckt u. a. in: Mutschler, Dieter/Sauer, Walter (Hrsg.): Verkehrserziehung in Theorie und Praxis. Bad Heilbrunn: Klinkhardt 1976.

13 Mutschler, Dieter/Sauer, Walter (Hrsg.): Verkehrserziehung in Theorie und Praxis. A.a.O.; Mutschler, Dieter/Sauer, Walter: Aus den Jahrbüchern der Kinderliteratur – Texte zum Lernbereich Verkehr. In: Karst, Theodor (Hrsg.): Kinder- und Jugendlektüre im Unterricht. Band 1: Primarstufe. Bad Heilbrunn: Klinkhardt 1978, S. 66–81.

14 Nach: Bittner, Günther: Psychoanalyse und soziale Erziehung. München: Juventa 1967, S. 50.

15 Amendt, Günter: Sexfront. Frankfurt a.M.: März 1970.

16 Schuh-Gademann, Lilly: Erziehung zur Liebesfähigkeit. Materialien und Konzepte für eine frühkindliche Sexualerziehung. Heidelberg: Quelle & Meyer 1972.

17 Sauer, Walter (Hrsg.): Verlassene Wege zur Natur. Impulse für eine Neubesinnung. Ein Lesebuch. Heidenheim: Südmarkverlag 1992. Die beiden von mir verfassten Beiträge wiederabgedruckt in diesem Band, S. 322–336 u. 337–352.

18 Kükelhaus, Hugo/zur Lippe, Rudolf: Entfaltung der Sinne. Ein „Erfahrungsfeld“ zur Bewegung und Besinnung. Frankfurt a.M.: Fischer Taschenbuch 1982.

19 Wagenschein, Martin: Verstehen lehren. Genetisch – Sokratisch – Exemplarisch. Weinheim: Beltz 1968.

20 Montessori, Maria: „Kosmische Erziehung“. Hrsg.: Oswald, Paul u. Schulz-Benesch, Günter. Freiburg: Herder 1988.

21 Sauer, Walter: Kinderphilosophie – Philosophieren mit Kindern. In: Scheidewege, Jg. 36, 1996/97, S. 277–295. Wiederabdruck in diesem Band, S. 373ff.

22 Szeemann, Harald: Monte Verità. Berg der Wahrheit. Lokale Anthropologie als Beitrag zur Wiederentdeckung einer neuzeitlichen sakralen Topographie. Milano: Electa Editrice 1978.

23 Ricci, Fabio: Ritter, Tod & Eros. Die Kunst Elisàr von Kupffers. Köln: Böhlau 2007.

24 Fok, Oliver: Johann Michael Bossard. Einführung in Leben und Werk. Rosengarten-Ehestorf: Selbstverlag Förderverein Museum Kiekeberg 2004.

25 Vgl. Linse, Ulrich: Barfüßige Propheten. Erlöser der zwanziger Jahre. Berlin: Siedler 1983; Kerbs, Diethart/Reulecke, Jürgen (Hrsg.): Handbuch der deutschen Reformbewegungen 1880–1933. Wuppertal: Hammer 1998.

26 Brandstetter, Alois: Stille Größe. Pforzheim: Harlekinpresse 1971

27 Zitate nach der Ausgabe: Aristoteles: Nikomachische Ethik. Frankfurt a.M.: Fischer Bücherei 1957.

28 Storm, Theodor: Der Schimmelreiter. Stuttgart: Reclam 1963, S. 30.

29 Vgl. Bilz, Rudolf: Die unbewältigte Vergangenheit des Menschengeschlechts. Beiträge zu einer Paläoanthropologie. Frankfurt a.M.: Suhrkamp 1967, S. 174 f.

30 Zulliger, Hans: Heilende Kräfte im kindlichen Spiel. Stuttgart: Klett 1952, S. 81.

31 Szondi, Leopold: Schicksalsanalyse. Wahl in Liebe, Freundschaft, Beruf, Krankheit und Tod. Basel/Bern: Schwabe 1965, 3. Aufl.

32 Vgl. zum Thema: Pohlmann, Friedrich: „PowerPoint" und „Bologna". Wie sich unser Wissen industrialisiert. In: Scheidewege, Jahresschrift für skeptisches Denken, Jg. 41, 2011/2012, S. 332–350.

„Das Leben rückwärts verstehen …" (Seiten 249–253)

1 Fuchs, Thomas: Das ungelebte Leben. In: Ders.: Leib und Lebenswelt. Neue philosophisch-psychiatrische Essays. Zug/Schweiz: Graue Edition 2008, S. 221.

2 Vgl. Anmerkung 1.

3 Jünger, Ernst: Sgraffiti. Stuttgart: Klett-Cotta 1960, S. 119.

4 Postman, Neil: Das Verschwinden der Kindheit. Frankfurt a.M.: S. Fischer 1983.

5 Lütkehaus, Ludger: Die infantilisierte Gesellschaft. In: Scheidewege, Jg. 40, 2011/12, S. 392–395.

6 Vermutlich stammt diese Wendung von Peter Sloterdijk.

7 Riesman, David: Die einsame Masse. Darmstadt: Luchterhand 1956.

8 Anders, Günther: Die Antiquiertheit des Menschen. Bd. 1. München: Beck 1956 .

9 Bittner, Günther: Von den Schwierigkeiten Jugendlicher, eine sinnvolle Lebens- und Zukunftsperspektive aufzubauen. In: Neue Sammlung, 31. Jg., H. 1, 1991, S. 95.

10 Vgl. Seite 127.

11 Sauer, Walter: Vom Bauen in den Bünden. Ansprache zum Richt- und Bauhüttenfest des Enno-Narten-Baues auf der Jugendburg Ludwigstein. In: Idee u. Bewegung, H. 92, 2010, S. 63–65. Wiederabgedruckt in diesem Band S. 299ff.

Reden, Aufsätze, Veröffentlichungen zu den Themen

– Jugendbewegung

– Mensch und Natur

– Pädagogik und Schule

– Literatur und Kunst

Die hier aufgenommenen Arbeiten stammen aus den Jahren 1978 bis 2010. Dass ihre Entstehungszeit, mitunter auch ein konkreter Anlass, zu erkennen sind, sollte nicht durch Überarbeitungen und Ergänzungen beseitigt werden. Sie mögen trotz ihrer Zeitbedingtheit eine gewisse Gültigkeit über den Tag hinaus behalten. Aus Umfangsgründen war eine Aufnahme weiterer Veröffentlichungen nicht möglich. Auf ein bibliographisches Verzeichnis sämtlicher Publikationen wurde verzichtet; den einzelnen Kapiteln der Biographie mit den dazugehörenden Anmerkungen lassen sich weitere Titel entnehmen. Die ausgewählten Texte sind im Wesentlichen ohne inhaltliche, stilistische oder orthographische Anpassungen wiedergegeben.

„Lichtgebet“ und „Fahnenträger“

Menschenbilder und Menschenbildnisse der Jugendbewegung*

Von ihren ersten Anfängen an hat die Jugendbewegung eine Fülle von Büchern und Traktaten, Schriften und Abhandlungen hervorgebracht, so als müßte sie über ihr Tun und Treiben ständig Rechenschaft ablegen, vor sich selbst und nach außen, als könnte sie reflektierend erst zu Sinn und Ziel gelangen. Bei aller Vielfalt des Gedruckten finden sich nur ganz vereinzelt Beiträge, die ausdrücklich das Menschenbild der Bewegung thematisieren.[1] Wohl wird immer wieder und immanent ein Bild vom Menschen gezeichnet; es bleibt jedoch arm an Konturen, zu selbstverständlich scheint das gemeinsame, verbindende Lebensgefühl, als daß es der kritischen Erörterung bedürfte, und wo man sich daran versucht, entzieht es sich nur allzu rasch der Analyse. Dies liegt in der Natur der Sache:

Jugendbewegung war und ist zuallererst Lebensbewegung, d. h. Bewegung, die sich im gemeinschaftlichen Tun und Erleben erfüllt und nicht im Denken, in der Reflexion. Es bleibt eine Kluft zwischen dem, was man erlebt, und was man erlebend so weiß, daß es in Worte und Gedanken zu fassen ist. Zwar gibt es eine sogenannte Lebensphilosophie; an der jedoch hat die Jugendbewegung keinen Anteil. Sie „hat bisher keinen Wilhelm Dilthey hervorgebracht, aber ein Theoretiker des Erlebnisses, ein Denker des Intuitiven müßte es schon sein“, wie Hans-Joachim Schoeps als ein aus der Bewegung Kommender im Rückblick kritisch feststellt.[2]

* Die beiden Bilder zum Verständnis des Beitrags finden sich auf den Seiten 432 und 433.

Noch einmal: Jugendbewegung ist zuerst gelebtes und nicht reflexives Leben, ist nicht Philosophie. Nur Philosophien oder Religionen haben ausdrückliche Menschenbilder. Erscheinungen wie der Jugendbewegung sind Menschenbilder nur immanent und unbewußt eigen; sie können erst im Nachhinein und interpretierend erschlossen werden aus ihren Zeugnissen in Sprache, Musik und Kunst. Die Interpretationen können nie eindeutig, letztgültig und abgeschlossen sein. Je nachdem, wer zu welcher Zeit welche Quellen in welcher Absicht und mit welchem Verständnis interpretiert, ergeben sich andere und neue Hinsichten.

Wenn nun der Versuch gemacht wird, im Blick auf die Geschichte der Jugendbewegung aus Anlaß der 75. Wiederkehr des Meißnertreffens 1913 die ihr eigenen Menschenbilder vor dem Hintergrund zweier Bildnisse näher zu bestimmen, so einmal, weil damit Wesen und Bedeutung der Bewegung – auch für Gegenwart und Zukunft – in nuce sichtbar werden können. Zum anderen, weil dieses Sichtbarmachen in einem wörtlichen Sinne gegeben ist, insofern als in der bildhaften Darstellung des Menschen unmittelbar ein Menschen-Bild vorliegt, in welches das Verständnis des Malers vom Menschen bereits eingegangen ist, und das, falls es Beachtung und Anerkennung findet, das Menschenbild derer spiegelt, die sich damit identifizieren.

Bei beiden hier vorzustellenden Bildern kommen die Künstler, wenn nicht direkt aus der Jugendbewegung, so doch aus deren unmittelbarem Umfeld; beiden Bildern ist jeweils breite Resonanz in den Bünden ihrer Zeit zugekommen. Auf den ersten Blick schon ist ersichtlich, daß die zwei Bilder verschiedenen Generationen und ganz unterschiedlichen Welten der Jugendbewegung zugehören. Das eine, mit dem Titel „Lichtgebet“, wurde zu Anfang des Jahrhunderts von Hugo Höppener, genannt Fidus (1868–1948), geschaffen – es mag die Epoche der Wandervögel repräsentieren. Das andere von Oskar Just (1895–1964) aus dem Jahre 1931 trägt den Titel „Der Fahnenträger von dj. 1. 11“ – es kann für die bündische Phase der Jugendbewegung stehen. Die folgenden Ausführungen gehen der Entstehungs- und Wirkungsgeschichte von „Lichtgebet“ und

„Fahnenträger“ nach und greifen die Frage nach dem zugrunde liegenden Menschenbild auf.

Zunächst zum „Lichtgebet“ und seinem Schöpfer.[3] Fidus wurde als Hugo Höppener 1868 in Lübeck geboren und gelangte in seinen späten Jugendjahren zu einem in mancherlei Hinsicht exzentrischen Lebensreformer und Künstler namens Diefenbach, der im Isartal eine landkommunenähnliche Gemeinschaft gegründet und dort eine Art Gurustellung innehatte. Zwischen den beiden entwickelte sich ein Meister-Jünger-Verhältnis, das dem jungen Höppener den Beinamen Fidus, der Getreue, einbrachte. Die Treue währte jedoch nur zwei Jahre, dann kam es zum Bruch. Fidus wurde aber von dieser Zeit entscheidend und lebenslang geprägt, sowohl in der Grundlegung seiner künstlerischen Ausbildung und Auffassung wie auch in Fragen der Weltanschauung, und schließlich blieb der einmal verliehene Ehrenname für immer. Nach kurzer Studienzeit an der Münchener Kunstakademie führte ihn der Weg, zusammen mit dem Theosophen Hübbe-Schleiden, in dessen Bannkreis er geraten war, nach Berlin weiter, wo er sich zunächst in Steglitz niederließ, jenem Ort, von dem wenige Jahre später der Wandervogel seinen Ausgang nehmen sollte. Die Beziehung zu dem theosophischen Zirkel war ebenfalls nicht von längerer Dauer. Bald scharte Fidus seinen eigenen Kreis von Anhängern um sich, zumal er durch Ausstellungen seiner Werke und einer umfassenden Illustrationstätigkeit zu einer gewissen Berühmtheit gelangt war. Die Jahre der Selbstwerdung führten ihn zugleich ins Zentrum der wie Pilze aus dem Boden sprießenden Reformbewegungen verschiedenster Schattierungen.

Was brach in jenen Jahren vor und nach der Jahrhundertwende nicht alles auf an Bewegungen! Da waren die Lebensreformer, mit unterschiedlichen Schwerpunkten der Ernährungs-, Kleider-, Hygiene-, Ehe-, Sexualreform, die Freiluft- und Freikörperkultur, Licht-Luft-Sonne-Bewegungen, Geld-, Kapital- und Bodenreformer, Reformpädagogen, religiöse Erneuerer, Tempelbauer, Theosophen, Okkultisten, politische Utopisten, Anarchisten, Ariosophen – und mitten zwischen diesen bunten, skurrilen und gelegentlich verrückten Kreisen auch die Jugendbewegung. Sie alle wollten, sieht man von den Überspanntheiten ab, den „neuen“, natürlichen Menschen, wollten ein „retour à la nature“, ein Zurück zu den Ursprüngen. Sie alle waren überdrüssig des materialistischen Jahrhunderts mit seiner Hypertrophie von Naturwissenschaft und Technik, Industrie und Großstadt, mit seiner Überschätzung des Intellekts, mit seiner Entzauberung der Welt, mit der Entmythologisierung alles Geistigen, mit dem Verlust an Transzendenz.

Fidus hatte zu vielen dieser Bewegungen enge Kontakte; er gestaltete, ja zelebrierte sein Leben in der nämlichen Weise. Vor allem lieferte er für deren zahlreiche Schriften und Blätter die Illustrationen und Bilder. Das Motiv des „Lichtgebets“ ist in mancherlei Abwandlungen immer wieder dabei. Soweit derzeit bekannt, hat Fidus von dem Bild im engeren Sinne insgesamt elf Fassungen geschaffen, die früheste 1890, die letzte 1938, wobei die Titel anfangs noch anders lauteten. Ab der vierten Fassung von 1905 wird das Motiv im wesentlichen nicht mehr verändert. Die hier wiedergegebene aus dem Jahre 1922 befindet sich heute im Archiv der deutschen Jugendbewegung auf Burg Ludwigstein. Sie ist in Öl auf Leinwand gemalt, im Format 168 × 119 cm.

Das Bild zeigt im Mittelpunkt eine Jünglingsfigur – oder eher geschlechtslose Gestalt –, die dem Betrachter den Rücken zuwendet, Arme und Kopf der Sonne entgegengereckt, das Gesicht eben noch ein wenig im Profil sichtbar, ansonsten von wallenden, im Sonnenlicht flammenden Haaren umhüllt. Die Sonne steht hoch, nur im Widerschein auf Körper und Fels ist sie zu erkennen. Die Wolkenberge und aufsteigenden Nebelfetzen beherrschen neben Körper und Licht die Szene. Ein Vogel, wohl Adler oder Falke, kreist unterhalb des Felsens. Die Feierlichkeit, die über dem Ganzen liegt, wird durch den ornamentalen Rahmen zusätzlich betont. Insgesamt ein Bild, das in realistischer, zugleich romantisch-jugendstilhafter Manier gemalt, das Lebensgefühl vieler Reformbewegungen der Zeit, einschließlich der Jugendbewegung, getroffen hat.

Worin lag nun die Faszination des Bildes, daß es gleichsam zum Kultbild werden konnte? Schätzungen besagen, daß es in jedem zehnten Bürgerhaus hing, zum Teil sogar in Kreisen der proletarischen Jugend beliebt war. Zunächst einmal ist es der jugendliche Mensch, der hier herausgehoben wird. Jugend, das bedeutet in dieser Sicht nicht nur biologische Durchgangsphase, vielmehr Eigenwert, Daseinsmodus, allem Vergänglichen entgegenstehend, gefeit auch gegen Erstarrungen der Zivilisation und Kultur, ständig zu neuen Aufbrüchen und immerwährendem Schöpfertum befähigt. Nicht nur in den lebensreformerischen Bewegungen, auch in Kunst und Dichtung der Epoche spiegeln sich Jünglingskult und Jugendverherrlichung mannigfaltig.

Ein weiteres Element der Identifikation liegt im Ort der Darstellung: es ist die reine, von jeder Zivilisation oder gar Industrie unberührte Natur. Sie ist im wörtlichen Sinne herausragend, als Gebirgslandschaft, den Wolken, dem Himmel nahe. Hier kommt zugleich ein religiöses Moment zum Vorschein, die Sehnsucht nach dem Göttlichen, dem Licht, der Vereinigung des Menschen mit dem Kosmischen. Von Nietzsches „Zarathustra" bis Karl Mays „Empor ins Reich der Edelmenschen" reicht die Spannweite dieser Mystifikationen der Zeit. Und schließlich erscheint auch der Mensch im Naturzustand, paradiesisch nackt, keusch, unverdorben durch Leidenschaften und Begierden, wiewohl nicht ohne körperliche und erotische Reize, noch im Vorgeschlechtlichen ruhend. Über all dem breitet sich eine Atmosphäre der Ergriffenheit und Erhabenheit, sichtbar für den, der Zugang zur Bewegung hat, der zu den Eingeweihten zählt. Die Unbestimmtheit des Bildes ermöglicht zugleich Vielen, sich als Eingeweihte zu verstehen.

Fragen wir noch nach den besonderen Beziehungen der Jugendbewegung zum „Lichtgebet". Einmal hat sie selbst inmitten jener Bewegungen gestanden, hatte, bei aller Eigenständigkeit, viele Gemeinsamkeiten mit ihnen, so daß sie selbstverständlich mit dem Bild vertraut war. Zum anderen schuf Fidus eigens für das Meißnertreffen 1913 eine neue Version des „Lichtgebetes", die als farbige Postkarte reproduziert, versehen mit dem Aufdruck „Freideutscher Jugendtag 1913 Jahrhundertfeier auf dem Hohen Meißner 11.–12. Okt.“, an Ort und Stelle mit großem Erfolg verkauft wurde. (Die Fassung ist übrigens fast identisch mit der hier gezeigten von 1922.) Aus dieser Zeit datiert auch eine intensive Verlagstätigkeit unter dem Namen „St. Georgs-Bund“, der in erster Linie dem Vertrieb von Fidus-Werken diente. Wandervögel, Jugend- und Reformbewegte aller Schattierungen pilgerten in der Folgezeit scharenweise nach Woltersdorf bei Berlin ins Fidus-Haus. Soweit bekannt, hatten allerdings Führer oder herausragende Persönlichkeiten der Jugendbewegung keine persönlichen Beziehungen zu Fidus aufgenommen. Schließlich hat Fidus auch für die Festschrift zum Meißnertag das Titelbild „Hohe Wacht“ gezeichnet und ein längeres Traktat darüber verfaßt. So entstand geradezu ein Fidus-Kult in der Jugendbewegung, der sich besonders auch in ihren Veröffentlichungen niederschlägt.

Noch Anfang der zwanziger Jahre erschien in einer maßgeblichen Zeitschrift der Bünde, den „Jungen Menschen“, ein Heft zum Thema „Fidus“, wobei sämtliche Artikel zustimmend-bewundernd abgefaßt sind – in einer ansonsten progressiv-kritisch eingestellten und in den künstlerischen Beiträgen eher am Expressionismus orientierten Schrift besonders auffällig und nur als Beweis für die übergroße Fidus-Popularität zu werten. Wie lange sie in jugendbewegten Kreisen angehalten hat, müßte eigens bestimmt werden. Zu vermuten bleibt, daß sie mit dem Aufkommen der Bündischen Jugend geschwunden ist. Im übrigen ist Fidus’ künstlerische Kreativität in jenen Jahren allmählich versiegt. Was er in den Jahrzehnten bis zu seinem Tode 1948 noch geschaffen hat, sind weitgehend Wiederholungen, die ohne größere Resonanz blieben.

War bislang die Rede von der äußeren Wirkung des Bildes auf die Jugendbewegung, so ist nun zu fragen, was das „Lichtgebet“ in seinem tieferen Sinne dem Wandervogel bedeutete, über das hinaus, was in den anderen Bewegungen empfunden wurde. Der Bildinhalt läßt sich unschwer mit dem des Liedes von Hjalmar Kutzleb „Wir woll’n zu Land ausfahren“ parallelisieren, ganz besonders jener Strophe „ … aufwärts zu den klaren Gipfeln der Einsamkeit". Beidesmal, in Bild und Lied, wird das Naturerlebnis der Fahrt herausgehoben, die große Sehnsucht nach dem Fremden, dem Unbekannten, der „Blauen Blume" zum Ausdruck gebracht, eine Dimension der Naturverehrung berührt, die ins Religiöse mündet. Überliefert ist, daß Fidus auf einer Bergwanderung in der Schweiz Anfang des Jahrhunderts eine nachhaltige Naturbegegnung hatte, die ihn zur endgültigen Form des „Lichtgebets" inspirierte:

„Obgleich es schon hell war, dauerte es doch noch sehr lange, bis die Sonne über den fernen Berggipfeln aufstieg. Die Thäler waren noch voll Nebel. Ein großer Falke stieg auf ins Licht. Endlich wurden die fernen Berggipfel golden und dann sprang, ja wirklich, die Sonne sprang leuchtend über den letzten Ferngrat. Wir standen alle wie verzaubert, gesegnet durch das göttliche Licht. Aber nun erst begann das – Eigentliche –. Die Nebelwolken, welche in den Thälern brauten, kamen in Bewegung, erhoben sich und strebten genn Licht. Sowie aber ein Sonnenstrahl sie traf, gab es einen Kampf, ein Hin- und Hergewoge. Die Sonne aber blieb Siegerin. Es war ein wunderbares Schauspiel, das wir staunend und beglückt erlebten. Fidus hat es tief in sich hinein getrunken und nun erst den rechten Raum für sein – Lichtgebet – gefunden. So leuchtend, so in Licht gebadet, steht sein blonder Jüngling in dieser Morgenbläue. Ja er hebt sich noch auf die Zehen, um Gott nahe zu sein."[4]

In einem solchen Naturerleben, wie es hier zum Ausdruck kommt, und wie es im Wandervogel nicht anders erfahren wurde, wird zugleich der Weg nach innen beschritten, in das eigene Fremde und Unbekannte, das sich in der Natur und durch die Natur offenbaren soll. Das Naturerleben wird zum Selbsterleben, zur Selbstfindung. Die eigene Sehnsucht wird in die Natur hinausgetragen, und die Natur antwortet dem, der sich ihr öffnet, ihm erfüllt sich seine Sehnsucht. Diese Sehnsucht kann jedoch nur für den Augenblick zum Ziele kommen, sie führt nicht zu endgültigem Besitz.[5] – Die Jugendbewegung sei eine Bewegung „noch nicht zu sich selber gekommener Menschen", wird in einer frühen Bekenntnisschrift zum Menschenbild der Jugendbewegung nicht zu Unrecht behauptet[6] So betrachtet, gerät das Leben zur „Fahrt ohne Ende“, zur Suche nach Selbstverwirklichung, die nicht abschließbar, die lebenslang Aufgabe bleibt. Dieses Menschenbild ist nicht nur beim alten Wandervogel zu finden, auch und gerade in der Freideutschen Jugend, die es in den Worten der Meißnerformel zum Ausdruck gebracht hat: das Leben aus eigener Bestimmung, vor eigener Verantwortung, mit innerer Wahrhaftigkeit gestalten.

Wenn hier schon die Meißnerformel zitiert, so soll noch angefügt werden, daß gelegentlich versucht wurde, sie in direkte Beziehung zum „Lichtgebet“ zu setzen. Beidesmal, so wird erläutert, bestehe ein „Widerspruch zwischen dem Gestus der Entschiedenheit und der Unbestimmtheit der Ziele.“[7] Das Bild zeige bloße Feierlichkeit und Ergriffenheit, der Himmel sei leer, nur mit dekorativen Wolken verhängt. Insgesamt also hohles Pathos, ohne Inhalt – man kann sich dazugehörig fühlen, ohne zu wissen, wozu. Dieser Vorwurf der Unbestimmtheit galt auch der Meißnerformel immer wieder, und man hat sie gelegentlich als Leerformel bezeichnet mit austauschbaren Inhalten. In der Tat bleiben konkrete Inhalte offen, im Bild und in der Formel, aber denen, die in der Bewegung stehen, sind die Ziele klar: sie werden Maxime und Verpflichtung für die Gestaltung des eigenen Lebens.

Insofern ist auch das „Lichtgebet“ der Jugendbewegung eher Mythos denn Realität, aber nicht desto weniger wirksam. Die Wirklichkeit konnte sich gewiß banaler anlassen, ohne dem Idol Abbruch zu tun. Vom Meißnertag 1913 wird eine nette Begebenheit berichtet: Ein Wandervogel betrachtet versunken die Postkarte mit dem „Lichtgebet“ und sagt dann endlich: „Kiek mal, wie sich der Bengel freut.“[8]

Nun zum zweiten Bild, „Der Fahnenträger von dj.1.11“ von Oskar Just. Es ist in vielerlei Hinsicht so verschieden vom „Lichtgebet“, daß es zweifelhaft erscheint, überhaupt einen Zusammenhang sehen und einen Vergleich herstellen zu wollen. Bevor diese Frage angesprochen wird, sollen Geschichte und Schicksal des „Fahnenträgers“, sollen Daten zum Bild, zum Dargestellten und zum Maler vorgestellt werden, soweit sie hilfreich sind, Aufschlüsse über ein dahinterstehendes Menschenbild zu liefern. Wenn hier vergleichsweise breiter ausgeholt wird, so auch deshalb, weil über Bild und Künstler bislang viel weniger bekannt ist als beim „Lichtgebet“.

Der „Fahnenträger“ aus dem Jahre 1931 ist ganz eindeutig eine Auftragsarbeit. Eberhard Köbel-Tusk wollte für die „Rotgraue Garnison“ in Berlin – eine Gründung, unmittelbar aus dj.1.11 hervorgehend und mit Tusks Vorstellungen über die weitere Entwicklung seines Bundes und der bündischen Jugend insgesamt eng zusammenhängend – ein Bild, das typisch für dj.1.11 sein sollte, das Idee und Gestalt dieses Bundes repräsentieren mußte. Im „Gespannten Bogen“, einer programmatischen „Flugschrift“, hatte er im selben Jahr schon seine Konzeption vom Wesen der Jungenschaft zu Papier gebracht. Darin heißt es im Kapitel „dj.1.1 1“: „Die Tracht ist dunkelblau mit Schulterriemen und silberglänzendem Koppelschloß. Von der rechten Schulter hängt bei Jungen eine blaue Kordel, bei Gruppenführern eine rote, Kreisführern eine gelbe, Gauführern eine weiße.“[9] Dies sollte auch auf dem Bild zu sehen sein, dazuhin das Zeichen des Bundes, der Islandfalke über den drei Wellen, außerdem die Staatswappen der Weimarer Republik und der Republik Österreich. Die darzustellende Person mußte der wirkliche Fahnenträger von dj.1.11 sein, Rainer Rall, genannt Mario.

Mario stammte aus Tusks Stuttgarter dj.1.11-Gruppe, nahm schon als Fünfzehnjähriger an der legendären Lapplandfahrt 1929 teil; auf einem Foto im „Fahrtbericht 29“ ist er mit der „kleinen Standarte“ zu sehen.[10] Nach der Rückkehr aus Lappland blieb er in Berlin, seine Eltern waren inzwischen dorthin umgezogen. Bei allen wichtigen Aktionen des Bundes machte er als Gruppenführer weiterhin mit; beispielsweise zeigt ihn ein Foto vom „Sühnelager“, Ostern 1931 am Traunsee, zusammen mit Tusk.[11] Nachdem die Rotgraue Garnison bezogen war, kam Mario fast täglich dort vorbei. Über die Einweihungsfeier wird in Tusks Zeitschrift „bubentyrker“ begeistert berichtet, ausdrücklich auch das „Fahnenträger“-Bild erwähnt, das rechtzeitig fertiggeworden war, ein Ölgemälde auf Leinwand im stattlichen Format 100 × 80 cm:

„Rotgraue Hochburg – Rotgraue Garnison – Rotgraue Rebellion – Rotgrauer Beginn. Was bedeuten diese Namen? Sie bedeuten die Organisation der Berliner Gruppen der Deutschen Jungenschaft (...) Pünktlich am 1.11. wurde sie eingeweiht. Acht große Zimmer mit vielen Nebengelassen gehören dazu. Im Mittelpunkt steht das sogenannte ‚Berliner Zimmer', ein sehr großer Raum mit einer warmen roten Tapete und goldenem Muster. Die Reichsfahne von dj.1.11 hängt an der Wand. Gegenüber das große Bild von Oskar Just: *‚Der Fahnenträger von dj.1.11.'* Auf Bänken und Schränken liegen Musikinstrumente, Ziehharmonikas, Banjos, Klampfen, Schießgeräte. Am schönsten ist der Raum bei Kerzenschein. Der große graue Vorhang ist zugezogen, die weißen Seidenvorhänge neben der Reichsfahne bewegen sich in der aufsteigenden Wärme. Die Buben singen und stampfen, der Hund Schascha bellt. Das ist die Garnison!"[12]

In den Jungmannschaftsgruppen von dj.1.11 bildeten sich zu dieser Zeit sog. Kadettenkorporalschaften, eine Sonderform im Bund, zu der Mario überwechselte. Tusk muß ihm in diesen Berliner Jahren besonders nahegestanden haben. Sein Hauptwerk, „Die Heldenfibel", 1933 im Günther Wolff-Verlag zu Plauen erschienen, ist Mario gewidmet. – Mario ist im Polenfeldzug 1939 mit 25 Jahren gefallen ...

Soviel zur Person des realen „Fahnenträgers". Wie ist nun Tusk zum Porträtisten Oskar Just gekommen? In der großformatigen Kunstmappe „8 Jungenbilder von Oskar Just", die er in seinem neugegründeten Lasso-Verlag 1931 herausgab und in der auch der „Fahnenträger" farbig reproduziert ist, schreibt Tusk: „Oskar Justs Arbeiten freuten uns wie die keines andern modernen Künstlers. (...) Ich lernte ihn kennen, als er Gast unserer Berliner Gruppen war und den Fahnenträger von dj.1.11 malte. Er erzählte von seiner Gablonzer Jungenschaft, vom Bau eines neuen Landheims und zeigte uns viele Photos von Jungen im Fichtenwald und im Gebirge, auf Schneeschuhen und bei Sommersonne. Es ist kein Zufall, daß wir gerade *ihn* als *unseren* Maler betrachten. Seine Kunst riecht nach keiner Manier, nach nichts schon Dagewesenem, genau wie unser unbändiges Jungenleben. Sie knüpft an keine Tradition, ist kein Erbe von etwas Gestorbenem. Und dann hat er sich dort entwickelt, wo wir wachsen: in der Jungenbewegung."[13]

Auch im „Lagerfeuer", einer Zeitschrift, die in den Jahren 1930–32 als *das* Forum der bündischen Jugend galt, widmete Tusk Oskar Just einen Beitrag, sogar mit einer Farbwiedergabe und mehreren ganzseitigen Schwarzweißabbildungen, in dem der Künstler als „ein Maler der Jugendbewegung" propagiert wird. Darin heißt es: „Oskar Justs Bilder sind ganz ungewohnt. Er will nichts anderes, als naturgetreu sein, den Glanz blauer Augen und das Licht hellblonder Haare in der Sonne erzählen. Er ist ein Selbsterringender, ein Mann, der seine eigenen Wege sucht. (...) Die Jugendbewegung kennt so wenige (oder keine) Maler, die sie im innersten Herzen berührt. Und wenn man die Heime der Gruppen besieht, so sind die Wände nicht mit feierlichen Bildern geschmückt, sondern oft mit Kitsch."[14]

In einem späteren Lagerfeuer-Heft erschien nochmals ein Farbbild von Just, außerdem war er dort fotografischer Mitarbeiter. Seine Fotos wie seine Porträts zeigen, daß er mit der Jugendbewegung gut vertraut sein mußte. Tatsächlich kam er aus der frühen Jugendbewegung. 1895 in Seidenschwanz bei Gablonz im Sudetenland geboren, gehörte er schon in jungen Jahren dem Wandervogel Gau Deutschböhmen an, später auch der Bundesleitung des Österreichischen Wandervogels. Nach dem ersten Weltkrieg lebte er in Berlin. Dort hatte er weiterhin Kontakte zur Jugendbewegung, vor allem zu den bündischen Verlagen (Lasso-Verlag, Günther Wolff-Verlag, Speerwacht-Verlag), die seine Jungenbilder in Farbreproduktionen zugänglich machten, zum Teil auch als Postkarten. Oskar Just war wohl in den Bünden der Weimarer Zeit ähnlich populär wie einst Fidus. Über die weiteren Lebensdaten – er starb 1964 in Österreich – und zum Schicksal des Bildes wurde in anderem Zusammenhang berichtet."[15]

Wenden wir uns wieder dem „Fahnenträger" zu. Heutige und der Jugendbewegung unkundige Betrachter halten das Gemälde für die beispielhafte Darstellung eines Hitler-Jungen, so eine oft gemachte Erfahrung. Der Junge: nordisch, blond und blauäugig, Schulterriemen, Koppelschloß, markige Armpose, entschlossener Blick, sportlich, „flink wie Windhunde, zäh wie Leder, hart wie Kruppstahl" – das muß doch der Idealtypus gewesen sein, den die Nationalsozialisten vor Augen hatten. Was läßt sich erwidern? Tusk schreibt in seinem schon zitierten „Gespannten Bogen": „Für Jungen und Führer mit kleinem Fassungsvermögen sind auch Uniform, Abzeichen, Rangabzeichen eine Gefahr. Sie halten es für wichtig, für Inhalt, während das nur Schale ist."[16] Was hinter dieser Schale, was Inhalt ist, zeigt sich nur dem, der zur Bewegung gehört. Dieser muß ein „Selbsterringender" sein, wie ihn Tusk bezeichnet. Der „Selbsterringende" bildet den Gegensatz zum „Wiederholenden", zur Masse, „ohne eigene Gedanken, nur Vorgekautes, Eingeschärftes wiederholend, glücklich, wenn die alltägliche Gewohnheit arm an Veränderungen verläuft". (...) Die Selbsterringenden „fühlen ihre Kraft nicht als einen Bestand, von dem man zehrt und spart, bis er einmal leider aufgebraucht ist, sondern als einen Fluß, der an ihnen vorbeifließt, in jeder Minute ohnedies mehr Wasser vorbeiführend, als gebraucht werden kann."[17]

An anderer Stelle wird noch einmal das hinter aller Form stehende Menschenbild verdeutlicht: „In jedem Träger der blauen Montur muß ein Stückchen Künstler stecken. Seine den Bogen führende Hand, seine deklamierende Stimme muß guten Ideen gehorchen können Der Kampfgeist ist genau so wichtig. Wir müssen das Lästige, Bequeme, Schwächliche im Körper überwinden. Müssen Männer werden, die jederzeit zu den härtesten Kämpfen bereit sind. Verbindet die Kunst mit dem Kampfgeist! Mit dem Opfergeist der freiwilligen Patrouille ins Ungewisse."[18] Der „gespannte Bogen" wird zum Sinnbild, zur Metapher dessen, was gemeint ist: „Er ist Verhaltenheit, *ungestillte Sehnsucht*, dauernder Wunsch. Das Holz möchte, solange es ein Bogen ist, gerade sein und kann nie. Daraus kommt die Kraft, immer wieder Pfeile absenden zu können."[19]

Mögen heute Sprache und Bilder solcher Sätze befremden, der Jugendbewegung der späten bündischen Phase vor 1933 waren sie verständlich, und sie waren nicht nur auf dj.1.11 bezogen, sondern auf alle maßgeblichen Kräfte in dem breiten Spektrum der Bünde. Überhaupt, alles „Soldatische“ war der bündischen Jugend durchgängig vertraut. Aktion, Kampf, Härte, Heldentum, Krieg und Sieg sind Worte, die in vielen Wendungen in Schrift und Lied wiederkehren. Das Klima ist bestimmter, härter, fordernder geworden als in der Wandervogel-Generation. Der Bund wird den Bündischen zur alles überragenden Dimension, die je eigenen Symbole und Embleme, Riten und Stile werden wichtig, Kluft und Habitus entscheidend. Die Lager sind straffer ausgerichtet, mit Kriegsspielen und Fahnenwache; die Fahrt gerät strenger, teils marschmäßig, teils an Expeditionen orientiert. Mario, der „Fahnenträger“, zeigt diese neuen Merkmale in knapper, realistischer Weise, bringt die innere Haltung der bündischen Epoche beispielhaft zum Ausdruck, macht die Unterschiede zur Wandervogel-Welt des namenlosen Jünglings im „Lichtgebet“ augenfällig.

Aber auch über der Welt des „Fahnenträgers“ liegt die große, „ungestillte Sehnsucht“ wie im „Lichtgebet“. Es bleibt offen, wogegen der Kampf geführt, worauf die Pfeile gerichtet. Die „Patrouille“ führt ins „Ungewisse“, der Blick ins Leere. Also auch hier nur unbestimmtes Pathos? Gesten und Posen ohne Inhalte? Insofern ja, als es sich um die Darstellung eines Mythos handelt, der der je eigenen Verwirklichung bedarf.

Dem Außenstehenden gelingt an dieser Stelle die Unterscheidung von Formen, die gleichzeitig und wenig später in der Hitler-Jugend praktiziert wurden, nur schwer, und doch sind Menschenbild und geistiger Standort grundverschieden. Die nationalsozialistische Jugend*organisation* zielte auf totale Uniformität, auf ideologische Fixierung, auf Masse, die Jugend*bewegung* auf das Individuum, den geistig Offenen, den „Selbsterringenden“. In der bündischen Idee des Selbsterringenden lebt das Menschenbild der Meißnerformel fort, das Leben aus eigener Bestimmung, vor eigener Verantwortung, mit innerer Wahrhaftigkeit zu gestalten. Zwar läßt sich eine Kontinuität zwischen Wandervogel, Freideutscher Jugend und Bündischer Jugend nicht beliebig herstellen – jedesmal setzte zugleich auch eine neue Bewegung ein –, aber so etwas wie ein gemeinsamer Nenner findet sich in einem Bild vom Menschen, dem Selbstverwirklichung an oberster Stelle steht, Selbstverwirklichung nicht modisch verstanden, eher verpflichtet den antiken Maximen „Erkenne dich selbst!“ – „Werde, der du bist!“[20]

„Lichtgebet“ und „Fahnenträger“, so unterschiedlich und unvergleichbar sie auch sein mögen und so wenig Kontinuität zwischen ihnen ersichtlich ist, beidesmal versinnbildlichen sie das Menschenbild der Jugendbewegung ihrer Zeit, im Kern dasselbe, in der Form wohl verschieden. – Hermann Hesse hat einmal von romantischen und klassischen Grundeinstellungen gegenüber der Welt gesprochen. „Die klassische Einstellung wird Grenze und Gesetz betonen (...) Der Klassiker wird tätig und ordnend in die Welt eingreifen (...) Die romantische Einstellung wird die Gesetze und Formen verwischen, dafür den Urquell des Lebendigen verehren (...) Beider Einstellungen bedarf die Welt, jede wird die andere tausendfach ergänzen und korrigieren.“ Diese Sichtweise deckt sich zwanglos mit den Menschenbildern der Jugendbewegung. Sie drückt sich auch in der bildhaften Gestaltung aus, einmal eher schwärmerisch-romantisch, das andere Mal entschlossen-realistisch. Beide Maler zählen bestimmt nicht zu den „großen“ dieses Jahrhunderts; man mag sie als mittelmäßig einstufen und ihre Bilder in die Nähe des Kitschigen rücken. Beide Bilder wurden jedoch in ihren Kreisen und in ihrer Zeit verstanden und geschätzt als geglückte Darstellung des ansonsten in Worten schwer faßbaren Lebensgefühls und Menschenbildes. Daß auch der Malerei Grenzen gesetzt sind im Sichtbarmachen des Unausdrücklichen, ist offenkundig.

Grenzen kommen auch der Interpretation der beiden Bilder zu. Sie beginnen bereits mit der Auswahl – nicht alles, was zur Welt der Jugendbewegung gehört, ist im „Lichtgebet“ und „Fahnenträger“ wiederzufinden. Vernachlässigt sind vor allem auch Fragen, inwieweit diese Menschenbilder Mythos, inwieweit Wirklichkeit waren, überhaupt, welche Bedingungen gegeben sein mußten, unter denen sie erst entstehen konnten, welche Kräfte letztlich am Werk waren, um den jugendbewegten Menschen zu formen, welche Schicksale diese Menschenbilder schließlich genommen, welche Bewährungen oder Verfehlungen sie erfahren. Insgesamt gerät der Vergleich zu unsystematisch, zu wenig prägnant, zu aphoristisch – mag er wenigstens so anschaulich und farbig geblieben sein wie „Lichtgebet" und „Fahnenträger"

Ließe man sich am Ende auf die Überlegung ein, zum 75jährigen Jubiläum des Freideutschen Jugendtages 1988 wäre auf dem Meißner wiederum eine Postkarte zu vertreiben, welcher Typus müßte da abgebildet sein, um die heutigen Bünde zu repräsentieren? Der Jüngling des „Lichtgebets" und Mario, der „Fahnenträger", könnten es nicht mehr sein. Aber wer dann? Wäre eine Synthese beider vorstellbar? Oder womit sonst könnten sich die Meißnerfahrer 1988 identifizieren? Steht denn am Ende gar kein verpflichtendes Menschenbild mehr hinter den heutigen Bünden? Antworten auf diese Fragen wären dem Meißnertreffen 1988 zu wünschen.

Anmerkungen

1 Zum Beispiel: Körber, Normann: Das Bild vom Menschen in der Jugendbewegung und unsere Zeit. Berlin 1927; Paetel, Karl Otto: Das Bild vom Menschen in der deutschen Jugendführung. Bad Godesberg 1954; Kreppel, Friedrich: Das Menschenbild der Deutschen Jugendbewegung. In: Schallenberger, Ernst Horst: Religion und Zeitgeist im 20. Jahrhundert. Stuttgart-Bonn 1982.

2 Schoeps, Hans-Joachim: Rückblicke. Berlin 1963², S. 32.

3 Aus der zahlreichen Literatur zu Fidus seien in unserem Zusammenhang genannt: Frecot, Janos / Geist, Johann Friedrich/ Kerbs, Diethart (Hrsg.): Fidus. Zur ästhetischen Praxis bürgerlicher Fluchtbewegungen. München 1972; Hermand, Jost: Meister Fidus. Vom Jugendstil-Hippie zum Germanenschwärmer. In: Hermand, Jost: Der Schein des schönen Lebens. Studien zur Jahrhundertwende. Frankfurt/M. 1972; Janz, Rolf-Peter: Die Faszination der Jugend durch Rituale und sakrale Symbole. In: Koebner, Thomas / Janz, Rolf-Peter / Trommler, Frank (Hrsg.): „Mit uns zieht die neue Zeit." Der Mythos Jugend. Frankfurt/M. 1985; Jeziorkowski, Klaus: Empor ins Licht. Gnostizismus und Licht-Symbolik in Deutschland um 1900. In: Chapple, Gerald / Schulte, Hans H. (Hrsg.): The Turn of the Century. Bonn 1981; Mogge, Winfried: „Lichtgebet" restauriert. In: Lud-

wigsteiner Blätter, Nr.116, 1977; Neumann, Michael: Fidus – Ikonograph der Jugend. In: Ille, Gerhard/Köhler, Günter (Hrsg.): Der Wandervogel. Es begann in Steglitz. Berlin 1987.

4 Frecot/Geist/Kerbs: Fidus, siehe Anmerkung 3, S. 292f.

5 Zum Naturerlebnis der Jugendbewegung vgl. Sauer, Walter: Der Mythos des Naturerlebnisses in der Jugendbewegung. In: Knoll Joachim H. / Schoeps, Julius H. (Hrsg.): Typisch deutsch: Die Jugendbewegung. Beiträge zu einer Phänomengeschichte. Opladen 1988.

6 Körber: Das Bild vom Menschen ..., siehe Anmerkung 1, S. 11.

7 Janz: Die Faszination der Jugend ..., siehe Anmerkung 3, S. 323.

8 Frobenius, Else: Mit uns zieht die neue Zeit. Berlin 1927, S. 129.

9 Köbel, Eberhard: Der gespannte Bogen. Tyrker, Heft 10–12, 1931. Neuausgabe mit einem Vorwort von Erich Meier. Heidenheim 1987, S. 58.

10 Köbel, Eberhard: Fahrtbericht 29. Potsdam 1930. Neuausgabe mit einem Vorwort von Erich Meier. Heidenheim 1985, S. 15.

11 Graul, Hans: Der Jungenschafter ohne Fortune. Frankfurt 1985, neben S. 157.

12 bubentyrker, Nachrichtenblatt des Lagerfeuers, Heft 12, 1931. Nach: Helwig, Werner (Hrsg.): Tusk. Gesammelte Schriften und Dichtungen. Heidenheim 1962, S. 379f.

13 Köbel, Eberhard (Hrsg.): 8 Jungenbilder von Oskar Just. Berlin. o. J. (1931). Vorwort (ohne Seitenzahl).

14 Köbel, Eberhard: Oskar Just, ein Maier der Jugendbewegung. In: Das Lagerfeuer, H. 7/8, 1931, S. 14ff. Vgl. auch H. 12, 1931, neben S. 24.

15 Sauer, Walter: Vom „Lichtgebet" zum „Fahnenträger". Menschenbilder und Menschenbildnisse der Jugendbewegung. In: der eisbrecher – eine Zeitschrift der Bündischen Jugend, 28. Jg., Heft 4, 1987, S. 274.

16 Köbel, Eberhard: Der gespannte Bogen, a. a. O., S. 49.

17 Ebda., S. 7, 10.

18 Köbel, Eberhard: Die blaue Montur. Nach: Helwig, Werner (Hrsg.), a. a. O., S. 324.

19 Köbel, Eberhard: Der gespannte Bogen, a. a. O., S. 53.

20 Zum Begriff der Selbstverwirklichung vgl. Vonessen, Franz: Krisis der praktischen Vernunft. Ethik nach dem „Tod Gottes". Die Graue Reihe 6, Heidenheim 1988.

Vortrag im Zentrum der „Hecken-Uni", Meißner-Jubiläum 1988.
Erstveröffentlichung in: Meißner-Dokumentation zum 75. Jubiläum des Freideutschen Jugendtages, Witzenhausen 1989, S. 103–114.

Vom Wandern und Naturerleben der Jugendbewegung

Unsystematische, teils historische, teils aktuelle Anmerkungen aus anthropologischer Sicht

„Wir hätten allmählich wissen können, daß die Romantik immer dort ist, wo man selbst nicht ist. Daß man nicht mit beiden Füßen auf den Kopf des eigenen Schattens springen kann, lernt man verhältnismäßig früh. Aber daß sich die Romantik nie erreichen läßt, lernt ein Wandervogel nie."

Eberhard Köbel, Fahrtbericht 29

Vom Wandervogel in seiner Zeit

„Mit dem Wandern hat alles angefangen" – so könnte eine Geschichte der Jugendbewegung beginnen, die um 1896 in Steglitz, „Dorf und Stadt und Villenort" (Hans Blüher) südwestlich von Berlin, ihren Ausgangspunkt genommen hat, als ein Student namens Hermann Hoffmann am dortigen Gymnasium unentgeltlich Stenographieunterricht erteilte und dabei seine Schüler für gemeinsame Wanderungen begeistern konnte. Er hatte wenige Jahre zuvor – selbst noch Schüler – in einer Deutschstunde sein Schlüsselerlebnis, als ein Lesestück „Reise zu Fuß!" behandelt wurde. Schlagartig ging ihm auf, dass diese papierene Lesebuchgeschichte in die Tat umgesetzt werden müsste und unternahm in der Folge in den Schulferien im kleinen Freundeskreis ausgedehnte Wanderungen. Am Steglitzer Gymnasium dann zog er mit Billigung der Schulleitung an Wochenenden, bald auch in den Ferien mit Schülern in die Natur hinaus, teils in die nähere Umgebung, teils in die deutschen Mittelgebirge. Seine Begeisterung, sein Erleben, seine Idee dieser Art des Wanderns, beschreibt und reflektiert er in einem Beitrag „Hoch das Wandern!", erschienen 1898 in einer Schülerzeitschrift in stenographischer Schrift, die entsprechend wenig Verbreitung fand, ein Beitrag jedoch, dem für das Verständnis des Wanderns zu Beginn der Jugendbewegung eine bis heute gültige Bedeutung zukommen mag.

Ohne hier bereits auf diese Schrift einzugehen, soll zunächst der Frage nachgegangen werden, warum in einem „Deutschen Lesebuch für höhere Lehranstalten" in der zweiten Hälfte des 19. Jahrhunderts ein Text mit der Überschrift „Reise zu Fuß!" zu finden ist, scheint doch der Gegenstand allzu trivial. Seit Urzeiten bildete das „Reisen zu Fuß" für die Menschen die nahezu einzig mögliche Art der Fortbewegung und ist es auch für die große Mehrzahl geblieben bis ins 19. Jahrhundert, als Eisenbahn, Automobil und Fahrrad allmählich eine andere Art der Mobilität ermöglichten. Reiten oder Fahren in Wagen und Kutsche waren ohnehin nur gewissen Privilegierten vorbehalten. Das heute meist zur Floskel geratene „Wie geht's?" ist übriggeblieben aus einer Zeit, wo jemand, etwa vom Pferd, „von oben herab", den zu Fuß Gehenden so fragen konnte. Bestimmte also notgedrungen das Unterwegssein zu Fuß Alltags- und Arbeitsleben den Großteil der Menschen, so wurde etwa ab der Epoche der Romantik in Deutschland dem Wandern eine Bedeutung angesonnen, die über ein bloßes Fortbewegungsmittel hinausführte, wurde zu einer Art zweckfreien, bildenden, ja kulturellen Tätigkeit stilisiert. „Lehr- und Wanderjahre" sollten den jugendlichen Menschen, jedenfalls unter den Gebildeten, ein Eigenleben, eine Selbst- und Welterfahrung ermöglichen, abseits der zunehmenden Industrialisierung und Verstädterung.

In der Breite der Bevölkerung konnte allerdings nie von einer Verwirklichung dieser romantischen Idee vom absichtslosen Wandern in Jugendjahren die Rede sein. Doch in der Literatur der Romantik und des Biedermeier, auch in der Musik und im Liedgut, ist das Thema vielfach präsent. Teils in Prosa, mehr noch in Gedichten und Liedern werden Bilder vom Wandern und von Reiselust, vom Hinausziehen in Feld und Flur, vom freien Flug der Vögel, vom Fließen des Wassers, vom Brausen des Windes, vom Wechsel der Tages- und Jahreszeiten in immer neuen Variationen gestaltet und besungen. Die Sehnsucht, die diesen Bildern eignet, konnte im realen Leben nur selten in Erfüllung gehen, blieb somit papieren und tönern, blieb hohles Pathos, geriet allzu leicht zum Kitsch in Lesebüchern und Männergesangvereinen. In dieser Situation ist wohl bei Hermann Hoffmann der Funke übergesprungen, hat gleichsam eine Initialzündung ausgelöst, hat ihn zur Tat geführt, die dann die Gründung des „Wandervogels“ nach sich zog. Wie es zu diesem Namen gekommen ist, darum ranken sich schon früh Legenden. Vielleicht war der Vorgang eher banal, waren doch Wort und Bild vom Wandervogel in vielen Gedichten und Liedern zu lesen und zu hören, man brauchte sich nur zu bedienen. Die früh erzählte Geschichte, wonach das Wort im Dahlemer Friedhof auf einer Grabsteininschrift gefunden worden sei, mag plausibel klingen oder auch nicht – Legende und Wirklichkeit werden wohl unentschieden bleiben.

Dass und warum erst gegen Ende des 19. Jahrhunderts das Wandern aus Literatur und Lied heraustreten konnte und auf breiter Ebene in Realität und Praxis umgesetzt wurde, lässt sich nur ansatzweise erklären, zu komplex sind die Ursachen. Jedenfalls war es eine Zeit, in der Wissenschaft und Technik Triumphe feierten, Industrialisierung und Urbanisierung Höhepunkte erreichten, wo Positivismus, Darwinismus und Atheismus sich breit machten, wo Kommunismus und Nationalismus gegeneinander standen. Eine Zeit, die nahezu zwingend Gegenkräfte herausforderte und dabei Reformbewegungen verschiedenster Art hervorrief, die unter dem Leitbegriff „Lebensreform“ subsummiert werden können. Ohne die Vielzahl der Bewegungen und ihre Gründungsdaten auflisten zu wollen, sei hier zuerst an die Entstehung und Ausbreitung der Wander-, Gebirgs- und Touristenvereine erinnert, an verwandte Natur-, Umwelt- und Heimatschutzbemühungen, auch an Siedlungsbewegungen, sowie an völkische und okkulte Gruppierungen, an Erziehungs-, Ernährungs- und Kleiderreformen, an Naturheilkunde-, Sexualhygiene-, Kunst- und Glaubenserneuerungen und was es der Bewegungen mehr gab. Gemeinsam war ihnen allen die Abkehr von einer materialistischen, rein rationalen Welt- und Lebensauffassung, von einer kalten, der Natur entfremdeten Gesellschaft, von einer entzauberten Welt. Ein neues Verhältnis von Mensch und Natur, wenn auch in ganz unterschiedlichen Ausprägungen, könnte den gemeinsamen Nenner bilden. Revolutionären Charakter gegenüber gesellschaftlichen Um- und Missständen der Zeit, Auflehnung gegen eine verachtete Vätergeneration, wie gelegentlich in der Literatur vertreten, kam ihnen in der Regel nicht zu, sie schufen ihre eigenen Kreise in denen sie ihren Welt- und Menschenbildern lebten. Der Wandervogel, die Jugendbewegung, sie standen gewiss mitten in der Vielfalt dieser Bewegungen, hatten manche Berührung und Überschneidung mit ihnen und doch waren sie ganz eigenständig, gerade in ihrem Natur- und Gemeinschaftserleben, wie es in der Art ihres Wanderns zum Ausdruck kommt.

Von Fahrt und Wandern

Eine naheliegende Frage drängt sich auf, warum der Mensch, gerade der jugendliche, überhaupt wandert in einer Zeit, zu der sich bereits andere Fortbewegungsmittel abzeichnen. Es ist ja eigentlich eine recht unspektakuläre Tätigkeit zu Fuß unterwegs zu sein, nicht um ein bestimmtes Ziel zu erreichen, sondern absichtslos die Mühen einer Wanderung auf sich zu nehmen, nur um eben unterwegs zu sein. Weiter wäre zu fragen, wovon sich der Wanderer abwendet, was er dabei hinter sich lässt. Erste Antworten finden sich in dem bekannten Liedvers „Aus grauer Städte Mauern, ziehn wir durch Wald und Feld", was heißen soll, dass es die Stadt, im weiteren Sinne die Zivilisation ist, die gemieden werden will, um in der Natur anzukommen, um dort ein ursprünglicheres Leben zu finden und zu leben.

Die eingangs erwähnte Schrift von Hermann Hoffmann „Hoch das Wandern!" setzt etwas andere Akzente und hebt auf das Freisein von Bindungen, auf grenzenlose Freiheiten ab: „Und hinein in die weite offene Welt, leichten Herzens, frei vom Zwang der Schule mit all ihren kleinen Sorgen, frei von dem Sorgen um das ‚Morgen', frei von der Aufsicht über jeden Schritt, ganz sein eigener Herr, der sich selbst diesen Weg sucht, wie ihm heute, wie ihm morgen gerade der Sinn steht: Frei ist der Vogel und frei ist das Lied und frei ist der Bursch, der die Welt durchzieht!"

Beide Male entsteht ein nicht der Realität entsprechender Eindruck, beide Darstellungen scheinen idealistisch überhöht – es gibt schließlich nicht ein Leben außerhalb der Zivilisation, es gibt nicht die unbegrenzte Freiheit des Individuums, dafür ist der Mensch zu sehr Gemeinschaftswesen. Eine Flucht, ein Ausstieg aus gesellschaftlichen Bindungen ist immer nur partiell und auf Zeit möglich, wobei diese Zeiten kürzer oder länger sein mögen, sie wirken nachhaltig, bleiben prägend, oft lebenslang, wie in jugendbewegten Biographien durchgängig zu finden. Es wird hier schon deutlich, eine Begründung des Wanderns, eine analytisch-rationale vor allem, stößt an Grenzen, Bereiche des Irrationalen kommen ins Spiel, insbesondere die Welt der Gefühle und Stimmungen, des Sinnlichen und Atmosphärischen, des Erlebens und der Wahrnehmung rücken in den Blick, führen auch und gerade in eine Dimension des Romantischen, verweisen unmittelbar auf Einflüsse der Romantik, auf deren literarisch-geistesgeschichtliche Epoche sich jenes jugendbewegte Wandern unschwer zurückführen lässt.

Am sinnfälligsten kann diese Sicht an dem in der Jugendbewegung allseits bekannten Gedicht und Lied „Wir wolln zu Land ausfahren" dargelegt werden. Entstanden sind diese Verse 1911 von Hjalmar Kutzleb unter der Überschrift „Wandervogel-Ausfahrt". Sie bewegen sich inhaltlich durchaus in der Tradition der bereits erwähnten Gedichte des 19. Jahrhunderts, in denen sich Bilder von Vogelzug und Vogelflug, von Zug- und Wandervögeln mannigfach finden, sind dichterisch eher besser gelungen als so viele der vorausgegangenen Poeme. Nicht von ungefähr sind Kutzlebs schon früh vertonten Strophen zu *dem* Wandervogellied geworden, das bis zum heutigen Tag noch in den Bünden und darüber hinaus gesungen wird, spiegelt es doch exemplarisch das Wesen einer „Wandervogel-

Ausfahrt", ja allen jugendbewegten Wanderns und Fahrens wieder. Um unmittelbar ins Zentrum des romantischen Kerns zu gelangen, sei hier die letzte Strophe im Text der Urfassung wiedergegeben: „Es blüht im Wald tief innen / Die blaue Blume fein; / Die Blume zu gewinnen / Wir ziehn in die Welt hinein. / Es rauschen die Bäume, es murmelt der Fluß: / Wer die blaue Blume will finden, der muß / Ein Wandervogel sein."

Was hat es nun mit dieser blauen Blume auf sich? Sie geht zurück auf Novalis' Romanfragment „Heinrich von Ofterdingen", 1802 posthum veröffentlicht. Gleich zu Anfang erscheint sie dort in einem Traumbild, das Heinrich erblickt als er in eine Höhle gelangt, sich an einem Wasserbecken entkleidet und schwimmend an einer von dunkelblauen Felsen umgebenen Quelle sich auf weichem Rasen wiederfindet: „Was ihn aber mit voller Macht anzog, war eine hohe, lichtblaue Blume, die zunächst an der Quelle stand und ihn mit ihren breiten, glänzenden Blättern berührte". Diese blaue Blume kann als genuine Schöpfung der Romantik gelten, wird zum Inbegriff aller romantischen Sehnsucht nach dem Unsagbaren, Unerreichbaren, Unendlichen, dem „All-Einen". Die Szene in Roman und Lied enthält viele Chiffren der Romantik, ist erotisch aufgeladen, ist voll sinnlicher Eindrücke, ist in Nacht und Traum angesiedelt, mit Gnomen – nächtlichen Schreckensgestalten –, zugleich lichthaften, gutmütigen Elfen besetzt. Das Nachtseitige ist, wenn auch unterschwellig, schon im Wort „heimlich" zugegen (in der vorangegangenen Strophe), das ursprünglich doppelsinnig, zugleich auch „unheimlich" bedeutet. Natürlich, das Wandern und Unterwegssein birgt so manche Schrecken und Gefahren in sich, unbekannte, unwirtliche, wilde Gegenden abseits der Wege können unheimlich sein, besonders in der Nacht. Man kann die Orientierung verlieren, sich verirren, in Märchen und Mythen schon immer eine Bedrohung, der gerade aber ein gewisser Reiz zukommt. Es ist dieses Tremendum und Faszinosum, dieses Erschreckende, zugleich Verlockende, das allem Abenteuer innewohnt. Man kann dabei zu Grunde gehen, zu Tode kommen, im Märchen wie in der Realität.

Der Romantik wohnt denn auch eine gewisse Affinität zum Tod, eine Todessehnsucht inne, verbunden mit Melancholie, Schwermut und Weltschmerz. Dass in der Jugendbewegung so viele Lieder von Tod und Sterben handeln, vornean Landsknechts- und Soldatenlieder, von denen sich schon im „Zupfgeigenhansl“ (1909) eine stattliche Anzahl findet, bleibt zunächst seltsam und befremdlich: Warum denn sollte den jugendlichen Menschen diese ihm ferne, abseitige Thematik bewegen? Es gehört wohl zu jenem unbestimmten, außerhalb der Wirklichkeit liegenden romantischen Daseinsgefühl, das diese Stimmungen hervorbringt und einschließt. Insofern scheint auch die Legende von der Namensfindung „Wandervogel“ auf einem Grabstein des Dahlemer Friedhofes zu passen, erscheint zumindest nicht gänzlich abwegig. Und wenn Heinrich von Ofterdingen, auf die Frage, wohin man denn unterwegs sei, zur Antwort erhält: *„immer nach Hause“*, so ist die Sehnsucht nach einem Hause außerhalb der Realität gemeint, in unerreichbarer Ferne gelegen. Letztes Ziel dieser Sehnsucht bleibt, „nach Hause“ zurückzukehren. Sehnsucht in die Ferne und Heimweh „nach Hause“ berühren und bedingen sich so sehr, dass sie als ein und dasselbe erscheinen mögen, zugleich einen „Weg nach innen“ bedeuten, in die Mitte des Menschseins, dem Leben und Tod zugehören.

Gewiss, die Romantik als historische Epoche ist lange zu Ende, als Daseinsmodus, als Weise des in der Weltseins aber ist sie geblieben, nicht immer gleichermaßen präsent, zur Zeit der Jugendbewegung im ersten Drittel des 20. Jahrhunderts wieder in Blüte, in der zweiten Hälfte eher nur verborgen und in kleinen Kreisen anzutreffen. Dem widerspricht nicht, dass heute dem Phänomen des Unterwegsseins mehr denn je ein hoher Stellenwert zukommt, boomt doch die Tourismusbranche allenthalben, einschließlich der Ferntouristik, trotz 11. September 2001 und Tsunami-Katastrophe 2004 – die Mobilität scheint ungebrochen, erhält geradezu gesellschaftlichen Prestigewert. Dem Massentourismus, dem sich ja niemand gerne zuzählen möchte, wird Individualtourismus entgegengesetzt, oftmals bei geringen Unterschieden. Outdoor- und Trekking-Events liegen im Trend, von Wildwasser-Rafting, Klippenspringen, Paragliding bis Antarktissegeln, Höhlenkriechen, Barfußwüstenläufe und was der exotischen Angebote mehr sind. Und auch das einfache Wandern hat allenthalben Konjunktur und erfährt etwa als Nordic-Walking zusätzliche Aufmerksamkeit, nicht zu vergessen Volkswandertage, Jogging-, Trimm-dich- und ähnliche Aktionen.

All diese Aktivitäten sollen keinesfalls diskreditiert werden, mögen sie doch für ihre Teilnehmer Erfüllung bringen, auch von existentieller Bedeutung sein. Indessen, so abenteuerlich, so körperlich fordernd, so viel Anstrengung, Mut und Verzicht verlangend und so sinnerfüllend sie zum Teil sein mögen, so weit ab sind sie doch von jenem romantischen Unterwegssein, so weit ab von aller Wander- und Fahrtenpraxis aus dem Geist der Jugendbewegung. Schon früh in den Wandervogelbünden wurde scharf geschieden zwischen dem Wandern und Erleben des „Wandervogels" und dem des „Touristen", der als Spießer und Philister verächtlich gemacht wurde.

Dem Wandern, der Fahrt kommen in den Bünden besondere Kennzeichen und ganz eigene Qualitäten zu, die hier nur knapp und unvollständig angesprochen werden sollen. Zu ihren herausragenden Merkmalen zählen etwa, dass sie einer geschlossenen Gruppe, eines Bundes von Gleichgesinnten und Gleichgestimmten bedürfen, eben einer Fahrtengruppe, in der die Einzelnen einander zugetan, sich in diffus-jugendlichem Eros verbunden sind, wobei Blühers Theorien von der „Jugendbewegung als erotischem Phänomen" außen vor bleiben können. Die große Fahrt, die Großfahrt bedeutet denn auch einen Höhepunkt jedes Gruppenlebens, verlangt eine intensive Vorbereitung das ganze Jahr über, nicht nur eine äußere, ebenso die innere, verlangt eine Bereitschaft zum Miteinander, eine Bereitschaft zu Entbehrungen, zum Verzicht auf so viele Gewohnheiten des Alltags, fordert Mut und Wagnis das Abenteuer zu bestehen, soll sie zum Kunstwerk gelingen. Das Ziel der Fahrt bleibt gewiss wichtig, wobei das Ziel aber auch bereits im Erlebnis des Weges und des Unterwegsseins liegt, das Momente des Glücks und der Erfüllung birgt, das Stillung einer namenlosen, numinosen Sehnsucht bedeutet, Ereignisse, die sich nicht erst am Ziel einstellen. Mit Novalis gesprochen, wo wir auch wandern, wohin wir auch unterwegs sind: *„immer nach Hause“* ...

Von Natur und Naturerleben

Wo versucht wird für Gruppen und Bünde der Jugendbewegung zu werben, wird oft als schlagkräftiges Argument angeführt – neben gesundheitsförderlichen Aspekten –, die Kinder und Jugendlichen kämen auf den Wanderungen und Fahrten mit der Natur in Berührung, erhielten einen Zugang zur Natur, lernten die Natur kennen und schätzen. Seit vielen Jahren belegen Untersuchungen immer wieder, wie schlecht es um die Kenntnis der Natur in den jungen Generationen bestellt ist, wenig verwunderlich, werden doch schon in der Grundschule kaum noch Artenkenntnisse der heimischen Flora und Fauna vermittelt, meist weil die Lehrerinnen überwiegend selbst keine Pflanzen- und Tierarten kennen. Die Lehrpläne der weiterführenden Schulen schaffen in dieser Hinsicht keine Abhilfe, im Gegenteil. Sieht man von wenigen Ausnahmen ab, etwa der „Waldjugend“, so ist die Kenntnis von Pflanzen und Tieren in den Bünden nicht besser als anderswo. Ob und wie bündische Gruppen die Natur lieben und schätzen, muss offen bleiben. Jedenfalls gab es schon in der Frühzeit der Wandervögel Missfallensäußerungen gegenüber ihrem Verhalten in der Natur – „sie machten die Wälder unheimlich mit ihrem Gebrüll“ – und Klagen etwa über Baumfrevel, unaufgeräumte Feuerstellen und hinterlassene Abfälle.

Wenn man heute realistischerweise schon keine Naturkenntnisse in den Bünden erwarten darf, was ist es dann, was Jugendbewegung an Zugängen zur Natur bieten kann? Es ist dieses intensive Unterwegs- und Draußen- und Zuhausesein in der Natur, bevorzugt in einer von der Zivilisation eher wenig berührten Landschaft, abseits gesicherter, zertifizierter Wanderwege, eventuell auch in Regionen, die noch Wildnisrelikte bieten, Lebensräume, die ihren ursprünglichen Charakter bewahrt haben, in denen unvorhergesehene Hindernisse und Gefahren bewältigt und Strapazen auf sich genommen werden müssen, die den unbedingten Einsatz des Einzelnen wie der Gruppe fordern. Auch kommt in diesem Wandern das ursprüngliche menschliche Maß wieder zur Geltung, der Fuß, der Schritt geben das Tempo vor. Solch neue Erfahrung von Raum und Zeit bedeuten eine Entschleunigung gegenüber der allseitigen Hektik der Gegenwart, mit jedem Schritt ergeben sich neue Perspektiven, neue Sichtbezüge auf die Landschaft und nicht zuletzt auf den Menschen selbst, bedeuten Selbsterfahrung.

Auch verlangt jede Landschaft nach einer leiblich-seelischen Verbindung, ein sich Einlassen mit ihr. Landschaft im Sinne Alexander von Humboldts meint ja den „Totalcharakter einer Erdgegend", die Natur in ihrer Gesamtheit, mit ihren geographischen, geologischen, klimatischen, meteorologischen, vegetativen Gegebenheiten. In und mit dieser Natur zurechtzukommen wird zur leibhaft-sinnlichen Auseinandersetzung etwa mit Hitze und Kälte, Sonne und Regen, Wind und Wetter, mit der Beschaffenheit des Weges, mit der Vegetation, mit dem Wechsel der Tageszeiten, mit Hunger und Durst, mit Müdigkeit und Erschöpfung. Dies alles zusammen bildet ein ganzheitliches Naturerleben, gehört einer Naturästhetik zu, die nicht im herkömmlichen Sinne das Schöne meint, sondern Ästhetik als sinnenhafte, zugleich transzendierende Wahrnehmung, in der Natur und Mensch sich durchdringen. Eine Landschaft ist denn auch nicht per se eine liebliche, eine düstere, eine karge oder schroffe oder was der Zuschreibungen mehr sind. Erst im Blick des Menschen und seiner Wahrnehmung wird sie ihm zum Ort einer bestimmten Atmosphäre, gewinnt ihren eigenen Erlebnischarakter. Ebenso ist Naturschönheit keine absolute Eigenschaft, sie ist abhängig vom Betrachter und nicht verfügbar, sie ereignet sich in herausgehobenen Momenten, bleibt flüchtig, ist nicht herbeizuzwingen. Ihr eignet so etwas wie ein ekstatischer Charakter, in der Natur nicht nur sinnlich wahrgenommen, sondern darüber hinaus wesenhaft geschaut wird. Ein Beispiel aus Ludwig Klages' „Vom kosmogonischen Eros" mag dieses Transzendieren verdeutlichen: „Hundertmal kann ich den Wald gesehen haben, ohne etwas anderes als eben nur das Ding zu erleben, jenes selbe Ding, das auch der Botaniker meint: aber einmal, während er flammt in Gluten der Abendsonne, vermag mich der Anblick meinem Ich zu entreißen; und da erschaut meine Seele plötzlich, was ich noch nie zuvor gesehen, vielleicht nur eine Minute lang, ja vielleicht nur sekundenlang; indes ob nun lang oder kurz, das jetzt Erschaute war das Urbild des Waldes ...“.

Auch Novalis' Traumbild von der blauen Blume versinnbildlicht das Einswerden von Mensch und Natur. Als Heinrich sich der Blume nähert, so wird weiter erzählt, neigte sie sich ihm zu und die Blütenblätter zeigten ein darin schwebendes zartes Gesicht. Die Blume wird gleichsam zum Mischwesen, verschmolzen aus Pflanze und Mensch. Die Suche nach der blauen Blume wird zum Symbol für das Streben nach dem Ideal des Einsseins von Natur, Mensch und Kosmos. – „Wer die blaue Blume will finden, der muß / Ein Wandervogel sein ...“

Zurück aus der Symbolik in die Realität – und schließlich auch zurück zum vorangestellten provokanten Motto von Eberhard Köbel-Tusk: In der Tat, das Natur- und Selbsterleben im jugendbewegten Unterwegssein scheint weit entfernt vom Symbol der blauen Blume der Romantik, führt nur in seltenen Momenten zu wesenhafter Naturschau, macht kaum „Wege nach innen“ kenntlich, spielt sich zum wenigsten in gehobenen Stimmungen ab, ist eher bestimmt von den vielerlei Beschwernissen und Banalitäten des Wander- und Fahrtenalltags. Indessen, die Möglichkeiten sind gegeben, wie heute sonst kaum wo, die Naturzugehörigkeit des Menschen bewusst werden zu lassen, die Einheit von Mensch und Natur erfahrbar zu machen, der Entfremdung von Mensch und Natur wie auch einer Selbstentfremdung entgegenzuwirken. Möglichkeiten, deretwegen den heutigen Bünden, bei aller Kleinheit ihrer Zahl, eine große Bedeutung für den Einzelnen wie für die Gesellschaft zukommt.

Literaturhinweise

Quellen und Zitate werden nicht einzeln nachgewiesen, nur die Schriften sind angeführt, auf die schwerpunktmäßig zurückgegriffen wurde.

Bollnow, Otto Friedrich: Mensch und Raum. Stuttgart: Kohlhammer 1963, 11. Aufl. 2010.

Boomers, Sabine: Reisen als Lebensform. Hoffnungen auf Anderswelten. In: Universitas, Heft 5, 2010.

Griesewelle, Gerhard: Das Lied von der blauen Blume. Eine romantische Textinterpretation für den Wandervogel und seine Freunde. Rudolstadt: Wandervogel D.B. Erwachsenenbund 1998.

Grober, Ulrich: Vom Wandern. Neue Wege zu einer alten Kunst. Frankfurt/M.: Zweitausendeins 2006.

Mogge, Winfried: „Ihr Wandervögel in der Luft ...“. Fundstücke zur Wanderung eines romantischen Bildes und zur Selbstinszenierung einer Jugendbewegung. Würzburg: Königshausen & Neumann 2009.

Mrozek, Bodo: Zu Fuß auf dem Sonderweg oder Wandern als deutscher Erlebnisort. In: Merkur, H. 4, 2009.

Safranski, Rüdiger: Romantik. Eine deutsche Affäre. München Wien: Carl Hanser 2007.

Sauer, Walter: Der Mythos des Naturerlebnisses in der Jugendbewegung. In: Knoll, Joachim H./Schoeps, Julius H. (Hrsg.): Typisch deutsch: Die Jugendbewegung. Beiträge zu einer Phänomengeschichte. Opladen: Leske + Budrich 1988.

Sauer, Walter (Hrsg.): Verlassene Wege zur Natur. Impulse für eine Neubesinnung. Ein Lesebuch. Witzenhausen: Südmarkverlag 1992.

Erstveröffentlichung in: Stibane, Pit (Hrsg.): Kiefern im Wind – Zum Naturverhältnis in der Jugendbewegung. Nr. 2 der Schriftenreihe in Verbindung mit dem Mindener Kreis, Ebersdorf 2010, S. 72–81.

Vom Bauen in den Bünden

Ansprache zum Richt- und Bauhüttenfest des Enno-Narten-Baus auf der Jugendburg Ludwigstein, 22. Oktober 2010

Ich denke, in diesem Kreise sind die Verse des Liedes „Wir wolln zu Land ausfahren“ nur allzu bekannt und gewiss noch viel mehr der so zahlreichen Lieder, die das Wandern, das Unterwegssein, die Fahrt in die Ferne, in die Weite besingen. Immer geht es darum, etwas *hinter* sich zu lassen, den Alltag, mit seinen Banalitäten, Mühen und Sorgen, die zivilisatorische Enge, die gesellschaftlichen Zwänge, statt dessen: der Drang in Freiheiten und Freiräume, die jenseits liegen, zumeist in der Natur, möglichst in unberührter, eine Art namenloser Sehnsucht nach unbekanntem, nach ursprünglichem Dasein. Dies gehört gewiss zu den herausragenden Kennzeichen der Jugendbewegung seit ihren Anfängen, und deshalb auch gelegentlich der Vorwurf, sie bedeute eine Flucht aus der Realität, aus Zeit und Gegenwart. Man mag dies so sehen, jedenfalls sind es *zentrifugale* Kräfte, die den jugendlichen Menschen hinaustreiben, hinausziehen in ferne Lande, in fremde Regionen, dabei hoffend, auf großer Fahrt ans lockende Ziel zu kommen, Erfüllung und Stillung jener romantischen Sehnsucht zu finden, wie denn im Lied auch die Verse lauten: „Wer die blaue Blume finden will, der muss ein Wandervogel sein“.

Wenn nun dieser Zug in die Ferne, wenn Fahrt und Fahrtenleben kennzeichnend für die Jugendbewegung sein sollen, wie passt dies zusammen mit einer so ganz anderen Tendenz in den Bünden, nämlich dem Bemühen sich einen räumlichen Mittelpunkt zu schaffen, etwa im Erwerb eines eigenen Heimes – im frühen Wandervogel Landheim oder auch Nest genannt – oder im Bau und Ausbau von Hütten, Häusern, Höfen, Ruinen, Burgen und Türmen? Dies bildet in der Tat einen Gegensatz zum Fahrtenleben – und bedeutet doch keinen Widerspruch. Ein

Bund bedarf eines Zentrums, eines sichtbaren geographischen wie eines unsichtbaren geistigen, in dem die Kräfte nicht zentri*fugal* auseinanderdriften, vielmehr zentri*petal* zu einem Mittelpunkt führen, sich gleichsam in einem Brennpunkt sammeln. Die Mehrzahl der Bünde in Geschichte und Gegenwart hat denn auch ihr je eigenes Bundeszentrum geschaffen, wo nicht, so standen meist äußere Umstände dagegen. Zusammengefasst: Die nach *außen* strebenden und die nach *innen* gerichteten Kräfte eines Bundes stehen nicht gegeneinander, sie gehören notwendig zusammen, bilden eine Einheit, kennzeichnen Bund und Jugendbewegung. Die Burg Ludwigstein als ein Zentrum der Bewegung mag dafür überzeugendes Beispiel sein, der Enno-Narten-Bau mag dies künftig ebenso werden!

In meinem eigenen kleinen Jungenschaftsbund im Schwäbischen hat diese Einsicht zunächst wenig Resonanz oder gar Begeisterung gefunden als wir vor Jahrzehnten einen alten Bauernhof, den Allenspacher Hof, erwerben konnten und in unseren Gruppen statt der geplanten Sommerfahrten für ein Baulager geworben haben. Im Nachhinein aber hatten alle im Bund erfahren, dass diese Baumannschaft, diese Baugemeinschaft zum vollgültigen Äquivalent für die große Fahrt geriet, Fahrt nicht in die Weite, Fahrt nach innen. Vorbild war für mich das Bauen der Nerother auf Burg Waldeck, wo ich einmal, für zwei Tage nur, am Bau der Buschhüter-Brücke mitwirken konnte und wo ich nach jetzt einem halben Jahrhundert immer noch die Stelle weiß, zu der ich als Handlanger die schweren Bruchsteine geschafft hatte, so bleibend eindrucksvoll und prägend war diese Atmosphäre des Bauens.

Warum nun bleibt es so bedeutsam für die Bünde eine räumliche Mitte, einen festen Ort, ein Bundeszentrum zu haben? Welche Bedeutung soll diesem Ort zukommen? Zunächst bietet er den eigenen Gruppen eine Stätte für Zusammenkünfte, für ein gegenseitiges Kennenlernen untereinander, auch für Begegnungen mit befreundeten Kreisen, für gemeinsame Feste und Feiern, für musische, geistige und spirituelle Aktivitäten, handwerkliches Tun mit eingeschlossen. Auch bietet der Raum ganz andere Möglichkeiten als Fahrt und Lager in der Natur, schafft eine Geschlossenheit, ermöglicht Sammlung und Konzentration, bindet zusammen, was im Freien nur allzu leicht verhallt und zerstiebt, bietet Refugien für Stille und Muße, ermöglicht ein Heraustreten aus dem Alltäglichen, aus der Hektik der Gegenwart, lässt die Zeit stille stehen oder auch wie im Fluge vergehen, je nach Art des Anlasses und Geschehens.

Natürlich bedarf dieser Raum eines besonderen Charakters, Raum an sich, der mathematische Raum ist leer, die Atmosphäre des Raumes will erst geschaffen werden, soll er vom geometrischen zum *erlebten*, zum *gelebten* Raum werden, muss mit Leben erfüllt und gefüllt werden, sonst bleibt er toter Raum. In den jugendbewegten Gruppen und Bünden ist allerdings meist keine Gefahr, dass ihre Räume nicht zum gelebten Raum werden, und gerade beim Enno-Narten-Bau darf man sicher sein, dass er über den architektonischen Bau hinaus zum prall mit Leben gefüllten Raum geraten wird.

Auch in anderer Hinsicht kommen dem bündischen Raum gewisse Besonderheiten zu, zuvörderst, er muss vom Bund selbst geschaffen sein, aus den eigenen Gruppen müssen die Bauenden kommen und den Bau erschaffen, keinesfalls kann es ein fertiges Heim sein, das nur zu übernehmen wäre. Gerade diesem Tun und Werken miteinander wohnt eine gemeinschaftsstiftende Kraft inne, ähnlich der Fahrtengemeinschaft, die den Bund zusammenwachsen lässt und festigen hilft. Aber nicht nur die Gemeinschaft wächst beim Bauen, auch der Einzelne, indem er sich, anders als z. B. in der Schule, ganzheitlich einbringen kann – pädagogisch formuliert: mit Kopf, Herz und Hand –, dabei den Erfolg seiner Arbeit konkret leiblich-sinnlich und sinnvoll erfährt. Max Himmelheber, der Ingenieur, Erfinder und nicht zuletzt auch Pfadfinder, hat in diesem Zusammenhang von „Werkstattgemeinschaften“ gesprochen, über die an anderer Stelle noch berichtet werden soll, und dessen Stiftung sich hier auch am Enno-Narten-Bau engagiert.

Noch einmal, symbolisch ausgedrückt, der Bauende baut an sich selbst, baut sich selbst. Mag dies Bild befremdlich erscheinen, so kann es mit Worten von Hugo Kükelhaus, dem Architekten, Philosophen und Universalisten, verdeutlicht werden, wenn er schreibt: „Über dem Eingang des Tempels zu Delphi stand eingemeißelt: ‚Mensch, werde der Du bist'. ‚Mensch, erkenne Dich selbst'" und dann fordert: „Benötigt wird ein neues Delphi. Benötigt wird das Selberbauen eines Delphi. Wobei die Erfahrung wirksam wird, dass das Bauen der Bau ist. Freiwillige, die willens sind, sich zu bauen, indem sie bauen, sind aufzurufen!"

Nun, ich möchte den Tempel zu Delphi nicht zu nahe an den Enno-Narten-Bau rücken, aber genau diese Forderung von Kükelhaus ist hier Wirklichkeit geworden: „Freiwillige, die willens sind, sich zu bauen, indem sie bauen", und diese Freiwilligen aus der großen Vielfalt der Bünde und noch darüber hinaus, sind dem Aufruf in überwältigender Zahl gefolgt, haben den Bau gebaut für sich und für die Bünde, sie haben am Ende ein Werk von großer Nachhaltigkeit geschaffen, ein bleibendes sichtbares Bauwerk, zugleich ein im verborgen wirkendes unsichtbares der Gemeinschaft zwischen den Bauenden unterschiedlichster Zugehörigkeit. Damit werden sie einen Beitrag zum Meißner-Gedenkjahr 2013 geleistet haben, der dem Geiste der Jugendbewegung nicht besser entsprechen könnte. Zugleich wird widerlegt, die Bünde betrieben einen Rückzug aus Gesellschaft und Gegenwart, wird doch der Enno-Narten-Bau möglichst vielen Jugendlichen offen stehen, ihnen Raum geben, eine sinnvolle, sinnerfüllte Jugend zu leben, in einer Zeit, in der die Sonne gängiger Jugendkulturen eher tief steht – möge dies Wirklichkeit werden, so mein Wunsch dem Enno-Narten-Bau!

Literatur

Bollnow, Otto Friedrich: Mensch und Raum. Stuttgart: Kohlhammer 1963, 11. Aufl. 2010.

Grober, Ulrich: Vom Wandern. Neue Wege zu einer alten Kunst. Frankfurt: Zweitausendeins, 2006.

Kükelhaus, Hugo / Rudolf zu Lippe: Entfaltung der Sinne. Frankfurt: Fischer 1982.

Erstveröffentlichung in: Idee und Bewegung, H. 92, Dez. 2010, S. 63–65.

Idee und Gestalt einer Bündischen Akademie

Überlegungen zur Gründung in Lüdersburg

Anmerkungen zur Jugendbewegung

Zählte die Jugendbewegung im ersten Drittel unseres Jahrhunderts zu den großen Reformbewegungen der Zeit mit mannigfachen kulturgeschichtlichen Auswirkungen, so ist ihr nach dem Ende des zweiten Weltkriegs keine größere gesellschaftliche Bedeutung mehr zuteil geworden, wiewohl unmittelbar nach 1945 allenthalben wieder Gruppen und Bünde in der Tradition der ehemaligen Wandervögel, Pfadfinder, Jungenschaften und bündischen Jugend neu entstanden. Als 1963 das fünfzig-, 1988 das fünfundsiebzigjährige Jubiläum des „Ersten Freideutschen Jugendtages" 1913 auf dem Hohen Meißner von den jungen Bünden in großer Zahl gefeiert wurde, geschah dies *ohne* besondere Beachtung in der breiten Öffentlichkeit. Jugend-Bewegungen *mit* Breitenwirkung und gesellschaftlicher Resonanz in der zweiten Hälfte des Jahrhunderts entsprangen denn auch ganz anderen Wurzeln, ganz anderen Intentionen, suchten ganz andere Formen als der Aufbruch der Jugend zum Jahrhundertbeginn.

Dieser Aufbruch war vor allem durch zwei Merkmale bestimmt: das Naturerleben und die Erfahrung des Bundes, Dimensionen, die in dieser Verbindung der überwiegenden Mehrzahl heutiger Jugendlicher fremd geworden sind. Formen und Wesen der Jugendbewegung und des Bündischen sollen hier nicht weiter angesprochen werden. Ihre Deutungsversuche entziehen sich ohnehin einer objektiven Analyse, wurzelt doch das Geschehen in den Bünden letztlich in der Unergründlichkeit des Lebens, weist in Bereiche der Transzendenz. Gerade weil diese Dimensionen der heutigen Zeit insgesamt sehr fern gerückt sind, könnten von einer Besinnung auf bündisches

Natur- und Weltverstehen, auf bündische Lebensformen und Daseinspraxis Impulse ausgehen, die für Gegenwart und Zukunft notwendig wären. Ohne die historische Jugendbewegung wiederholen oder konservieren zu wollen, sollten doch die zahlenmäßig kleinen, im öffentlichen Bewußtsein kaum wahrgenommenen, heutigen bündischen Gruppierungen in ihrem Tun bestärkt und sensibilisiert werden für ein bewußtes Wirken in der Zeit.

Aus diesen Überlegungen entstand vor wenigen Jahren der Gedanke, eine „Bündische Akademie" als geistigen Kristallisationskern für heutige Bünde zu schaffen. Als Ort bot sich Lüdersburg an, ein Dorf zwischen Lüneburg und Lauenburg gelegen, wo ein kleiner, auf die Elbmarsch begrenzter, aktiver Jugendbund – die „Evangelische Jungenschaft Tyrker" – seit längerem eine alte Rauchkate mit Nebengebäuden zum Bundeszentrum ausbauen und später noch einmal Baulichkeiten und Grund erwerben konnte.

Bevor die Ausgestaltung dieser Idee näher vorzustellen ist, soll ein kleiner Exkurs in die Geschichte des Bündischen zeigen, daß das Vorhaben einer Bündischen Akademie nicht grundsätzlich neuartig ist, eher schon eine gewisse Tradition aufweist.

Etwas willkürlich und subjektiv seien angeführt das „Musikheim" in Frankfurt/Oder und das „Boberhaus" in Löwenberg/Schlesien, Gründungen aus der zweiten Hälfte der 20er Jahre der Deutschen Freischar bzw. der Schlesischen Jungenschaft. Beidesmal handelte es sich um Orte geistiger Sammlung und Erneuerung, um Stätten musischer Bildung, verbunden mit Volkshochschul- und Laienbildungsgedanken, Arbeitstagungs- und Arbeitslagerprogrammen. Beidesmal ist eine zunächst vage Idee aus dem Gedankengut der Jugendbewegung und Reformpädagogik in eine erfolgreiche Praxis umgesetzt worden. Weniger konkret in Richtung Akademie blieb die von Gustav Wyneken inspirierte „Jugendburgidee" des Nerother Wandervogels auf Burg Waldeck im Hunsrück, ebenso der Ausbau der Burg Ludwigstein durch Wandervögel, die nach dem ersten Weltkrieg mehr als nur eine Jugendherberge schaffen wollten. Inzwischen ist auf Burg Ludwigstein eine Jugendbildungsstätte eingerichtet, an Ansprüchen heutiger Jugendarbeit orientiert. Weniger professionell, eher dem Geist der Jugendbewegung verbunden, wurde in den siebziger Jahren das „Freie Bildungswerk Balduinstein" gegründet, eine Konzeption, die durchaus als eine Art Bündische Akademie verstanden werden kann, wenn schon die Praxis sich anders entwickelt haben dürfte. Zu den neueren Gründungen gehören auch der „Handwerkerhof" bei Mosbach, 1981 entstanden, und der „Wandervogel-Hof Reinstorf" bei Uelzen, zur selben Zeit von Kreisen des „Wandervogel Deutscher Bund" betrieben, schließlich auch die „Kulturinitiative" im Gefolge des Meißner-Jubiläums 1988, wenngleich ohne festen geographischen Ort, jedoch mit einer anspruchsvollen Zeitschrift.

Bei aller Verschiedenartigkeit und Unvergleichbarkeit der Beispiele hinsichtlich ihrer Entstehungszeit, Gründungsabsichten, Zielsetzungen und praktischen Verwirklichung lassen sich doch gewisse Gemeinsamkeiten feststellen. Die Initiatoren kommen aus den Bünden der Jugendbewegung, sind dort in ihren Jugendjahren entscheidend geprägt worden, folgen einem pädagogischen Impetus, das Erlebte und Erfahrene im Erwachsenenalter zu bewahren und weiterzugeben an die Jüngeren in den eigenen Kreisen und zugleich in die Gesellschaft hineinzuwirken.

Jugendbewegung, so wurde angedeutet, habe sich letztlich auf die Fülle des Lebensganzen bezogen. Von daher scheint es nur allzu selbstverständlich, wenn die Gründungen von Zentren jugendbewegter Gesinnung und bündischer Lebensgestaltung nicht auf „akademische" Einrichtungen herkömmlicher Art abzielten, in denen vorrangig Wissen und Können vermittelt oder intellektuelle und schöngeistige Bildung betrieben werden, sondern das Menschsein in umfassenderen Bezügen ausgestaltet wissen wollten. Elemente des Musischen, Handwerklichen, Geistigen, Religiösen haben immer mehr als nur bloßen Zierat ihrer kulturellen Veranstaltungen bedeutet. Es kam und kommt vielmehr auf das ganzheitliche Ansprechen des Menschen an auf dem Hintergrund eines Weltbildes, das verhängnisvolle Trennungen und Spaltungen im neuzeitlichen

Denken überwindet, mit dem Ziel, verantwortungsbewußt in der Zeit zu stehen. – Gewiß müßten diese Gedanken weiter ausgeführt und begründet werden. Um Sinn und Aktualität einer Bündischen Akademie anzudeuten, mögen sie genügen.

Was nun die Gestalt der *Bündischen Akademie Lüdersburg* betrifft, so soll sie konkreter vorgestellt werden, wobei die Ausgestaltung nicht in Einzelheiten beschrieben werden kann – so weit sind Entwicklungsprozesse nicht vorwegzunehmen. Im folgenden werden lediglich *Fundamente* einer Bündischen Akademie gelegt, die deren Tragfähigkeit sichern sollen; ob die sieben beigebrachten ausreichen, bleibt abzuwarten, jedenfalls werden sie als unabdingbar für eine Bündische Akademie gefordert.

1. Handwerk – Werken mit den Händen

Gerade weil der Begriff Akademie nahelegen könnte, es ginge primär um die Auseinandersetzung mit intellektuellen Inhalten auf theoretisch anspruchsvollem, möglichst universitärem Niveau, soll diesem Mißverständnis vorgebeugt werden und an erster Stelle der Bündischen Akademie das konkrete, praktische Tun mit den Händen, das Handwerkliche stehen. Der Gegensatz von Kopf und Hand ist, anthropologisch gesehen, ohnehin konstruiert; immer ist mit der Hand zugleich auch Geist im Spiel. In diesem Lichte sind die frühen, menschheitsgeschichtlich so bedeutsamen Erfindungen zu sehen: das Rad, die Achse, der Wagen, der Pflug, die Feuergewinnung, das Schmieden, das Töpfern, das Bauen, um nur einige markante Beispiele zu nennen. Der heutige Mensch ist längst von diesen kulturgeschichtlichen Urerfahrungen abgeschnitten. Eine Bündische Akademie müßte es sich zur Aufgabe machen, einen Zugang zu diesen leiblich-handwerklichen Erfahrungen zu schaffen, nicht in der Absicht ein Zurück zum einfachen Leben in vorindustrieller Technik herbeiführen zu wollen – was weder möglich noch sinnvoll wäre –, sondern um die Verbindung zu den Ursprüngen der Menschheit und des Menschseins nicht völlig abreißen zu lassen bzw. die bereits zerrissenen Fäden wieder neu zu knüpfen. Der Mensch, der seine Abkunft nicht weiß, ist in Gefahr, menschliches Maß überhaupt zu verlieren. In dem viel diskutierten, aber wenig bewirkenden Buch „Die Rückkehr zum menschlichen Maß“ hat Ernst Friedrich Schumacher vor allem die Abkehr von gigantischer Großtechnologie gefordert – „Small is Beautiful“ lautet die englische Originalfassung.

In diesem Zusammenhang ist es durchaus beachtenswert, daß in der Schulpädagogik in zunehmendem Maße „praktisches Lernen“ gefordert wird (vgl. Fauser/Fintelmann/Flitner) und an Schulen, vor allem Grundschulen, „Schuldruckereien“ eingerichtet werden, wo Schüler auf Gutenbergs Weise mit Lettern ihre Texte setzen und drucken – im Zeitalter des Computersatzes und Offsetdruckes scheinbar ein vollkommener Anachronismus, und doch ein Musterbeispiel für Hand-Werk in einem ursprünglichsten Sinne. Die Gefahr, daß das Hand-Werken in Lüdersburg schulische, d. h. gekünstelte, lebensferne, sterile Formen annehmen könnte, ist von vornherein nicht gegeben, erfordern doch die Baulichkeiten und das Bauen auf lange Sicht handwerkliches Arbeiten. Die Akademie und die weiteren Gebäude auf dem Gelände werden ja nicht schlüsselfertig bezogen, sondern in hohem Maße in Eigenarbeit erbaut und unterhalten. Worte des Architekten, Philosophen und Universalisten Hugo Kükelhaus mögen den Sinn des Hand-Werkens und Bauens vertiefend zusammenfassen: „Über dem Eingang des Tempels zu Delphi stand eingemeißelt: ‚Mensch, werde der Du bist.‘ ‚Mensch, erkenne Dich selbst.‘ ‚Mensch: Sei!‘ Benötigt wird ein neues Delphi. Benötigt wird das Selberbauen eines Delphi. Wobei die Erfahrung wirksam wird, daß das Bauen der Bau ist. Freiwillige, die Willens sind, sich zu bauen, indem sie bauen, sind aufzurufen!“

Noch ein anderes Argument ist für das Handwerk beizubringen. Im Zeichen wachsender Arbeitslosigkeit könnte es von Bedeutung sein, Güter des täglichen Bedarfs, Möbel zum Beispiel, selbst herstellen zu können. Sowohl das Wissen wie auch die äußeren Voraussetzungen müßten zur Verfügung stehen, die es jugendlichen Arbeitslosen erlauben, mit ihrer Arbeitskraft Gebrauchsgüter zu fertigen und sich damit ökonomischen Mehrwert und persönlichen Selbstwert zu verschaffen. Max Himmelheber, Ingenieur und Philosoph, hat schon zu Beginn der Alternativ- und Ökobewegung ein detailliertes Konzept sogenannter „Selbsthilfewerkstätten" entworfen – die Bündische Akademie Lüdersburg müßte auch den Ort für eine solche „Selbsthilfewerkstatt" abgeben können. Im übrigen kann das Zeitalter der Groß- und Hochtechnologie, der High-Tech, der Wegwerftechnik, der Energie- und Rohstoffverschwendung rascher zu Ende gehen, als das Politik, Wirtschaft und Industrie sich vorzustellen vermögen. Daß dann sanftere, einfachere, handwerkliche Techniken vorhanden sein müßten, wäre ein weiterer Grund, Werken mit den Händen in eine Bündische Akademie als Fundament einzubauen.

2. Entfaltung der Sinne – Sinnes- und Sinnerfahrungen

Daß die heutige Zeit verarmt ist an sinnlichen Erfahrungen, ist nur zu bekannt. Wirklichkeit wird weitgehend durch Medien vermittelt, gefiltert, entsinnlicht, als second-hand-Ware ohne zugrundeliegende Primärerfahrungen. Sinne und Sinnlichkeit sind allenthalben stillgelegt. Beliebige Beispiele des Alltäglichen mögen dies veranschaulichen: Das Gewicht beim Kauf von Lebensmitteln erscheint auf der Leuchtzifferanzeige der Waage, ohne ein „Wissen" zu vermitteln, wie schwer ein Kilogramm Fleisch, Obst oder Gemüse wiegt; Kälte und Wärme im Wohnzimmer werden mittels minimaler Drehung am Thermostaten erfahren und geregelt; Distanzen von hunderten Kilometern werden im Auto, von tausenden im Flugzeug mühelos in wenigen Stunden durchmessen, wo die körperliche Fortbewegung nur ein bescheidenes Tagesmaß ermöglichte; was 12 × 12 ist, zeigt der Taschenrechner an, ohne eine Vorstellung der Zahl 144 zu geben, noch weniger, warum zwölf Dutzend ein Gros bilden; was sex and crime sind, bieten Fernsehsendungen aller Art tagtäglich im Großformat feil, teils unsinnlich-steril, teils Sinnlichkeit stimulierend – beidesmal inhuman, ist man versucht, hinzuzufügen.

Das permanente Übergehen des Sinnlichen im Alltag braucht hier weder in all seinen Folgen beschrieben noch die Rehabilitation des Leiblichen näher begründet zu werden. Ein Satz Leonardo da Vincis, der zugleich den Zusammenhang zwischen Sinnes- und Sinnerfahrung zeigt, soll als Maxime gelten: „Die geistigen Dinge, die nicht den Weg durch die Sinne gegangen, sind eitel, und keinerlei Wahrheit bringen sie hervor, es sei denn eine schädliche."

Wie die Sinne wieder zur Entfaltung gebracht werden könnten, dazu liegen von dem schon zitierten Hugo Kükelhaus konkret ausgeführte und erprobte „Erfahrungsfelder" vor. Seit Jahren sind auf Gartenschauen und ähnlichen Großveranstaltungen eine Reihe dieser Elemente einem breiten Publikum zugänglich gewesen – im wörtlichen Sinne –, zum Beispiel Trittsteine, Kettenstege, Schwingende Balken, Balancierscheiben, Duftorgeln, Summsteine, Klingende Steine, Resonatoren, Schwenkbare Prismen. Die Aufzählung müßte fortgesetzt und präzisiert werden, eignen sich doch nahezu alle dieser Beispiele, um auf dem Gelände in Lüdersburg einen Platz zu finden. Das Kükelhaus'sche „Erfahrungsfeld" zur Entfaltung der Sinne könnte auch zum Erfahrungsfeld der Bündischen Akademie Werden: „Nur der Mensch, der aus der Erfahrung der Gesetzlichkeit seines Leibes lebt, ist aus der so gewonnenen eigenschaftlichen Veranlagung heraus fähig, das Welt- und Erdgeschehen deren Gesetzlichkeit entsprechend geschichtlich zu machen. – Es ist eine Illusion, die verfahrene Welt in Ordnung bringen zu wollen mit der Einstellung, mit der sich Unfälle der Industrietechnik beheben lassen. Dazu bedarf der Mensch der Erweckung des den Bedürfnissen seines Leibes eingeborenen Bewußtseins, das sich der Welt und der Erde gegenüber ebenso wirksam verhält wie die Organe und Organsysteme seiner physischen Natur untereinander." Wohl kann eine solche Erkenntnis gedanklich nachvollzogen werden; verstanden wird sie erst im sinnlichen Erfahren. Die Grundsteine müßten, nicht nur im übertragenen Sinne, in Lüdersburg gelegt werden.

3. Wege zur Natur – Naturerfahrung, Naturschönheit, Naturschau

Jugendbewegung hat schon immer in enger Beziehung zur Natur gestanden; ihr realer und geistiger Ort ist gar nicht anders vorstellbar als in der Natur: Das Wandern, die Fahrt, das Lager bedürfen der Natur, nicht bloß als Kulisse, sondern als inneres Ereignis. Gelegentlich hat man ihr geradewegs den Vorwurf gemacht, sie betreibe eine Flucht in die Wälder, sie suche ihr Heil in der unberührten Natur, abseits der gesellschaftlichen Wirklichkeit. Daß Wege in die Natur nicht zu Zeitblindheit und Realitätsverlust führen müssen, braucht hier nicht eigens erörtert zu werden. Wenn nun die Bündische Akademie in ländlichem, naturnahem Raum angesiedelt werden soll, und nicht in großstädtischem Ballungsgebiet, so ist dies in bündischem Selbstverständnis nur konsequent und anders nicht denkbar.

Die allgegenwärtige Entfremdung des Menschen von der Natur hat auch vor den der Jugendbewegung Zugehörigen nicht Halt gemacht. Schon 1913 zum Ersten Freideutschen Jugendtag auf dem Hohen Meißner warnt Ludwig Klages, der Natur- und Lebensphilosoph, in seiner Schrift „Mensch und Erde“ auf eindringlichste, und bis heute höchst aktuell gebliebene Weise, vor den Verwüstungen der Natur durch den Menschen. Zwar gehört es zu den Grundbedingungen menschlicher Existenz, sowohl Teil der Natur wie auch zugleich über diese Natur hinausgehoben zu sein. Jedoch erst der Mensch der Neuzeit, und insbesondere dieses Jahrhunderts, hat sich in einem zuvor nie dagewesenen Ausmaße von der Natur entfernt, hat sie zum beliebig manipulier- und beherrschbaren Objekt gemacht, was einerseits den sogenannten Fortschritt erbrachte, andererseits zu unübersehbaren und unumkehrbaren Zerstörungen führte. Eine Vielzahl heutiger Bemühungen um einen anderen Umgang mit der Natur, auch in den Bünden, wird wenig bewußtseinsverändernd, letztlich erfolglos bleiben, solange sie vorrangig auf naturwissenschaftliche Aufklärung über ökologische Zusammenhänge gerichtet sind oder auf allgemeine Vernunft- und Umkehrappelle bauen, wie überhaupt eine Moralpädagogik so wenig wie eine Angst- und Katastrophenpädagogik weiterhelfen. Was nottut, ist die sinnliche Naturerfahrung, die Begegnung mit dem Lebendigen, das Erleben der Schönheit der Natur mit allen Sinnen, wobei Naturschönheit nicht als Idylle mißverstanden werden darf, sondern, mit Worten Alexander von Humboldts, als „den Geist der Natur ergreifen, welcher unter der Decke der Erscheinungen verhüllt liegt. Auf diesem Wege reicht unser Bestreben über die enge Grenze der Sinnenwelt hinaus." Den Geist der Natur ergreifen meint nichts anderes, als in und hinter der sinnlichen, empirischen Anschauung, gleichsam durch sie hindurch, die Einheit in der Vielheit, die Idee zu schauen, bedeutet auch, Transzendenz in der Immanenz zu erkennen.

Wege zur Natur, ein neues Naturbewußtsein, eine glaubhafte Umwelterziehung führen nur über den tätigen Umgang mit der lebendigen Natur, über die leibhafte Naturerfahrung. Anschaulich und überzeugend stellt der Pädagoge Hartmut von Hentig den Begründungszusammenhang her: „Wenn ein Kind nie einen Samen gesät, die daraus entstehende Pflanze entdeckt und gehegt hat; wenn es nie einen Baum bestiegen, nie einen Bach gestaut, nie ein gefährliches und gefährdetes Feuer gemacht hat, nie einen Drachen hat steigen lassen; wenn es nie erlebt hat, wie Erwachsene ein Insekt retten, die Vögel im Garten beobachten, auf die Laute der Natur horchen, einen Waldweg säubern, einen Berg besteigen und dies genießen; wenn es nie ein Pferd angefaßt, gerochen, geritten hat; wenn es nie ein Tier hat besitzen dürfen (unter Umständen, die dem Tier Qualen und den anderen Menschen Belästigungen ersparen) – wie soll ihm die Erhaltung der Arten, das ökologische Gleichgewicht, ‚die Natur', diese ungeheuerlichste Abstraktion aller Abstraktionen, am Herzen liegen."

Was Hartmut von Hentig für die Pädagogik im Kindesalter anführt, gilt nicht minder für den Jugendlichen und Erwachsenen. In geradezu idealer Weise bietet die Bündische Akademie in Lüdersburg die Grundlagen, diese Überlegungen in die Praxis umzusetzen. Das Scheunengebäude ermöglichte eine Tierhaltung im kleinen Maßstab, die Feld- und Wiesenfläche einen einfachen, naturnahen Landbau. Allein schon die Pflege des Geländes bietet eine Vielfalt elementarer Naturerfahrungen. Daß sich im Detail, etwa bei der Tierhaltung, eine Reihe von Problemen ergeben, ist vorauszusehen, jedoch darf die Chance keinesfalls vertan werden, in eine Bündische Akademie Wege zur Natur fest mit einzubauen.

4. Standortbestimmung der Gegenwart – Handeln in der Gesellschaft

Wenn bislang Hände und Sinne, Leiblichkeit und Natur als Erfahrungsfelder der Akademie angesprochen waren, so könnte der Eindruck entstehen, als würden Verstand und Vernunft, Intellekt und Geist, Analyse und Reflexion gering geachtet. Dem ist gewiß nicht so. – Einmal sollte zum Ausdruck kommen, was immer wieder in Gefahr ist übersehen zu werden, daß alles geistige Erkennen unauflösbar mit der Physis in Verbindung steht; diesem Zusammenhang nicht Rechnung zu tragen, führt von vorneherein zu Irrtümern, Fehleinschätzungen und falschen Konsequenzen. – Zum andern befaßt sich die Mehrzahl herkömmlicher Akademien und Bildungsstätten vorrangig mit Zeitgeistanalysen, sei es auf mehr wissenschaftliche oder politische oder schöngeistige Weise. In diesem Bereich wird sich eine Bündische Akademie, jedenfalls auf den ersten Blick, kaum von anderen unterscheiden.

Unterschiede liegen sicherlich in der Auswahl und der Art der Behandlung von Themen. Bei aller gesellschaftlichen Relevanz, die einem Arbeitsgebiet zukommen muß, kann es nicht um modische oder sensationelle Tagesthemen gehen. Die Bedeutung sollte über den Tag hinausreichen, kann auch abseits üblicher Fragestellungen liegen, ohne jedoch in Spezialistentum oder Liebhabereien zu münden. Die Referenten und Experten, die für die Auseinandersetzung mit Gegenwartsfragen benötigt werden – sie sind nur zum Wenigsten in den eigenen Reihen zu finden –, können durchaus unterschiedlichen geistigen Richtungen zugehören, sie bedürfen jedoch eines eigenständigen, inneren Standorts, einer verantwortungsbewußten Gesinnung, einer glaubhaften Haltung. Rein intellektuelle Wissenschaftler, nur einer objektiven, positivistischen Forschung verpflichtet, können so wenig Platz haben wie bloße Schwarmgeister und Sektierer.

Die erforderlichen Persönlichkeiten zu gewinnen, wird schwierig sein, ist doch der Wissenschaftsbetrieb unserer Zeit gekennzeichnet, über immer zahlreichere Einzelinformationen zu verfügen, immer mehr Detailwissen anzuhäufen, *wie* die Dinge funktionieren und nicht mehr zu verstehen, *was* sie sind. Der Gesichtswinkel wissenschaftlicher Betrachtung verengt sich auf den kleinsten Ausschnitt – das Ganze gerät außer Blick, zielt auf Formel und Gesetz – Bild und Erscheinung gehen verloren. Ein Satz von Jürgen Dahl mag die Situation tief- und abgründig verdeutlichen: „Wenn einer die Tränen, die er weint, auf ihren Gehalt an Kochsalz und Proteinen untersucht, so wird er davon weder klüger noch fröhlicher werden."

Was zunächst die Naturwissenschaften kennzuzeichnen scheint, gilt im wesentlichen nicht anders für die Human-, Geistes- und Sozialwissenschaften und überhaupt für weite Bereiche der Gesellschaft. Wesens-, Sinn- und Wertefragen bleiben allzuoft ausgeklammert in öffentlichen wie in privaten Dingen. Sich diesen Fragen zu stellen, könnte ja Konsequenzen haben für eine veränderte Lebensführung – und wer wollte die schon?! Die zitierte Analyse der Tränenflüssigkeit kann zugleich als ein Beispiel gelten für die Bedeutungs- und Folgenlosigkeit so vieler intellektueller Anstrengungen, so vielem noch so geschäftigem Tun und Treiben unserer Zeit.

Eine Standortbestimmung im Sinne der Bündischen Akademie darf vor allem nicht folgenlos bleiben für Bewußtsein und Handeln ihrer Mitglieder und Teilnehmer, darf sich nicht mit Unverbindlichkeiten und Belanglosigkeiten begnügen. Analysen und Resolutionen zu den Erfordernissen der Zeit zu verfassen, und seien sie intellektuell noch so scharfsinnig wie politisch bemüht, bleibt papieren, wenn ihnen keine zeugerische Kraft innewohnt, Veränderungen zu bewirken. Eine kämpferische Haltung ist vonnöten, nicht *gegen* die allgemeinen Übel der Zeit, sondern *für* ein verantwortungsbewußtes Handeln, *für* ein engagiertes Wirken in einer Gesellschaft und Gegenwart im Zeichen einer Zeitenwende. Nur unter diesen Prämissen kann eine geistige Standortbestimmung für die Bündische Akademie Sinn machen.

5. Religiöse Besinnung – Refugien für Stille, Gebet und Meditation

Die Auseinandersetzung mit entscheidenden Gegenwarts- und zeitlosen Menschheitsfragen kann ohne Einbeziehung der Dimension des Transzendenten nicht gelingen, eine These, zum Teil in den bisherigen Ausführungen bereits begründet. In der Tradition der Jugendbewegung scheint sie ohnehin eine Selbstverständlichkeit, wenngleich zumeist nicht unmittelbar augenfällig; nur die christlich-konfessionellen Bünde führen ihr religiöses Bekenntnis im Namen. Bei aller Betonung des Überkonfessionellen und der Neutralität in Weltanschauungs- und Glaubensfragen, die immer wieder hervorgehoben wird, gründet Jugendbewegung zutiefst im Bereich des Irrationalen, Transzendenten, Religiösen oder wie sonst die Begriffe lauten mögen, ein Tatbestand, der von ihren Kritikern gelegentlich zum Vorwurf erhoben wurde. Indessen, allein schon die Verbundenheit zur Natur, die Gegenwart eines Naturmythos, führen zu magischem Erleben, zu metaphysischen Erfahrungen. Manfred Hausmann, einer der wenigen wirklichen Dichter der Jugendbewegung, schildert auf eindringliche Weise, wie er als Vierzehnjähriger auf Wandervogelfahrt von Kräften des Numinosen ergriffen wurde:

„Ehe wir uns im aufgeschütteten Stroh schlafen legten, tastete ich mich die dunkle Stiege im Turm empor. Als ich oben ins Freie trat, flimmerte ein winterlich klarer Sternenhimmel über mir. Ich erkannte den Orion, den Fuhrmann, den Großen Bären, ich erkannte Perseus, den ich vor allen anderen liebte, Andromeda, Kepheus und Kassiopeia. Zu meinen Füßen lagen die verschneiten Bergrücken und Wälder. (…) Unmittelbar unter mir dämmerte hinter den Fenstern des Saales ein rötlicher Kerzenschein. Dort summten und sangen die Kameraden. Und da überkam mich plötzlich ein Glücksgefühl von geradezu mystischer Tiefe. Wie traumverloren war das mattsilberne Bergland mit seinen Schatten, wie geheimnisvoll die Grenzenlosigkeit der Nacht mit den strahlenden Sternenbildern! Wie abgründig das Schweigen ringsumher! Wie liebte ich dies alles! Wie liebte ich die Welt! Eine Ahnung überkam mich, daß nichts, was ein Mensch auf Erden erlebt, imstande sei, die Ruhelosigkeit in ihm zu stillen. (...) In jener Nacht auf dem Turm der Burg Hanstein erfuhr ich zum ersten Male, unbestimmt nur und jungenhaft, wie es ist, wenn ein Mensch von dem Verlangen nach Gott überwältigt wird." (Nach: Sauer, 1988)

Naturerlebnis und religiöses Erleben münden hier zusammen in eine Dimension, die romantisch-sentimentale Naturschwärmerei oder naive Gefühlsseligkeit hinter sich läßt, in der sich vielmehr existentielle Grunderfahrungen ereignen. Wie kann eine Bündische Akademie diese Dimension aufgreifen, wie ausgestalten? Sicher nicht auf dogmatische Weise, indem feste kirchliche, konfessionelle Regeln und Rituale unbesehen übernommen werden, wie überhaupt willentlich religiöse Erfahrungen nicht herbeizuzwingen sind. Was geschaffen werden kann, ist allenfalls eine Atmosphäre, in der sich Zugänge zu Transzendentem eröffnen können. Die Beschreibung einer solchen Atmosphäre läßt sich nicht abstrakt vornehmen; sie muß sich aus der Gründung der Bündischen Akademie selbst entwickeln.

Wenn eben etwas vorschnell ritualisierte Formen zurückgewiesen wurden, so schienen Elemente aus ordensähnlichen, klösterlichen Gemeinschaften doch hilfreich für die Praxis religiöser Besinnung, etwa Liturgie, Lesung, Meditation, Kontemplation, Stille, Gebet. Auch an außerchristliche Kulturen wäre zu denken, an zenbuddhistische Texte zum Beispiel, oder an Mythen, Bilder und Symbole archaischer Religionen, soweit uns überhaupt zugänglich. Im Rahmen jugendbewegter Geschichte bleibt noch erwähnenswert, wie sehr sich Eberhard Köbel-Tusk in seiner letzten jungenschaftlichen Phase fernöstlichem Geist verpflichtet wußte. Die von ihm herausgegebene Zeitschrift „Die Kiefer“ druckte schwerpunktmäßig literarisch-philosophische Beispiele des Zen. „Die zehn Stadien des geistigen Kuhhütens“ lautet eines dieser Lehrstücke, das auf einer Lüdersburger Tagung meisterlich vermittelt, bei den Zuhörenden tiefe Wirkungen zeitigte, jenseits von Sinn und Verstand. – Dies nur als beispielhafte Andeutungen, wissend, daß hier keine Praxisanleitungen zu geben sind.

Hingewiesen werden soll noch auf mögliche Fehlentwicklungen. Zum einen müßten esoterische, magische Praktiken und Zeremonien mit Rausch und Drogen in Richtung Schwarzer Messen ausgeschlossen bleiben. Werden auf diese Weise transzendente Bereiche eröffnet, stehen sie im Zeichen nachtseitiger, zerstörerischer Kräfte. Vom Übel ist zum andern aber auch jede Art von Dogmatismus, Schematismus und Zwang. Bei allen hilfreichen Ordnungen gedeiht religiöse Besinnung nur auf dem Felde von Offenheit, freien Entscheidungen, individuellen Bestimmungen – unter Einbindung in die Gemeinschaft. Was die Akademie als Voraussetzung schaffen kann und muß, sind die Refugien im wörtlichen Sinne: Räume vorzusehen und auszugestalten als Stätten religiöser Besinnung.

6. Musisch-ästhetische Kultur – Spielen, Gestalten, Genießen

Der Bereich des Musischen war von Anfang an eine Domäne der Jugendbewegung, insbesondere ohne das Singen ist sie gar nicht zu denken, vom ersten Wandervogel über die bündische Zeit bis zum heutigen Tage. Wandern und Singen scheinen zusammenzugehören, wenn auch dem Außenstehenden nicht ohne weiteres verständlich. Ein eigenständiges Liedgut entsteht, früh gesammelt im „Zupfgeigenhansl“ 1908, nach 1945 im „Turm“, und entfaltet in den Bünden ein reges Eigenleben. Häufig wird das einfache Gruppensingen zum anspruchsvolleren Chorgesang weiterenwickelt. Hinzu kommt das Musizieren auf ganz bestimmten Instrumenten, anfangs Flöte, Fiedel, Laute, Gitarre, später auch Balalaika, Banjo, Ukulele und mancherlei mehr. Daß sich zu Lied und Musik der Tanz gesellt, ist nur folgerichtig; so wird der Volkstanz zur großen Entdeckung im Wandervogel – auch wenn sich Gustav Wyneken auf dem Meißner-Tag 1913 über Tanzwut und „läppische Reigen" ärgern mußte –, überlebt, wenn auch eingeschränkt, die verschiedenen Epochen der Bewegung. Zu gewissen Zeiten halten auch Kosaken- und Schwerttänze Einzug in die Bünde. Neben Musik und Tanz wird das Theaterspiel bedeutsam, meist als Laienspiel mit Darbietungen für die eigenen Gruppen, bevorzugt mittelalterliche Totentänze, Hans Sachs-Schwänke, aber auch neu geschaffene Stücke etwa von Martin Luserke. Gelegentlich entstehen regelrechte Spielscharen, die über Land ziehen und mit ihren Aufführungen den Fahrten- und Lebensunterhalt selbst bestreiten. Puppenspieler und Puppenspieltheater verdienen noch als besondere Gruppe hervorgehoben zu werden. Vom darstellenden Spiel zum sportlichen Spiel bis zum Kampf- und Kriegsspiel bleiben die Grenzen fließend – allesamt haben sie eine Rolle gespielt, wenn auch von Gemeinschaft zu Gemeinschaft in unterschiedlicher Bedeutung.

Zu erwähnen bleiben noch die Bereiche Literatur und Kunst. Auch hier ist die Jugendbewegung eigenschöpferisch tätig. Die Liedverse werden selbst verfaßt, wie überhaupt lyrisches Schaffen im Vordergrund steht. Daneben entwickelt sich im Literarischen eine spezifische Lese- und Erzählkultur. Das Bildende Gestalten vollzieht sich überwiegend auf graphischem Gebiet, von der schlichten Federzeichnung bis zur technisch anspruchsvollen Lithographie reicht die Vielfalt der Betätigung. Schließlich sollen auch Fest und Feier als besondere Spielart des Musischen herausgestellt werden. In diesen Formen gehobener Stimmung findet sich das Insgesamt musisch-ästhetischer Kultur vereint; die Tradition der Bünde bietet zahlreiche Zeugnisse.

Es wäre nicht zutreffend, wenn nun der Eindruck entstünde, Jugendbewegung sei eine hochrangige künstlerische Bewegung. Zweifellos zählt das, was sie auf diesem Gebiete hervorgebracht hat, nicht zu den großen künstlerischen Leistungen der Zeit. Das Schaffen des genialen Künstlers, des Genius, vollzieht sich in anderen Dimensionen. So bleibt vieles von dem, was die Jugendbewegung an musisch-ästhetischer Kultur aufzuweisen hat im Bereich des Zweitrangigen, Mittelmäßigen, Laienhaften, Allzuschlichten. Aber darauf kommt es gar nicht an, entscheidend ist, daß überhaupt Räume existieren, in denen musisches Tun stattfindet. Ohne kreatives Schaffen, Gestalten und Genießen bleiben Bereiche menschlicher Existenz brach, bleibt erfülltes Dasein verkürzt, bleibt Identitätsfindung erschwert, bleibt Selbstverwirklichung verwehrt. Auch wenn hier modische, schlagwortartige, der Jugendbewegung fremde Begriffe ins Spiel gebracht sind, das Menschenbild der Jugendbewegung wußte – nicht intellektuell-psychologisierend – um die Bedeutung des Musischen, kannte eine reichhaltige Praxis des Ästhetischen, ausgerichtet auf das schöpferische *Tun*, weniger auf das Werk. Eine Bündische Akademie verfehlte ihre jugendbewegte Tradition, bliebe die musisch-ästhetische Kultur randständig oder nur schmückendes Beiwerk ihrer sonstigen Aktivitäten. Weder ein artifizieller Musenkult noch eine betriebsame Kreativitätsförderung sind gefragt, vielmehr musisch-ästhetische Kultur als Verwirklichung des der Akademie innewohnenden Selbstverständnisses. Wo und wie die Schwerpunkte auf diesem weiten Felde gebildet werden sollen, kann offen bleiben. Daß sie nicht unbedingt nur im Bereich des Singens liegen müssen, scheint deutlich – was ausgeprägt vorhanden, bedarf weniger der Initiative als bislang Übergangenes.

7. Nähe zum Jugendbund – Leben in bündischer Umgebung

Lüdersburg ist nicht zufälliger Ort der Gründung einer Bündischen Akademie, Lüdersburg ist seit langen Jahren Bundeszentrum der Evangelischen Jungenschaft Tyrker, zugleich überbündisches Zentrum mit zahllosen Gästen aus verschiedensten Bünden. Das bisher Geschaffene ist das Werk des Jugendbundes, der im Laufe seines Bestehens wohl Wandlungen erfahren, sich aber in großer Kontinuität entwickelt hat. Mit der Gründung der Akademie erfolgt zum ersten Mal ein gewisser Einbruch in das bisherige Verständnis von Lüdersburg, nicht des bündischen Verständnisses – die Akademie bekennt sich ja ausdrücklich zum Bündischen bereits in ihrer Namensgebung –, jedoch im Verständnis des Jugendbundes. Berührungs- und Konfliktängste von seiten der Jungenschaft scheinen nur zu begründet, wie umgekehrt auch für die Akademie in der Nachbarschaft des Bundes Probleme auszumachen sind, die Schwierigkeiten nach sich ziehen.

Man kann also die Skepsis auf beiden Seiten sehen und verstehen; zugleich wäre es töricht, wollte man sich im Vorfeld mögliche Reibungsflächen, Konfliktstoffe und Unverträglichkeiten ausmalen. Man muß vielmehr die Chancen wahrnehmen, die im Neben-, ja Miteinander von Bund und Akademie liegen. Das Zusammenwirken beider Kräfte könnte die jeweilige Arbeit bereichern, könnte so manches ermöglichen, was getrennt gar nicht zu realisieren wäre. Auch hier sollen keine Konkretionen vorgenommen werden, zumal in den Ausführungen zu den Fundamenten der Akademie an vielen Stellen durchscheinen konnte, daß bereits bei ihrer Grundlegung der Jugendbund gefordert ist, soll sich das Spätere als tragfähig erweisen.

Ein zusätzlicher Gesichtspunkt aus der Nähe zum Jugendbund ergibt sich in der Begegnung mit jungen Menschen. Eine Akademie, die sich um Gegenwartsverständnis und gesellschaftliches Engagement müht, bedarf der Beziehung zur Jugend, des Austausches mit der nachkommenden Generation, nicht nur im Gedanklichen, sondern im lebendigen Zusammensein – sie verliert sonst allzuleicht den Blick für die Wirklichkeit. Und schließlich birgt Jugendlichkeit in sich eine Ausstrahlung, die Kräfte zu induzieren vermag, welche einer *bündischen* Akademie bedarf. Von daher muß der Akademie besonders gelegen sein, den Jugendbund zu fördern, zu unterstützen, zu begleiten, wo nur und so gut nur immer möglich. Das Leben in bündischer Umgebung ist zugleich auch das Leben der Akademie. Und unter günstigen Vorzeichen könnte sich im begrenzten, kleinen Maßstab ein Zusammenleben verschiedener Generationen aus Bund und Akademie in der Art einer bündischen Siedlung ergeben – eine Perspektive, die über den Tag hinausweist.

Ausblicke

Die Darstellung der sieben Fundamente einer Bündischen Akademie in Lüdersburg könnte den Anschein erwecken, als ob bereits eine in sich gefestigte Konzeption, eine klarumrissene Vorstellung der fertigen Gestalt vorhanden sei. In Wirklichkeit sind diese Fundamente nur lose aneinandergereiht, zwar zusammengehörig, doch ganz unterschiedlich in Beschaffenheit und Ausführung; einige sind schon mehr, andere weniger ausgearbeitet, wieder andere noch ganz umrißhaft. Im Übrigen ergeben auch die wohlgegründetsten Fundamente noch nicht die späteren Konturen des Ganzen. Insofern dürfen die bisherigen Überlegungen zu den Fundamenten nicht mißverstanden werden im Sinne von einzelnen Programmpunkten, die nur noch gekonnt arrangiert werden müßten. Eine bündische Akademie ist gerade nicht mit Methoden eines Kulturmanagements machbar; sie ist ganz und gar abhängig von Menschen, die sich zusammenfinden und die sich engagieren, nicht aus persönlicher Eitelkeit oder Wichtigtuerei, sondern im Glauben an das Werk. Diesen Menschen vorzugreifen und vorzuschreiben, wie die Ausgestaltung zu geschehen habe, könnte dem Vorhaben nur hinderlich sein. Ausführungen zu Idee und Gestalt einer Bündischen Akademie sollten sich daher auf die Festlegung einiger tragfähiger Fundamente beschränken.

Ob denn überhaupt Bedarf an einer Bündischen Akademie sei, bei dem reichhaltigen Angebot von Bildungswerken, Jugendbildungsstätten und akademieähnlichen Bildungseinrichtungen, ist eine falsch gestellte Frage. Wenn der Wille da ist, die Bündische Akademie Lüdersburg zu errichten, so muß sie verwirklicht werden, durchaus in Konkurrenz zu Bestehendem, als Herausforderung für einen doch einmaligen Ort. Diese Herausforderung kann auch verhindern, daß sie zum elitären

Rückzugsort einiger weniger wird. Im Gegenteil, sie setzt Kräfte frei, nach außen zu wirken, in die Bünde und in die Gesellschaft. So könnte etwas von der einstigen Resonanz des Bündischen in einer größeren Öffentlichkeit wiedergewonnen werden. Bei aller Offenheit soll es aber kein unverbindliches Kommen und Gehen geben. Bündische Akademie bedeutet in ihrem Kern auch so etwas wie Bund, Orden, Platons Hain.

Literatur

Dahl, Jürgen: Der Tag des Astronomen ist die Nacht. In: Scheidewege, Jg. 8, 1978.

Fauser, Peter/Klaus J. Fintelmann/Andreas Flitner (Hrsg.): Lernen mit Kopf und Hand. Berichte und Anstöße zum praktischen Lernen in der Schule. Weinheim: Beltz 1983.

Hentig, Hartmut von: „Humanisierung" – eine verschämte Rückkehr zur Pädagogik? Stuttgart: Klett-Cotta 1987.

Himmelheber, Max: Selbsthilfewerkstätten für jugendliche Arbeitslose. Konsumgütererzeugung außerhalb der Geld- und Marktwirtschaft. In: Scheidewege, Jg. 23, 1993/94.

Humboldt, Alexander von: Kosmos. Entwurf einer physikalischen Weltbeschreibung, erster Band. Stuttgart und Tübingen: Cotta 1845.

Die Kiefer. Monatsschrift für eine junge Gesinnung. Heft 4, Juni 1933.

Klages, Ludwig: Mensch und Erde. In: Freideutsche Jugend. Zur Jahrhundertfeier auf dem Hohen Meißner 1913. Jena: Diederichs 1913.

Kükelhaus, Hugo/Rudolf zur Lippe: Entfaltung der Sinne. Ein „Erfahrungsfeld" zur Bewegung und Besinnung. Frankfurt/M.: Fischer 1982.

Sauer, Walter: Der Mythos des Naturerlebnisses in der Jugendbewegung. In: Knoll, Joachim/Julius H. Schoeps (Hrsg.): Typisch deutsch: Die Jugendbewegung. Opladen: Leske + Budrich 1988.

Sauer, Walter (Hrsg.): Verlassene Wege zur Natur. Impulse für eine Neubesinnung. Witzenhausen: Die Graue Edition 1992.

Erstveröffentlichung in: Scheidewege, Jg. 25, 1995/96, S. 235–250.

Mensch und Natur

Auf der Suche nach neuen Zugängen

Umweltkrisen, ökologische Bewegungen, verändertes Naturbewußtsein

Seit nunmehr langen Jahren hat vielerorts ein Prozeß eingesetzt, der Grenzen im Umgang mit der Natur und zugleich des Wachstums einer Industriegesellschaft ins Bewußtsein brachte. Historiker könnten einzelne Daten festmachen, etwa am Erscheinen von Büchern wie dem Bericht des Club of Rome zur Lage der Menschheit mit dem Titel „Die Grenzen des Wachstums" (1972), Herbert Gruhls „Ein Planet wird geplündert" (1975), Ernst Friedrich Schumachers „Small is Beautiful" (1977), „Global 2000" (1980).

Aber auch andere Fakten ließen sich beibringen, so beispielsweise die Sonntagsfahrverbote für Kraftfahrzeuge Ende 1973, die Giftgaskatastrophe im oberitalienischen Seveso 1976, die nicht mehr zu übersehenden Schädigungen der Wälder gegen Ende der siebziger Jahre, Ereignisse und Katastrophen, die, mehr als Büchern möglich, allenthalben deutlich machten, daß der Mensch sein Verhältnis zur Natur neu zu bestimmen habe. Der Umgang mit Rohstoffen und Energie, mit Wasser, Luft und Landschaft, mit Fauna und Flora war bislang wohl allzu sorglos erfolgt, eine verschwenderische Überfluß- und Wegwerfgesellschaft hatte allzu wenig die fatalen Folgen ihres Tuns bedacht oder sie verdrängt. Die Gefahren und Schäden, die Irrwege und Entgleisungen sind inzwischen zur Genüge vor Augen; eine Auflistung im Detail erübrigt sich.

Eingriffe des Menschen in Natur und Umwelt mit höchst verhängnisvollen Auswirkungen sind jedoch keineswegs neu, vielmehr seit alters bekannt. Schon antike Autoren berichten über den immensen Raubbau ihrer Vorfahren an Wäldern und Vegetation im Mittelmeerraum, der ganze Landstriche veränderte, zu Unfruchtbarkeit und ungünstigen klimatischen Verhältnissen führte. Auch das Mittelalter kannte bedenkenlose Rodungen riesigen Ausmaßes, teils um Flächen für Landwirtschaft und Siedlung einer wachsenden Bevölkerungszahl zu gewinnen, teils zur Verhüttung von Erzen, zur Glasherstellung und zum Schiffsbau. Erst die Pestzeit und Hungerjahre im 14. Jahrhundert mit einem drastischen Rückgang der Bevölkerung brachten der Natur eine gewisse Erholung und Regeneration. Mit Beginn der Industrialisierung setzte wieder ein vermehrter Bedarf an Energie ein, der zunächst auf Kosten der Wälder gedeckt, dann durch fossile Brennstoffe ergänzt und ersetzt wurde. Durch die Verfeuerung von Steinkohle in großen Mengen traten Probleme der Luftverschmutzung zutage, die sich erst durch technische Großanlagen in ihrem vollen Ausmaß zeigten, im Gegensatz zu der schon früher erkannten industriellen Gewässerbelastung. Schließlich hat die Industrialisierung der Landwirtschaft zu vielfältigen Schädigungen an Landschaft, Boden, Klima, Tier- und Pflanzenwelt geführt. Waren die Schäden an der Natur und die Umweltkrisen vor der Industrialisierung im wesentlichen regional begrenzt, langsam verlaufend und teilweise reversibel, so gerieten sie in der Folgezeit rascher, vehementer und oftmals nicht wieder behebbar.

Wohl gab es zu allen Zeiten aus den verschiedensten Beweggründen Warner vor einem zerstörerischen Umgang mit der Natur, Mahner zu einem Leben im Einklang mit ihr. In der neueren Zeit galten sie als Fortschrittsfeinde, als Gegner von Technik und Industrie, die, gefühlsselig, der Gegenwart und Zukunft nicht gerecht werden. Und selbst dort, wo nüchtern und mit Sachverstand Eingriffe in den Naturhaushalt dargestellt wurden, erfolgte keine Beachtung. Alexander von Humboldt beispielsweise hat über seine Forschungsreisen in die Tropenländer um 1800 erstaunlich moderne ökologische Erkenntnisse niedergeschrieben – auch wenn es den Begriff Ökologie noch gar nicht gab – und auf Folgen einer leichtfertigen Naturzerstörung aufmerksam gemacht, die erst in der

Gegenwart in ihrer vollen Bedeutung zu verstehen sind. Resonanzen und noch weniger Konsequenzen konnten damals nicht erwartet werden.

Gegen Ende des 19. und um die Wende zum 20. Jahrhundert schien sich ein Wandel im Verhältnis zur Natur anzubahnen, obwohl, oder gerade weil die Industrialisierung zu dieser Zeit immer größeren Dimensionen entgegenstrebte: Natur- und Heimatschutzbewegungen verschiedenster Art, Ernährungs-, Lebens- und Bodenreformer, religiöse, philosophische und politische Erneuerer aller Schattierungen schossen in jenen Jahrzehnten wie Pilze aus dem Boden. Sie alle wollten, sieht man von den Überspanntheiten ab, den „neuen", natürlichen Menschen, wollten ein „retour à la nature", ein Zurück zu den Ursprüngen. Sie alle waren überdrüssig des materialistischen Jahrhunderts mit seiner Hypertrophie von Naturwissenschaft und Technik, Industrie und Großstadt.

Ludwig Klages hat in einem Beitrag zum Freideutschen Jugendtag auf dem Hohen Meißner 1913 beispielhaft für diese Bewegungen das Verhältnis „Mensch und Erde" dargetan. Es ist eine leidenschaftliche Anklage gegen den Umgang mit der Natur: „Eine Verwüstungsorgie ohnegleichen hat die Menschheit ergriffen, die ‚Zivilisation' trägt die Züge entfesselter Mordsucht, und die Fülle der Erde verdorrt vor ihrem giftigen Anhauch." Bei allem Pessimismus – „die Wüste wächst" – bleibt ihm am Ende dennoch ein Hoffnungsschimmer für das Überleben von Mensch und Erde. Indessen, keine dieser Reformbewegungen gelangte über individuelle Bewußtseinsveränderungen in kleinen Gruppen hinaus, keine konnte auf gesellschaftlicher Breite Veränderungen bewirken. Als Kohlrabi-Apostel, Schwärmer und Naturmenschen waren sie unter ihren Zeitgenossen der Lächerlichkeit preisgegeben. Ob ihre gelegentlich sektiererischen Kuriositäten allein dafür verantwortlich gemacht werden können, sei dahingestellt.

Mehr als ein halbes Jahrhundert verging, ehe zu Beginn der siebziger Jahre wieder eine Besinnung auf das Verhältnis Mensch und Natur in größerem Maßstab stattfinden konnte. Wie bei allen echten Bewegungen sind die Ursprünge und Ursachen im Nachhinein nur schwer zu bestimmen. Gewiß gab es die erwähnten krisenhaften Ereignisse und deren Niederschlag in einem eigenen Schrifttum mit spezifischen Kultbüchern, aber damit läßt sich das Aufbrechen einer neuen Umwelt- und Ökobewegung letztlich nicht erklären. Ohne hier ihre Hintergründe und ihren Verlauf zu beschreiben, hat sie überkommene Muster des Umgangs mit der Natur erschüttert und zu einem neuen Umweltverständnis auf breiter Basis geführt. Sie ist zu einem Potential geworden, vergleichbar der frühen Frauen- oder Arbeiterbewegung, das einen tiefgreifenden Bewußtseinswandel angestoßen hat.

Materialistisch-mechanistische versus ganzheitlich-organische Weltbilder

Um die gegenwärtige Lage der Mensch-Umwelt-Beziehung besser verstehen zu können, sollen zunächst einige geistesgeschichtliche Entwicklungen festgehalten werden. Der Beginn der sogenannten Neuzeit markiert ein entscheidendes Datum im Verhältnis von Mensch und Natur. Nicht, daß zuvor ein einheitliches, harmonisches vorhanden gewesen wäre – auf frühe Umweltzerstörungen wurde schon hingewiesen –, jedoch war die Erde stets unverrückbarer Mittelpunkt, um den alles Tun des Menschen kreiste.

Mit der kopernikanischen Wende, in einem heliozentrischen Weltbild, rückt die Erde zwangsläufig aus dem Zentrum; sie ist ein Planet unter vielen in einem großen Sonnensystem. Ihr kosmischer Ort wird relativiert, verliert an Bedeutung. Somit kann man auch anders mit ihr umgehen. Und in der Tat führen neue Methoden der Naturerforschung auch zu einem neuen Umgang mit der Welt. Mögen die Ansätze und Verfahren der herausragenden Geister und Gelehrten jener Zeit (Kepler, Bacon, Galilei, Descartes, Newton) in durchaus unterschiedlichen philosophischen Zusammenhängen gestanden haben und waren sie in verschiedener Weise noch eingebettet in mittelalterliche, ja magische Traditionen, so entwickelte sich die Naturbeschreibung in der Folge immer mehr zu einer ausschließlich messenden und mathematisierenden. Komplexe Naturphänomene werden auf isolierbare Bestandteile reduziert, analysiert, quantifiziert und in Formeln und Gesetzen objektiviert. Von der Welt bleibt nur das im Blick, was mit Metermaß, Waage und Uhr (Länge, Masse, Zeit) erfaßt werden kann.

Alle anderen, so nicht objektivierbaren Dimensionen wie sinnliche, ästhetische, psychische, moralische, geistige Qualitäten werden übergangen, bleiben lediglich subjektive Einbildungen. Die Welt wird rational erklärbar, die Natur berechen- und beherrschbar. Sie ist nichts anderes als eine große Maschine, ein mechanischer Automat, dessen Funktionieren grundsätzlich aufgeklärt werden kann. Man muß die Natur nur zwingen, sie unter Druck setzen, auf die Folter spannen – so die Forderung der Zeit –, um ihr die Geheimnisse zu entreißen. Es ist ein Wille zur Macht, zur Herrschaft über die Natur, wie er bislang nicht bekannt war.

Naturwissenschaft und Naturphilosophie der Antike und des Mittelalters wurden hingegen aus Lust an der Erkenntnis, wurden zweckfrei, spielerisch betrieben. Nun ist Wissen zur Macht geworden, anwendbar in Technik, umsetzbar in Erfindungen zu ganz bestimmten Zwecken. Darin gründen Triumph und Macht der Naturwissenschaft und Technik bis zum heutigen Tag, zumal längst Dinge machbar sind, die die Natur gar nicht kennt, so die Herstellung von Kunststoffen, die Spaltung des Atomkerns, die gezielte Manipulation der Erbsubstanz, die Zeugung von Leben in der Retorte.

Descartes' Versuch, neben der Welt der meßbaren Dinge (res extensa) eine Welt des Geistes (res cogitans) zu postulieren, ist weder logisch noch phänomenal haltbar. Dennoch hat er über die Jahrhunderte zu einer folgenschweren Subjekt-Objekt-Spaltung geführt, zu einem Leib-Seele-Dualismus, zu einer Trennung in Natur- und Geisteswissenschaften, die bis heute andauern. Naturwissenschaft und Technik expandieren seitdem schier grenzenlos, die Sache des Geistes, die Welt der Transzendenz tritt mehr und mehr zurück; zuzeiten scheint sie gänzlich erledigt. Ein plumper Materialismus des 19. Jahrhunderts konnte triumphieren, das Hirn produziere Gedanken so wie die Leber Galle und die Nieren Harn.

In der Geschichte der Menschheit standen am Anfang zweifellos andere als materialistisch-mechanische Weltverständnisse und blieben über die Jahrtausende beständig. Es sind Welt- und Menschenbilder, die in ganzheitlichen, organischen Vorstellungen gründen. Mensch, Natur, Schöpfung, Kosmos stehen miteinander in Beziehung, sind einander verbunden, aufeinander zugeordnet. Auch wo diese Beziehungen verborgen bleiben, wird dennoch alles Sein von den gleichen Kräften durchdrungen, ist Teil und Abbild des Ganzen, eines Ewigen. Wenn ein Wort von Goethe lautet: „Alles Vergängliche ist nur ein Gleichnis“, so eben Gleichnis für das Unvergängliche, das Ewige. Ohne die Mannigfaltigkeit der ganzheitlichen Weltbilder weiter auszubreiten, soll noch einmal – am Beispiel der Auseinandersetzung Goethes mit Newton „Zur Farbenlehre“ – die Unterschiedlichkeit beider Auffassungen hervorgehoben werden.

Entgegen Goethes Art im Umgang mit Andersdenkenden enthält die Farbenlehre einen eigenen „Polemischen Teil“. Für Goethe ist von vornherein unannehmbar, daß das Licht etwas Zusammengesetztes, aus verschiedenen Farben Gemischtes sei, das sich wieder zerlegen lasse. Das reine Weiß, die Helligkeit, der Glanz des Lichts ist für ihn ursprüngliche, reinste Qualität, ein Urphänomen, nicht weiter sezierbar. Die Farben, die am Prisma erscheinen, bedeuten ihm keine Veränderung im Licht, sondern werden durch die reflektierenden und refrangierenden Körper am Licht bewirkt.

Das entsprechende Newtonsche Experiment ist an zu viele willkürliche Bedingungen geknüpft (insgesamt elf in Goethes Aufzählung: ein gläsernes Prisma, dreiseitig, klein, ein Spalt, ein Lichtstrahl in gewisser Richtung usw.), zu artifiziell, als daß es der Natur des Lichts gerecht werden könnte. „Die Phänomene müssen ein für allemal aus der düstern empirisch-mechanisch-dogmatischen Marterkammer vor die Jury des gemeinen Menschenverstandes gebracht werden.“

Gemeiner Menschenverstand meint, die ohne physikalisch-technischen Hilfsmittel zugängliche, sinnliche Wahrnehmungs-

und Erfahrungswelt, die unverstellte Betrachtung der Phänomene der Natur. „Und was sie deinem Geist nicht offenbaren mag, das zwingst du ihr nicht ab mit Hebeln und mit Schrauben." Damit wendet sich Goethe leidenschaftlich gegen das Aggressive und Gewaltsame des Experiments, das das Wesen der Natur eher zerstört als an den Tag bringt.

Gewiß hat sich Goethe in der Auseinandersetzung um das Licht gegenüber Newton im „physikalischen" Irrtum befunden. Die Physikwissenschaft ist denn auch an Goethe vorbeigegangen. Auf der Basis der Newtonschen Forschungen konnten optische Instrumente aller Art gebaut und verfeinert werden, Geräte, die heute weder aus dem Alltag noch aus Wissenschaft und Technik fortzudenken wären. Indessen, was die Natur des Lichtes letztlich ist, darüber weiß die gegenwärtige Naturwissenschaft so wenig wie zu Newtons Zeiten, nämlich nichts. Das *Wesen* des Lichts muß der empirisch-mechanischen Methode verborgen bleiben.

Goethes Arbeiten zu naturkundlichen Themen dürfen sämtlich nicht mit wissenschaftlich-empirischen Maßstäben bewertet werden. Sie betrachten die Natur ganzheitlich, ohne experimentelle Eingriffe. Allein das wahrnehmende Auge sieht hinter den einzelnen Formen und Gestalten die Urbilder, die Ideen, die Metamorphosen des Lebendigen. Goethes Urpflanze in der Realität zu suchen, wäre ein Widerspruch in sich – sie ist eine geistige Schau, gleichwohl aber wirklich. In seiner hartnäckigen Polemik gegen die mechanistischen Wissenschaften und auch in dem Beharren auf Irrtümern kommt, so darf man vermuten, Goethes tiefe Ahnung einer Zerstörung der Natur, einer Abwertung des Lebendigen und des Humanen zum Ausdruck.

*

Nach der, wenn auch bruchstückhaften Erörterung jener beiden so entgegengesetzten Weltauffassungen muß im Zusammenhang des Themas noch kurz ein Blick auf die Ökologie als Wissenschaft geworfen werden. Ökologie ist ja mit Beginn der neuen Umweltbewegung zu deren Markenzeichen, ja Synonym geworden, zum Namen mit magischem Klang. In allen möglichen Wortzusammensetzungen suggerieren „Öko-“ und „ökologisch“, daß natürliche, organische, ganzheitliche Qualitäten im Spiele sind. Jedoch, die Ökologie ist eine „Lehre vom Naturhaushalt“, die mit naturwissenschaftlichen, vorwiegend biologisch-physikalischen Methoden Zusammenhänge von Leben und Umwelt erforscht. Sie zählt damit zu den exakten Wissenschaften mit einem ausschließlich quantifizierenden Zugriff auf die Natur. Wohl kann sie Erkenntnisse zu den wechselseitigen Verflechtungen, Verkettungen und Vernetzungen zwischen Organismen und Umgebung und zu den Voraussetzungen von Kreisläufen und Systemen des Lebendigen beibringen, aber sie kann an keiner Stelle Aussagen über Sinn und Wert der Lebewesen einer bestimmten Umwelt treffen. Wenn sich Umweltbedingungen verändern und in der Folge Arten zugrunde gehen, so entstehen wiederum neue Gleichgewichte im Ökosystem. Dies kann vollkommen indifferent registriert werden. Was an Leben wünschens- und erhaltenswert ist, das bleibt aus ökologischer Sicht völlig offen. Pflanzen und Tiere, die im Naturhaushalt keine nachweisliche Rolle spielen, sind in Gefahr, gänzlich übersehen zu werden. Einmaligkeit oder Schönheit oder das bloße Dasein zählen in der Ökologie nicht. Dies darf der ökologischen Wissenschaft nicht zum Vorwurf gereichen. Es macht jedoch deutlich, daß die Ökologie und mit ihr alle Wissenschaften, die auf mechanistischen Weltvorstellungen basieren, der Ergänzung bedürfen durch ganzheitliche Betrachtungsweisen, die ästhetische, ethische und metaphysische Dimensionen beinhalten.

Im Übrigen wäre es ein grundlegender Irrtum, wollte man die beiden Weisen der Weltbetrachtung, also mechanische und organische Natur- und Menschenbilder, gegeneinander ausspielen. So diametral ihre Gegensätze sein mögen, so sehr sind sie aufeinander angewiesen. Heute der physikalischen Weltsicht abzusagen und damit auf Naturwissenschaft und Technik zu verzichten, wäre weder möglich noch sinnvoll – ein solches Zurück bleibt blanke Illusion. Illusion bleibt aber auch der Glaube, der Mensch könne einer organisch-ganzheitlichen

Weltsicht entsagen. Es wird alles darauf ankommen, gerade in der Beziehung zur Natur, das jahrhundertelange Übergewicht eines mechanischen Verständnisses abzubauen und wieder verstärkt hinzuführen zu einer organischen Auffassung vom Lebendigen und einer ganzheitlichen Weltsicht wieder zu ihrer ursprünglichen Bedeutung zu verhelfen! Zu Möglichkeiten und Wegen einer Verwirklichung sollen noch einige Hinweise folgen.

Wege zur Natur: Naturbetrachtung – Naturschönheit – Naturschau

In Landschaftsbeschreibungen der Dichter kann man, je nach Epoche, Autor, Ort und Handlung, die Natur als wild, bedrohlich, wüst und düster oder als schön, lieblich, hell und heiter geschildert finden. Die Vermutung liegt nahe, daß ästhetische Qualitäten der Natur nicht nur in ihr selbst liegen, sondern ihr vom Menschen zugeschrieben werden und sie somit Kultur- und Zivilisationsprozessen unterliegen. Ob der Mensch seine Gefühle und Stimmungen in die Natur projiziert und von dort Resonanzen erfährt oder ob von der Natur zuerst Empfindungen ausgehen, die im Menschen verstärkt werden, oder ob besondere Wechselwirkungen ohne erkennbaren Anfang vorliegen, mag zunächst offen bleiben. Ein weiteres Problem des Ästhetischen liegt darin begründet, daß objektive Maßstäbe für das Schöne bzw. Unschöne fehlen und empirisch-messende Verfahren nicht weiterhelfen.

Auch wenn das Schöne wissenschaftlich unbeweisbar bleibt, so gibt es doch in der Menschheitsgeschichte durchgängig und mannigfaltig die Erfahrung des Schönen der Natur. Steine, Metalle, Kristalle, die Farben des Regenbogens, Perlen, Federn, Blumen und Blüten – in Riten und Magien, in Festen und Feiern entheben sie dem Alltäglichen, schmücken und entzücken. „Kosmos“ meint dem griechischen Wortsinne nach gerade auch Schmuck, neben Aufbau und Ordnung, und bildet den polaren Gegensatz zu „Chaos“, dem alle Ordnungen, Regeln und Gesetze fehlen. Die kosmischen Ordnungen sind gekennzeichnet durch Symmetrie, Rhythmus und Harmonie, und so mag Schönheit der Ausdruck von Harmonie sein, von „geheimen Naturgesetzen“ (Goethe), verschlossen dem messenden Zugriff, zugänglich nur dem schauenden Auge.

In der Tat sind unbelebte und belebte Natur durchzogen von Ordnungen und Symmetrien, vielleicht in Blüten und Kristallen am reinsten ausgeprägt. Aber auch dort, wo Symmetrien nicht unmittelbar wahrgenommen werden können, etwa in den Gestalten der Bäume, finden sich eindeutige Ordnungen: Wir erkennen einen Typus „Eiche“, einen Typus „Lärche“, wiewohl kein Baum dem andern identisch ist. Gerade in der nicht vollkommenen Identität der Organismen könnte der besondere ästhetische Reiz liegen. Industrieprodukte etwa müssen im allgemeinen absolut identisch sein; dabei geht ein wesentlicher Teil des Schönen, das nämlich, wodurch es lebt, verloren.

Wenn es nun so etwas gibt wie die Schönheit der Natur, die vom Menschen erkannt und erfahren werden kann, mag die Frage nach einem Sinn naheliegen. Gewiß ließen sich da und dort Antworten finden, ließen sich Zwecke angeben, etwa die Lockfunktion der Blüten für Insekten. Jedoch, erklären läßt sich damit das Naturschöne nicht. Ob es für sich selbst da ist, für den Menschen, für alle Lebewesen – dies bleibt verborgen. Aus der unermesslichen Fülle an Schönheiten sind dem Menschen selbst nur Ausschnitte wahrnehmbar. Pflanzen und Tiere sterben aus, bevor sie je gesehen wurden, und die wenigsten Kristalle, die im Gestein der Erde ruhen, gelangen je vor Augen. Adolf Portmann hat gelegentlich von einer „unadressierten Selbstdarstellung“ der Schöpfung gesprochen, ein tiefsinniges Wort, dem zugestimmt werden muß.

Dem heutigen Menschen ist der Zugang zu Natur und Naturschönem in mancherlei Hinsicht erschwert. Allzu häufig findet die Bekanntschaft mit dem Lebendigen nur noch im Fernsehen oder im Zoo statt, wo es doch auf die originale Begegnung ankäme. Die Schulen helfen hier auch nicht weiter. Im Gegenteil, Biologie ist längst keine Natur- und Lebenskunde mehr. In den höheren Stufen biochemisch orientiert und auch für den jüngeren Schüler bereits an Fachbegriffen ausgerichtet, ist das Lebendige der wissenschaftlichen Systematik geopfert.

Eine Unterrichtssituation, die sich alljährlich an vielen Schulen in ersten Klassen so ähnlich abspielt, mag die Misere verdeutlichen. Die Lehrerin bringt einen großen Strauß Tulpen. Jedes Kind erhält eine Blume, die es „ganz genau“ betrachten soll. Dazu sollen die Blütenblätter abgezupft, Staubbeutel, Staubfäden, Narbe und Fruchtknoten herausgebrochen werden; die Blätter sind vom Stengel, der Stengel von der Zwiebel zu lösen. Nun hat es alle Teile der Pflanze vor sich, nun kann es zählen und die Begriffe in ein wohlvorbereitetes Arbeitsblatt eintragen – und wer schon fertig ist, darf noch mit Farbstiften ausmalen. Mit dem Klingeln wandern die zermanschten Tulpenreste als Abfall in den Papierkorb. Ob bei diesem Vorgehen Schülern etwas von der Schönheit der Blüte zum Bewußtsein kommt, mag man bezweifeln.

Auf eine solche Weise wird jede ganzheitliche Naturbetrachtung bereits in den Anfängen verbaut, wird das Organ für Naturschönheit, das jedes vollsinnige Kind in sich trägt, gefährlich verletzt, wird eine Achtung vor der lebendigen Natur zerstört. Wie anders könnte man pflanzliches Blühen, Reifen und Fruchten Schüler erfahren lassen! Wie sehr könnte man die ästhetischen Qualitäten und die Dimensionen des Lebens Wirklichkeit werden lassen! – Ohne hier in didaktische Überlegungen einzutreten, versteht es sich von selbst, daß Erziehung zur Naturbetrachtung immer auch ästhetische Erziehung mit umfassen muß. Des weiteren ist eine Wiederbelebung des Sinnlichen und der Sinne – in der Schule schon allzulange übergangen – vonnöten, denn erst die sinnliche Erfahrung führt zum Erkennen der Natur. Aus dieser Sicht ist es erfreulich, daß in jüngster Zeit von vielen Schulen wieder Gärten angelegt werden. Ohne die Bedeutung von Schulgärten zu überschätzen, bieten sie in Ansätzen die Möglichkeit einer sinnlichen Naturerfahrung, einer ganzheitlichen Naturbetrachtung, des Erlebens von Naturschönheit. Schließlich ist der Garten gerade Philosophen und Pädagogen zum Gleichnis des Lebendigen geworden.

Man muß sich jedoch der Grenzen des Erzieherischen bewußt bleiben, darf sich nicht der Illusion hingeben, als ob eine ganzheitliche Naturbetrachtung, ein Erfahren von Naturschönheit, methodisch machbar sei. Letztlich ereignet sich Erkenntnis der Natur im Innersten des Menschen; er muß existentiell betroffen werden, muß überwältigt werden von der Erscheinung der Natur. Ludwig Klages gibt in seinem Traktat „Vom kosmogonischen Eros" ein treffendes Beispiel: „Hundertmal kann ich den Wald vor meinem Fenster gesehen haben, ohne etwas andres als eben nur das Ding zu erleben, jenes selbe Ding, das auch der Botaniker meint: aber einmal, während er flammt in Gluten der Abendsonne, vermag mich der Anblick meinem Ich zu entreißen; und da erschaut meine Seele plötzlich, was ich noch nie zuvor gesehen, vielleicht nur eine Minute lang, ja vielleicht nur sekundenlang; indes ob nun lang oder kurz, das jetzt Erschaute war das Urbild des Waldes ...". In diesen ekstatischen Momenten, in denen die kosmischen Bilder, die Urphänomene, geschaut werden, steht der Mensch im Horizont des absoluten Seins, scheint Transzendenz in der Immanenz auf. Naturbetrachtung, Naturschönheit, Naturschau bedeuten ein Teilhaben an der Wirklichkeit der Transzendenz, eine Vergewisserung des Einsseins mit der Schöpfung.

Verantworteter Umgang mit der Natur

Die vorangegangenen Betrachtungen könnten den Eindruck erwecken, als ob die Zugänge zur Natur weltfremd und unverbindlich aus der Realität in die Transzendenz verlegt werden, als ob Naturschönheit in reiner Harmonie bestehe und Natur sich als pure Idylle zeige. Ein solches Bild ist weder beabsichtigt noch entspricht es der Wirklichkeit. Die Natur birgt immer auch düstere, dämonische, ja tragische Züge. Im Bereich des Lebendigen basiert sie auf einem unaufhörlichen Fressen und Gefressenwerden, auf endlosen Nahrungsketten voller Schrecklichkeiten und Grausamkeiten. Das Wort vom „bellum omnium contra omnes" braucht durchaus nicht nur als zynische

Herabwürdigung der Natur verstanden zu werden. Im Werk des Dichters Hans Henny Jahnn, gelegentlich als „Tragiker der Schöpfung“ apostrophiert, sind die Leiden der Kreatur mit einer sonst in der Literatur kaum gekannten Intensität gestaltet, jedoch nicht abgelöst von der Darstellung des Großartigen und Erhabenen. Gerade in dem unaufhebbaren Zusammenspiel von Schönheit und Vergänglichkeit, von Leben und Tod, von Werden und Vergehen liegt die Unausweichlichkeit des Schicksals allen Seins, des Lebendigen wie des Unbelebten.

Indes, wo die Natur quält und tötet, wo sie im Laufe ihrer Geschichte die Mehrzahl aller je geschaffenen Arten wieder ausgelöscht hat, handelt sie, sofern eine solche Personifizierung sinnvoll ist, gleichgültig, absichtslos, schuldlos. Sie kennt keine Moral. Keinem Gott und keiner Naturordnung kommen Schuld zu. „Es ist, wie es ist“, so die lapidare Jahnnsche Klage über die Schöpfung. Einzig und allein der Mensch, zum Herrn der Natur geworden, trägt Verantwortung ihr gegenüber, muß sein Verhalten rechtfertigen, hat eine Sorgepflicht für seine Umwelt. Seit seinen ersten Anfängen hat er in die Natur eingegriffen, hat sie domestiziert, gezähmt, umgestaltet. Der Mythos einer reinen Natur bleibt dem Menschen unerfüllbare Sehnsucht, Fiktion, unerreichbar jeder Realität, um so mehr als heute selbst die letzten noch weißen Flecken der Erde verschwinden. Ein „Zurück zur Natur“ gerät zum Widerspruch in sich; wo der Mensch erscheint, kann nicht zugleich unberührte Natur sein, muß vielmehr Natur verantwortet werden.

Was meint nun verantwortungsvoller Umgang mit der Natur? Welches sind die Maßstäbe? Woher kommen sie? Man kann zunächst alle Bemühungen, mit der Umwelt sorgfältig umzugehen, unter pragmatischen Aspekten sehen. Belebte und unbelebte Natur bilden nun einmal die Lebensgrundlage des Menschen im allerweitesten Sinne. Erde, Wasser, Luft und Nahrung in ausreichendem Maße und zuträglicher Qualität gehören zu den unabdingbaren Voraussetzungen der physischen Existenz. Wo diese Bedingungen gefährdet oder zerstört werden, sind menschliches Leben und Überleben elementar bedroht, ja es macht durchaus Sinn, die willentlichen Schädigungen an Natur und Umwelt als indirekten Selbstmord zu bezeichnen. Insofern kommt alles darauf an, mit der Natur so umzugehen, daß sie als Grundlage des Lebens erhalten bleibt. Und insofern erweisen sich alle Maßnahmen und Aktionen, wie sie im Gefolge eines durch die Umwelt- und Ökobewegungen der siebziger Jahre geschärften Naturbewußtseins eingeleitet worden sind, als dringend notwendig, geradezu schicksalhaft für die Zukunft der Menschheit. Auch wenn bescheidene, erste Erfolge sichtbar werden, müssen die Anstrengungen in dieser Richtung auf allen Ebenen fortgesetzt und erweitert werden. Politik und Wirtschaft, Kirche und Wissenschaft, um einige wichtige Instanzen zu nennen, müssen sich noch ernsthafter und konsequenter einsetzen, um sowohl den konkreten Natur- und Umweltschutz wie auch die entsprechende Bewußtseinsbildung voranzubringen.

So unverzichtbar ein solches auf pragmatischen Einsichten beruhendes Handeln auch ist, so reicht es nicht aus, um den Umgang des Menschen mit der Natur dauerhaft und gültig zu gestalten. Eine nur pragmatisch begründete Beziehung bleibt letztlich anthropozentrisch-egoistisch und damit einseitig, wo es darauf ankäme, daß der Mensch sich wieder zurücknehmen und sein Tun auch von der „anderen Seite“ sehen könnte. Klaus Michael Meyer-Abich hat einen Wandel vom „anthropozentrischen“ zum „physiozentrischen“ Weltbild gefordert, was besagen soll, daß das Leben insgesamt – darin der Mensch nur ein Glied des Ganzen – zum Maßstab wird. Die anthropozentrische Weltsicht hinter sich zu lassen, bedeutet zugleich auch eine Öffnung in die Dimension des Metaphysischen. In der Naturschau, so wurde ausgeführt, steht der Mensch in der Sphäre der Transzendenz, im Einklang mit dem Kosmos. Nur aus diesem geistigen Raum kommen ihm die sittlichen Maßstäbe, das menschliche Maß zu.

Ernst Friedrich Schumachers „Small is Beautiful“ lautet in der deutschen Ausgabe „Die Rückkehr zum menschlichen Maß“. Das Buch wendet sich gegen die Irrwege gigantischer Technologien und plädiert für sanftere, am menschlichen Maß orientierte Techniken. Dieses Plädoyer läßt sich unschwer auf den gesamten Umgang mit Natur und Umwelt ausdehnen. Das menschliche Maß indes findet sich weder im Menschen selbst, noch läßt es sich an der Natur einfach ablesen. Erst im Einklang mit ihr scheint es auf.

Daß das menschliche Maß auf weiten Gebieten verlorengegangen ist, daß Maßlosigkeit und Vermessenheit das Verhältnis des Menschen zur Natur kennzeichnen mit all den verheerenden Folgen, braucht hier nicht mehr angesprochen zu werden. Statt dessen soll abschließend ein Beispiel oder besser, ein Gleichnis stehen vom verantworteten Umgang mit der Natur, von einer „franziskanischen Beziehung zur Welt" (Hartmut von Hentig). Es sind die bekannten, scheinbar so schlichten Verse von Goethe:

Ich ging im Walde
So für mich hin,
Und nichts zu suchen,
Das war mein Sinn.

Im Schatten sah ich
Ein Blümlein stehn,
Wie Sterne leuchtend,
Wie Äuglein schön.

Ich wollt es brechen,
Da sagt es fein:
Soll ich zum Welken
Gebrochen sein?

Ich grubs mit allen
Den Würzlein aus,
Zum Garten trug ichs
Am hübschen Haus.

Und pflanzt es wieder
Am stillen Ort;
Nun zweigt es immer
Und blüht so fort.

Da Gleichnisse für sich sprechen müssen, können die Ausführungen an dieser Stelle beliebig enden. Sie sind unsystematische, aphoristische Annäherungen an das Thema geblieben. Ob sie helfen auf der Suche nach „verlassenen Wegen", nach neuen Zugängen zur Natur, muß offen bleiben.

Erstveröffentlichung in: Sauer, Walter (Hrsg.): Verlassene Wege zur Natur. Impulse für eine Neubesinnung. Witzenhausen: Südmarkverlag Fritz; Die Graue Edition, Zug/Schweiz 1992, S. 12–28.

Verlassene Wege zur Natur

Impulse für eine Neubesinnung

Auf der Suche nach Natur

Natur, so scheint es, hat derzeit allenthalben Konjunktur. Politiker aller Parteien, auch wenn ökologische Themen nicht im Mittelpunkt ihrer Programme stehen, betonen die Wichtigkeit des bewußten Umgangs mit der Natur. Die Industrie preist ihre Produkte in der Werbung mit Vorliebe in idyllischer Natur als Kulisse. Auch Nahrungsmittel werben mit Hinweisen auf das reine Naturerzeugnis, auf die naturbelassene, natureigene Qualität. Desgleichen sind Naturheilmittel und Naturheilverfahren als Alternativen zur herkömmlichen Medizin beliebt, verbunden mit vielfältigem Schrifttum, in dem die Naturkräfte in Wort und Bild hervorgehoben werden, mal mehr esoterisch, mal weniger spekulativ. Überhaupt, die Publikationen zum Thema Natur unter allen erdenklichen Aspekten sind Legion geworden. Moderne Reproduktions- und Druckverfahren ermöglichen Abbildungen, die Pflanzen, Tiere und Landschaften vollkommen naturgetreu wiedergeben. Und fototechnische Mittel erlauben Naturaufnahmen selbst in Bereichen, die dem menschlichen Auge verborgen blieben – Fülle und Wunder der Natur können nahezu beliebig ins Bild gelangen. Naturfilme und Natursendungen im Fernsehen, teils wissenschaftlich kommentiert, teils rein stimmungsmäßig inszeniert, haben ein festes Publikum von großer Zahl.

Das Bedürfnis nach Natur drückt sich aber auch im Bereich der aktiven Freizeitgestaltung aus. Die Wochenenden führen zu einem regelrechten Ansturm auf Naherholungsgebiete. Naturparks, Wildgehege, Naturlehrpfade, Naturschutzgebiete sind die beliebten Ziele, wie überhaupt dem Naturschutzgedanken allgemein ein hoher Stellenwert eingeräumt wird. Keine Verkehrsführung beispielsweise kann mehr ohne die Berücksichtigung naturschützerischer Belange erfolgen, sollen doch vorrangig die natürliche Landschaft und die Artenvielfalt an Pflanzen und Tieren erhalten bleiben. Im kleinen Maßstab, im Garten, soll der eintönige Rasen von der mannigfaltigen Wildblumenwiese abgelöst, der sterile Zierteich durch das Feuchtbiotop ersetzt, der Anbau von Nutzpflanzen ökologisch zuträglich betrieben werden. Und sicherlich ist hier auch der moderne Tourismus anzusprechen, dessen Routen möglichst fern in unberührte, wilde Natur führen. Reisen, die Erlebnis und Abenteuer in und mit der Natur bieten, sind gefragt, und dort, wo die große Weite nicht zu verwirklichen ist, soll der Urlaub wenigstens naturnah als einfaches Leben auf dem Lande stattfinden.

Mögen die angeführten Beobachtungen und Beispiele gegenwärtiger Naturzuwendung noch so unvollständig und beliebig, so oberflächlich und undifferenziert aneinandergereiht erscheinen, so belegen sie doch allesamt, wie wichtig dem Menschen die Natur geworden, wie bestrebt er ist, ihr nahezukommen, wie er ein Leben in Einklang mit der Natur wünscht und „Wege zum Frieden mit der Natur“[1] sucht. Die Entfremdung von der Natur scheint erkannt zu sein, ebenso wie die Zerstörungen und Schäden, die der Natur in der Vergangenheit bis in die Gegenwart zugefügt worden sind. Was bedarf es da überhaupt noch einer Neubesinnung auf „Verlassene Wege zur Natur“?

Ohne die gegenwärtigen Bemühungen des Menschen um Natur im einzelnen zu bewerten, drängt sich unmittelbar der Verdacht auf, daß die derzeit eingeschlagenen Wege zur Natur nicht ins Zentrum, eher gar in die Irre führen. Zu sehr scheint Natur als Kompensation, als Surrogat für etwas, das unwiederbringlich verloren ist, als große Sehnsucht nach dem Heilen, Ursprünglichen, in der Realität längst nicht mehr vorhanden. Es stellt sich auch die Frage, ob diese Hinwendung nicht eher ein Verschließen der Augen vor der Wirklichkeit, ja einen Verdrängungsprozeß, eine Flucht aus der Zeit bedeutet. Das „Zurück zur Natur“ als Allheilmittel gegen alle Übel der Zivilisation ist spätestens seit Rousseau eine geläufige Vorstellung, wenngleich selten und nur in begrenztem Umfang verwirklicht, in unserem Jahrhundert am ehesten vielleicht in Reformbewegungen und in Gruppen und Bünden der deutschen Jugendbewegung.

Die Fahrten des „Wandervogel“ waren vordergründig zunächst auch nur eine Flucht „aus grauer Städte Mauern“, aus Industrie- und Großstadtkultur, aus der Dekadenz wilhelminischer Welt. Aber die Suche nach der „Blauen Blume“ in der Natur, abseits der Zivilisation – und damit verbunden die unmittelbare, leibhaft-sinnliche Begegnung und Auseinandersetzung mit elementarer Natur – befriedigte mehr als nur mystische Naturstimmungen, führte über kurzzeitige Erfüllung romantischer Sehnsüchte hinaus. Vielmehr glich das Naturerleben der Jugendbewegung einer Art Initiation, in deren Folge das eigene Selbst zur Reife gelangte, eine Identität sich bildete unter Einbeziehung der tiefen, magischen Kräfte der Natur, Prozesse also, die sich überwiegend im Bereich des Unbewußten ereignen und der psychologisierenden Analyse verschlossen bleiben[2]. Mit dieser Sichtweise soll die Beziehung zur Natur in der Generation der Jugendbewegung nicht überschätzt werden, zumal jene Menschen im weiteren Verlauf der Geschichte nicht verhindern konnten, daß die Zerstörungen an der Natur ihren bekannten Lauf genommen. Aber als Modell eines Weges zur Natur, der ihr den Menschen wesensmäßig nahebringt, ist er überzeugender als so manche der neueren Bemühungen.

Dort, wo heute die Natur aufgesucht wird, bleibt diese Suche allzuoft an der Oberfläche, bleibt Natur reines Schau- und Konsumobjekt. Das Sichhineindenken, Sicheinfühlen und Einleben in die Natur sind Dimensionen, die nicht in den Blick gelangen. Der als Scherz gedachte Dialog: „Wo liegt denn dieses Mallorca? – Das weiß ich nicht, wir sind hingeflogen“, spiegelt nur zu treffend die Vordergründigkeit des modernen Massentourismus, womit das Phänomen keineswegs pauschal verurteilt sein soll, gehört es doch zu den Kennzeichen dieser Zeit. Im übrigen erweist sich hier geradezu beispielhaft, wie Naturschädigungen und -zerstörungen vor allem zum quantitativen Problem geworden sind.

Die recht willkürlich gerichteten Streiflichter auf das Verhältnis Mensch – Natur unserer Tage können hier eingestellt werden. Sie haben gezeigt, wie zwar ein Bedürfnis nach Natur und Natürlichkeit auf unterschiedlichsten Ebenen vorhanden und ein Bewußtsein für die Belange der Natur ausgeprägt sind, ein Bewußtseins*wandel*, der Wege zum *Wesen der Natur* weisen würde, scheint indes noch nicht in Sicht. Diese Wege zur Natur heute zu finden oder wiederzufinden, ist mit kaum lösbaren Schwierigkeiten verbunden, die zuerst in dem Verhältnis Mensch und Natur selbst gründen. Im folgenden sollen einige Annäherungen versucht werden.

Mensch, Natur, Naturwissenschaft

„Von Natur aus" nimmt der Mensch unter allem Lebendigen eine Sonderstellung ein, ist er doch einerseits Teil der Natur und zugleich auch über diese Natur hinausgehoben, indem er über ein Bewußtsein von sich selbst verfügt, das ihn befähigt, sein eigenes Dasein zu reflektieren, sich gleichsam von außerhalb seiner selbst zu betrachten. Mit dem Begriff „exzentrische Positionalität" hat Helmuth Plessner diese Grundgegebenheit menschlicher Existenz auf prägnante Weise gekennzeichnet. Besitzen Pflanzen und Tiere jeweils ihre bestimmte, für sie unveränderbare *Umwelt*, so kommt dem Menschen *Welt* zu, die er sich selber schaffen und gestalten kann, ja muß, und dies aufgrund seiner Möglichkeit des Transzendierens. Transzendieren – bei Max Scheler auch ideieren genannt – bedeutet zugleich Teilhabe an Bereichen jenseits der nur physikalischen Natur, heißt Zugang haben zu Geist, zu Göttlichem, zu den Ideen, zu Kräften der Schöpfung oder wie immer sonst die Worte dafür lauten mögen. In dieser Auszeichnung des Menschen gegenüber allen anderen Lebewesen kann jedoch kein Grund gesehen werden, sich über die Natur zu stellen und mit ihr nach Gutdünken zu Verfahren, viel eher eine Verpflichtung, mit der Natur – aus deren Zugehörigkeit es kein Entkommen gibt – so umzugehen, daß das Naturganze keinen Schaden nimmt.

In der Schöpfung selbst, auch in der Existenz des Menschen, ist kein grundsätzlicher Dualismus zwischen Natur und Geist, sondern zuerst Einheit und Ganzheit anzutreffen, erst menschlichem Denken ist die Aufspaltung in zwei strikt getrennte Welten möglich. So entsteht Natur als Gegenbegriff zu Geist oder Kultur oder welche Gegensatzpaare sonst aufgestellt werden. Noch einmal sei betont, Natur und Geist sind ursprünglich Eines, ungeschieden gleich den beiden Seiten einer Medaille. Deshalb kann eine erste, nur-physikalische Natur gar nicht gedacht oder erkannt werden; immer schon ist sie überformt und durchdrungen von kulturellen und geistigen Einflüssen, von Kräften der Transzendenz. Deshalb bleibt es auch vergeblich, einen archimedischen Punkt in der Erkenntnis der *Natur an sich* zu suchen. Ebenso kann es die Beziehung des Menschen zur Natur nicht als anthropologische Konstante geben, immer schon prägen Raum und Zeit, Kultur und Geschichte, Konstitution und Schicksal dieses Verhältnis. Ein Blick in die Kultur- und Geistesgeschichte der Menschheit kann gewiß vielfältige Formen des Umgangs mit der Natur zeigen, die letztlich jedoch in zwei Grundtypen münden. Zum einen: Mensch und Natur in mythisch-magischem, ganzheitlich-organischem Verhältnis, zum anderen: Natur als Gegenstand und Gegenbegriff, dualistisch geschieden, materialistisch-technizistisch das Verhältnis. Eine nähere Betrachtung der beiden Modelle könnte ergeben, daß sie sich, entgegen dem ersten Anschein, nicht diametral gegenüberstehen müssen, sogar einander anzunähern wären.

Diese beiden Grundmuster des Verhältnisses Mensch–Natur sollen hier jedoch nicht weiter verfolgt werden. Es ist nur festzuhalten, daß mit Beginn der sogenannten Neuzeit im abendländischen Denken die mythisch-ganzheitlichen Formen zum Erlöschen gekommen sind, und eine radikal dualistische Trennung von Natur und Geist die Vorherrschaft angetreten und vor allem auch die Naturerkenntnis – nunmehr zur Naturwissenschaft geworden – einschneidend geprägt hat. Mit der Natur als rein physikalischem Objekt kann entsprechend umgegangen werden; sie wird reduziert auf quantifizierbare, meßbare, mathematisierbare Eigenschaften, die beliebig analysiert, seziert oder sonstwie manipuliert und beherrscht werden können. Nicht nur die unbelebte, auch die lebendige Natur ist nach denselben Methoden zu erforschen, wobei die Wissenschaft sich in immer kleinere und abstraktere Bereiche begibt. Die Arten und Gestalten des Lebendigen verlieren ihre Bedeutung zugunsten der elementaren Bausteine: zunächst Zelle und Zellteile, dann molekulare Strukturen, speziell der Erbsubstanz, und schließlich die Reduktion des Organischen auf das Anorganische und auf Prozesse der Selbstorganisation und -gliederung der Materie – Leben mithin nichts anderes als physikochemische Reaktionen! Die Entwicklungs- und Formengeschichte des Lebens wird in derselben Weise verstanden, d. h., Selektion und Mutation bleiben letztlich *die* Faktoren, die alle Artenvielfalt hervorbringen. Ohne die moderne Molekularbiologie vorherzusehen, hat Gottfried Benn bereits zum Goethe-Gedenkjahr 1932 mit dem ihm eigenen Zynismus die Entwicklung der neuzeitlichen Naturwissenschaft auf den Punkt gebracht: „... der Physikalismus siegte, Newton Imperator, Darwin Rex, und die progressive Zerebration ...“[3], eine Formulierung, die nach über einem halben Jahrhundert treffend geblieben ist, jedenfalls für das Gros der Naturwissenschaft.

Doch haben sich in den Naturwissenschaften selbst ansatzweise Wandlungen und Korrekturen ergeben. Die Versuche, lebendige Systeme auf die Ebene rein physikochemischer Prozesse zu reduzieren, sind relativiert, nicht zuletzt, weil bei einer solchen Betrachtungsweise die spezifischen Eigenschaften des Lebens verlorengehen. Im übrigen ist auch erkannt, daß ein absoluter Determinismus in materialistisch-mechanistischen Naturvorstellungen nur eingeschränkt gilt, daß Unbestimmtheit und Unschärfen zu den Prinzipien der Natur zählen. Daraus ist allerdings nicht im Sinne einer vitalistischen Philosophie eine besondere „Lebenskraft“ zu folgern, die anders als die bekannten Naturgesetze wirkt. Begreift man etwa den genetischen Code des Lebens, die Erbinformation, in einem wörtlichen Sinne, so bedeutet „informatio“ zunächst „In-Bild“, ein Bild also, das latent in der Anlage vorhanden sich zum innewohnenden Ziel verwirklicht, somit eine Vorstellung, die dem Entelechie-Gedanken Aristoteles' nahekommt. Mag diese Deutung metaphorisch-naiv klingen, so wird sie von einem der anerkannten Molekularbiologen der Gegenwart, Alfred Gierer, auf ähnliche Weise zum Ausdruck gebracht: „Genetische Information als Entelechie? Nicht so ganz ... aber sehr weit von der Intuition des Aristoteles liegt die moderne Auffassung der Erbsubstanz als Träger genetischer Information auch wieder nicht, und die Erklärungsprinzipien der Molekularbiologie hätten ihm vielleicht gefallen. (...) Nicht nur Aristoteles, auch Schelling steht bei großzügiger Auslegung dem modernen Konzept der ‚genetischen Information' im Sinne der Molekularbiologie gar nicht so sehr fern."[4]

Auch der sogenannte Darwinismus braucht nicht nur positivistisch gesehen zu werden. Darwin selbst war durchaus bewußt, daß mechanistische Erklärungsprinzipien der Formen des Lebens an Grenzen stoßen. In einem Brief an einen Freund schreibt er: „Allein schon der Anblick einer Pfauenfeder, wo immer ich einer solchen begegne und sie betrachte, macht mich krank."[5] Was er von der Pfauenfeder sagte, hätte er ebenso von jedem anderen Organ eines Tieres oder jeder beliebigen Pflanze sagen können. Aber auch die Grundgedanken Darwins zur Entstehung der Arten können über biologische Mechanismen hinaus verstanden werden. C. F. v. Weizsäcker führt in einer Auseinandersetzung mit Konrad Lorenz, zweifellos ein Darwinist, am Beispiel der Graugans aus, wie das konkrete, „empirische" Tier Graugans nur möglich ist, weil es die reine Gestalt, die Idee der Graugans gibt, „nämlich als dasjenige Gesetz, welches das optimale Funktionieren der Graugans beschreibt. Die Realisierung der platonischen Idee in der modernen Naturwissenschaft geschieht gerade dadurch, daß alles ganz naturwissenschaftlich zugeht, so wie es z. B. Darwin beschreibt. Zwischen Platon und Darwin ist hier kein Gegensatz."[6] Auch dort, wo „alles ganz naturwissenschaftlich zugeht", ist auf eine metaphysische Dimension verwiesen, eine Vorstellung, der großen Mehrzahl heutiger Naturwissenschaften abhanden gekommen.

Eine weitere Auseinandersetzung mit dem Darwinismus ist hier nicht erforderlich. Daß seine Ansätze *begrenzt* gelten, erscheint nur zu selbstverständlich. Er kann aber nicht darin widerlegt werden, was er alles nicht zu erklären vermag, was sich seiner Reichweite entzieht. Kritikerfragen von der Art, warum in der Natur nirgends das Prinzip des Rads vorkomme, warum Hunde nicht zu Katzen mutieren, warum Mücken nicht so groß wie Elefanten werden, warum Bäume nicht in den Himmel wachsen, bleiben Einwände, die ihn nicht treffen. Auch kann der Darwinismus nicht dazu taugen, in die Fragen und Lücken, die er offen läßt, ein transzendentes Wirken einzusetzen. Das Göttliche als Lückenbüßer wäre ein schlechter Gottesbeweis. Transzendente Kräfte wirken schon immer in der Natur oder überhaupt nicht – mag dies auch bei der großen Mehrzahl der Naturwissenschaftler nur Unverständnis hervorrufen.

Die Naturwissenschaft der Neuzeit hat gewiß eine Vielzahl an Naturgesetzen entdecken können und Strukturen der Natur, der belebten wie der unbelebten, zu analysieren und in ihren Funktionsweisen aufzuklären vermocht. Ihr Fortschritt hat sowohl zu eindrucksvollen Erfolgen und Erfindungen in vielerlei Anwendungsbereichen geführt, die nicht mehr wegzudenken sind, wie auch zu unheilvollem Entfremden zwischen Mensch und Natur. Ihre Erkenntnisse setzen ein Entzweiungsdenken voraus, sie beruhen auf einem objekthaften, physikalistischen Natur- und Weltverständnis, dem Wesen und Sinn von Mensch und Natur fremd bleiben. Wege zur Natur in ihrem ganzheitlichen Sein sind damit verschüttet.

Verlassene Wege zur Natur

Es mag unentschieden bleiben, ob das Zuendegehen von ganzheitlich-mythischen Beziehungen zur Natur eher Ursache oder mehr Folge der neuzeitlichen Naturwissenschaft war, jedenfalls haben sich seitdem die Zugänge zur Natur verändert. Da sich sowohl beim heutigen Menschen eine bewußte Hinwendung zu ursprünglicher Natur zeigt als auch die Naturwissenschaft, dort wo sie von philosophisch Gebildeten betrieben wird, sich ganzheitlichem Erkennen zuwendet – wie in den bisherigen Ausführungen dargestellt – so ist zu fragen, ob die „Verlassenen Wege zur Natur“ wiedergefunden und -gegangen werden können oder ob sie unzugänglich geworden, für immer verschwunden sind. Wie es im Wesen der Geschichte liegt, bleibt sie unwiederholbar, Vergangenes kehrt in derselben Weise nicht noch einmal zurück. Dies gilt insbesondere von Epochen der Kulturgeschichte, in denen sich neue geistige Entwicklungen anbahnen, zu einem Höhepunkt gelangen und dann zum Abschluß kommen.

Daß die Ära der Neuzeit vor ihrem Ende steht, ist nicht mehr zu übersehen. In größeren Zusammenhängen kann man einen Paradigmenwechsel erkennen, das Zeitalter der Fische wird vom Aeon des Wassermanns abgelöst. C. G. Jung, in dessen Werk die Auseinandersetzung mit den unbewußten, mythischen Bereichen der Existenz eine besondere Bedeutung einnimmt, hat unmittelbar zu diesem Aeonenwandel festgestellt: „Keine Wissenschaft wird je den Mythus ersetzen, und aus keiner Wissenschaft läßt sich ein Mythus machen.“[7] In ihrer alten historischen Gestalt werden die Mythen nicht wieder zum Leben zu erwecken sein; ob sich neue zeigen, kann nicht gewußt werden. Noch wird das Verschwinden als Verlust empfunden, und da Wissenschaft und Technik in die Leere führen, so bleiben die außerwissenschaftlichen Naturerfahrungen als Möglichkeiten der Begegnung mit dem Mythischen. Sonne und Licht, Luft und Erde, Wasser und Meer, Tages- und Jahreszeiten, Pflanzen und Tiere können auch fernerhin vorwissenschaftlich, sinnlich und magisch erfahren werden. Ebenso wird in der Kunst Natur schon immer ästhetisch gestaltet und damit die Präsenz des Mythischen bewahrt.

In einem ursprünglichen Ästhetikverständnis, das noch nicht auf das Schöne verengt ist, geht es um die leiblich-sinnliche Wahrnehmung der Welt; der Leib mit allen seinen Sinnen wird zum Organ der Vermittlung zwischen Innen und Außen, Subjekt und Objekt, Sinnlichem und Übersinnlichem, Physik und Metaphysik. Ästhetische Wahrnehmung bedeutet immer ganzheitliche Erfahrung der Natur, meint die Totalität der Beziehung zwischen Mensch und Natur, eingeschlossen den Mythos. Wo „Verlassene Wege zur Natur“ gesucht werden, da ist vorrangig an ästhetische Erfahrungen zu erinnern und eine Wiedereinsetzung der subjektiv-sinnlichen Naturerkenntnis zu fordern als der objektiv-verstandesmäßigen gleichwertig. Auch das auf verschiedene Weise abgewertete „Naturschöne“ bedarf wieder der besonderen Aufmerksamkeit, wobei nicht an liebliche Natur und heile Welt zu denken ist, vielmehr an eine Natur mit ihren finster-dämonischen wie auch mit ihren lichthaft-harmonischen Zügen. Wo nur die eine Seite im Blick ist, stellen sich allzuleicht Pessimismus und Verneinung ein, wo nur die andere, Idylle, Kitsch und Oberflächlichkeit, beidesmal wird ein echter Zugang zur Natur verfehlt. Das Naturschöne erkennen heißt aber auch – mit Worten A. v. Humboldts – „den Geist der Natur zu ergreifen, welcher unter der Decke der Erscheinungen verhüllt liegt. Auf diesem Wege reicht unser Bestreben über die enge Grenze der Sinnenwelt hinaus.“[8]

Den Geist der Natur ergreifen meint nichts anderes, als in und hinter der sinnlichen, empirischen Anschauung, gleichsam durch sie hindurch, die Einheit in der Vielheit, die Idee zu schauen, bedeutet auch, Transzendenz in der Immanenz zu erkennen.

Naturschau als Schau der Ideen führt unmittelbar zu der Naturerkenntnis Goethes. In einem Gespräch mit Schiller, in dem er seine Einsichten zur Metamorphose der Pflanzen und zu einer symbolischen „Urpflanze“ erläutert, schüttelt Schiller am Ende den Kopf: „Das ist keine Erfahrung, das ist eine Idee“, Worauf Goethe antwortet: „Das kann mir sehr lieb sein daß ich Ideen habe ohne es zu wissen, und sie sogar mit Augen sehe.“[9] Die Urpflanze in der lebendigen Natur zu erkennen, ist eine Schau des Urbilds, des Wesens der Pflanze, zugleich auch eine Schau der Wandlungen und Metamorphosen in der Fülle der Gestalten; die Polarität von ewigem Urbild und lebendiger Form ist aufgehoben, ebenso die Spaltung von Geist und Materie – der Geist ist in der Materie, das Eine in Allem. Die Auflösung der Dialektik gründet in Entsprechungen, Kongruenzen und Analogien beider Reiche:

„Wär nicht das Auge sonnenhaft,
Wie könnten wir das Licht erblicken?
Lebt nicht in uns des Gottes eigne Kraft,
Wie könnt uns Göttliches entzücken?“[10]

In diesen Versen aus der Einleitung „Zur Farbenlehre“ sind die Grundgedanken goetheanischer Naturauffassung enthalten; sie brauchen hier nicht weiter vertieft zu werden. Nebenbei mögen sie auch zeigen, wie weit das gängige naturwissenschaftliche Denken unserer Zeit davon entfernt, welch ganz andere Wege die Naturforschung genommen. Die Polemik eines deutschen Naturwissenschaftlers und Nobelpreisträgers muß für sich selbst sprechen: „... wäre nicht das Auge tintenhaft, wie könnten wir die Schrift erblicken ...“[11] – so seine verständnislose Häme gegenüber Goethe und dessen Natursicht.

Am Rande soll noch auf eine scheinbar belanglose Nebensächlichkeit hingewiesen werden. Eingangs wurde die Vielzahl der Publikationen zum Thema Natur erwähnt, unter ihnen eine Reihe von Bildbänden mit erlesenen Naturfotografien, die nicht „naturgetreuer“ wiedergegeben werden könnten. Und doch bleiben sie zurück hinter künstlerischen Darstellungen der Natur, indem allein das menschliche Auge – in Verbindung mit handwerklichem Können – in den Naturgestalten die Urbilder sichtbar zu machen und bildhaft zu vermitteln vermag. Erfreulich deshalb, wo naturkundliche Tafelwerke und Bestimmungsbücher bei Abbildungen vermehrt wieder auf künstlerische Vorlagen zurückgreifen.

Daß Wege zu den Tiefen der Natur, wenn auch abseits der herrschenden Bahnen von Wissenschaft und Zeitgeist, immer noch möglich sind, sollte wenigstens andeutungsweise zum Ausdruck gekommen sein. Wie diese Wege zu gewinnen sind, bleibt eine andere Frage. Ohne in die Erörterung konkret pädagogischer Möglichkeiten einzutreten, lassen sich einige grundsätzliche Thesen aufstellen:

– Die Begegnung mit lebendiger Natur muß in frühen, vorschulischen Jahren erfolgen, in einem Alter, in dem das Kind noch in ganzheitlich-magischer Beziehung zur Natur steht; Lebenserinnerungen großer Naturforscher bezeugen dies in voller Übereinstimmung.
– Die Hinführung zur Natur muß sich im Sinne einer Initiation vollziehen, wozu es Menschen bedarf, die, selbst mit den Kräften der Natur in Berührung gekommen, Kind und Jugendlichen über das Belehrende hinaus zu erreichen wissen.
– Naturerfahrungen bedürfen stets der sinnlich-ästhetischen Grundlage, setzen immer den tätigen Umgang mit der lebendigen Natur voraus; noch so ausgeklügelte Medien bleiben Surrogate.
– Die liebhabermäßige Betrachtung der Natur – in einem wörtlichen, über das unverbindliche Hobby hinausführenden Sinn – könnte ein erstes Ziel eines Weges zur Natur sein.
– Naturwissenschaftliches Wissen über die Natur, einschließlich ökologischer Zusammenhänge, ist zu einem kognitiven Verstehen der Natur unverzichtbar; zu einem ganzheitlichen Verstehen hat es nur dienende Funktion. Schule und Gesellschaft sehen diese Gewichtung anders; eine Umorientierung wäre notwendig.

In diesen recht plakativen, idealistischen Forderungen liegen selbst schon die Grenzen der pädagogischen Umsetzung; sie sind auch nicht als methodische Handreichung zu verstehen, vielmehr als Anstoß für eine Besinnung auf andere Wege zur Natur. Grenzen ergeben sich aber auch aus den gesamtgesellschaftlichen Rahmenbedingungen kindlichen Aufwachsens. Kindheit hat sich seit gut einer Generation tiefgreifend verändert; sie bedeutet in unserem Zusammenhang vor allem Medienkindheit und damit Kindheit mit höchst eingeschränkten primären, sinnlichen Erfahrungen von Welt und Natur. Unmittelbare Naturbegegnungen, gerade in jenen Jahren grundlegend für den späteren Zu- und Umgang zu und mit der Natur, sind erschwert, wenn nicht gar unmöglich geworden. Überdies geht die Kindheit abrupt zuende; mit der frühen Pubertät erfolgt ein unvermitteltes Eintreten in die Welt der Erwachsenen. Eine sich über lange Jahre erstreckende Jugendphase, wie noch in den Generationen Anfang bis Mitte dieses Jahrhunderts vorhanden, die gerade für ein tiefes Naturerleben so empfänglich machte, ist weitgehend verschwunden, von gelegentlichen Ausnahmen abgesehen. Insofern ist auch das beschriebene Naturerleben in Wandervogelgruppen kaum mehr möglich. Wo noch Pfadfinderbünde und ähnliche Gruppierungen aus der Tradition der Jugendbewegung auf Wanderungen und Fahrten in die Natur ziehen oder auch andere Verbände in ihrer Jugendarbeit Natur aufsuchen, kommt dem vermehrte Bedeutung zu und kann nicht hoch genug geschätzt werden, auch wenn die Intensität des Erlebens nicht mehr dieselbe sein mag.

Und schließlich setzt die allgemeine geistige Lage der zuendegehenden Epoche der Neuzeit Grenzen im Gehen von verlassenen Wegen zur Natur. Erich Fromm hat in seiner Schrift „Haben oder Sein" unser Zeitalter als ein von der Grundeinstellung des „Habens" geprägtes beschrieben, ein Wesensmerkmal, das sich gerade im Umgang mit der Natur fatal erweist. Wie nach Fromm ein Übergang vom Haben zum Sein aussehen könnte, interessiert hier nicht weiter, ausdrücklich aber wird Goethes Verständnis der Natur als Plädoyer für das Sein und gegen das Haben hervorgehoben[12]. Die Frage, ob und wie zu den verlassenen Wegen wieder zu gelangen ist, bleibt immer noch offen. So unabdingbar gesellschaftliche Maßnahmen und gesetzliche Regelungen, Appelle an Vernunft und Moral, erzieherische Bemühungen und religiöse Erneuerungen erforderlich sind, so wird ein neues Verhältnis zur Natur, eine neue Bescheidenheit, eine neue Seinsweise weder durch irgendwelche Programme noch durch willentliche Anstrengungen allein zu erreichen sein. Der Wandel muß von innen erfolgen, aus Mensch *und* Natur selbst und den in ihnen wirkenden Kräften der Transzendenz; dies kann nicht gewollt, darauf kann nur vertraut werden. Die verlassenen Wege zur Natur müssen jedoch offen gehalten und bewahrt bleiben für eine Zeit, die noch nicht Gegenwart ist.

Will man ein Wissen von verlassenen Wegen zur Natur lebendig halten, so müssen Zeugnisse bereitgestellt werden, die nicht nur Vergangenes dokumentieren und Geschichte bleiben, sondern auch Wirkungskräfte in sich tragen, die auf eine veränderte Zukunft hinzielen, einen Bewußtseinswandel anstoßen, an ein neues Zeitalter heranführen. In diesem bewußt hochgegriffenen Anspruch soll zum Ausdruck kommen, daß historische, begrifflich-systematische oder akademisch-wissenschaftliche Auseinandersetzungen mit dem Thema nicht dazu beitragen, verlassene Wege zur Natur als Impulse für eine Neuorientierung zu begreifen – dazu fehlt ihnen in aller Regel die zeugerische Kraft.

So zahlreich Abhandlungen und Untersuchungen zum Naturbegriff und Naturverständnis aus verschiedenen geistesgeschichtlichen Epochen vorliegen, desgleichen zu philosophischen und theologischen Bewertungen des Verhältnisses Mensch und Natur, so tragen sie wenig zum Wesensverständnis bei, sofern sie im Analysieren von Begriffen und Systemen stehenbleiben. Auch Darstellungen zu Einzelgebieten der Philosophiegeschichte helfen nicht weiter, wiewohl zum Beispiel Stichworte wie Vitalismus, Pantheismus, Naturphilosophie, Identitätsphilosophie, Ideenlehre im Zusammenhang mit Naturerkenntnis der Sache nach von Bedeutung sind, als wissenschaftstheoretische Konstrukte aber bleiben sie wenig hilfreich bei der Suche nach Wegen zur Natur. Und wo die heute gängige Naturwissenschaft sich mit Natur und Leben befaßt, da geschieht dies immer schon unter dem Vorzeichen einer Subjekt-Objekt-Spaltung, ganzheitliche Betrachtung ist ausgeschlossen. Ergebnisse der Physik, Chemie und Biologie, hervorgehoben hier besonders Molekular- und Evolutionsbiologie, bleiben ihrem Wesen nach – von Ausnahmen wiederum abgesehen – reduktionistisch.

Vorsorglich ist der Eindruck zurückzuweisen, als werde eine Gegnerschaft zu Wissenschaftlichkeit und Wissenschaft, speziell gegenüber den Naturwissenschaften, betrieben, als sei eine Abwertung alles Intellektuellen beabsichtigt. Es kann nur noch einmal betont werden, daß es auf das Erkennen der Grenzen, der Reichweite und der Gültigkeit ankommt, daß Teileinsichten in ihrer Aspekthaftigkeit gesehen und nicht für das Ganze erachtet werden.

Wenn nun Beiträge ausgewählt werden sollten, die von einem ganzheitlichen Naturverständnis zeugen, so ist vorrangig an dichterische Texte zu denken, die die sinnlichen Erscheinungsformen der Natur in Worte zu fassen vermögen, die über den Intellekt hinaus Dimensionen des Gefühls, der Phantasie, der Ästhetik, des Geistes erreichen und die zu einer tieferen Naturschau führen, das Empirische transzendierend. Auch das, was sich dem Menschen in der Natur an Harmonie und Wunder, an Dämonie und Rätsel zeigt, kann am ehesten in Dichtung und bildender Kunst zum Ausdruck gebracht werden. Zeugnisse der Philosophie sind weniger in abstrakten Denksystemen zu suchen als bei lebensnahen, die Grenzen der Schulphilosophie sprengenden Autoren.

An naturwissenschaftlichen Beiträgen kommen weniger von Fachspezialisten verfasste in Betracht als von Wissenschaftlern, denen Fülle, Formen und Gestalten des Lebendigen vor Augen geblieben. Sie vermögen am ehesten Wesen und Sinn der Natur anzusprechen und dies in einer Sprache, nicht selten dem Dichterischen angenähert. Für diese Art von Naturwissenschaft und Naturerkenntnis können Goethes Schriften zur Natur klassisch und beispielhaft gelten.

Man kann hier die Frage anbringen, wie Abgrenzungen zu esoterischen, mystischen Sichtweisen der Natur möglich sind. Im Gefolge eines „New Age“-Denkens haben „Geheimwissenschaften“ samt okkult-magischen Praktiken aller Schattierungen auch und gerade in ihrem Schrifttum einen Aufschwung erfahren, nur verstehbar auf dem Hintergrund einer sinnentleerten, naturfernen Welt. Ohne im einzelnen Wertungen zu treffen, bleibt diese Art von Naturschau im wesentlichen sektiererisch, nur für Eingeweihte zugänglich, voll spekulativer Momente und gelegentlich grotesker Unsinnigkeiten. Dies will, wie gesagt, nicht polemisch verstanden sein, wie im übrigen die Grenzen zwischen geistigen und esoterischen Erkenntnissen in einem breiten Übergangsfeld zu sehen sind.

„Natur, so scheint es, hat derzeit allenthalben Konjunktur", so als These im Eingangssatz formuliert. Wenn dem so ist, könnten den Impulsen für eine Neu- und Wiederbesinnung auf verlassene Wege zur Natur gute Chancen der Verwirklichung zukommen, könnte eine Rückkehr zu „Verlassenen Wegen zur Natur" zum Schicksal für die Zukunft werden.

Anmerkungen

1 Klaus Michael Meyer-Abich: Wege zum Frieden mit der Natur. Praktische Naturphilosophie für die Umweltpolitik. München: Hanser 1984.

2 Vgl. Walter Sauer: Der Mythos des Naturerlebnisses in der Jugendbewegung. In: Joachim H. Knoll/Julius H. Schoeps (Hrsg.): Typisch deutsch: die Jugendbewegung. Opladen: Leske + Budrich 1988, S. 55–70.

3 Gottfried Benn: Goethe und die Naturwissenschaften. In: Gesammelte Werke in acht Bänden, Band 3, Essays und Aufsätze. Wiesbaden: Limes 1968, S. 759.

4 Alfred Gierer: Die gedachte Natur. Ursprung, Geschichte, Sinn und Grenzen der Naturwissenschaft. München: Piper 1991, S. 82, 225 f.

5 Nach Bruno Vollmert: Das Molekül und das Leben. Reinbek: Rowohlt 1985, S. 165 bzw. 27.

6 Carl Friedrich von Weizsäcker: Platonische Naturwissenschaft im Laufe der Geschichte. Göttingen: Vandenhoeck & Ruprecht 1971, S. 14.

7 Aniela Jaffé (Hrsg.): Erinnerungen, Träume und Gedanken von C. G. Jung. Olten und Freiburg: Walter 1971, 5. Aufl. 1987, S. 343.

8 Alexander von Humboldt: Kosmos. Entwurf einer physischen Weltbeschreibung, erster Band. Stuttgart und Tübingen: Cotta 1845, S. 6.

9 Johann Wolfgang Goethe: Glückliches Ereignis. In: Sämtliche Werke, I. Abteilung, Band 24, Schriften zur Morphologie. Frankfurt a. M.: Deutscher Klassiker Verlag 1987, S. 437.

10 Johann Wolfgang Goethe: Zur Farbenlehre. In: Goethes Werke, Hamburger Ausgabe, Band 13. München: Beck 1982, (9. Aufl.), S. 324.

11 Nach Gottfried Benn; vgl. Anmerkung 3, S. 745.

12 Erich Fromm: Haben oder Sein. Die seelischen Grundlagen einer neuen Gesellschaft. München: dtv 1979, S. 30.

Erstveröffentlichung in: Sauer, Walter (Hrsg.): Verlassene Wege zur Natur. Impulse für eine Neubesinnung. Witzenhausen: Südmarkverlag Fritz; Die Graue Edition, Zug/Schweiz 1992, S. 364–381 (Schlussteil etwas verändert).

Plädoyer für eine Pädagogisierung der Pädagogik

Noten zur Diskussion um eine „Humane Schule“

I. Inhumane Schule – Modewort oder Realität?

So sehr Schule als eine unabdingbar notwendige, ja fraglose Einrichtung der sog. Kulturnationen gilt, die deren Wohl und Schicksal mitbestimmt, so sehr ist sie gekennzeichnet durch ständige Kontroversen, Reformen, Kritik und Wandel. Auch wenn sich die Vorstellungen von den Funktionen und Aufgaben der Schule in Theorie und Praxis und die daraus resultierenden Veränderungen meist nicht lautlos vollzogen haben und damit deutliche Einschnitte und Umbrüche in der Geschichte jedes Bildungswesens markierbar sind, so erlebt gerade jetzt die Diskussion um die Schule eine bislang kaum gekannte Intensität unter professionellen Pädagogen ebenso wie in der breiten Öffentlichkeit. Selbst das Schlagwort von der „deutschen Bildungskatastrophe“ löste vor einem guten Jahrzehnt nicht so viel hektisches Pro und Contra in der gesamten Bildungslandschaft aus.

Heute lauten die teils von Journalisten, teils von Experten gebrauchten Reizworte „Schulstreß“, „Schulangst“, „verdammte Schule“, „inhumane Schule“, „Pathologie der Schule“, „die-Schule-macht-unsere-Kinder-krank“ oder zusammenfassend „Erziehungsnotstand“. Tatsächlich präsentiert sich die Schulwirklichkeit so fatal, und alle Fakten, wie sie jedermann kennt, der mit Schulkindern zu tun hat, und wie sie aus einschlägigen Untersuchungen vorliegen, weisen in dieselbe Richtung: Schule bedeutet alles andere als ihr ursprünglicher Wortsinn „Muße“ nahelegt. Vielmehr sind geradezu epidemisch Krankheitsbilder bei Kindern und Jugendlichen in direktem oder indirektem Zusammenhang mit der Schule aufgetreten. Gewiß kann nicht jedes physische und psychische Unwohlsein, jede Aggression, jede Phobie, jeder Drogen- und Alkoholmißbrauch, jeder Selbstmord von Schülern der Schule in die Schuhe geschoben werden. Aber daß die Schule in ihrer gegenwärtigen Form, wodurch auch immer – Stoffülle, Überforderung, Leistungsdruck, Konkurrenzdenken, Kampf um Zehntelnoten werden am häufigsten assoziiert – zum Beschwernis, zum Leiden geworden ist, nicht nur für die Sitzenbleiber, Schulabbrecher und Sonderschüler, sondern auch und gerade für den durchschnittlichen und Spitzen-Schüler, dies läßt sich nicht abweisen. Es versteht sich von selbst, daß hiervon nicht nur die Schüler, sondern deren Familien in Mitleidenschaft gezogen sind. Von daher erklärt sich auch die breite Resonanz in der Öffentlichkeit.

Auch von seiten der Kultusministerien wird dieser Notstand erkannt, und als Konsequenz sind Kommissionen „Anwalt des Kindes“ ins Leben gerufen worden, in denen neben Pädagogen Ärzte, Psychotherapeuten, Psychologen, Biologen und Eltern Vorschläge zu einer Besserung der schulischen Misere erarbeiten. So sehr das einer Bankrotterklärung der Pädagogen gleichkommt, denn spätestens seit der Reformpädagogik hat sich der Pädagoge als „Anwalt des Kindes“ verstanden, so sind diese Kommissionen doch als Ultima Ratio zu begrüßen. Ebenso entstanden zahlreiche Elterninitiativen gegen den Schulnotstand, um korrigierende bildungspolitische Maßnahmen durchzusetzen.

Mögen die Begriffe vom Erziehungs- und Schulnotstand modisch überakzentuiert sein, so stehen doch drängende und unabweisbare Probleme dahinter, die einer Lösung bedürfen, soll die Schule humaner, d. h. pädagogischer werden. – Pädagogisierung der Pädagogik meint ein Doppeltes: In die Theorie der Erziehungswissenschaft ebenso wie in die Praxis von Erziehung und Unterricht sollte wieder *mehr Pädagogik* in der ursprünglichen Bedeutung des Wortes Eingang finden.

Es muß zunächst der Meinung entgegengetreten werden, daß die schulische Misere ein ganz neuartiges, eben jetzt erst entstandenes Phänomen sei, daß bis dato die Schule in Ordnung gewesen. Dies wäre falsch. Neu ist, so wird behauptet, die Quantität, die Vehemenz, die Akkumulation, mit denen das Leiden an der Schule uns gegenwärtig berührt und die zum schulischen Notstand, zur Erziehungskatastrophe führen. Ein Blick auf die Schule im Wandel der Zeiten, so weit sich das anhand historischer Quellen rekonstruieren läßt, zeigt überwiegend, daß Schule dem Schüler stets eher eine Stätte der Plage und Qual war als ein Ort, an dem eine kinder- und menschenfreundliche Atmosphäre geherrscht hätte. Es gibt einige wenige Anthologien zu dem Themenkreis „Die Schulzeit in der Erinnerung großer Persönlichkeiten", denen reichlich Belege entnommen werden könnten und die bei weitem instruktiver sind als eine Reihe wissenschaftlicher Abhandlungen zur Geschichte der Pädagogik. Hier soll jedoch zunächst ein relativ unbekannter Barockdichter, Johann Beer, mit seinem Roman „Das Narrenspital" (1681) zu Wort kommen. Die Hauptfigur erzählt zu Beginn:

„Ich kann es mit meiner frühzeitigen Jugend mehr als genugsam bezeugen, was für eine große Torheit die Schulmeister begehen, welche ihre anvertrauten Kinder gleich den Hunden in der Schule herumpeitschen. Zu einem solchen unverständigen Kinderhenker ward ich von meinen Eltern getan, welche glaubten, ich würde bei demselben in meiner ersten Jugend nicht allein wohl aufgehoben, sondern auch im Lesen und Schreiben fleißig unterrichtet werden. Aber, bei meiner Treu, ich habe niemals unter einer härteren Disziplin gelebt."

Zusammen mit einem Leidensgenossen wird die Flucht beschlossen:

„Und ob uns gleich ein Wolf begegnet wäre, fürchteten wir ihn doch nicht so sehr als den Schulmeister, dessen bloßer Name auch kräftig genug war, uns eine Furcht einzujagen. ‚Ha', sagte mein Kamerad, ‚Gute Nacht, Fuchs, hinfort sollstu mich nicht mehr streichen, aber wohl im Arsche lecken, du Hundsfutt, hastu mich gehalten wie einen jungen Tanzbären, aber nun blase mir ins Loch dafür, du Henkersknecht! Ich wollte, daß dich der Teufel samt deinem roten Bart durch alle Scheißhäuser im Dorf herumschleppte.'"

Gerade die barock-derbe Schilderung vermittelt ungeschminkt die Grausamkeit der Schule und die maßlose Furcht vor dem Lehrer. Selbst die lebensgefährliche Begegnung mit einem Wolf wäre weniger entsetzlich gewesen! Außerdem weist die Anal- und Fäkalsprache dieser Zeit direkt in die Gefühlswelt der gegenwärtigen Jugend. Fragt man heute Schüler, wie sie die Schule empfinden, so ist eine häufige Antwort: „beschissen".

Seine Schulerfahrungen Ende des 19. Jahrhunderts gibt der Literat Alfred Kerr recht sarkastisch wieder:

„Drei Dinge: 1. das Verhältnis zu den Lehrern, 2. das Verhältnis zu den Mitschülern, 3. der Geruch der Räumlichkeiten lassen sich in das eine Wort zusammendrängen: Scheußlich."

Und der Literaturkritiker Willy Haas:

„Obgleich es für jene Zeit um 1900 nicht ungewöhnlich ist, möchte ich hier doch noch einmal ausdrücklich feststellen, daß unsere sämtlichen Gymnasialprofessoren für mich entweder skurrile Narren oder arme Geistesgestörte oder pathologische Sadisten oder alles zusammen waren – mit einer einzigen Ausnahme."

Gegenwärtig ist es en vogue, Hermann Hesse, den auch der literarisch weniger Bewanderte kennt, als Kronzeugen für die Schulmisere zu Beginn dieses Jahrhunderts zu bemühen mit seinem Roman „Unterm Rad", in dem er mit seiner Schulzeit abrechnet, die ihn an den Rand des Selbstmords brachte. Aus derselben Zeit könnte man ebenso Thomas Mann, Franz Werfel, Franz Kafka, Robert Musil, Stefan Zweig, Bert Brecht, Hans Henny Jahnn u. v. a. m. zitieren, und der Grundtenor wäre immer derselbe: als „Erschöpfte, körperlich und geistig Mißbrauchte" (Rilke) haben sie die Schule verlassen.

Aus der unmittelbaren Gegenwart hat der Lehrer und Schriftsteller Walter Kempowski unter dem Titel „Immer so durchgemogelt“ das Ergebnis einer an rund tausend Bürgern aus allen beruflichen und sozialen Schichten gerichteten Umfrage vorgelegt zu dem Thema „Was bedeutet Ihnen Ihre Schulzeit?“. Zwar lassen sich die Äußerungen auf keinen gemeinsamen Nenner bringen, aber überwiegend ist auch hier der Eindruck, daß Schule als eine triste Angelegenheit empfunden wird. Was geblieben ist, sind Erinnerungen an einzelne, meist unvollständige und belanglose unterrichtliche Fakten und Formeln, sind relativ zufällige und im Nachhinein unverständliche Handlungsweisen von Lehrern und Schülern, die häufig skurril anmuten. Wo Humorvolles berichtet wird, ist es zumeist unfreiwillige Komik auf Kosten anderer. Zweifellos sind diese „Erinnerungen an unsere Schulzeit“ als ein Dokument zur Schule der Vor- und Nachkriegsjahre zu werten, was der Pädagogik einen nicht eben schmeichelhaften Spiegel vorhält – gleichwohl keinen Zerrspiegel –, nur, es handelt sich auch hier um Erinnerungen Erwachsener.

Wie äußern sich nun aber Schüler heute zu Schule und Lehrer und zwar nicht in artifiziellen Untersuchungen, sondern spontan im unbefangenen Gespräch? Etwa ein halbes Jahr nach Beendigung ihrer Grundschulzeit an einer Modellschule, in der die Schüler mit einem sehr engagierten Lehrer einen für sie erträglichen und ersprießlichen Unterricht erlebt hatten, wurden sie über ihre neuen Erfahrungen am Gymnasium befragt. Hier ein paar Äußerungen:

„Wenn einer die Hausaufgaben nicht hat, dann kriegt er ’nen Zettel, da muß er unterschreiben, was er nicht gehabt hat, den Namen und das Datum, und dann muß er sie am nächsten Tag bringen. Und wenn man es dann nicht abgegeben hat, bekommt man ’ne Sechs, dann hat man noch mal einen Tag Zeit; wenn man es dann gebracht hat, bekommt man ’nen Vierer (...). Wir haben da so ’ne Hausordnung, und die mußten wir immer aufschreiben und Aufsätze machen, wenn irgendwas ist. Die Hausordnung ist nämlich sehr lang, vier Seiten mit Schreibmaschine. – Aber einmal kam der rein, hat was gesehen und ’nem Mädle aus unserer Klasse so eine runtergeschlagen – die ist schier umgeflogen. Und eine andere hat er an den Haaren gezupft.“

Auf die Frage: „Was macht ihr dann?“:

„Da bleibt man still stehen (…). Aber der Herr M., in der letzten Stunde kommt er rein, zieht jemanden an den Haaren rein, der sitzt auf seinem Platz, und dann schreit er gleich rum: Was ist hier in dem Saustall los? (…) Wenn ich die Lehrer im Unterricht höre, was die manchmal für Ansichten haben, dann überlege ich, was das für’n Mensch ist …“.

Das überlegt man auch, wenn man Beispiele aus Konrad Wünsches „Die Wirklichkeit des Hauptschülers“ heranzieht. Lehrer B. hat eine Tabelle mit 12 Geboten.

„Darauf stand z. B.: ‚Kein Strich darf über zwei Kästchen ohne Lineal gezogen werden.‘ Bemerkte er dieses, so mußte derjenige dieses sogenannte Gebot zehnmal abschreiben. Auch warf Herr B. mit Kreide, wenn einer nicht aufpaßte. Fräulein C. hielt sich an Ohrfeigen und Strafarbeiten über vier Seiten im Lesebuch (…). Herr F. ist sehr auf Sauberkeit bedacht, besonders auf dem Schulhof. Er schlägt mit dem Stock rücksichtslos auf die Kinder ein. Herr G. hat es mit Worten. Es fallen die Worte ‚nasser Mehlsack‘, ‚fauler Sack‘, ‚verfressener …‘. Frau H. schlägt mit dem Buch und verlängert die Hausaufgaben. Herr I. ist mehr auf das Schreiben bedacht …“.

Sind das nicht maßlose Überzeichnungen der heutigen Schulwirklichkeit und der Person des Lehrers? Wird hier nicht ein Berufsstand anhand einiger Einzelbeispiele pauschal verunglimpft? Ist das nicht der gewaltsame Versuch, eine direkte Linie von den Schulverhältnissen im 17. Jahrhundert bis ins letzte Viertel dieses Jahrhunderts zu konstruieren? Es kann jedoch nicht bestritten werden, daß sich tatsächlich wie ein roter Faden das Leiden des Schülers an Schule und Lehrer durch die Jahrhunderte hindurchzieht bis in die unmittelbare Gegenwart.

Theodor W. Adorno hat in seinem klassischen Aufsatz „Tabus über dem Lehrberuf“ einige typische Merkmale des Lehrers herausgearbeitet unter Berücksichtigung historischer, soziologischer und psychoanalytischer Dimensionen. Als durchgängige Charakteristika findet er Weltfremdheit, Kleinkariertheit, Pedanterie, Infantilität, Sadismus, Armut.

Zwar hat sich die Situation des Lehrers rein äußerlich vielfach gewandelt, aber nach wie vor drängt sich die Frage des vorhin zitierten elfjährigen Schülers auf: „Was das für'n Mensch ist?“ Auch wenn die Prügelstrafe allenthalben abgeschafft wurde, gibt es eben auch subtileren Sadismus; und selbst die „wissenschaftliche“ Lehrerausbildung schützt nicht vor geistiger Armut und Kleinkariertheit (– man ist versucht hinzuzufügen: im Gegenteil).

Zeugnisse, die Schule und Lehrer anders schildern, hätten sich, wenn auch nur vereinzelt und sehr viel schwieriger, finden lassen, denn Ausnahmen von dem gezeichneten Bild hat es wohl zu jeder Zeit gegeben. Eine Hauptthese soll hier jedoch bewußt lauten, daß es auf den Lehrer ankommt, auf seine Persönlichkeit, auf sein Handeln und Verhalten, auf seine Position, die er den Schülern gegenüber einnimmt. Die *Person des Lehrers* wird geradezu zum Angelpunkt, sie ist der Schlüssel für eine Schule, die humanere Züge tragen soll als die üblicherweise vorherrschende. Deshalb wird in einem späteren Kapitel die Rolle des Erziehers noch einmal ausführlich erörtert.

III. Von der Künstlichkeit der Schule

Wurde bislang die Schulmisere hauptsächlich unter der Perspektive der Lehrerperson gezeigt, so ließen sich nun eine Reihe *gesellschaftlicher und institutioneller Störfaktoren* ausmachen, die in hohem Maße für die Unzuträglichkeit der Schule verantwortlich sind. Insbesondere, daß die Schule immer eine mehr oder weniger künstliche und willkürliche Einrichtung ist und wohl auch bleiben wird, soll im folgenden ausgeführt werden. Bedürfnisse und Erfordernisse, die der konkreten Lebenssituation eines Individuums entspringen, können schulisch nur zu einem kleinen Teil berücksichtigt werden, sind doch allgemeingesellschaftliche Belange die erklärten Aufgaben und Ziele. Wir groß jedoch die Kluft zwischen institutionalisierter Schule und aktuellen Lebensbezügen wird, das hat die Pädagogik selbst mitzuverantworten.

Die bekannten Reden anläßlich von Schulentlaßfeiern heben ja immer hervor, daß jetzt der Schüler ins Leben hinausträte (– als ob er vorher nicht darin gestanden hätte!) und daß jetzt der Ernst des Lebens begänne (– als ob die Schule im Zeichen des Unernstes gestanden hätte!) und konzidieren damit unter der Hand, daß Schule am Leben vorbeigegangen ist. Radikale Schulkritiker plädieren deshalb unter dem Schlagwort „Entschulung der Gesellschaft“ für eine Abschaffung der herkömmlichen Institution Schule, eben weil das, was in ihr gelernt werde, für das spätere Leben wenig relevant sei. So formuliert Ivan Illich:

„Den größten Teil dessen, was wir wissen, haben wir alle außerhalb der Schule gelernt. Schüler lernen das meiste ohne ihre Lehrer und häufig trotz diesen. (…) Wie man lebt, lernt jeder außerhalb der Schule. Wir lernen sprechen, denken, lieben, fühlen, spielen, fluchen, politisieren und arbeiten, ohne daß sich ein Lehrer darum kümmert. Selbst Kinder, die Tag und Nacht unter der Obhut von Lehrern sind, bilden da keine Ausnahme. Waisenkinder, Idioten und Lehrersöhne lernen das meiste von dem, was sie lernen, außerhalb des für sie geplanten ‚Bildungsweges‘.“

Klingt das revolutionär und exotisch (vielleicht für mexikanische Verhältnisse passend, die bei Ivan Illich bewußt oder unbewußt im Blickfeld sind), so muß es dem Verfasser als einem in Reutlingen ansässigen Schwaben gestattet sein, aus dem Heimatbuch seines Landsmannes, des Malers und Schriftstellers Karl Langenbacher, zu zitieren, das den ungewöhnlichen Titel „Die Pissoire der Vaterstadt“ trägt, um zu belegen, wie völlig unabhängig und lange vor einer radikalen Schulkritik und weit weg von Lateinamerika dasselbe formuliert wurde:

„Wer in einer Stadt aufwächst, dem bedeutet Heimat die Straße mit ihren Hauswänden, Trottoirrandsteinen, Kandeln und dem unbeachtet Eigenartigen, das durch stetig wiederholte Begegnungen zuerst Gewohnheit ausbildet. ‚Heimat, deine Sterne‘ – ach, Sterne! Die wirkliche Gewalt der Heimat ruht in der Asphaltmulde, die bei jedem Regen die gleiche Pfütze bildet, den Kanaldeckeln, Zäunen mit Schlupflöchern und in

Mauern mit verruchten Kritzeleien (...). Die Pissoire der Vaterstadt bestimmen nach meiner Meinung die Entwicklung des Heimatgefühls und die Bildung des Gemeinsinnes mehr als irgendeine der rührend vorgewiesenen *Einrichtungen* erzieherischen Charakters. In ihnen steht der Knabe zum erstenmal als Mann unter Männern."

Im Übrigen wurde erst vor kurzem von pädagogischer Seite bei der Analyse von Schulordnungen, und damit komme ich zu konkreten Einzelpunkten der Künstlichkeit der Schule, auf das „Toilettenproblem" aufmerksam gemacht. „Ganz besondere Sauberkeit wollen wir in den Aborten halten. (Nicht auf die Sitze steigen, Bürste benutzen, Hände waschen, Handtücher nicht mit Gewalt aus dem Automaten reißen.) Die Toiletten sind keine Versammlungsräume" – so lautet ein Passus einer neueren Schulordnung. Das Schülerverhalten muß bis in die Toiletten hinein geregelt werden, weil offenbar alles, was aus „Mund und Blase" kommt, der Kontrolle bedarf. Es darf nur keine Freiräume geben, wo der Schüler den Augen des Lehrers entzogen ist; die Aufsichtspflicht wäre sonst verletzt, argumentieren die Schuljuristen. Und deshalb sind eben die Aborte bei Schülern so beliebte Orte, wo noch subkulturelles „Leben" möglich ist, wissend, daß man unter seinesgleichen ist.

Bei aller Ironie, die dem eben Ausgeführten durchaus zukommen soll, wird die exzessive *Reglementierungs- und Verrechtlichungsmanie* der Schule charakterisiert. Eine Schulstunde dauert 45 Minuten, dann ist ein anderes Fach "dran", ein anderer Lehrer. Dazwischen Fünfminutenpause oder Große Pause, unter Aufsicht. Sachen, Motivationen, Situationen, Interessen, Emotionen zählen nicht; die Uhr bestimmt. Innerhalb der 45 Minuten bestimmt der Lehrer, ob, wann, was, wie und wieviel der einzelne Schüler zum Unterricht beitragen darf; er bestimmt, teils aufgrund von Lehrplänen, teils aufgrund von momentanen Affekten, was relevant ist und was nicht. „Das ist zwar richtig, aber gehört jetzt nicht hierher", lautet eine wohlbekannte Floskel, die tagtäglich in den Schulen zu hören ist. Nimmt man die sonst nirgendwo auftretende homogene Gruppierung nach Lebensaltern in der Schulklasse hinzu und schließlich noch die Unwirtlichkeit der meisten Schulgebäude – weil standardisiert und anonym –, so greifen auch so kräftige Worte über die Schule nicht völlig daneben wie „Zwangsanstalt“, „Getto“, „Käfig, aus dem es kein Entrinnen gibt“, „Gefängnis, in dem sich gute Führung ausbezahlt“.

Daß gute Führung sich auch in der Schule ausbezahlt, das sollte möglichst rasch jeder Schüler lernen, der Erfolg haben will, wie er überhaupt eine Reihe von Eigenschaften, Einsichten und Kenntnissen erwerben muß, die im offiziellen Lehrplan nicht vorgesehen und vom Lehrer nicht intendiert sind. Man nennt dies den „Heimlichen Lehrplan“, das „Hidden-Curriculum“, das „Gesetz der ungewollten Nebenwirkungen in der Erziehung“. Zwar sind die Begriffe nicht identisch, aber sie zielen in dieselbe Richtung: schulisches Lernen ist trotz noch so präziser Lernzielformulierung nicht völlig planbar, machbar und rationalisierbar; es werden immer Lernprozesse in Gang gesetzt, die unbewußt, unbeabsichtigt und unkontrolliert neben dem offiziellen Lehrplan herlaufen. Bereits der Titel des schon zitierten Buches „Immer so durchgemogelt“ weist darauf hin, daß man in der heutigen Wettbewerbsschule u. a. über diese „Kunst des Mogelns“ verfügen sollte. Es gehört mit zur Künstlichkeit, zur Realitätsfremdheit der wissenschaftlichen Pädagogik, daß sie für diese Phänomene des „Heimlichen Lehrplans“ weitgehend blind geblieben ist und sich um so eifriger mit dem „Offiziellen Lehrplan“ beschäftigt. Zusammengefaßt: die schulisch verordnete Lernwelt ist, verglichen mit dem sonstigen Lern- und Erlebensraum des Kindes und Jugendlichen so *künstlich*, so *verengend*, daß sie auf den Prozeß des Erwachsenwerdens eher hinderlich als fördernd, wenn nicht pathogenisierend wirkt. Mag es angesichts der steigenden Zahl von arbeitslosen Lehrern zynisch klingen, so sollte man bei der derzeitigen Schulsituation über ausfallende Schulstunden nicht unglücklich sein.

IV. Die Tendenzwende in der Pädagogik

Seit dem Bericht zur Lage der Menschheit des „Club of Rome" müssen die „Grenzen des Wachstums" zur Kenntnis genommen werden, selbst wenn sie den Konsum- und Wohlstandsgesellschaften unbequem sind und die große Mehrheit der Politiker von links bis rechts versucht, diese Prognose als apokalyptische Futurologie abzutun. Auch in unserer Bildungslandschaft sind die Grenzen des Wachstums in greifbare Nähe gerückt: der Bedarf an Akademikern, jedenfalls an bezahlbaren, ist weitgehend gesättigt. „Wir haben kein Bedürfnis nach mehr hauptberuflichen Soziologen, wohl aber nach mehr soziologischem Sachverstand in zahllosen Entscheidungen", formuliert Ernst Ulrich von Weizsäcker. Dieses Zitat läßt sich mühelos auf Pädagogen übertragen: wir brauchen kaum mehr graduierte Erziehungswissenschaftler, wohl aber *für erzieherische Phänomene sensibilisierte Menschen*. Ob und wie das institutionell und finanziell zu leisten ist, bleiben offene Fragen. Nicht nur im personellen Sektor, auch im Bereich der Sachmittel sind finanzielle Grenzen erreicht. Luxurierende, wiewohl pädagogisch dysfunktionale Schul- und Hochschulbauten und technisch aufwendige Geräte- und Apparateausstattungen werden auf die Dauer nicht mehr tragbar sein. In vielen Fällen wurde auch hier das Machbare überzogen.

Pädagogik als Erziehungswissenschaft

Tendenzwende in der Pädagogik bedeutet aber mehr. Es soll hier nicht, was der Begriff suggerieren mag, der Ausschlag des Pendels vom politisch Progressiven zum Konservativen, der Ruck von „links" nach „rechts", in der Bildungspolitik erörtert werden. Vergegenwärtigt man sich kurz die Hauptströmungen der Pädagogik bzw. Erziehungswissenschaft in den letzten zwei Jahrzehnten, so ist ihnen bei aller Heterogenität vielleicht doch gemeinsam, Schule als eine Stätte der „optimalen Organisation von Lernprozessen" zu verstehen und

Unterricht als eine „Ökonomik der Vermittlung“ zu begreifen. Insbesondere die Curriculumforschung hat in kurzer Zeit esoterische Glasperlenspiele produziert und der Pädagogik ein wissenschaftliches Make-up, eine Fach-, Märchen- und Phantasiesprache beschert, die ihresgleichen sucht. Sie ist mitschuldig daran,

„daß Pädagogen immer weniger die vor ihnen liegende Wirklichkeit sehen, sondern auf die Merkmale achten, die sich in das Aussagesystem der Wissenschaft einfügen lassen; der Normalpädagoge traut sich nicht mehr, etwas anderes wahrzunehmen als was in die wissenschaftlichen Begriffsschatullen paßt: Kompetenz und Performanz / elaboriert und restringiert / kognitiv, affektiv, sensomotorisch / laissez-faire, autoritär, sozialintegrativ ... Ausdrücke, die außer ihrer wissenschaftlichen Aura und Deckung vor allem den Vorteil haben, daß sie sich symmetrisch anordnen lassen und sich womöglich reimen (Funktion und Intention der Schule sind selectiv und allocativ) und mit der Lyrik gemein haben, daß man sie so ganz nicht verstehen muß“. (Hartmut v. Hentig, 1974).

Hier ist die Pädagogik zur Erziehungswissenschaft geworden und der Pädagoge zum Pädoexperten.

Diese Art von Verwissenschaftlichung der Pädagogik hat „eine Fülle zugleich genauer und verfehlter – unbrauchbarer und ablenkender – Fragen hervorgebracht und eine entsprechende Fülle falscher Gewißheiten“ (Hartmut v. Hentig, 1976). Ähnliches gilt für die Psychologie, die eine unüberschaubare Anhäufung bedeutungsloser Einzelbefunde produzierte, die in der Praxis nur allzu oft zu einer Psychologie ohne „psyche“ führte. Analog könnte man von einer Pädagogik ohne „pais“ sprechen: das Kind, der Educandus ist zum statistischen und wissenschaftssystematisch lokalisierbaren „Fall“ geworden, zum Arbeiterkind, zum Legastheniker, zum Verhaltensgestörten, zum Underachiever, zum Aufsteigerkind usw., wofür jeweils ein anderer Experte zuständig ist. Man braucht den Schullaufbahnberater, den Unterrichtstechnologen, den Medienendidaktiker, den Legastheniekursbetreuer, den Test-Techniker, den Curriculumkonstrukteur und -evaluateur usw., usw., alles Tätigkeiten, die sich bislang weitgehend zwischen Lehrer und Schüler abspielen konnten.

Eine so geartete Erziehungswissenschaft geht zwangsläufig auf Kosten einer Pädagogik, die das Kind als Individuum zum Ausgangs- und Mittelpunkt nimmt. Wenn in der Medizin heute eine patientzentrierte Therapie gefordert wird, muß in der Erziehungswissenschaft eine pädozentrierte Pädagogik gefordert werden. Der Einführung des Subjekts in die Medizin korrespondiert eine Einführung bzw. Wiedereinführung des Kindes in die Pädagogik. Mag die Wissenschaftsgläubigkeit und Wissenschaftsfortschrittsgläubigkeit in vielen Disziplinen weiterhin bestehen, eine Humanwissenschaft wie die Pädagogik sollte das *Humanum* wieder ernster nehmen. Das wäre ein erster wichtiger Beitrag der Erziehungswissenschaft zur Humanisierung der Schule.

Sachbildung contra Sozialbildung

Da Ziele und Inhalte im Bereich des Intellektuellen am ehesten curricularisiert werden können, ist Schule immer ausschließlicher zur *Stätte rationalen Lernens* geworden. Der Mensch ist aber nicht nur animal rationale, sondern ebensosehr oder noch mehr ein Wesen, das in den Dimensionen des Emotionalen, Affektiven, Kommunikativen, Sozialen, Musischen, Leiblichen lebt. All das wurde weitgehend ignoriert, und nur wenige, meist psychoanalytisch orientierte Pädagogen haben die „Schule ohne Sozialerziehung“ in Frage gestellt. Alexander Mitscherlich hat scharf zwischen drei Bildungsebenen unterschieden, die der Sachbildung, der Affektbildung und der Sozialbildung. „Wer alles über das ‚Hildebrandslied‘ oder alles über die ‚Syphilis‘ oder den ‚Benzolring‘ weiß, kann damit berufstauglich sein, aber er braucht deshalb nicht ein Gebildeter zu sein.“ Das ist letztlich das Inhumane der heutigen Schule, daß sie ein so einseitiges Bild vom Menschen zugrundelegt und nur Sachbildung vor Augen hat.

Als dann diese ausschließliche Sachbildung zu nicht mehr übersehbaren Unerträglichkeiten führte, mußten Programme zur Sozialbildung eingeführt werden. Theoretische Erkenntnisse der Sozialpsychologie wurden formal in schulische Curricula eingeschleust. Empathie, Ambiguitätstoleranz, Rollendistanz, kommunikative Kompetenz hießen die neuen Lernziele. Rollenspiele, Planspiele, Entscheidungstraining, Gruppendynamik, Soziodrama, Spieltherapie wurden curricular aufbereitet, um die Defizite der reinen Wissensschule zu kompensieren, ohne zu bedenken, daß damit Schule noch stärker verschult, Freiräume noch stärker beschnitten werden, der Raum für unverplante, extracurriculare Aktivitäten noch stärker schrumpft.

Es ist deshalb kein Zufall, wenn sich auch in der pädagogischen Fachliteratur eine Wende anbahnt und nun wieder Bücher erscheinen, die den Schulalltag, die Schulwirklichkeit direkt abbilden, eine Art Werkstattberichte also, die ohne durchgängige wissenschaftstheoretische Konzepte den Unterricht mit all seinen Schwierigkeiten – hauptsächlich Disziplinschwierigkeiten –, Widerwärtigkeiten und Zufälligkeiten zum Gegenstand nehmen, im Bewußtsein, daß hier „nur" subjektive Erfahrungen ihren Niederschlag finden. Alle diese Berichte stimmen in der Tendenz überein: der Lehrer hat nicht deshalb Schwierigkeiten in der Schule, weil er Defizite in seinem fachlichen Wissen hätte oder kein versierter Didaktiker oder erfolgreicher Methodiker wäre, sondern vielmehr liegen die Probleme im Zusammenleben, im Auskommen mit seinen Schülern. Es zeigt sich, daß dort Schüler und Lehrer die Schule am ehesten „überleben", wo im menschlichen Bereich, im Binnenklima der Lehrer-Schüler-Beziehungen, eine positive Atmosphäre herrscht.

Von neueren Bemühungen, die nicht nur auf exklusive Theorien fixiert sind und die den Unterricht wieder pädagogischer machen könnten, seien noch einige Ansätze genannt. Es sind die Konzepte eines „Offenen Unterrichts", der von gängelnden Stoffplänen und einengenden Curricula weitgehend frei ist. Er ist frei von der Künstlichkeit der Darbietung in vom Lehrer dosierten Portionen. Seine Ziele sind nicht rigide festgelegt. Schüler und Lehrer beteiligen sich gemeinsam an der Findung, Bearbeitung und Lösung von Problemen. Die Schulgebäude brauchen variable, motivierende und wohnliche Räume, die zum Entdecken, Erkunden, Probieren, Experimentieren einladen. Projekte, die einen hohen Grad von Ernstcharakter haben, stehen im Mittelpunkt. Sie fordern den Schüler nicht nur in seiner Intellektualität, sondern als Individuum insgesamt. Nicht die Orientierung an der wissenschaftlichen Systematik eines Faches dominiert, sondern eine wirklichkeitsnahe Lebens- und Umweltorientierung. Prinzipien der Selbsttätigkeit, der unmittelbaren Anschauung, des Verweilens an Phänomenen, des Exemplarischen, des Kreativen und Spontanen treten an die Stelle von programmiertem Fakten- und Formellernen. In einem solchen Unterricht gibt es auch nicht ständig das Richtig und Falsch, es gibt ein Mehr oder Weniger an Beiträgen. Das Konkurrenzdenken, der Leistungsdruck werden reduziert, die Schulangst nimmt ab.

Gewiß würde diese Schule auch nicht zur puren Idylle. Gefahren, daß ein solcher Unterricht entgleisen kann in Unverbindlichkeit, Zufälligkeit, Willkür und Chaos, sind real und bedürfen der Gegensteuerung. Die meisten dieser Ansätze waren der Reformpädagogik bekannt und selbstverständlich und sollten nicht als neueste pädagogische Errungenschaften gefeiert werden. Ein Beispiel für viele: es bleibt ein Ärgernis, wenn das, was Peter Petersen in seinen Stammgruppen praktiziert hat, nämlich daß Grundschulkinder verschiedener Altersgruppen zusammen leben und lernen, heute von englischen Primary Schools als „Family-Grouping“ importiert wird. Im übrigen ist es eine blanke Spekulation, „daß der Nationalsozialismus der Reformpädagogik das Offenbarwerden ihres Scheiterns erspart hat“, wie in einem neuen Wörterbuch der Erziehung zu lesen, abgesehen davon, daß eine Schule gar nicht scheitern kann, sondern nur der Schüler an ihr (Peter Bichsel).

Ob in unseren Schulen das Konzept des oben skizzierten Unterrichts, wenn auch nur ansatzweise, verwirklichbar sein wird, ob die Klassenarbeiten- und Zensurenpraxis etwas gelockert wird, ob der Leistungsdruck wesentlich reduzierbar sein wird, ob der NC abgeschafft werden kann, ob das Klassenlehrerprinzip reaktiviert, ob das Klassenzimmer wohnlicher wird, ob die Lehrpläne durchforstet und weniger wissenschaftsorientiert, ob die Klassen verkleinert werden usw., darauf hat der einzelne Lehrer vor Ort wenig Einfluß. Die Chancen, daß alles zusammen in nächster Zeit anders und besser würde, sind gering, und niemand sollte sich einem falschen Optimismus hingeben. Was dem Lehrer bleibt, ist die Freiräume zu nutzen, die er in seiner Klasse hat. Man kann darüber streiten, wie groß diese Spielräume unter den gegenwärtigen Schulbedingungen sind. Aber es kann nicht bestritten werden, daß die pädagogische Atmosphäre, die in einer Klasse herrscht, weitgehend vom Lehrer, von seiner Persönlichkeit abhängig ist. Das wurde ja mehrmals betont, daß die Lehrerperson im Zentrum der Erinnerung an die Schule steht und nicht der Stoff. Wohl gibt es verschiedene Untersuchungen darüber, wie sich Schüler den idealen Lehrer vorstellen, jedoch bildet die Rangfolge einer Reihe positiver Eigenschaften noch nicht den idealen Lehrer ab. Das Wirken der Erzieherperson auf den Schüler, das Ankommen bei den Schülern, die Anmutungsqualitäten sind so multikausal bestimmt, daß jede Auflistung in isolierte Eigenschaften unzulänglich bleiben muß. Es geht um die Totalität des persönlichen Erzieherverhaltens, die sinnvollerweise nicht sezierbar ist.

Mit dem Begriff des Engagements kann vielleicht am ehesten beschrieben werden, wodurch sich Lehrerverhalten im Idealfall auszeichnet. Ein engagierter Lehrer ist für seine Schüler „da“, läßt sich mit ihnen ein, nimmt sie ernst trotz all ihrer Bagatellen, Infantilismen, Aufsässigkeiten. Dieser Lehrer ist von seinen Schülern und ihren Schicksalen in Beschlag genommen. Er kann sich ihnen nicht entziehen.

„Mich ‚belastet' am meisten, daß mich die Kinder auch außer halb der Schulstunden nicht loslassen: ich muß mich als Lehrer um den einzelnen kümmern ... Aber Wolf und Walter und Ilse und Ute ... würde vorenthalten werden, worauf sie Anspruch haben: volle Zuwendung. Sorge um ihre Ansprüche. Je weniger es ihre Eltern können, desto mehr muß ich als Lehrer es für sie tun". (Job-Günter Klink).

Oder:

„Kaum ein Nachmittag, ein Wochenende, an dem ich mich einmal ganz von schulischen Gedanken befreien könnte. Schon lange bin ich von diesem Überengagement gefangen. Wie lange hält man das aus? (...) ‚Kann ein Mensch mit Anstand länger als zehn Jahre Lehrer sein'?" (Rudolf Georg Ermer).

Ein maximales Engagement meinten Schüler der „Scuola di Barbiana", wenn sie zu dem extremen Schluß kamen, vom Lehrer den Zölibat zu fordern. Sicher ist das überzogen, aber die Richtung stimmt. Wer Unterrichten nur als hochprofessionalisierten Job versteht, für wen um 12 Uhr die berufliche Hauptarbeit abgeleistet ist, der kann evtl. fachlich einen vorbildlichen Unterricht halten, aber kein guter Lehrer sein. Dieser engagierte Lehrer ist heute, wie im obigen Zitat angedeutet, besonders wichtig, weil vielfach die Zustände im Elternhaus desolat sind: beide Elternteile berufstätig, stundenlanges Fernsehen, Reizüberflutung, Fehlen von menschlichen Kontakten, Freundschaften und Geborgenheiten – das ist die Wirklichkeit vieler Schüler, insbesondere der Hauptschüler, auch wenn das nach Schwarzweißmalerei aussieht. Der Lehrer, der sich dem Schüler als Mensch anbietet, nicht als Stoffvermittler, der ist gefragt. Der, der seine Pause opfert, um sich zwischen Tür und Angel, und dort passiert oft das menschlich Wichtigste in der Schule, mit einem Schüler auszutauschen, der einen Beatabend in der Schule ermöglicht oder andere außerschulische Feste und Feiern, Wanderungen und Schulfahrten initiiert, der nachmittags geschwind zu Hause bei einem Schüler klingelt, weil er in dessen Wohngegend ohnehin vorbeikommt, um ihm, dem notorischen Rechtschreibversager, mitzuteilen, daß er diesmal nur drei Fehler im Diktat habe. Vielleicht ist es ein wenig deutlich geworden, was engagiertes Lehrerdasein heißen könnte.

VI. Perspektiven einer Lehrerbildung

Es drängt sich die Frage auf, ob der Erzieherberuf überhaupt lehr- und lernbar ist. Damit sind Probleme der heutigen Lehrerausbildung angesprochen. Das Lehramt an allen Schularten verlangt ein wissenschaftliches Studium zweier Schulfächer, dazu Erziehungswissenschaft mit den Nachbardisziplinen Psychologie, Soziologie, Philosophie. Zum Teil ist die Pädagogikausbildung in die „zweite Phase", in das Referendariat gelegt. Diese Konzeption bringt es mit sich, daß sich der Lehrer allzu häufig zuerst als Germanist, Anglist, Mathematiker, Physiker, Historiker usw. versteht, der zusätzlich „etwas" in Pädagogik gelernt hat. Er hat hier wohl auch etwas gelernt, aber oft nur beliebige, erziehungswissenschaftlich modische Theorien. Natürlich sind auch einige Schulpraktika obligat. Aber was allenthalben fehlt, ist die Integration von pädagogischen Fragestellungen mit fachwissenschaftlichen Problemen. Und was in der sog. Schulpraxis geschieht, bleibt relativ isoliert im Gesamtstudium. Obwohl schon seit langem eine Intensivierung der Praktika gerade zu Beginn des Studiums gefordert wird, damit der Student überhaupt erfährt, ob er Interesse am Kind und Jugendlichen und Freude am Lehren hat und sich nicht erst in der „zweiten Phase" mit dem Unterrichten konfrontiert sieht, sind hier Defizite geblieben.

In der Numerus-clausus-Debatte ist der Begriff des „Abitur plus" aufgetaucht, d. h., zusätzlich zum Abitur sollten irgendwelche weitere Eingangs- und Eignungsvoraussetzungen zum Studium nachgewiesen werden. So problematisch dieses Modell ist, so könnte für den Lehrerberuf überlegt werden, ob nicht die Vorschaltung eines längeren pädagogischen Praktikums vor Studienbeginn nützlich wäre, im ureigensten Interesse des Studierenden. Dieses Praktikum müßte nicht einmal unbedingt in einer Schule absolviert werden, wie überhaupt die schulpraktischen Studien während der Lehrerausbildung nicht ausschließlich in der Schule, sondern auch in Kinderheimen, Jugendclubs, Elternschulen, Sportvereinen, auf Freizeiten, Fahrten und Lagern stattfinden sollten, da dort viel mehr spontanes pädagogisches Sensorium gefordert und gefördert wird als in der herkömmlichen Schule, die doch Wirklichkeit allzu schnell auf das Didaktische und Methodische reduziert.

Die vorhin angeschnittene Frage nach der Ausbildbarkeit des Lehrers soll noch einmal aufgegriffen werden anhand eines Zitates aus einem entlegenen Traktat von 1919: „Wir müssen darüber im klaren sein, daß es kaum einen anderen Beruf gibt, der so wenig eigentliches Fachwissen verlangt als der unsere (der Erzieherberuf – Anmerkung des Verfassers); freilich setzt auch keiner in seinem Träger so viel lebendige Kultur voraus und so viel Liebe.“ (Kurt Zeidler, Vom erziehenden Eros).

Wird damit wissenschaftliche Lehrerbildung pauschal abgelehnt und auf den „geborenen Erzieher“ rekurriert? Zunächst zu dem Begriff Liebe. Es ist viel vom pädagogischen Eros die Rede gewesen, man hat ihn oft der Lächerlichkeit preisgegeben oder ihn desavouiert, indem man ihn mit Pädophilie oder Päderastie im klinisch-juristischen Verständnis gleichsetzte. In diese Diskussion soll hier nicht eingetreten, sondern nur ein erläuterndes Beispiel aus der Gegenwart zitiert werden. Im Vorwort zu der Übersetzung von James Herndons „Die Schule überleben“ schreibt Hartmut von Hentig:

„Aber wir sehen doch, wie er (Herndon – Anmerkung des Verfassers) überlebt: weil er die Kinder liebt und sich die eigenen spontanen Reaktionen nicht versagt. Wir sehen, wie die Kinder überleben: weil es einen Herndon für sie gibt.“

Was nun die provokatorische Behauptung anbetrifft, der Lehrer brauche wenig eigentliches Fachwissen, vielmehr lebendige Kultur, so ist auch sie nicht völlig abwegig. Was nützt es dem Biologielehrer, wenn er im Laufe seiner Ausbildung Einzelheiten des Zitronensäurezyklus lernen muß – und in der Schule geht es um Atmung? Oder wenn er zum Feinbau der Niere über die Bowmansche Kapsel und Henlesche Schleife Bescheid weiß – und in der Schule geht es um Ausscheidung?

Eine überbetonte und überspezialisierte fachwissenschaftliche Ausbildung des Lehrers ist abzulehnen. Im Zusammenhang mit der Problematik von Gesamthochschulen – und das sollte für Pädagogische Hochschulen schon immer gegolten haben – fordert Ernst Ulrich von Weizsäcker:

„Die Erforschung des Besonderen scheint also interdisziplinäres Vorgehen zu verlangen. Unvermeidlich ist dabei das Respektieren des Einmaligen, der Verzicht auf durchgängige Objektivierung, ja das Engagement für ein bestimmtes Einmaliges.“

Wissenschaftlichkeit in der Lehrerbildung ist notwendig, aber in anderen Formen als in der gegenwärtigen Addition von Spezialwissen verschiedener Disziplinen. Integration von Pädagogik und Fachdisziplinen ist gefordert, und Schul- und Unterrichtsforschung müßte sein, „eine Versuchspraxis einfacherer Art, die vielleicht im Vorfeld wissenschaftlicher Forschung liegen mag, die aber gerade dadurch den komplexen Bedingungen des Unterrichts viel eher gerecht werden und damit der Wissenschaft neue Impulse zur Selbstaufklärung und Selbstkritik vermitteln könnte: Der konkrete Versuch des Lehrers, neue Erfahrungen zu machen, das Ausprobieren in der Praxis, die Überprüfung von Realisierungsmöglichkeiten neuer Unterrichtskonzepte vor Ort, die ‚Entdeckungsreise‘“. (Walter Popp).

Nur wenn bei dieser „Entdeckungsreise“ das Kind im Mittelpunkt steht, kann es sich um eine pädagogische Erziehungswissenschaft handeln. Pädagogisierung der Pädagogik bedeutet auf beiden Ebenen, auf der praktisch erziehenden und der theoretisch forschenden, eine kindzentrierte Pädagogik. Wäre sie realisiert, würde auch unter inhumanen Rahmenbedingungen die Schule humaner.

Erstveröffentlichung in: Sauer, Walter (Hrsg.): Vom Wesen des Erzieherischen. Heidenheim: Südmarkverlag Fritsch (Die Graue Reihe 1) 1981, S. 73–94.
Eine vorausgegangene, ausführlichere Fassung mit Anmerkungen und Quellennachweisen ist unter demselben Titel erschienen in: Die Deutsche Schule, H. 7/8, 1978, S. 416–426.

Kinderphilosophie – Philosophieren mit Kindern

Pädagogische Mode oder Neubesinnung auf Schule und Unterricht?

Zur Aktualität der Kinderphilosophie

Zunächst etwas versteckt in der schulpädagogischen Fachliteratur tauchen zu Beginn der achtziger Jahre mit zunehmender Tendenz zuerst im angelsächsischen, bald auch im deutschen Sprachraum Abhandlungen über das Philosophieren mit Kindern auf. Die Arbeiten bieten teils theoretische Überlegungen, teils unterrichtspraktische Beispiele und Materialien, die belegen sollen, daß mit Kindern und Jugendlichen philosophische Gespräche zu führen sind, daß sie Zugang zu philosophischen Dimensionen haben. Inzwischen liegen eine Reihe von Schriften und Sammlungen zum Thema vor, die über die engeren Fachkreise hinaus Kinderphilosophie populär und den bislang kaum gebräuchlichen Begriff zu einer Art Kult- und Modewort stilisiert haben. Die Geschichte der Entstehung und Ausbreitung dieser Bewegung, das Pro und Contra der Erörterungen, die verschiedenen Trends und Akzente müssen hier nicht weiter vorgestellt werden.

Die Entwicklung hat zusätzlich Auftrieb erfahren durch die Diskussion um die Einführung von Ethik-Unterricht als Ersatzfach für Schüler, die nicht am Religionsunterricht teilnehmen. In den einzelnen Bundesländern sind unterschiedliche Lösungen angestrebt oder realisiert, dabei auch Ethik in der Grundschule. Offensichtlich wird die Frage nach den Möglichkeiten kindlichen Philosophierens bejaht, sonst wäre ein solcher Unterricht nicht zu begründen. Im übrigen haben die Schulbuchverlage die aufkommende Konjunktur von Ethik und Philosophie sich zunutze gemacht und eine Reihe von

Unterrichtswerken gerade für die Grundschule bereitgestellt. Auch der sogenannte „Graue Markt“ regt sich allenthalben; so gibt es selbsternannte Dokumentationsstellen für Kinder- und Alltagsphilosophie mit Schriften, Informationen und Kursen für Kinder, Eltern und Lehrer, eine Art Parallelerscheinung zur Gründung von philosophischen Praxen für Lebensberatung und Selbstverwirklichung. Auch Volkshochschulen und kirchliche Bildungswerke nehmen in jüngster Zeit wie selbstverständlich Angebote zum „Philosophieren mit Kindern“ in ihre Programme auf. Wie seriös diese Kommerzialisierung des Philosophierens einzuschätzen ist, soll unentschieden bleiben, jedoch als Beleg für die aktuelle Nachfrage am Thema gewertet werden, dem sich selbst die Fachverbände und -organe nicht verschließen. So wurde von den drei Verbänden „Allgemeine Gesellschaft für Philosophie in Deutschland“, „Fachverband Philosophie“ und „Fachverband Ethik“ eine Arbeitsgemeinschaft „Ethik in der Schule“ gebildet, wurde „Sophia“, eine „Europäische Föderation zur Förderung des Philosophierens mit Kindern“ gegründet, mit Sitz in Amsterdam. Auch die renommierte „Zeitschrift für Didaktik der Philosophie“ widmete dem Philosophieren mit Kindern wiederholt Schwerpunkthefte. Ohne noch die beachtlichen außereuropäischen Aktivitäten aufzuzählen, das Angeführte belegt bereits eindrucksvoll die Aktualität der Kinderphilosophie.

An dieser Stelle darf auch das Bestseller-Phänomen auf dem deutschen Buchmarkt nicht übergangen werden, „Sofies Welt. Roman über die Geschichte der Philosophie“ des Norwegers Jostein Gaarder. Das Buch wendet sich durchaus auch an Jugendliche ab etwa vierzehn Jahren und bietet, in eine reichlich phantastische Rahmenhandlung eingebettet, eine Art Kursus in Philosophiegeschichte von den Vorsokratikern bis zu Sartre. Es bedarf hier nicht der Rezension; lediglich sein ungebrochener Erfolg seit dem Erscheinen 1993 mag als zusätzlicher Beweis für den Modetrend dienen, in dem die Kinderphilosophie derzeit liegt.

Wie den Moden eigen, lassen sie sich nur bedingt rational verstehen, ein Rest an Unerklärlichem bleibt. So seien nur schlagworthaft einige Überlegungen angeführt, warum möglicherweise die Themen Philosophie und Kinderphilosophie, Ethik und Moral, Tugend und Werte so aktuell geworden sind seit bald zwei Jahrzehnten, gesamtgesellschaftlich wie schulisch. Vielleicht liegt der Schlüssel zum Verständnis in dem allgegenwärtigen einseitigen materiellen Denken und Handeln, in dem Glauben an die Allmacht von Wissenschaft und Technik und deren grenzenlosem Fortschritt, in der egoistischen Wohlstands- und Konsumorientierung, in dem blinden Ausliefern an eine Scheinwelt zweifelhafter Medien, kurzum in dem fraglosen – weil meist gar nicht bemerkten – Akzeptieren einer Lebenswirklichkeit, die Zugänge zu Natur, Geist und Transzendenz verdeckt und verstellt, dabei zugleich Sinnverlust und Leere erzeugt, die durch Rückbesinnung auf philosophische Dimensionen angefüllt oder aber auf andere Weise kompensiert werden wollen. Zu diesen problematischen Erscheinungen wären beispielsweise die vermehrte Bereitschaft zu Aggression und Gewalt, zu Radikalismus und Extremismus zu zählen, aber auch die Flucht in Drogen, dubioses Sektierertum, obskure Esoterik. Stets folgt als Reaktion der Ruf nach Wiederbelebung von Tugenden und Werten, von Ethik und Moral. Und wie so häufig, wenn der Gesellschaft die Probleme über den Kopf wachsen, soll billigerweise die Schule einspringen, soll der Unterricht Lösungen bringen. Dem allgemeinen Werteverfall und seinen Folgen könnte mit Unterricht in Ethik und Philosophie begegnet werden, so ein immer wieder anzutreffendes Wunschdenken.

Nun ist in der Pädagogik die Forderung nach einem Unterricht, der nicht nur Wissen vermittelt, vielmehr zu Einsicht, Verstehen und Sittlichkeit führt, der sich geradezu als philosophisches Geschäft versteht, alles andere als neu. Comenius, Begründer der Pädagogik der Neuzeit, leitet sein populär gewordenes Unterrichtswerk „Orbis pictus" (1658) mit einem Dialog zwischen Lehrer und Schüler ein: „Lehrer: Komm her, Knab! lerne Weißheit *(disce sapere)*. Schüler: Was ist das, Weißheit? Lehrer: Alles was nöthig ist, recht verstehen, recht thun, recht ausreden ... – Ich will dich führen durch alle Dinge Wir wollen wandern in die Welt, und beschauen alle Dinge." Mit diesen so schlicht anmutenden Worten sind jedoch Pädagogik wie auch Philosophie in Wesentlichem erfaßt. Ähnlich formuliert Kant in seiner „Beantwortung der Frage: Was ist Aufklärung?" (1784): „*Sapere aude!* Habe Mut, dich deines eigenen Verstandes zu bedienen!"

Auch wenn sich daraus keine prägnanten Definitionen von Pädagogik und Philosophie ableiten lassen – die es wohl auch gar nicht geben kann –, so kann doch im Zusammenhang des Philosophierens mit Kindern fürs Erste festgehalten werden, die pädagogisch-philosophische Aufgabe lautet, Kinder in die Welt zu führen, sie zum Verstehen der Welt zu befähigen, sie zum Nachdenken über die Welt zu bringen, sie in den Dialog mit der Welt zu verwickeln, sie zum Hinterfragen der Wirklichkeit anzuleiten, sie handlungsfähig zu machen, in einer Welt, die nicht mehr so eindeutig feststeht, wie zu Zeiten des Comenius, vielmehr sich in raschem, unabsehbarem Wandel befindet.

Mit diesen vorläufigen Feststellungen ergibt sich zugleich, was der Kinderphilosophie *nicht* zukommen muß: Sie bedarf keines neuen Unterrichtsfaches, auch nicht des Ersatzfaches Ethik; sie bedarf keines Tugend- und Moralkataloges; sie bedarf nicht der Fachbegrifflichkeit im Sinne einer philosophischen Propädeutik; sie bedarf keiner zusätzlichen Unterrichtsinhalte oder neuer Methoden. Mit Kindern über die Welt nachdenken, ihnen „Weißheit" beibringen, „Kinder in die Welt setzen, die Welt in die Kinder setzen" (Schleiermacher) sind genuin pädagogische Aufgaben, wie sie von den großen Pädagogen, von Comenius bis zu den Reformpädagogen dieses Jahrhunderts, nie anders verstanden wurden. Unabhängig davon, ob sich die gegenwärtigen Bemühungen um Kinderphilosophie als kürzer- oder längerlebige Moden erweisen, sie bieten jedenfalls die Chance einer grundlegenden Neubesinnung auf Erziehung, Schule und Unterricht.

Was den Namen „Philosophie“ verdient, bleibt, wie schon angedeutet, letztgültig wohl kaum zu bestimmen. Als akademische Disziplin wird sie gewiß den Anspruch auf eine objektive Wissenschaft erheben, mit eigenen Begrifflichkeiten, Systematiken, Theoremen; abstraktes, formales, logisches, kritisches Denken gelten als die unabdingbaren Voraussetzungen. Unter diesen Vorgaben scheint es unausweichlich, daß *Kinder*philosophie zum Widerspruch in sich gerät, daß sie von Schulphilosophen geradezu als Schwindel apostrophiert werden kann, wie gelegentlich geschehen. Daß aber außerhalb der akademischen Philosophie andere Formen des Philosophierens existieren, ist schwerlich zu leugnen. Die großen Dichtungen der Weltliteratur, die vorgeschichtlichen Mythen der Völker, die Religionen der Kulturen, sie alle setzen sich auf eine Weise mit der Welt und dem Menschsein auseinander, der das Attribut des Philosophischen nicht abgesprochen werden kann, auch wenn ihr Momente des Abstrakt-Systematischen fehlen. Insofern können auch die Vorstellungen und Denkweisen der Kinder über die Welt als eine Art des Philosophierens gelten.

Hin und wieder haben sich auch anerkannte Schulphilosophen ausdrücklich zum ursprünglichen Philosophieren der Kinder bekannt, in unserem Jahrhundert beispielsweise Adorno und Jaspers. In der Literatur zur Kinderphilosophie findet sich als Beleg öfter das Adorno-Zitat: „Ich glaube, daß … wir als Kinder alle Philosophen sind und daß uns in der Tat durch unsere offizielle Bildung, die sich ja immer schon in der vergegenständlichten, branchenmäßigen Form abspielt, die Philosophie eigentlich ausgeprügelt wird“ – ein Zitat, das dem Kind philosophische Fähigkeiten zuschreibt, die dem Erwachsenen nicht mehr zur Verfügung stehen. Karl Jaspers kommt in seiner „Einführung in die Philosophie“ konkreter und ausführlicher darauf zu sprechen:

„Kinder besitzen eine Genialität, die dem Erwachsenen verlorengeht. Gar nicht selten hört man aus Kindermund, was dem Sinne nach unmittelbar in die Tiefe des Philosophierens geht ... Ein Kind wundert sich: ‚Ich versuche zu denken, ich sei ein anderer und bin doch immer wieder ich.‘ Dieser Knabe rührt an einen Ursprung aller Gewißheit, das Seinsbewußtsein im Selbstbewußtsein. Er staunt vor dem Rätsel des Ichseins ... Ein anderes Kind hört die Schöpfungsgeschichte: Am Anfang schuf Gott Himmel und Erde ..., und fragt alsbald: ‚Was war denn vor dem Anfang?‘ Dieser Knabe erfuhr die Endlosigkeit des Weiterfragens, das Nichthaltmachenkönnen des Verstandes. Ein anderes Kind ... Man erzählt ihm von Realitäten, beobachtet die Bewegung der Sonne, erklärt die Frage, ob sich die Sonne bewege oder die Erde sich drehe ... ‚Ach, das ist ja gar nicht wahr‘, sagt das Mädchen und stampft mit dem Fuß auf den Boden, ‚die Erde steht doch fest. Ich glaube doch nur, was ich sehe.‘ Darauf: ‚Dann glaubst du nicht an den lieben Gott, den kannst du doch auch nicht sehen.‘ – Das Mädchen stutzt und sagt dann sehr entschieden: ‚Wenn er nicht wäre, dann wären wir doch gar nicht da.‘ Dieses Kind wurde ergriffen von dem Erstaunen des Daseins: es ist nicht durch sich selbst. Und es begriff den Unterschied des Fragens: ob es auf einen Gegenstand in der Welt geht oder auf das Sein und unser Dasein im Ganzen.“

Die von Jaspers angeführten Beispiele „aus Kindermund“ zeigen zunächst einmal, wie Kinder mit Fragen und Problemen beschäftigt sind, die vom Erwachsenen längst abgetan wurden. Daß er Ich ist und nicht ein anderer, dessen ist er sicher, abgesehen von psychischen Ausnahmesituationen. Was vor dem Anfang war, wird von ihm verdrängt, da keine schlüssigen Antworten zur Verfügung stehen. Daß die Erde sich um die Sonne dreht, hat er früh gelernt. Ob er es immer glaubt, ist nicht sicher. Gelegentlich wird er etwas irre bei dem Gedanken, daß die Australier eigentlich abstürzen müßten; aber da beruhigt ihn das Stichwort „Anziehungskraft“ oder „Schwerkraft“ – irgendeine Kraft wird es schon sein. Ob man an den „lieben Gott“ glaubt und wem man seine Existenz verdankt, das sind ab einem gewissen Zeitpunkt keine Fragen mehr; irgendwann hat man als Erwachsener seine Einstellung dazu.

Zu Beginn von „Sofies Welt“ erläutert der Autor seiner bald fünfzehnjährigen Hauptperson diesen Sachverhalt auf anschauliche Weise:

„Aus unterschiedlichen Gründen werden die meisten vom Alltag dermaßen eingefangen, daß die Verwunderung über das Leben weit zurückgedrängt wird. (...) Für Kinder ist die Welt – und alles, was es darauf gibt – etwas *Neues*, etwas, das Erstaunen hervorruft. Alle Erwachsenen sehen das nicht so. Die meisten Erwachsenen erleben die Welt als etwas ganz Normales. Und genau da bilden die Philosophen eine ehrenwerte Ausnahme. Ein Philosoph hat sich nie richtig an die Welt gewöhnen können. Für einen Philosophen oder eine Philosophin ist die Welt noch immer unbegreiflich, ja sogar rätselhaft und geheimnisvoll. Philosophen und kleine Kinder haben also eine wichtige gemeinsame Eigenschaft.“

So eingängig diese Parallelisierung von Kindern und Philosophen scheint, so darf sie nicht darüber hinwegtäuschen, daß kindliches Nachdenken dem Denken philosophierender Erwachsener nicht gleich*artig* sein kann, was nicht ausschließt, es als gleich*rangig* zu bewerten. In Sach- und Daseinsfragen an die Welt kommen beide zu Vorstellungen, die in sich stimmig und gültig sein können, auch wenn die Reichweite eine ganz unterschiedliche ist – relativ und begrenzt bleiben sie beidesmal. Die Andersartigkeit des kindlichen In-der-WeltSeins kann jedoch als Anregungspotential für die Weltsicht des Erwachsenen gelten, dem die Neugier und das Fragen, die Spontaneität und die Phantasie, das Staunen und Wundern, das Spielerische und die Offenheit größtenteils verlorengegangen sind, jedenfalls in den neuzeitlichen Kulturen, die auf der Vorherrschaft rationalen, abstrakten, objektiven Denkens gründen.

Zum kindlichen Weltverständnis liegen seit langem eine Reihe von Beobachtungen und Untersuchungen aus Psychologie und Pädagogik vor. Die Begriffe, die kindliches Denken und Verstehen charakterisieren sollen, lauten im wesentlichen: konkret, anschaulich, ganzheitlich, egozentrisch, magisch, animistisch, anthropomorph. Diese Eigenschaften werden meist kontrastiert mit entsprechenden Merkmalen des Erwachsenendenkens: abstrakt, objektiv, kognitiv, diskursiv, diakritisch und was der Begriffe mehr sind. Es geht hier nicht darum, die einzelnen Feststellungen in ihren zum Teil ganz unterschiedlichen Zusammenhängen zu differenzieren, ebensowenig wie die einzelnen Stufenfolgen, die die Mehrzahl dieser Entwicklungs-, Stufen- und Daseinsmodelle kennt. Im Rahmen der Kinderphilosophie findet zu diesem Punkt bevorzugt eine Auseinandersetzung mit dem Entwicklungspsychologen Piaget statt, die sehr kritisch bis ablehnend ausfällt, insofern als sein Modell kindlicher Entwicklung streng mechanistisch angelegt ist, d. h., bestimmte Entwicklungen sind schrittweise zu durchlaufen, um zur nächsten Stufe zu gelangen. Dies mag für Teilaspekte, wie die Entwicklung des kognitiven Denkens, eine gewisse Gültigkeit haben, insgesamt verläuft Kindheit viel offener, impulsiver, unsteter, phantasievoller, reichhaltiger, als daß sie in den Schemata eines Psychologen aufgeht. Gerade Piagets Versuchsreihen zeichnen sich durch extreme Künstlichkeit und eingeengte Fragestellungen aus. Nur ein Beispiel: Wasser wird aus einem breiten zylindrischen Gefäß in ein hohes umgeschüttet; dazu die Frage, ob es noch *gleich viel* oder aber *mehr* Wasser sei. Die Antwort wird als richtig oder falsch vermerkt und einer bestimmten Stufe der Entwicklungsskala zugeordnet. Was ein Kind mit der Antwort „mehr“ meint, welche Vorstellungen und Denkweisen dahinter stehen, das könnte nur in einem Gespräch, das wahrscheinlich philosophischen Charakter hätte, herausgefunden werden. Möglicherweise ist das Kind der energetischen Dimension der Dinge auf der Spur, hat mit seinem „Mehr“ mehr erfaßt, als die entsprechende Reifungsstufe erlaubt.

Nicht zuletzt greift Piaget für die Entwicklung kindlichen Denkens auf das „Biogenetische Grundgesetz“ zurück, das besagt, die individuelle Entwicklung sei eine Rekapitulation der Stammesgeschichte, überträgt es auf die Kultur- und Philosophiegeschichte und kann dann feststellen, Kinder befinden sich anfangs auf der Stufe der Vorsokratiker, dann werden sie sukzessive zu Platonikern, Aristotelikern, Scholastikern, Cartesianern usw. – eine Sichtweise, die schwer nachvollziehbar ist, kennt man die Vielfalt kindlicher Äußerungen auf den unterschiedlichsten Altersstufen. Daß das Sich-auseinandersetzen mit der Welt sprach- und kulturgebunden ist, macht diese Analogie noch weniger sinnvoll. Wenn ein Sechsjähriger äußert: „Ich würde den Computer fragen, was er von sich selbst hält", oder fragt: „Warum sprüht die Polizei nicht Lachgas anstelle von Tränengas?", oder feststellt: „Man träumt, damit es nicht so langweilig ist beim Schlafen: es ist das Fernsehen beim Schlafen", oder räsoniert: „Warum erfindet man nicht Drogenentschärfer, wie Bombenentschärfer?". Wie sind diese Äußerungen einzuordnen? Zeigt sich da vorsokratisches Denken, skeptisches oder zynisches, scholastisches oder postmodernes? Eine ernsthafte Antwort wird wohl ausscheiden, aber die grundsätzliche Frage muß erlaubt sein, ob diese Gedanken überhaupt als philosophisch zu bezeichnen sind. Wenn zu Anfang Comenius und Kant als Zeugen des Philosophierens bemüht wurden (disce sapere – sapere aude), so darf man die Frage sehr wohl bejahen, ohne Begründungen im einzelnen vorzulegen.

Vielleicht können noch überzeugendere Beispiele herangezogen werden, die kindliches Nachdenken als denkerisch reife, philosophische Leistung erkennen lassen. Ein fünfjähriges Mädchen äußert sich anläßlich der Beschäftigung mit Buchstaben: „Wenn es nämlich keine Buchstaben gäbe, gäbe es keine Laute, und gäbe es keine Laute, dann gäbe es auch keine Wörter ... Gäbe es keine Wörter, könnten wir nicht denken ... und wenn wir nicht denken könnten, gäbe es keine Welt." Sieht man von einer gewissen Naivität der Formulierungen ab und würde noch abstrakter zusammenfassen, so lautete die Einsicht: Denken und Sein sind dasselbe, cogito ergo sum.

Möglicherweise könnte der Eindruck entstehen, als ob allem „aus Kindermund" philosophische Qualitäten zukomme; jeder erstaunliche Einfall, jede skurrile Äußerung, jede verblüffende Frage ein Indiz für Kinderphilosophie? Gewiß nicht. Da gibt es die pure Lust am Produzieren von Lauten und Worten, am zusammenhang- und belanglosen Plappern und Nachplappern; Altkluges und Unverstandenes, Sinnvolles und Sinnloses fließen ineinander; psychische Bedürfnisse gelangen verschlüsselt in Sprache; Emotionen präsentieren sich verbal, und was der Motive zum Sprechen sonst noch sein mögen. Es gibt nicht einen allgemeinen Maßstab für kindliche Reflexionen, der das philosophische Niveau ablesen ließe. Jede einzelne Situation muß für sich sprechen und kann verschieden bewertet werden. Das von Jaspers angeführte fünfjährige Mädchen, dem vorgehalten wird, daß es nicht an den „lieben Gott" glaube und zur Antwort gibt, daß „wenn er nicht wäre, dann wären wir doch gar nicht da", kann auch anders verstanden werden. Diese Antwort könnte ebensogut ein völlig unphilosophisches Nachreden der von Erwachsenen immer wieder thematisierten Allmacht Gottes bedeuten, ohne die es nichts gibt, die alles geschaffen hat. Eine Entscheidung wird nicht getroffen werden können.

Dazu noch einige weitere Grenzfall-Beispiele des vorhin zitierten sechsjährigen Jungen: „Träumen, damit das Gehirn nachts beschäftigt ist; weil man vermutlich nachts sonst Sauerstoffmangel bekommt?" „Ich frage mich, ob man mit einem Magneten schweben kann, der gegen den Erdmagneten sich abstößt." „Ob die Zeit rückwärts laufen würde, wenn sich die Erde andersherum dreht?" „Mich reizt das Absurde." Sicherlich sind hier Bruchstücke aus Erwachsenenwissen und -gesprächen durchzuhören, jedoch kann das eigenständige Weiterdenken nicht übersehen werden, im Gegensatz zu folgenden Aussagen eines elfjährigen Mädchens, die Erwachsenenansichten widerspiegeln ohne erkennbare eigene denkerische Durchdringung:

„Aber in dieser Zeit, in der ich heute lebe, habe ich auch fürchterliche Angst. Um meine Familie, vor Aids, der schrecklichen Krankheit. Angst vor Drogen, Sexualverbrechen, Alkohol, Zigaretten, Gewalt, Spielsucht, Kriminalität, Ausländerfeindlichkeit, Babys klauen, Krieg in anderen Ländern. Die täglichen Angriffe auf Asylanten bereiten mir auch Angst… Viele Menschen sterben wegen der Gewalt und der Sinnlosigkeit auf der Erde. Das alles muß nicht sein. Die Menschen machen all das mit Gewalt kaputt, was sie sich mit Mühe und Not aufgebaut haben."

Da das Fragen oftmals für eine wesentliche Wurzel allen Philosophierens gehalten wird, soll noch kurz auf ganz spezifische Kinderfragen des Vorschulalters eingegangen werden, auf die Warum-Fragen. Dabei zeigt sich, daß sie weit Weniger von einem sachlichen Erkenntnisinteresse geleitet sind, als vom Ausloten zwischenmenschlicher Beziehungen. Hier ein Beispiel aus Sterns klassischer „Psychologie der frühen Kindheit" (1914). Der Frage-Antwort-Dialog zwischen Mutter und dreieinhalbjähriger Tochter ergibt sich beim Betrachten eines Bilderbuches, das einen Walfisch zeigt:

Fragen des Kindes:	*Antworten der Mutter:*
Was frißt der?	Fische.
Warum frißt er Fische?	Weil er Hunger hat.
Warum frißt er keine Semmel?	Weil wir ihm keine geben.
Warum geben wir ihm keine?	Weil die Bäcker nur für die Menschen Semmeln backen.
Warum nich für Fische?	Weil sie nicht genug Mehl haben.
Warum haben sie nich genug Mehl?	Weil nicht genug Korn wächst. Du weißt doch, aus dem Korn wird das Mehl gemacht.
Ach so!	

Was ein Walfisch frißt, warum Bäcker nur für Menschen Semmeln backen, warum nicht genug Korn wächst usw. – ein Kind kann ad infinitum fragen, mehr, als ein Dutzend Weiser zu antworten vermag –, das sind gar nicht die eigentlichen Fragen, vielmehr: Wieviel weiß die Mutter?, weiß sie alles?, wie lange steht sie zur Verfügung?, wo liegt ihre Frustrationstoleranz?, wo sind ihre Grenzen?, wo die eigenen? Daß diese Art von Fragen im späteren Kindesalter übergehen kann in echtes Problematisieren, in ein philosophisches Nachdenken über die Welt, das soll im folgenden an Beispielen gezeigt werden. Philosophieren mit Kindern soll dabei weiterhin nicht definitorisch festgeschrieben, vielmehr in der Schwebe gehalten werden.

Philosophieren mit Kindern –
Mit Kindern über die Welt nachdenken

Es sei noch einmal an die Warum-Fragen des Vorschulalters angeknüpft, etwa „Warum ist der Himmel blau?“. Das Kind, das so frägt, sucht keine physikalische Erklärung, sondern eine bestimmte Beziehung zum Erwachsenen. So wäre es verkehrt, ihm irgend etwas von Lichtstrahlen, Lichtbrechung u. dgl. zu erzählen; selbst wenn die Gesetze der Optik noch so vereinfacht würden, sie könnten nicht kindgemäß sein. Daß die häufig gegebene Antwort des Noch-nicht-verstehen-Könnens nicht zufriedenstellen kann, versteht sich von selbst, ebenso wie die Gegenfrage Warum-etwa-nicht?, oder auch das Abschneiden der Frage mit einem Hör-jetzt-endlich-auf! In allen Fällen wird das Kind auf sich zurückverwiesen, allein gelassen mit seinem Anliegen, das zwar nicht ein naturwissenschaftliches ist, aber doch darauf abzielt zu ergründen, wie zuverlässig, wie tragfähig die Beziehungen zu Mensch und Welt sind, Voraussetzung für ein weiteres Sicheinlassen mit den Dingen und dem Dasein.

Was wäre eine „richtige“ Antwort auf die gestellte Frage? Vielleicht die, daß man ein ehrliches Ich-weiß-es-auch-nicht gibt – welcher Erwachsene weiß es denn schon „ganz genau“? – und gemeinsam mit dem Kind den Himmel beschaut, nicht nur flüchtig, gemeinsam Beobachtungen und Entdeckungen macht, wie sich andersfarbige Wolken, oder was es auch immer sein mag, dazwischen schieben, wie das Blau viele Schattierungen aufweist, vom hellen bis ganz dunklen, wie der Morgenhimmel andere Farben zeigt als der abendliche, wie es Nacht wird und alle Farben aufhören zu existieren, dafür Sterne erscheinen. „Weißt du wieviel Sternlein stehen?“ fragt das Kinderlied, das keine astronomische Zahl zur Antwort geben will, dafür Vorstellungen über die Schöpfung zum Ausdruck bringt, die vom Kind verstanden werden.

Solche Betrachtungen und Beobachtungen von Himmel und Wolken, Licht und Farben, Wind und Wetter und nahezu beliebig anderen Naturerscheinungen sind altersmäßig nicht begrenzt, sie lassen sich ins Schul- und Erwachsenenalter weiterführen, wenn sich auch die dabei aufscheinenden Fragen und Reflexionen wandeln. Auf diese Weise hat Goethe seine Einsichten in die Natur gewonnen, eine Naturforschung betrieben, die dem Philosophieren zuzuordnen ist, deutlich geschieden von der objektivierenden, analysierenden, quantifizierenden Naturwissenschaft der Neuzeit. Die grundsätzlichen Unterschiede zwischen einer „philosophischen *Naturschau*" und einer „exakten *Naturwissenschaft*" mögen hier nur angedeutet sein.

Da das Kind in seinem Weltbetrachten dem philosophischen Fragen nähersteht als später im Erwachsenenalter – erinnert sei an das eindringliche Zitat aus „Sofies Welt" –, so sollte das Nach-denken mit Kindern primär ein philosophierendes sein und kein Voraus-denken abstrakter naturwissenschaftlicher Erkenntnisse, die es „in Wirklichkeit" gar nicht gibt – in der Wirklichkeit geht die Sonne auf und unter, wie man sieht. Und in der Tat, Kinder, auch und gerade im Grundschulalter, haben philosophische Fragen an die „Sachen" des Sachunterrichts, an die Texte des Deutschunterrichts, weitergehende und tieferreichende als sie der Lehrplan kennt. Etwa im Zusammenhang mit dem Themenbereich Sinne, Sehen, Auge, Licht, in dem Bau und Funktion des Sehorgans behandelt werden sollen, interessiert die Kinder weniger die einzelnen Teile des Auges, die Namen und Begriffe, eher das Warum und Wozu, das hinter den Fakten Liegende. Neunjährige haben Fragen wie diese: Warum haben wir zwei Augen?, warum sieht man mit zwei Augen nicht auch zwei Bilder?, warum kann man mit dem kleinen Auge so große Häuser, Bäume sehen?, fließt Blut durch das Auge?, was ist das Weiße im Auge?, warum sehen wir alles verkehrt?, wann kann man blind werden?, können blinde Menschen blinzeln?, wie kleine Dinge kann man sehen?, kann man Atome sehen?, warum kann man seinen Schatten nicht fangen?, hat der Schatten auch einen Schatten?, woher kommen die Tränen?, warum kann man ohne Licht nicht sehen?, kann die Fliege besser sehen als der Mensch? Gewiß haben diese Fragen nicht alle philosophischen Charakter und führen in philosophierendes

Nachdenken, aber an einigen, ohne genau vorherzusagen, an welchen, läßt sich den Dingen auf den Grund gehen, kann an die Grenzen der Erkenntnis geführt werden.

Die Frage, warum man mit dem so kleinen Auge so große Dinge sehen kann, findet sich auch in einem Roman von Christa Wolf, gestellt von einem Fünfjährigen. Das Kind möchte wissen, wie die große Klotüre in das kleine Auge paßt. Der bemühte Vater fertigt eine Zeichnung mit den Lichtstrahlen, die von der Türe zum Auge gehen, sich in der Linse überkreuzen und über den Sehnerv zum Sehzentrum ins Gehirn führen und dort, so die Erklärung, wieder auf normale Klotürgröße gebracht werden. Der Junge scheint die Zeichnung samt Belehrung zu verstehen, bekommt aber doch Zweifel: „Und wie kann ich sicher sein, daß mein Gehirn mir die Klotür wirklich auf die richtige Größe bringt?" Daß Sehen etwas anderes ist, mehr ist als ein optisches Abbilden der Dinge, muß diesem Kind ahnungsweise zum Problem geworden sein, ein Problem, das Philosophen und Naturforscher von der Antike bis zur Neuzeit fasziniert hat und Hirnforscher, Neurophysiologen und -psychologen bis in die Gegenwart beschäftigt und das an die Nahtstelle von Materie und Geist führt. Wie fraglos werden dagegen in der Schule üblicherweise Auge und Sehen analog dem Prinzip des Fotoapparates erklärt und so das Lehrpensum erledigt. Erledigt wird auf diese Weise auch ein weiterführendes Fragen und Nachdenken. Wo Fakten vermittelt, muß nicht mehr gedacht werden, verstummt philosophisches Nachsinnen; fertiges Wissen kann übernommen werden ohne Verstehen.

Verstehen bedeutet aber ein „Stehen auf den Phänomenen", so die Forderung Martin Wagenscheins, der wie kein anderer Pädagoge dieses Jahrhunderts als Naturwissenschaftler und Lehrer bemüht war um „Verstehen lehren" als Ziel jeden Unterrichts, jeder Bildung. Seine eindringliche Mahnung „Rettet die Phänomene!" (so der Titel eines Vortrages, gedruckt zuerst in den „Scheidewegen" 1/1976) führt ins Zentrum seines pädagogisch-didaktischen Verständnisses. (Natur-)Phänomene, sofern es geeignete sind, lassen das Kind staunen, sich wundern, rätseln, können verwirren, stellen Fragen, machen nachdenklich, verlangen Erklärungen und Deutungen. Da ist der Ruf des entfernt sitzenden Raben immer dann zu hören, wenn der Schnabel zugeht; da macht der ausgestreckte Daumen einen Sprung, wird abwechselnd das eine oder andere Auge geschlossen; da geht ein kleines Sandkorn im Wasser unter, ein großer Holzklotz, ein riesiges Schiff schwimmen; da bekommt der Strohhalm in Wasser getaucht einen Knick – allesamt Phänomene, die herausfordern, die verstanden werden wollen. Erst das ausdauernd handelnde, zugleich im Gespräch sich vergewissernde Einlassen mit den Phänomenen führt zu echter Erkenntnis gegenüber dem vorzeitigen Beibringen von Begriffen, Regeln und Gesetzen, die Antworten auf noch gar nicht erkannte Fragen und Probleme vorwegnehmen, die Erkenntnis verhindern. In der Ebene der Phänomene gibt es weder Schall*wellen*, noch Licht*strahlen*, noch einen Auftrieb; erst in der Ebene der Physik ergeben diese Begriffe Sinn. Kinder sind „auf dem Weg zur Physik“; sie fragen und denken sich ihr entgegen, um danach dann die Gesetzmäßigkeit und deren Zustandekommen auch in der mathematisierten Form zu *verstehen*, eben deshalb, weil sie auf dem Boden der Phänomene stehen und übersetzen können von der Welt der sinnlichen Erscheinungen in die der abstrakten Gesetze und wieder zurück.

An einem ganz einfachen Beispiel sollen die Etappen dieses Prozesses stichworthaft verdeutlicht werden, an dem sogenannten „Boyleschen Gesetz“ ($p \cdot v = const.$). Da ist zuerst das Phänomen: eine Fahrradpumpe, in der die eingesperrte Luft zusammengedrückt wird, sinnlich erfahrbar, wie das immer schwerer geht. Dann die Einsicht: je weniger Platz die Luft noch hat, desto mehr wehrt sie sich, anthropomorph gesprochen. Dann die Je-desto-Formulierung: je kleiner der Raum der Luft geworden ist, desto größer ihr Druck. Nach Meßversuchen eine zahlenmäßige Aussage: wenn das Volumen des Gases fünfmal kleiner geworden ist, dann ist der Druck genau fünfmal größer geworden. Und schließlich die abstrakte, mathematische Formulierung ohne Worte: das Produkt aus Druck und Volumen bleibt immer dasselbe, $p \cdot v = const.$ Es gäbe kein größeres Mißverständnis des Wagenschein'schen Ansatzes, als sich diesen Erkenntnisprozeß im Rahmen einer kurzen Unterrichtsstunde vorzustellen; dazu werden gewiß mehrere Stunden vonnöten sein mit immer neuen Denkanläufen. Und wenn es um komplexere Phänomene geht, z. B. die Erdrotation, Gravitation, Sonnen- und Planetenbewegung, so bedarf es eines sich über Wochen erstreckenden Epochenunterrichts.

Sollte nun dieses Beispiel weit entfernt von einem Philosophieren mit Kindern scheinen, als purer Physikunterricht gesehen werden, so hat dies damit zu tun, daß Naturwissenschaft und Philosophie, die vom Ursprung her zusammengehörig waren, sich heute längst auseinanderdividiert haben, ob zu ihrem Vorteil, ob zum besseren Verständnis der Welt, soll unentschieden bleiben, mögen auch die jeweilig aufzuweisenden Erfolge noch so beachtlich sein. Daß in den letzten Jahrzehnten auch Wieder Annäherungen stattfinden, ist nicht zu übersehen. Gerade die herausragenden Vertreter der Naturwissenschaften stehen philosophischem Denken nicht fern, wie umgekehrt in der Philosophie Erkenntnisse naturwissenschaftlichen Forschens nicht übergangen werden. Kinder sind naturgemäß von Diskursproblemen etablierter Wissenschaften unbelastet, ihr Nachdenken ist noch nicht gespalten in physikalisches und philosophisches, geht noch aufs Ganze der Welt. Zu diesem „ursprünglichen Denken", wie Wagenschein es nennt, noch ein weiteres Beispiel aus seinen Aufzeichnungen.

Ein Fünfjähriger steht vor einer eckigen Flasche mit Himbeersaft, dreht sie nachdenklich in seinen Händen und spricht vor sich hin: „Wenn das Glas rund ist, dann ist auch der Saft rund. – Der Saft richtet sich nach dem Glas. – Wenn das Glas viereckig ist, dann ist auch der Saft viereckig. – Der Saft ist rundherum im Glas." Hier entfaltet sich die Einsicht, daß Flüssigkeiten die Form ihres Gefäßes annehmen, dem Erwachsenen längst trivial. Flüssigkeiten richten sich nach dem „Gefäß", das sie „faßt". Sie selbst haben keine eigene Form, können aber jede annehmen. Was die Flüssigkeit zwingt zu diesem Anpassen, ist dem Kind noch unbegreiflich. Es ist nicht die Flasche allein, es ist eine Kraft, die zu durchschauen Schwierigkeiten bereitet. Selbst ein Zehnjähriger, der weiß, daß das Wasser bergab und nach unten fließt, hat Mühe zu erkennen, wie das Wasser fließen muß, wenn kein Gefälle ersichtlich – wie „weiß" dann das Wasser, wo unten ist?

Genug der Formen und Beispiele des kindlichen Nachdenkens über die Dinge der Welt, über die Welt der Dinge. Auch wenn in dem zitierten Denken und Fragen da und dort schon Reflexionen auf das eigene Dasein und Interesse an existentiellen Themen sichtbar geworden sind, soll diesen Bereichen noch etwas weiter nachgegangen werden. Kinder, lange vor der Schule, beschäftigen sich mit sich selbst und ihrem Auf-der-Welt-Sein, äußern sich in Fragen und Bemerkungen, die als philosophisch im engeren Sinne gelten können. Es sind scheinbar spontane, aus einer inneren Beunruhigung rührende, drängende Fragen und Feststellungen: Warum müssen alle sterben?, was ist nach dem Tod?, was war vor der Geburt?, was war, bevor die Welt geschaffen wurde?, was war vor dem Anfang?, was sind Unendlichkeit, Ewigkeit, Nichts?, kann man Nichts denken?, was sind Gedanken?, warum bin ich ein Junge, ein Mädchen?, warum liebe ich meine Eltern?, was ist Liebe?, was, wer ist Gott?, weiß Gott, daß er Gott ist?, weiß die Ameise, daß sie Ameise heißt?, können Tiere, Pflanzen auch denken, fühlen?, warum schämen wir uns?, darf man lügen?, ist alles Zufall oder vorherbestimmt? – Eine solche Liste existentieller Fragen, die nicht, oder nur im Einzelfall, den sogenannten „Warum-Fragen" zuzurechnen sind, bleibt unabschließbar, zu mannigfaltig ereignen sich Leben und Denken der Kinder.

Was bedeuten diese Fragen, wie gehen Kinder damit um? Einige wenige seien herausgegriffen. Da sind die Themen Tod und Sterben, denen Kinder nachsinnen, auch wenn sie von den Erwachsenen gemieden werden. Nicht wenige Kinder greifen im Spiel das Thema auf, spielen „tot". Es ist ein geheimes Spielen, so wie das Doktorspielen; es macht Angst, wenn der Freund tot mimt, aber auch Glück, daß das Totsein nicht wirklich ist; schon die Vorstellung ist schlimm genug. Dürers Zeichnung seiner Mutter kann beeindrucken: „Das ist Albrecht Dürers Mutter, die war alt 63 Jahr und ist verschieden im 1540. Jahr ...", so die leicht zu entziffernde Inschrift. – Woran ist sie gestorben?, wie hat diese Frau gelebt?, warum sieht sie so alt, erschöpft, aufgezehrt aus? Aus der Distanz der Jahrhunderte läßt sich einfacher über Leben und Sterben reden.

Auch über das Sterben der Tiere ist zu reden. Das Meerschweinchen, der Hamster, der Wellensittich ist gestorben, mußte eingeschläfert werden. Tränen und Trauer kommen auf, Grab und Kreuz und Beerdigung müssen sein, die Beziehung zum Tier ist so innig wie zu geliebten Menschen. – Ein Hund, eine Katze sind krank oder verletzt und müssen operiert werden. Die Operation ist teurer als ein neues Tier. Das moralische Dilemma solcher Überlegungen tut sich in aller Härte auf. – Nutztiere werden geschlachtet. Eine Grundschulklasse im Schullandheim kommt im Dorf zufällig an einer Hausschlachtung vorbei; am Abend in der Herberge will die Wurst nicht mehr schmecken. Das Gespräch geht hin und her, das Fazit eines Jungen: „Wenn niemand Schweinefleisch essen würde, dann würde auch niemand Wurst kaufen, und dann würde auch keiner Schweine halten. Es gäbe dann einfach keine Schweine mehr. Also ist es für die Schweine selber gut, daß ich Wurst esse." – Bäume an der Straße werden gefällt; sind sie krank, oder muß nur die Fahrbahn breiter werden? Bäume, Pflanzen können sich nicht wehren, sie haben keine Sprache. Haben sie Gefühle, können sie glücklich sein? Ja, sie richten sich auf, blühen besonders schön, wenn man sie gut pflegt, und manche Erwachsene haben einen „grünen Daumen". „Heute streicheln wir den Baum", mit diesem Titel animiert ein Kinderbuch und gibt faszinierende Anregungen, wie man mit Pflanzen und Natur als lebendigen Wesen in Beziehung treten kann.

Noch zu einem weiteren Themenkreis: Ich und die anderen; der eigene Körper, das Verhältnis zu ihm und zur Welt; Freunde, Fremde, Außenseiter – Welche Gefühle und Gedanken kommen dabei ins Spiel? Thomas ist zu dick; er ißt gern; er darf nicht viel essen. Er sagt: „Ich mag mich auch dick." „Ich mag dich auch dick", bestätigt sein Freund. Die Buben sehen sich an und lachen. – Ein Junge wird neu eingekleidet. Mutter und Verkäuferin sagen, „alles passe gut zusammen und zu mir. Aber, wenn ich die neuen Sachen trage, ist mir ganz komisch. Ich weiß nicht mehr, ob ich noch ich bin". – Ein fünfzehnjähriges Mädchen wünscht sich, hätte es einen Wunsch frei, „Wenn ein Neger an mir vorbeigeht, nicht mehr denken zu müssen: ‚Das ist ein Neger'". – Janosch, der Kinderbuchautor, schreibt von der Heirat einer Ziege mit einem Frosch. Ihr Kind wird eine grüne Ziege bzw. ein hoher Frosch, der Milch gibt, ein Zosch oder eine Friege. Das geht nicht gut. Dompfaff, der Pastor, hatte es gleich gesagt. – Ein Spielzeughersteller aus Hongkong bietet behinderte Puppen an mit Hasenscharten, Gaumenspalten, Rüsselnasen. Kinder sollen lernen, „diese unglücklichen Kleinen zu akzeptieren und sie mit Liebe und Aufmerksamkeit zu behandeln", so die Werbung. Wie Kinder darüber denken ist nicht bekannt.

Die Beispiele können hier abrupt enden. Im Zusammenhang mit Überlegungen zur Bedeutung des Philosophierens mit Kindern für Schule und Unterricht, Bildung und Erziehung werden noch einige Folgerungen zu ziehen sein.

Kinderphilosophie als Impuls für eine veränderte Schule

Kritik an Schule und Unterricht, der Ruf nach Reformen, sind nicht neu, wenn auch in unterschiedlichen Epochen verschieden ausgeprägt. Daß in diesem Jahrhundert Veränderungen in der Kindheit, ja in der gesamten Lebenswelt sich so rasch wie nie zuvor ereignet haben, ist offensichtlich. So sehr von bildungspolitischer Seite Forderungen aller Art an die Schule herangetragen werden, so sehr Erziehungswissenschaftler sich um neue Theorien und Konzepte einer Schulpädagogik bemühen, so wenig kann hier eine alternative Schulform ersonnen werden, die den unüberschaubaren Veränderungen der gesellschaftlichen Wirklichkeit und des kindlichen Alltags Rechnung trägt. Aber doch sollen Konsequenzen erörtert werden, die sich aus dem – wenn auch flüchtig vorgestellten – Philosophieren mit Kindern, aus der jüngst in Schwange gekommenen Kinderphilosophie, ableiten lassen.

Wird Schule aus dieser Sicht in Blick genommen, so fallen als deren herausragendste Merkmale auf, wie alle ihre Gegenstände zu „Stoff" werden, zu Lehr- und Lernstoff, der zu beherrschen ist, will man in dem System reüssieren. Entsprechend muß dieser Stoff eindeutig sein, wohldefiniert, fraglos und damit abfragbar, als richtig oder falsch zensierbar. Was diese Anforderungen nicht erfüllt, scheidet aus oder bleibt randständig. Dies führt zu einer unsäglichen Trivialisierung des Unterrichts, kennt man dagegen Fülle und Reichtum des ursprünglichen Denkens der Kinder. Nur ein knappes Beispiel: Schüler eines ersten Schuljahres sollen Pflanzen kennenlernen. Dazu werden Tulpen ausgegeben, die in ihre Teile zu zerlegen sind, um so zu den Begriffen Blüte, Blatt, Stengel, Zwiebel, Wurzel zu gelangen. Auf einem Arbeitsblatt mit den vorgegebenen Wörtern und einer schematischen Umrißzeichnung müssen nur noch die entsprechenden Verbindungslinien gezogen werden. Damit ist der Sachverhalt festgestellt, ist der Stoff behandelt. Wie anders können Kinder mit Blumen umgehen! Welche Freude kann sich einstellen an Farben und Duft, am Wachsen und Blühen, am Öffnen und Schließen im tageszeitlichen Rhythmus als Zeichen eines lebendigen Wesens, mit dem man sich verwandt fühlen, sich identifizieren kann! Und gilt nicht die Blume im Jahreslauf als Sinnbild des Stirb und Werde in so manchen Mythen und Märchen, die auch Kindern verständlich!

Zurück in den Alltag einer etwas anderen Schule: Kinder pflanzen und pflegen farbenprächtige Feuerbohnen im Klassenzimmer. Sie führen Tagebuch: „Meine Bohne ist sehr groß geworden. Aber dann hat ein Junge meine Bohne umgeknickt. Meine Bohne war gleich kaputt. Im Kreis hat man alles besprochen. Dann habe ich eine neue bekommen." „Ich freue mich, daß meine Bohne so schön gewachsen ist. Aber ich habe Angst, wenn meine Bohne tot ist." „Meine Bohne ist jetzt 59 Tage alt. Sie hat Blüten bekommen. Sie sind rot und haben innen Blütenstaub. Vielleicht kommen jetzt bald die Schoten." Der Unterschied zwischen jener „Schultulpe", die in 45 Minuten erledigt ist – auch im wörtlichen Sinne: sie landet zerfleddert im Abfall – und dem grünen Klassenzimmer voll rankender Bohnenpflanzen an der Fensterfront ist nur allzu deutlich, und es muß nicht eigens gezeigt werden, wo die Trivialität liegt.

Die Forderung nach einer Enttrivialisierung von Schule und Unterricht ergibt sich geradezu zwingend aus der Kenntnis dessen, was von seiten der Kinderphilosophie beigetragen worden ist. Aber auch von ganz anderer Seite wird dieselbe Revision der Schule angemahnt. Der populäre Kulturkritiker und Medienökologe Neil Postman fordert in seinem Buch „Keine Götter mehr. Das Ende der Erziehung" der „Schulbildung *nichttriviale* Ziele zu geben und dem Lernen eine spirituelle und ernsthafte intellektuelle Dimension hinzuzufügen. (...) Ohne diesen Sinn sind Schulen Häuser der Leere, nicht der Lehre." In ähnlicher Weise kritisiert der nicht minder renommierte amerikanische Psychologe Howard Gardner den Schulbetrieb. Das Grundwissen werde als „Wörterlisten behandelt, die auswendig gelernt werden müssen. (...) Wenn Erziehungssysteme auch Zielen wie ‚Verständnis' oder ‚tiefgreifendes Wissen' Lippenbekenntnisse zollen, sind sie diesen Zielen gegenüber in Wirklichkeit feindlich eingestellt."

Wiewohl angenommen werden darf, daß weder Postman noch Gardner mit dem Werk von Martin Wagenschein in Berührung gekommen sind, so kommen ihre Vorstellungen und Forderungen seinem Ansatz sehr nahe. Mittelpunkt schulischen Lernens, Ziel echter Bildung kann nur das Verstehen sein, Verstehen als vertieftes Nachdenken über die Dinge der Welt und des Daseins. Verstehen schließt dabei keinesfalls das Aneignen von Wissen und Fakten, von Systematik und Wissenschaft aus, im Gegenteil. Wo Verstehen gelehrt und gelernt worden ist, werden zugleich die jeweiligen Bedingungen und Grenzen erkannt, unter denen Erkenntnis nur möglich ist, scheint zugleich die Aspekthaftigkeit des Erfassens von Welt und Wirklichkeit auf; absolut gültige Erkenntnisse kann es dann nicht geben. C. F. v. Weizsäcker hat die Reichweite von Wissenschaft und Philosophie auf prägnante Weise zusammengefaßt: „Der Begriff von Philosophie, den ich hier benütze, läßt sich durch die einfache Formel andeuten: Philosophieren heißt weiterfragen. Es heißt insbesondere zurückfragen nach den eigenen Voraussetzungen. Das Verhältnis der Philosophie zur sogenannten positiven Wissenschaft läßt sich auf die Formel bringen: Philosophie stellt diejenigen Fragen, die nicht gestellt zu haben die Erfolgsbedingung des wissenschaftlichen Verfahrens war. Damit ist also behauptet, daß die Wissenschaft ihren Erfolg unter anderem dem Verzicht auf das Stellen gewisser Fragen verdankt."

Dieses Verständnis von Philosophie schließt zugleich auch die Besonderheiten kindlichen Philosophierens mit ein: „Philosophieren heißt weiterfragen", weiter und anders fragen als Erwachsene gewöhnlich fragen, weiterfragen auch dort, wo alles eindeutig zu sein scheint, auch dort, wo keine Antworten sich zeigen wollen.

Bereits zu Anfang wurde festgehalten, daß das Philosophieren mit Kindern nicht zu neuem Stoff oder gar einem eigenen Grundschulfach führen darf, daß weder Begrifflichkeit und Systematik einer akademischen Philosophie, noch vorgegebene Tugenden und Werte zu vermitteln sind. Es bedarf keiner äußeren Schulreform und keiner neuen Inhalte. In der vorgefundenen Schule könnte mit Kindern über die Dinge und das Dasein nachgedacht, könnten „Weißheit" und Verstehen, im Sinne von Comenius und Wagenschein, angebahnt werden. So wenig auf den ersten Blick eine veränderte Schule zu erkennen wäre, so bedeutete gerade das Einbeziehen kindlichen Philosophierens eine Sprengung der bestehenden Stoff- und Leistungsschule. Dazu bedürfte es zuerst der Lehrer und Lehrerinnen, die sich mit den Kindern auf die Welt einlassen, die noch zu staunen vermögen, denen Fragen und Rätsel geblieben sind und die noch dem nach-denken können, was sie glauben, längst zu kennen.

Mögen auch die Ausführungen vage und unsystematisch, die Ergebnisse schmal und wenig überzeugend geblieben sein, es sollte gerade vermieden werden, Kinderphilosophie als theoretisch fundierte Handlungsanweisung zu präsentieren. Die gegenwärtige Konjunktur sollte jedoch genutzt sein, um auf die ureigensten Anliegen von Unterricht, Bildung und Erziehung hinzuweisen und zu einer veränderten Schule beizutragen. Daß mit der Kinderphilosophie ein Remedium gegeben wäre, das die allseits drängenden Probleme der Gegenwart zur Lösung brächte, ist nicht zu erwarten. Aber daß Kinder, denen Raum zum philosophierenden Nachdenken über Welt und Dasein geboten wird, in der geistigen und moralischen Blindheit der Zeit etwas sehender werden, bleibt zu hoffen.

Zitierte und weiterführende Literatur

Bodenheimer, Aron Ronald: Warum? Von der Obszönität des Fragens. Stuttgart: Reclam 1984.

Freese, Hans-Ludwig: Kinder sind Philosophen. Weinheim: Beltz Quadriga 1989.

Freese, Hans-Ludwig (Hg.): Gedankenreisen. Philosophische Texte für Jugendliche und Neugierige. Reinbek: Rowohlt 1990.

Gaarder, Jostein: Sofies Welt. Roman über die Geschichte der Philosophie. München, Wien: Hanser 1993.

Gardner, Howard: Der ungeschulte Kopf. Wie Kinder denken. Stuttgart: Klett-Cotta 1993.

Jaspers, Karl: Einführung in die Philosophie. München: Piper 1953.

Martens, Ekkard / Schreier, Helmut (Hg.): Philosophieren mit Schulkindern. Philosophie und Ethik in der Grundschule und Sekundarstufe I. Heinsberg: Agentur Dieck 1994.

Matthews, Gareth B.: Philosophische Gespräche mit Kindern. Berlin: Freese 1989.

Matthews, Gareth B.: Die Philosophie der Kindheit. Wenn Kinder weiter denken als Erwachsene. Weinheim: Beltz Quadriga 1995.

Postman, Neil: Keine Götter mehr. Das Ende der Erziehung. Berlin: Berlin Verlag 1995.

Rössler, Reimara u. Otto E. (Hg.): Jonas' Welt. Das Denken eines Kindes. Reinbek: Rowohlt 1994.

Schreier, Helmut: Himmel, Erde und ich. Geschichten zum Nachdenken über den Sinn des Lebens ... Heinsberg: Agentur Dieck 1993.

Schreier, Helmut: Über das Philosophieren mit Geschichten für Kinder und Jugendliche. Begleitbuch zu Himmel, Erde und ich.

Wagenschein, Martin: Verstehen lehren. Weinheim: Beltz 1968.

Wagenschein, Martin u. a.: Kinder auf dem Weg zur Physik. Stuttgart: Klett 1973.

Wagenschein, Martin: Naturphänomene sehen und verstehen. Stuttgart: Klett 1980.

Weizsäcker, Carl Friedrich von: Gottesfrage und Naturwissenschaften. In: Deutlichkeit. München: dtv 1981.

Erstveröffentlichung in: Scheidewege, Jg. 26, 1996/97, S. 277–295.

Zweimal „Fluss ohne Ufer“

Zu Hans Henny Jahnns Romantrilogie

Einem alten Spruch zufolge steigt man nicht zweimal in denselben Fluss. Dennoch, ich habe mich zweimal in Hans Henny Jahnns „Fluss ohne Ufer“ begeben, zum ersten Mal in jenem jugendlichen Alter, in dem die Hauptfigur der Romantrilogie, Gustav Anias Horn, zu Beginn des „Holzschiffs“ (Teil 1) erscheint. Und ich bin, von gelegentlicher Lektüre einzelner Episoden abgesehen, jetzt eben zum selben Zeitpunkt der „Niederschrift des Gustav Anias Horn nachdem er neunundvierzig Jahre alt geworden war“ (Teil 2) noch einmal hineingestiegen. Jahrzehnte liegen dazwischen, wie im Werk, wollen überbrückt werden. Aber Leseerfahrungen, so weit voneinander getrennt, lassen sich nicht in einer Weise zusammenfügen, wie der Autor Vergangenheit und Gegenwart verknüpfen kann. Welches waren die Eindrücke damals, wie sind die heutigen, ist es noch derselbe „Fluss“?

Zweifellos haben am „Holzschiff“ zuerst Handlung und Atmosphäre fasziniert; das war Spannung wie im Kriminal- und Abenteuerroman und doch unterschieden, vor allem in der Sprache. Die Personen reden so anders als in der Wirklichkeit, geziert, manieriert, feierlich. Die dadurch entstehende Stimmung, im Kontrast zum Geschehen, hat die Spannung eher gesteigert. Dunkle Gänge, geheimnisvolle Räume, rätselhafte Fracht, unbekanntes Ziel, das Verschwinden von Gustavs Braut Ellena, das Erscheinen des Reeders – oder seines Schattens? –, das Aufbrechen der Ladung, das Einrammen einer Metallplatte, das Hereinbrechen der See, der Untergang, die Galionsfigur, die Rettung – in allem hat erregende Dramatik gelegen, die zugleich durchbrochen schien in der Art und Weise, wie die Personen auf Ereignisse reagieren. Das Seltsame, Sonderbare, Düstere, Unheimliche ist dabei erst so recht zum Vorschein gekommen, eine Aura, wie aus dem kurz zuvor gelesenen Jahnnschen Drama „Thomas Chatterton“ vertraut: „Das Düstere weckt eine sonderbare Lust – eine sonderbare Lust. Man geht über den Boden, als wäre er aus Luft oder Glas“.

Merkwürdigerweise ging ein besonderer Reiz auch von den Nebenfiguren aus, dem Zimmermann und dem Koch und ihren Geschichten zum Beispiel, wobei nicht einmal „Kebad Kenya“ im Mittelpunkt stand, eher Beiläufigkeiten, die sich einprägten, etwa Klemens Fitte, ein Analphabet, dem Rechnen nur im Umfeld römischer Zahlen möglich, oder die fein ziselierten Likörgläser des Kochs im Seiden- und Lederfutteral, eingraviert drei nackte Mädchen und ein Galgen mit sieben Räubern, die Darstellung eines ungarischen Märchens. Dass Jahnn während der Arbeit am „Holzschiff“ sich mit der Übersetzung ungarischer Märchen befasste, konnte ich damals nicht wissen, ebenso wenig, welche Bedeutung einem Graveur im dritten Teil „Epilog“, der noch gar nicht erschienen war, bei der „Suche nach dem rechten Mann“ zukommen sollte.

In der „Niederschrift“ setzte sich die Spannung fort. Die Mannschaft des „Holzschiffs“ zerstreut sich in alle Winde, das Verschwinden Ellenas klärt sich auf, der Leichtmatrose Alfred Tutein, ihr Mörder, und Gustav Horn, der gewesene Verlobte, werden zum Freundespaar. Unter ihren Abenteuern in Südamerika und Afrika blieben die erotischen Geschichten mit den Mädchen Buyana und Egedi eindringlich. Faszinierend auch die rote Elfenbeinkugel des Chinesen Ma-Fu, die sich in zwei Hälften öffnen lässt, in denen „genau nachgebildet, mit Farben ausgelegt, lebendig anzuschauen wie Fleisch, durch das der Blutstrom kreist, der männliche und weibliche Geschlechtsort zweier Menschen“ sich zeigt. Neben der Gegenwart des Geschlechtlichen schlugen die Geschichten von Menschen, allesamt nicht ganz geheuer, in Bann. In Afrika der skurrile Professor, der das Begräbnis des Tauchers zusammen mit dem Torso seiner Tochter zelebriert. Bei allem Makabren solcher Szenen finden sich Einsichten, die unter die Haut gingen: „Wenn man sich ins Bett legt, meint man, man werde auch wieder aufstehen. Jeder wird bei dieser Vermutung einmal betrogen.“ Oder: „Vom Samenerguss der Väter bis zur Fäulnis, das ist unser Weg. Eine große moralische Menschheit widerspricht mir. Sie muss mir widersprechen. Sie ist nicht mutig genug, nur ein Teil der Natur zu sein.“

Später, in Norwegen, werden die Erzählungen zahlreicher in den Gang der Handlung einbezogen. Die Bilder vom verkommenen Totengräber, dessen Frau die Geburt des neunzehnten Kindes nicht überlebt, oder vom krebskranken Obstgärtner, der des Nachts stirbt und anderntags schemengleich und doch leibhaftig den Leuten unheilbringend begegnet, all dies prägte sich ein. Aber auch die Kindheitserinnerungen Horns blieben haften, etwa die leidenschaftliche und zugleich keusche Liebe zu dem Bäckerjungen Konrad. Und immer sind in und zwischen den Geschichten die Welt- und Menschenbilder Hans Henny Jahnns präsent.

Vor allem in den jahreszeitlichen Schilderungen von Natur und Landschaft, in der Gegenwart des Schreibenden angesiedelt, finden sich Reflexionen über Gott und die Welt, über Leben und Tod, über Mensch und Natur, über Schicksal und Unausweichlichkeit. Sie bleiben so eindringlich wie das eigentliche Romangeschehen, die Entwicklung Horns zum berühmten Komponisten, der Blutaustausch zwischen den Freunden, der Tod Tuteins, die Konservierung des Leichnams, das Auftreten Ajax', das Ende Horns. Nicht, dass dieser Handlungsfortgang unwichtig gewesen wäre, im Gegenteil, die Spannung der „Niederschrift“ gründet gerade darin. Das Wesentliche aber wurde eher in jenen Betrachtungen über die Natur in all ihrer Vielfalt, Grausamkeit und Schönheit gefunden. Schon im ersten November-Kapitel sind Gewalt und Großartigkeit eines Herbststurms packend geschildert, endend in metaphysischen Dimensionen: „Ich vergaß meinen Widersacher. Ich kämpfte gegen die Finsternis und gegen die Schreie. Ich hatte den Weg unter meinen Füßen. Das Unglück fing mich in jener Nacht nicht.“ Mit zu den stärksten Eindrücken zählte auch das Sommergewitter: „Es ist eines jener großen Gewitter gewesen, deren meiner Lebzeit zwanzig oder dreißig beschieden sein werden ... Der neue Tag aber erstrahlt im Licht der Sonne. Das

Fressen und Gefressenwerden vollzieht sich an einem neu gedeckten Tisch."

Alles überragend blieben jene Sätze aus einem Gespräch Horns mit dem Tierarzt Lien im Schlusskapitel der „Niederschrift": „Wenn der Mond voll am Himmel steht – und plötzlich schweigt die Erde – dann spüre ich, dass ich mit allem einverstanden bin; – weil ich die Wirklichkeit für ein Trugbild nehme, für den Schatten einer anderen Welt. Ich weiß dann: was ich sehe, habe ich schon vor undenklich langer Zeit gesehen ... das Phantom hinter den Dingen, das Eigentliche, die sonderbaren Dimensionen aus Blei und Licht, werden mir bleiben." Das ohnehin stark gekürzte Zitat wäre noch um einige Zeilen fortzuführen und bedürfte der Interpretation. Das soll hier nicht Aufgabe sein, zumal an dieser Stelle deutlich wird, wie schwierig es ist, die jugendlichen Eindrücke von damals zu trennen von heutigem Wissen und Verstehen. Dass in den Äußerungen Horns entscheidende Themen der „Nacht aus Blei" – die Stichworte „Blei und Licht" sind genannt – vorweggenommen werden, dass Déjà-vu-Erfahrungen und die von Jahnn so benannte „Inversion der Zeit" wesentlich zum Werk gehören, dass die Schatten einer anderen Welt, das Unvergängliche in seinem Verhältnis zum Vergänglichen im „Fluss" so ungewöhnlich erscheinen – all dies konnte im Gymnasiastenalter nicht voll in den Blick gelangen. Aber dass diese Sätze einem der Brennpunkte des „Flusses" zugehören, ja der Jahnnschen Dichtung und Weltsicht überhaupt, das war ersichtlich.

*

Das Wiederlesen im Alter des Gustav Anias Horn zur Zeit der Niederschrift hat erstmals die Gesamtkonzeption des Romans voll erschlossen. Bei der Erstlektüre des Jahre später erscheinenden, Fragment gebliebenen dritten Teils „Epilog" schien mir die Handlung zunächst reichlich lose angefügt an das Vorausgegangene, sodass die Zusammenhänge und Verbindungen nur undeutlich erkannt werden konnten. Obwohl in der Sekundärliteratur gelegentlich davon die Rede ist, im „Epilog" seien die Ereignisse nicht mehr sämtlich miteinander verknüpft, wurde beim erneuten Lesen die Einheit des Romanganzen als bewundernswert gelungen erlebt; das Fragment lässt die Geschlossenheit durchgängig erkennen, jedenfalls erahnen.

Vieles aus der Erstlektüre ist jedoch nicht mehr gegenwärtig gewesen, zum Beispiel die düstere Geschichte der Paroxysmen Xavier Faltins mit Bewusstseinstrübungen und -verlusten, auf so suggestive Weise gestaltet, dass Angst und Grauen physisch miterlebt wurden. Oder die brutale Szene im Hotel Quilibet, in der Tutein/Ajax das Mädchen Vivi unerwartet zu Boden schleudert „wie ein Stück gefühllosen Fleisches hingeworfen". So viel rohe Gewalt findet sich sonst nirgendwo im „Fluss". Ob die Überarbeitung des Fragments hier Milderungen erbracht hätte?

Ebenso wurde in der „Niederschrift" eine Fülle neuer Facetten entdeckt. Das ohnmächtige Ausgeliefertsein Horns an Ajax von Uchri nach Tuteins Tod, das Verführerische und zugleich Quälerische, das allmählich und unerbittlich zum Ende Führende dieser Entwicklung hat dunkelste kafkasche Atmosphäre heraufbeschworen. Überhaupt ist der „Fluss" viel schwärzer erschienen, in die Nähe der „Nacht aus Blei" gerückt. Bereits im „Holzschiff" gibt es diese beklemmenden Momente, etwa wenn Gustav vom Superkargo am Seil in die enge metallene Röhre hinabgelassen und von Todesangst ergriffen wird. Solche Ausweglosigkeit ist immer wieder aufs neue thematisiert. Über eine Episode in Afrika reflektiert Horn: „Ich erkannte meine Eingeschlossenheit, dass ich stumm war, und dass meine Gedanken (...) in mir blieben wie in einem verlöteten Kasten aus Blei". Die Metapher vom Blei ist in den unterschiedlichsten Zusammensetzungen gegenwärtig. Da zeigt sich bleifarbene Leere beim Blick aufs Meer; da sind Worte, wie in Blei gefasst; da vermutet Gustav Bleiblöcke in der Ladung; da gibt es Bleimarken als Plomben an den Türen; da erschießt sich der Superkargo mit dicken Bleikugeln (... „der Kopf sah nicht appetitlich aus"). Es könnte sich lohnen, den Gebrauch dieses Wortes akribisch festzuhalten.

Aber auch andere Motive der „Nacht" finden sich zahlreich in der Trilogie. So begleiten Verwundungen und Wunden an vielen Stellen die Handlung. Vor allem aber das Auftreten von Engeln ist im „Fluss“ präfiguriert, besonders in der Gestalt des schwarzen Engels, des Engels der Finsternis, des Malach hamoves. Zur Symbolik von Wunde und Engel im „Fluss“ und in der „Nacht“ ließen sich zwanglos eine Reihe Parallelen beibringen. Und schließlich scheint die Situation des Autors in beiden Werken die nämliche zu sein. So heißt es im „Epilog“: „Ich kann beinahe – nicht mehr – weiter ... einmal dem Lockruf gefolgt – es ist nicht wieder gut zu machen“. Das Nichtmehrweiterkönnen kennzeichnet die letzten Lebensjahre Hans Henny Jahnns, lässt schließlich alle Schaffenskraft erlöschen. Dieses Nichtmehrweiterkönnen hat Jahre zuvor den „Fluss“ zum Fragment werden lassen. Die zitierten Worte, von Tutein/Ajax gesprochen, weisen unmittelbar auf Kafka – vergleichbar endet die Erzählung „Ein Landarzt“.

Es mag sein, der „Fluss“ scheint zu dicht in die Nähe Kafkas gerückt, ein Eindruck, der dem Romanganzen nicht gerecht wird und der auch als Gesamteindruck nicht zurückgeblieben ist. Da sind so viele andere, noch nicht angesprochene Dimensionen, die das Werk bestimmen. Ausgelöst durch die verschiedensten Ökologie- und Naturbewegungen seit bald zwei Jahrzehnten, ist der Blick für den Umgang des Menschen mit der Schöpfung geschärft, wurde eine lange Tradition der Kritik an der Zivilisation wieder aufgegriffen. Diese inzwischen so aktuell gewordenen Themen durchziehen das Jahnnsche Werk bereits von den ersten Anfängen und gelangen im „Fluss“ ins Zentrum der Auseinandersetzung. „Das Übel breitet sich aus, wächst mit den Wolkenkratzern in die Höhe, mit den Bergwerksschächten in die Tiefe, mit Straßen, Schiffen und Flugzeugen in die Weite, stößt mit elektrischen Wellen bis in die Zelle, in den Keim“ – Einsichten, die in ihrer vollen Bedeutung erst heute verstanden werden.

Es fällt schwer, in Kürze die Einstellungen Jahnns zu dieser Problematik auf einen Nenner zu bringen, zu vielfältig und widerspruchsvoll bleiben die Aspekte und Gedanken. Zwar durchwalten Natur und Kosmos harmonische, ja harmonikale Prinzipien, zugleich aber sind diese Ordnungen gestört durch den „äußerst gewagten Einfall, das Fressen und die Verdauung zu erfinden. Die Folgen sind geradezu entsetzlich.“ Daraus folgt die monomanisch wiederkehrende Klage „Es ist wie es ist, und es ist fürchterlich.“ Trotz aller Lamentationen überwiegt der Glaube an eine ausgewogene, ausbalancierte Schöpfung. Gut und Böse, Großartigkeiten und Schrecknisse, Wachstum und Verwesung, Lust und Schmerz, Liebe und Leiden, Freude und Trauer, Grausamkeit und Mitleid, Schuld und Schicksal halten sich die Waage. „Wohl sehe ich, dass die Schöpfung ausbalanciert ist und mit vollen Akkorden tönt – die Sonne strahlt ihre Harmonien, und der Gang der Sterne ist in Gesang gebettet – Geburt und Wachstum sind voller Geheimnis ... aber der Schmerz – die furchtbare Mühe der Armen – das Leid der geplagten Tiere scheinen alle gütige Absicht der Vorsehung zu zerreißen“. Es gehört zum Eindrucksvollsten am Jahnnschen Weltbild, dass es sich nicht widerspruchsfrei präsentiert, dass es voller Spannung bleibt, nicht in geschlossene Systematiken so vieler Schulphilosophien mündet, gegen die immer wieder leidenschaftlich polemisiert wird. Jahnns eigenes Leben dürfte gerade in diesen Polaritäten – zwischen Resignation und Engagement – ein erfülltes gewesen sein.

Das Polaritätsprinzip und dessen Aufhebung erscheinen im „Fluss“ in mancherlei, auch nebensächlichen Phänomenen. So ist das Holzschiff, ursprünglich zur Erforschung magnetischer Felder bestimmt, ohne jedes Eisen erbaut, nur Bronze-, Kupfer- und Messinglegierungen finden Verwendung. Damit bleiben die Kräfte des Erdmagnetismus unwirksam, die polaren Spannungen zwischen Nord und Süd gleichsam aufgehoben. In übertragbarer Weise können so auch Jahnns Auffassungen des Geschlechtlichen verstanden werden. Die Polarität zwischen den Geschlechtern mit all ihren Spannungen, mit all ihren Abstufungen, gerät zum zentralen, mit unerhörter Besessenheit variierten Thema. An diesem Punkt haben sich die Interpreten und Kritiker eh und je gestoßen, haben pro und contra Stellung bezogen, haben überschwänglich gelobt oder abgrundtief verdammt, haben das Vokabular der Sexualwissenschaft bemüht und sortiert in mono-, homo-, hetero-, bi-, poly-, pluri-, pan- und omnisexuelle Rubriken, Sadismus, Sodomie und Nekrophilie eingeschlossen, und was sonst noch an klangvollen Wortschöpfungen beigebracht werden könnte.

Indessen, Jahnn lässt sich nicht *einem* Pol zuordnen, das ganze Feld des Eros ist zugleich zugegen, ist ausbalanciert, ist aufgehoben im Hegelschen Sinne. Ganz schlicht und lapidar notiert Horn am Beginn der Freundschaft zu Tutein: „Ein neuer Mensch ist mir nahe. Er ist nicht männlich, er ist nicht weiblich“.

An anderen Stellen im Werk wird gleichnishaft vom „Akkord ohne Terz“ – weder Dur noch Moll – gesprochen, um den höheren Rang alles Geschlechtlichen, ja aller Schöpfungsprinzipien zu versinnbildlichen. Das Bild des androgynen Menschen, einer androgynen Welt, scheint nahe zu liegen, würde aber zu kurz greifen, um die Jahnnsche Sicht zu fassen. Gerade dort, wo bei Jahnn im Werk und in der Wirklichkeit mit Hormonen experimentiert wird, um möglicherweise androgyne Konstellationen zu erzielen, erhält das Experiment den „Karakter des Zufälligen, nicht sicher Vorauszuberechnenden“, wie Frode Faltin, der Naturwissenschaftler, im „Epilog“ resignierend feststellen muss. „Er konnte zaubern, aber den Zauber nicht meistern“. Und eben der nicht zu meisternde Zauber weist über den physikalischen Raum hinaus ins Metaphysische, Mythische.

*

Wenn in den letzten Abschnitten Erfahrungen aus dem „Fluss“ hin und wieder vermischt wurden mit Anspielungen auf Tendenzen der Sekundärliteratur, so auch deshalb, weil zum wesentlichen Eindruck des neuerlichen Lesens gehört, dass das Werk nicht mit Begriffen und Methoden eines neuzeitlich-cartesianischen Welt- und Wissenschaftsverständnisses gemessen werden kann, vielmehr nur archaisch-ganzheitlichem Verstehen zugänglich ist. Wo versucht wird, einzelne Flussabschnitte für den ganzen Strom auszugeben, wo versucht wird, Mythos und Aura des Uferlosen zu entzaubern, da ergeben sich nur allzu leicht Missverständnisse, auch Zerrbilder.

Mögen die Ausführungen allesamt bruchstückhaft, manchmal ungereimt und wenig belegt geblieben sein, sie stehen jedoch als Erfahrungen und Einsichten über einer Lebensspanne, die der des Gustav Anias Horn im Roman entspricht. – Niemand steigt zweimal in den selben Fluss. Und doch ist es derselbe „Fluss“, der, einmal zum Schicksal geworden, nicht mehr loslässt.

Unveröffentlichtes Manuskript – anlässlich eines von Botho Strauss 1990 ausgeschriebenen Wettbewerbs.

„Die sonderbaren Dimensionen aus Blei und Licht“

Betrachtungen zu Hans Henny Jahnns „Die Nacht aus Blei“ und den Radierungen von Klaus Böttger*

Das Blei vereint die stärksten Gegensätze: die tote Erstarrung in die Schwere und in der Tiefe wiederbelebendes Feuer …
Die Doppelnatur des Bleis – seine tote Schwere einerseits und sein verborgenes Feuer andererseits …
So ist der Bleiprozeß mit Tod und Auferstehung verbunden.
Rudolf Hauschka: Substanzlehre, 1942

Wie hat man sich eine „Nacht aus Blei“ vorzustellen? Wohl nicht anmutig, blau, romantisch; eher schwarzgrau, finster, unheimlich, undurchdringlich. Undurchdringlichkeit ist ja gerade jene Eigentümlichkeit des Bleis, die selbst Röntgen- und Radiumstrahlen abzuschirmen vermag. Was der rätselhaft scheinende Titel von Hans Henny Jahnns spätem Prosastück (1956) zum Ausdruck bringen will, soll im folgenden versucht werden etwas zu erhellen.

Die Handlung, mit einem umfangreichen, Fragment gebliebenen Roman („Jeden ereilt es“) in Zusammenhang stehend, jedoch als in sich abgeschlossenes Werk herausgelöst, erzählt das alptraumhafte Erleben des etwa dreiundzwanzigjährigen Matthieu in einer fremden, nächtlichen Stadt. Matthieu findet sich unmittelbar zu Beginn alleingelassen, mit dem Auftrag, diese Stadt zu erforschen. Brennen anfangs noch Lampen, so erlöschen sie alsbald; nur noch schemenhafte Umrisse der Straßen und Häuser sind in der richtungslosen Schwärze zu erkennen. Unerwartet wird er in ein Haus komplimentiert, in das Etablissement einer Dame Elvira. Zunächst berühren ihn die von ihr und ihrem Groom ausgehenden erotischen Reize durchaus angenehm, muss aber zu seinem Entsetzen feststellen, dass deren Anmut und Schönheit nur aus Schminke, die Körper selbst aus „duffer Kohle“ bestehen. Wieder draußen auf der leeren Straße erscheint die Nacht kälter, düsterer als zuvor. Beim Weitergehen wird Matthieu von einer Gestalt angesprochen, die sich später als sein eigenes Selbst, als Doppelgänger, etwa zehn Jahre jünger, zu erkennen gibt. Sie wird im weiteren nur „Anders“ genannt. Anders friert, scheint verletzt zu sein; man sucht einen Gasthof auf. Es stellt sich heraus, dass es nichts mehr zu essen und zu trinken gibt; alle Vorräte sind erschöpft. Aus der Wasserleitung rinnt eben noch ein Glas Wasser. Die beiden wollen alsdann eine weitere Gaststätte aufsuchen. Draußen ist unterdessen Schnee gefallen. Ein Sturm erschwert Anders das Gehen. Um weiterzukommen trägt ihn Matthieu auf den Schultern. Ein schützendes Haus ist nirgendwo in Sicht. So bleibt nur die Wohnung Anders', ein Kellergewölbe tief unter der Erde, mehr Gruft als Kammer, das Bett sargähnlich eingelassen in den Fußboden. Anders entkleidet sich, eine offene Wunde im Bauch wird sichtbar. Beim Versuch Matthieus, die Eingeweide in den Leib zurückzudrängen, stirbt der bereits vom Tode gezeichnete Anders. Matthieu bleibt allein zurück, eingemauert in der Nacht des Gewölbes. In diesen Augenblicken der äußersten Schwärze ist plötzlich „Jener“ wieder zugegen, der ihn beim Betreten der Stadt verlassen hatte, ein dunkler Engel.

Damit endet die „Nacht aus Blei“. Die äußeren Handlungsabläufe dieses kurzen Romans sind in etwa vollständig angeführt, nicht jedoch das Atmosphärische, die innere Dimension des Geschehens, das in den Gesprächen und Reflexionen und vor allem zwischen den Zeilen Gestaltung findet. Auch wenn diese Tiefenschicht der „Nacht“ stärker beleuchtet würde, bliebe sie vieldeutig, unauflösbar, dunkel. Sie ist gelegentlich mit Dichtungen Kafkas verglichen worden – Jahnn hatte Kafka zeitlebens geschätzt –, insbesondere mit der Erzählung „Ein Landarzt“ im Zusammenhang der Wunde Anders'. Wie auch immer die Szene bei Jahnn gedeutet wurde, als Tor, als Durchgang zwischen Innen und Außen, als existentielle Offenheit, als Umkehrung einer Geburt, als Symbol weiblicher Geschlechtlichkeit, als mannmännlicher Sadomasochismus, als archaischer Initiationsritus, als Sehnsucht nach Rückkehr in den

Mutterleib, als Uterus mundi, stets bleibt ein Unbehagen des gekünstelt Konstruierten. Das Bild von Wunde und Verletzung durchzieht über die Jahrzehnte Jahnns Werk; es steht als Zeichen für etwas, das in der Realität keine unmittelbare Entsprechung findet, vielmehr ins Transzendente weist. Insofern ist die Jahnnsche Dichtung dem Mythos verhaftet. Es liegt im Wesen des Mythos wie der Kunst, dass sie nicht erklärbar bleiben.

Neben dem Topos Wunde kreist die „Nacht aus Blei" um all die weiteren Motive, denen in Jahnns Dichtung von Anfang an zentrale, symbolische Bedeutung zukommen und geradezu monoman wiederkehren. In loser Folge seien einige der Themen aneinandergereiht: Jugendlichkeit, Geschlechtlichkeit, Liebe in allen Ausformungen, Zwillingsexistenz und Doppelgängertum, Tod und Verwesung, Vergänglichkeit, Vergeblichkeit, Unausweichlichkeit, Inversion der Zeit, Mitleid mit der Kreatur, Schönheit und Trauer der Schöpfung, Engel und Dämonen, Angst und Grauen. In dem Spätwerk der „Nacht" erfahren diese Jahnnschen Urmotive eine besonders dichte und düstere Gestaltung; die konkreten Geschehnisse treten mehr und mehr zurück, das Gleichnishafte der Bilder dominiert. Die Biographie Jahnns (1894–1959) spiegelt sich unmittelbar und mit großer Eindringlichkeit. Nach der Rückkehr aus dem Bornholmer Exil ist kaum mehr Ruhe in den Alltag eingekehrt. Der schriftstellerische Erfolg, trotz Literaturpreisen, ist ausgeblieben, der „Epilog" zur Romantrilogie „Fluss ohne Ufer" kann nicht beendet werden, der neue Roman „Jeden ereilt es" kommt nicht voran, das politische Engagement, insbesondere gegen die atomare Aufrüstung, zehrt an den Kräften, die beengten Wohnverhältnisse, die schwierige finanzielle Situation, die angeschlagene Gesundheit und schließlich der mit dem Älterwerden zunehmende Abstand vom jugendlichen Menschen – alles zusammen beklemmt und lähmt die letzten Lebensjahre. „Ich kann nicht weiter. Ich bin gefangen. Ich bin eingemauert." Diese Worte Matthieus gegen Ende der „Nacht" kennzeichnen Jahnns eigene Lage. Bedrängender als je zuvor meldet sich das Memento mori, weniger im alttestamentlich-religiösen Sinne, existentieller, als morior ergo sum. Werner Helwig, langjähriger Freund Jahnns, hat die „Nacht aus Blei“ als „Meditationen über den Zustand des Körpers nach dem Tode“ apostrophiert („Die Parabel vom gestörten Kristall“) und Rolf Dieter Brinkmann vermerkt anlässlich seiner „Fluss ohne Ufer“-Lektüre: „... ein erschreckendes Buch, kenne niemanden, der einen Leser so durch das Grauen des Gehirns führt ... So ein Buch hat kein Land bisher!“ („Rom, Blicke“) – Sätze, für „Die Nacht aus Blei“ noch zutreffender!

*

Ohne den grundsätzlichen Problemen der „Illustration“ von Literatur nachzugehen, drängt sich hier die Frage auf, ob und wie die metaphysische Schwärze der „Nacht aus Blei“ bildhaft umgesetzt werden kann. Zwar erscheinen hin und wieder Farben: Elvira trägt olivgrüne Seide, im Salon stehen blaue Sitzmöbel mit vergoldeten Füßen, hängen Bilder in grünen, braunen und blauen Farbtönen, der Groom hat gelbblondes Haar, rote Lippen, die Schminke des Gesichts „durchschimmernd wie Blattgold gegen die Sonne gehalten – grün“, jedoch bleiben die malerischen Momente überdeckt von einer alles beherrschenden, monochrom schwarzgrauen Grundtönung. In dieser Situation bietet die Schwarz-Weiß-Radierung am ehesten Möglichkeiten einer Umsetzung des Textes. Unter den zeitgenössischen Grafikern zählt *Klaus Böttger* (*1942) zu den herausragendsten Vertretern, der nebenbei als versierter Kenner der Gegenwarts- und Weltliteratur gelten darf und der schon seit langem literarische Themen in seinem Werk gestaltet. Erwähnt seien die umfangreichen Arbeiten zu Ambrose Bierce’ Kurzgeschichten, zum Leben Hans Christian Andersens, sodann die zahlreichen Dichterporträts, etwa von Büchner, Kafka, Poe, Rimbaud, Carroll, Lorca, Woolf. Die Nennung der Namen zeigt zugleich Wahlverwandtschaften an: die Schwerblütigen, die Nachtseitigen, die Inoffiziellen der Literatur faszinieren, drängen ins Bild. Der Entstehungsprozess ist langwierig; Klaus Böttger befasst sich akribisch mit Mensch und

Werk, haust sich in die Dichterexistenzen ein, nimmt teil an ihrem Sein, durchmisst ihre Psyche. Entsprechend gültig, echt, kongenial gelingen die Ergebnisse. Im Falle der „Nacht aus Blei“ hat sich der Schaffensprozess über ein Jahr hingezogen bis die dreizehn Blätter radiert vorlagen. Die Auseinandersetzung mit dieser Dichtung hat viele andere Arbeitsvorhaben gelähmt, auch die private Sphäre tangiert. Verständlich, das Eintauchen in eine „Nacht aus Blei“ berührt die eigene Substanz.

Die Vielgestaltigkeit des Radierens, über die Klaus Böttger so souverän verfügt, trägt ein Wesentliches dazu bei, die Atmosphäre der Jahnnschen „Nacht“ zu treffen. Das Ätzen mit Säuren, das Ritzen mit Nadel und Stichel, das Kratzen und Schaben mit Dreikanteisen, das Hantieren mit Asphaltlack, das Einbrennen des Kolophoniumstaubs und was sonst noch mit der Kupferplatte geschieht, letztlich sind es Zerstörungsprozesse, die das Werk in seiner Differenzierung erst schaffen. Die sich in vielerlei Variationen wandelnden Verfleckungen, Verwischungen, Verätzungen lassen die Düsternis der Szenen, die Nacht, das Grauen, Zerstörung und Tod beklemmend hervortreten. Besonders die Motive mit Straßen- und Häuserfluchten erscheinen in dieser Weise, einschließlich der Szenen, in denen Anders von Matthieu durch den Schneesturm getragen wird oder Matthieus Arm in die Wunde stößt. Die Protagonisten werden jedoch nur als Schatten auf den Häuserwänden bzw. als Arme und Hände gezeigt, wie Böttger überhaupt vermeidet, die Personen vollständig wiederzugeben. Auch der Groom und Elvira bleiben Torso. Der Groom, anders als bei Jahnn, mit androgynen Merkmalen, und damit doch im erotischen Kontext nicht verfehlt, wirkt anmutig, „schön“, ohne bedrohliche Stigmen. So ist auch Elviras Salon gezeichnet. Sie selbst hingegen, ihr Leib aus duffer Holzkohle, scheint in einförmigem Aschgrau, wie leblos. Unbelebt auch die Gaststube: eine leere Flasche, leere Gefäße, letzte Streichholz- und Zigarettenreste auf leeren Flächen, dies die karge Komposition.

Von den weiteren Blättern sei nur noch das letzte herausgehoben, auf dem die Füße des toten Anders aus der sargähnlichen Bettgruft in die Bildmitte ragen. Die untere Hälfte ist in tiefes Dunkel getaucht, während darüber Lichtschleier in den Raum dringen von einer Helligkeit, wie sie sonst in keiner der Radierungen aufscheint. Sollte nicht eigentlich die „Nacht" im dichtesten Schwarz, im unausweichlichen Grauen enden? Im Buch erscheint wohl der dunkle Engel, der Matthieu im Fallen hält. Ob er der rettende, erlösende Engel ist? Ob auf die Nacht ein Morgen folgt? Hans Henny Jahnn hält Antworten offen, belässt den Schwebezustand. Klaus Böttger scheint in seiner bildnerischen Auseinandersetzung die Erlösung aus der Nacht zu sehen.

Kehren wir noch einmal zurück zum Ausgangspunkt, zu dem befremdlich erscheinenden Titel. In den als Motto vorangestellten Sätzen aus Rudolf Hauschkas „Substanzlehre" wird über die Doppelnatur des Elements Blei gesprochen, von seiner düsteren, schweren Seite, seiner Verwandtschaft zum Tode, aber auch von seiner entgegengesetzten, hellen Seite, die dem Leben, der Auferstehung zugeordnet ist. An Bleiprozessen im Organismus und im Kosmos sind diese Sichtweisen gewonnen. Hans Henny Jahnn hatte sich früh mit Harmonik und harmonikalem Denken befasst; die Spuren finden sich im dichterischen Werk, im Ugrino-Bund und vor allem in seinen Auffassungen zum Orgelbau. Es wäre denkbar, dass ihm die „Substanzlehre" von Hauschka bekannt war. Wie auch immer, Jahnn wusste jedenfalls um das Wesen des Bleis als Gleichnis für Nacht und Tod, auch für Licht und Leben. Die Betrachtungen mögen hier enden mit Worten Hans Henny Jahnns: „... das Phantom hinter den Dingen, das Eigentliche, *die sonderbaren Dimensionen aus Blei und Licht*, werden mir bleiben. –" („Fluss ohne Ufer").

Anmerkung

* Hans Henny Jahnn: Die Nacht aus Blei. Mit 13 Originalradierungen von Klaus Böttger. The Bear Press, Bayreuth 1989. Einmalige Auflage von 150 Exemplaren. Vier Blätter der Folge auf Seite 452.

Erstveröffentlichung in: Martin, Erik (Hrsg.): Muschelhaufen, Nr. 28/29, Viersen 1989, S. 76–81.

Anhang

Bilder, Fotos, Dokumente

Die Anordnung der Dokumente orientiert sich in etwa an der Abfolge der Kapitel. Nähere Erläuterungen zu den Abbildungen finden sich dort oder sind über das Register zu erschließen.

Dr. med. Leopold Szondi

Schicksals-
analyse

Wahl in Liebe, Freundschaft, Beruf
Krankheit und Tod

Mit zahlreichen Stammbäumen und Tabellen

Band VI der Reihe «Psychohygiene, Wissenschaft und Praxis»
Herausgegeben von Prof. Dr. med. H. Meng, Basel

Dritte, neu bearbeitete
und stark erweiterte Auflage

Schwabe & Co · Verlag · Basel/Stuttgart

„Schicksal" – ein Leitmotiv der Aufzeichnungen, verstanden im Sinne der „Schicksalsanalyse" von Leopold Szondi, einer heute nur noch vereinzelt bekannten tiefenpsychologischen Schule, in der den Ahnen besondere Bedeutung zukommt. Vgl. Kapitel I u. III.4.

Rechte Seite: Die Großeltern mütterlicherseits.

Oben: Die Großeltern in jugendlichem Alter, *unten:* etwa im siebten Lebensjahrzehnt. Die Jugend-Aufnahmen datieren einmal aus Nottingham, England, einmal aus Omaha, Nebraska; vgl. Kapitel I.2 u. I.3.

Oben und *nebenstehend*: Bleistiftzeichnungen des Großvaters, entstanden in Jugendjahren nach Vorlagen aus sog. Familien- und Illustrierten Unterhaltungsblättern des späten 19. Jahrhunderts.

Beispiel für eine dieser Vorlagen mit Bildunterschrift „Whyskey-Währung im Handel mit den Indianern"; vgl. Seite 16 ff.

In heimatlicher Bergwelt.

„Wilde Tiere.“

Im Orient.

Südliche Idylle.

Die Großeltern väterlicherseits. Die Großmutter in „Betzinger Tracht", der Großvater in Uniform zu Beginn des 1. Weltkriegs.

Das großväterliche Haus „Im Dorf" aus dem 18. Jahrhundert – das Haus der Kindheit meines Vaters.

Oben: Der Vater, Wilhelm Sauer, im Alter von etwa 20 und 65 Jahren; *unten:* mit dem Naturfreund und Maler Karl Digel (rechts) bei Insektenbeobachtungen; vgl. Seite 53 f.

Die Mutter, Irma, geb. Wittel, 18-jährig und im siebten Lebensjahrzehnt.

Das elterliche Haus in der Heppstraße, vom Großvater 1912 erbaut.

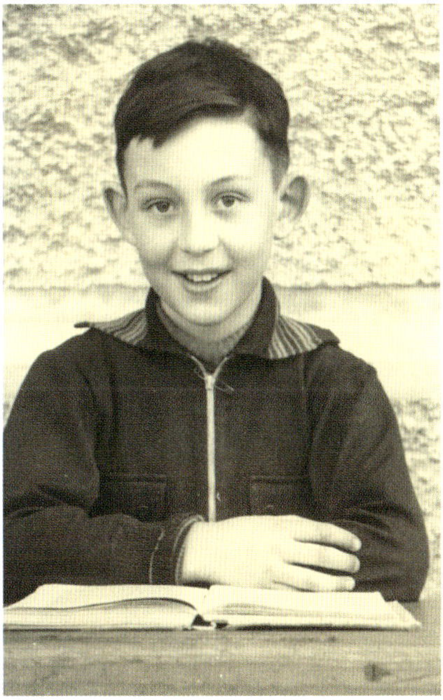
In der Grundschule, um 1949.

Als Konfirmand, 1954.

Abitur an der Lehreroberschule Nagold, März 1960; untere Reihe, 2. von links.

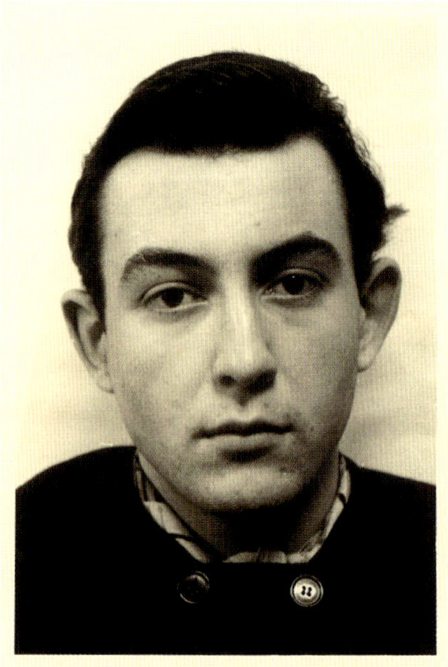

Überbündisches Treffen Burg Waldeck, 1958 – *die* Begegnung mit der Welt des Bündischen; erstmals in Jungenschaftsjacke; vgl. Seite 81 f.

„Das Prominentenfoto“ in „der eisbrecher“, Oktober 1969; vgl. Seite 160.

Zwei Bundeslager aus der Anfangszeit der „Evangelischen Jungenschaft HORTE“,
oben: Lager im Donntal, 1964, *unten:* im „Langen Grund“ bei Urach, 1966.

Jugoslawien-Fahrt 1964 – in karger Karstlandschaft.

Lappland-Fahrt 1965 – in sumpfiger Tundra.

Unsere Kohte in Lappland, irgendwo zwischen Kautokeino und dem Lemmenjoki-Fluss; vgl. Seite 109 f.

Der Allenspacher Hof bei Böttingen, Landkreis Tuttlingen – seit 1966 Bundeszentrum der „HORTE“; Wohnteil bereits renoviert.

Als Leiter der Baumannschaft 1966.

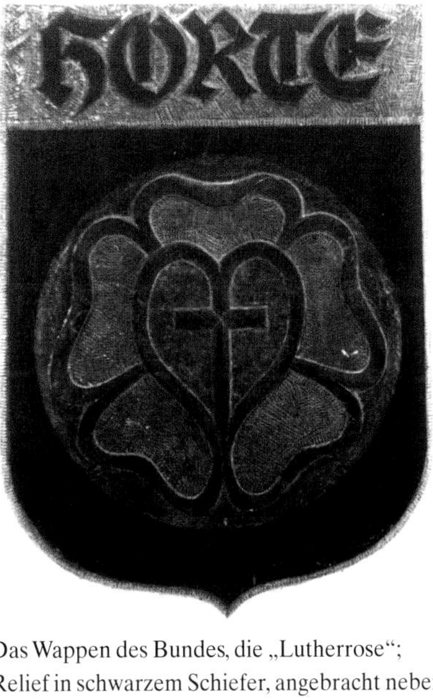

Das Wappen des Bundes, die „Lutherrose“; Relief in schwarzem Schiefer, angebracht neben dem Eingang, geschaffen von Fritz Lörcher.

Kohten- und Baulager des Bundes auf der Wiese vor dem Allenspacher Hof, Frühjahr 1968.

Baumannschaften beim Ausbau der Scheune zum Rittersaal, 1970.

6. „Überbündisches Treffen" Pfingsten 1977 Allenspacher Hof

Liebe bündischen Freunde!

Auf der Burg Hohen Krähen im Hegau hat 1957 ein erstes „Überbündisches Treffen" nach dem Kriege stattgefunden. 1958 trafen sich die Bünde auf Burg Waldeck, 1961 auf Burg Hohenfels, 1963 (anläßlich der 50. Wiederkehr des Meißnertages) auf dem Hohen Meißner und noch ein letztes Mal 1965 auf der Burg Waldeck.

Diese „Überbündischen Treffen" haben sich nie als große Demonstration einer bündischen Einheit mit programmatischen Zielsetzungen verstanden, sondern hatten ein lockeres Zusammentreffen und gegenseitiges Kennenlernen in freundschaftlicher Weise zu ermöglichen versucht, all jener, die sich bündisch nennen und an die Tradition der Deutschen Jugendbewegung anknüpfen.

Daß sich diese „Überbündischen Treffen" seitdem nicht mehr fortsetzen ließen, hat mancherlei Gründe gehabt. Es scheint heute jedoch der Zeitpunkt gekommen zu sein, nachdem Klärungsprozesse vielerlei Art stattgefunden haben, und die Bünde in sich wieder gefestigter sind, daß ein solch großes „Überbündisches Treffen" noch einmal möglich und sinnvoll wäre. Die Evangelische Jungenschaft HORTE (EJH), ein kleiner Bund im schwäbischen Raume, hat sich in der südwestlichen Ecke der Schwäbischen Alb in einem ehemaligen Bauernhof (Allenspacher Hof) mit riesigem Gelände ein Bundeszentrum geschaffen, das sich in idealer Weise anbieten würde, den Versuch eines 6. „Überbündischen Treffens" zu wagen.

Alle Bünde, die sich heute noch der Deutschen Jugendbewegung zugehörig fühlen, sind deshalb aufgerufen und eingeladen, die Idee eines solchen „Überbündischen Treffens" zu prüfen und eine Teilnahme zu ermöglichen. Es ist selbstverständlich, daß das Lager ganz im Zeichen der Toleranz und des gegenseitigen Respektierens der Eigenart der einzelnen Bünde stünde; daß weltanschauliche, politische und konfessionelle Standpunkte zu keinen Differenzen führen dürften; daß eine Atmosphäre der Freundschaft und des Verstehens der Vielfalt bündischen Lebens im Mittelpunkt stehen müßte. Wandervögel-, Pfadfinder-, Jungenschafts-, konfessionelle und lebensreformerische Bünde sind deshalb angesprochen, sich (20 Jahre nach dem ersten „Überbündischen Treffen") Pfingsten 1977 auf dem Allenspacher Hof einzufinden.

Alles Inhaltliche und Organisatorische müßte rechtzeitig abgestimmt werden zwischen den teilnehmenden Bünden, die in gemeinsamer Verantwortung das Treffen vorbereiten, gestalten und durchführen würden.

Bitte erörtert möglichst bald in Euren und den Euch befreundeten Bünden die hier vorgetragene Anregung eines 6. „Überbündischen Treffens" Pfingsten 1977. Rückmeldungen bitte auch so bald als möglich an untenstehende Adresse. – Eine bislang rein zufällige und deshalb sehr beliebige Kontaktaufnahme hat ergeben, daß das Treffen mitgetragen würde von der Christlichen Pfadfinderschaft Dreieich im VCP (Teddy), der Evangelischen Jungenschaft HORTE (Olio), dem Nerother Wandervogel (FM) und den beiden bündischen Verlagen (Elch Verlag, Siegfried Schmidt und Südmark-Verlag, Horst Fritsch).

In Erwartung eines positiven Echos und mit guten Grüßen!

Wasa

Wasa (Dr. Walter Sauer) Reutlingen im Februar 1976

1. Aufruf zum 6. „Überbündischen Treffen" Pfingsten 1977 auf dem Allenspacher Hof.

Route des Collines
Dom. de la Vallée
F 83420 La Croix-Valmer
am 27.3.77

Sehr geehrter Herr Dr. Sauer,

ich danke Ihnen sehr für Ihren Brief vom 25. März.

Leider bin ich Pfingsten dieses Jahres außer Landes und für andere Veranstaltungen vergeben, sodass ich Ihrer mich sehr ehrenden Bitte leider nicht nachkommen kann.

Ich denke, Sie werden schon einen anderen Mann finden, der den Jungen und Mädchen das Richtige sagen wird. Im übrigenweiss ich nicht, ob Erinnerungen an den Meißner-Tag der heutigen Jugend viel bedeuten könnten. Sicher werden sie mit einigem Respekt von der Vorstellungswelt Kenntnis nehmen, die jene bewegte, die auf den Hohen Meißner zogen, weil sie das Trara am Völkerschlacht-Denkmal zu Leipzig, wo das offizielle Gedenken der Freiheitskriege vonstatten gehen sollte, nicht mitmachen wollten und meinten, Besinnung auf Freiheit und innere Wahrhaftigkeit, gepaart mit Bereitschaft zur Verantwortung sei wichtiger als Gepränge. Doch war, was damals von den Jungen unter Freiheit und Wahrhaftigkeit verstanden wurde, in concreto recht verschieden von dem, was sich die Jugend heute als ein Leben in der Wahrheit und Freiheit vorzustellen scheint. Es ist für sie sicher nicht falscher als was wir uns für uns vorstellten, aber es ist anders und wahrscheinlich mit dem guten Rechte dessen, der nun an der Reihe ist.

Ich wünsche dem schwäbischen Meißner, wie es in Ihrem Aufruf heisst, einen schönen und würdigen Verlauf und bin mit guten Wünschen und freundlichen Grüssen

stets Ihr

Carlo Schmid

Antwortbrief des als Festredner angefragten Carlo Schmid, einst Meißner-Teilnehmer von 1913, nachmalig Professor für Politische Wissenschaft, Politiker, Homme de lettres.

Blick auf das Lager vom Segelflugzeug; vorne links der Allenspacher Hof, untere Hälfte der Steilhang zum Schäfertal.

Bei der Festansprache.

„Die Nerother kommen" – Einzug des Nerother Wandervogels.

Die Leitidee des Treffens: „Bündische Jugend – Gemeinsamkeit in Vielfalt".

Der Südmarkverlag, präsent mit Horst Fritsch (rechts), daneben Sohn Ekkehard; vgl. Kap. VI.3.

Auf dem Lager „Achterndiek“, 1979 in Marschacht.

Beim Südmark-Mitarbeitertreffen auf dem Allenspacher Hof 1979.

Fidus: Lichtgebet, Öl auf Leinwand, 1922, 168 × 119 cm.

Oskar Just: Der Fahnenträger von dj.1.11., 1931, Öl auf Leinwand, 100 × 80 cm.

Zu den beiden Bildern siehe den Beitrag „‚Lichtgebet' und ‚Fahnenträger' – Menschenbilder und Menschenbildnisse der Jugendbewegung", Seite 271ff.

GEORG SEBASTIAN FABER

LEONARDO

BRIEF UND SIEGEL

1926

DER WEISSE RITTER VERLAG POTSDAM

FRED SCHMID

Aufstand der Jugend

DIE SCHRIFTEN DER GEGNER

Alfred (Fred) Schmid, Bundesführer des Grauen Corps in den späten Zwanziger Jahren; zwei Schriften zum Wesen des Bündischen, 1926 – unter Pseudonym – und 1932.

Prof. Dr. Alfred Schmid, Anfang der 30-er Jahre.

Die
Diffusionsgaselektrode

von

Dr. Alfred Schmid
Basel

Mit 19 Abbildungen

1 · 9 · 2 · 3

Verlag von Ferdinand Enke in Stuttgart

Alfred Schmid, die Dissertation von 1923.

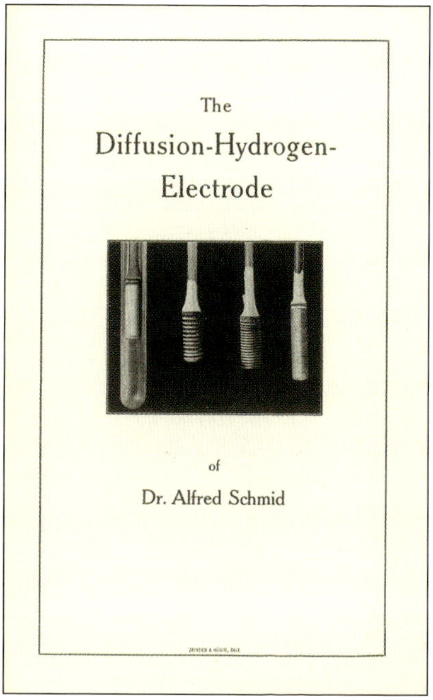

The
Diffusion-Hydrogen-
Electrode

of

Dr. Alfred Schmid

Prospekt für eine der frühen Erfindungen.

Der Physikochemiker Prof. Dr. Alfred Schmid bei Laborarbeiten im eigenen Institut.

Alfred Schmid in seinem Laboratorium, Berlin-Zehlendorf, Anfang der 40-er Jahre.

Alfred Schmid: Zwei Schriften aus den Jahren 1933 – unter Pseudonym – und 1935.

Alfred Schmid: Zwei Bücher aus dem Spätwerk, 1957 und – posthum – 2007; Foto um 1960.

Gedenkstein im Ehrenhain der deutschen Jugendbewegung auf Burg Waldeck, 1982.

Aufnahme um 1957.

Borris Goetz: In memoriam Alfred Schmid, Öl auf Leinwand, 1980, 30 × 60 cm.

Nr. 182058 **Klasse 41**

SCHWEIZERISCHE EIDGENOSSENSCHAFT

EIDGEN. AMT FÜR GEISTIGES EIGENTUM

PATENTSCHRIFT

Veröffentlicht am 1. April 1936

Gesuch eingereicht: 11. Juli 1932, 18 Uhr. — Patent eingetragen: 31. Januar 1936.

HAUPTPATENT

Prof. Dr. Alfred SCHMID, Berlin-Dahlem, und
Dipl. Ing. Max HIMMELHEBER, Karlsruhe (Deutschland).

Holzähnliche Masse und Verfahren zu deren Herstellung.

Gegenstand vorliegender Erfindung ist ein holzähnliches Produkt, sowie ein Verfahren zu dessen Herstellung.

Erfindungsgemäße holzähnliche Massen besitzen dem natürlichen Holz gegenüber infolge ungerichteter Lagerung den Vorteil völlig homogener Struktur, sind im übrigen aber in allen Eigenschaften, insbesondere Gewicht, Härte, Bearbeitbarkeit usw. dem Holz weitgehend vergleichbar. Es handelt sich sozusagen um ein homogenisiertes Holz, das alle guten Eigenschaften des Naturholzes aufweist, zum Teil sogar wesentlich verbessert, dabei aber alle jene Nachteile vermeidet, welche die Holzverarbeitung von jeher so schwierig gemacht haben. Das neue Produkt ist dem Naturholz überall dort überlegen, wo dessen gerichtete Faserstruktur zu starken Formänderungen unter atmosphärischen Einflüssen Anlaß gibt, also namentlich im gesamten Anwendungsgebiet des sogenannten Sperrholzes, da Quellung und Schrumpfung, sofern sie überhaupt noch auftreten, was sich nach der speziellen Herstellungsweise richtet, infolge der homogenen Struktur niemals in einer Richtung bevorzugt wirken können. Nicht zuletzt bietet das Verfahren zur Herstellung dieses „Homogenholzes" den außerordentlichen Vorteil, das Produkt nach Form und Charakter in den denkbar weitesten Grenzen variieren zu können. Man hat es in der Hand, feinfaserige oder grobfaserige, spezifisch leichte oder dichte Stücke von fast beliebigem Härtegrad und in jeder Form herzustellen.

Es ist verschiedentlich versucht worden, aus Faserstoffen, wie Holzschliff, Zellulose, Stroh und Baumwolle usw. holzartige Produkte herzustellen, die als Holzersatz dienen sollen. Neben dem einfachen Zusammenpressen der genannten Substanzen hat man vor allem durch Verfilzung der Faserstoffe dieses Ziel zu erreichen versucht. Dabei sei mit Verfilzung jene eigentümliche Verbindung von Fasern bezeichnet, die dadurch zustande kommt, daß die zunächst in Wasser

Erste Patentschrift zum Vorläufer der Spanplatte, lautend auf Alfred Schmid und Max Himmelheber, 1932/1936.

Max Himmelheber, um 1970.

Fahrtengruppe von Max Himmelheber in den Bergen Korsikas, 1979.

Gegenüberliegende Seite, links oben: Max Himmelheber am Steuer seiner Segelyacht „Helios“ auf der Überfahrt nach Korsika; *links unten:* Max Himmelheber in dem von ihm entwickelten Flugzeugtyp „Milan GS 6“, beim Probeflug (1958); *rechte Spalte:* das erste Heft des 1. Jahrgangs der „Scheidewege“ 1971, *darunter:* Jahrgang 42, 2012/2013.

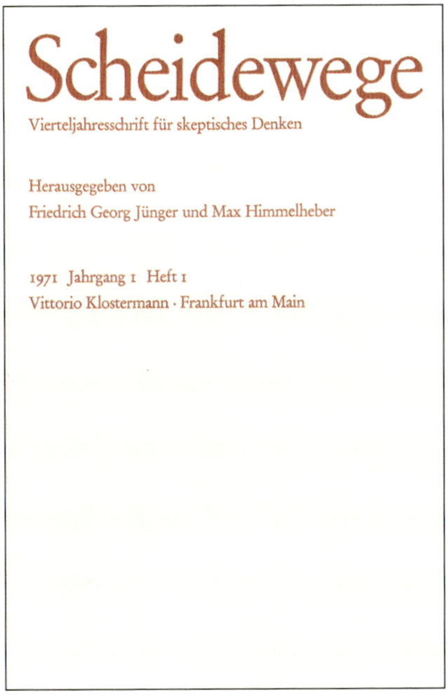
Scheidewege

Vierteljahresschrift für skeptisches Denken

Herausgegeben von

Friedrich Georg Jünger und Max Himmelheber

1971 Jahrgang 1 Heft 1

Vittorio Klostermann · Frankfurt am Main

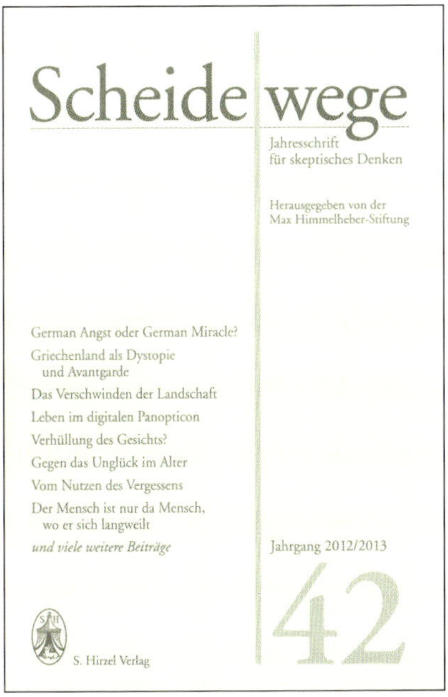
Scheide wege

Jahresschrift für skeptisches Denken

Herausgegeben von der Max Himmelheber-Stiftung

German Angst oder German Miracle?

Griechenland als Dystopie und Avantgarde

Das Verschwinden der Landschaft

Leben im digitalen Panopticon

Verhüllung des Gesichts?

Gegen das Unglück im Alter

Vom Nutzen des Vergessens

Der Mensch ist nur da Mensch, wo er sich langweilt

und viele weitere Beiträge

Jahrgang 2012/2013

42

S. Hirzel Verlag

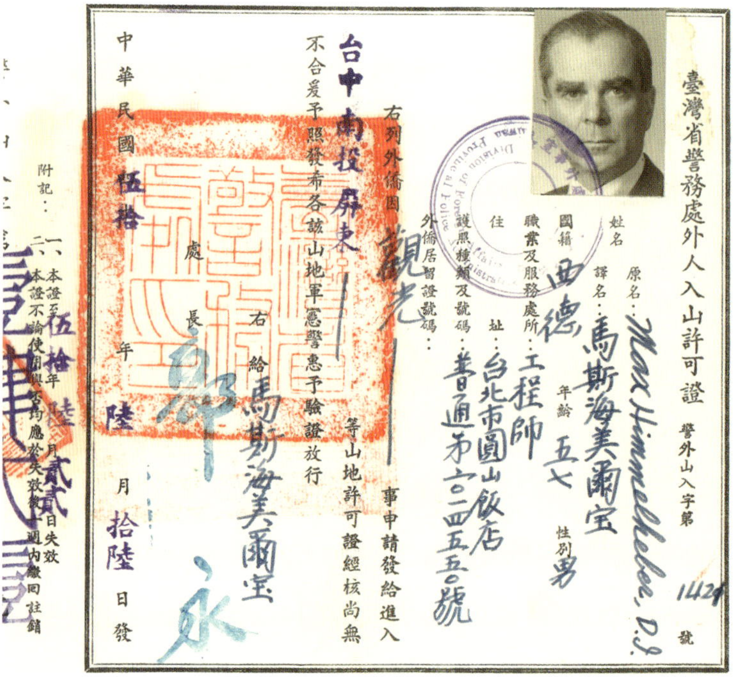

Max Himmelheber in Japan, Planung und Errichtung von Spanplattenwerken; Vermarktung von Spanplattenprodukten – frühe Fünfziger Jahre.

Wohnhaus von Max Himmelheber in Baiersbronn. Architekt Prof. Karl Nothhelfer, 1965.

Institutsgebäude „Laboratorium Himmelheber", Baiersbronn um 1957.

Dietmar Lauermann in jungen Jahren als Jurist in der „Laboratorium Professor Dr. Alfred Schmid GmbH“, Berlin-Zehlendorf; um 1942.

Im Hause Dr. Lauermann, An der Halde, Zell-Unterentersbach;
von links: Walter Sauer, Dietmar und Florian Lauermann, 2006.

Verschiedene Buchtitel und Gesamtverzeichnis der Grauen Edition.

Bündische Akademie Lüdersburg, Bildungsstätte; vgl. Kapitel V.4.

Arbeitsgruppe auf der Akademie-Tagung 1996.

75 Jahre Nerother Wandervogel, Festakt in der Rhein-Mosel-Halle Koblenz, 1995.

Singen am Vorabend der „Generalversammlung" des Nerother Bundes in Dommershausen, 2007.

Die Familie: Gertraude Katharina Sauer-Rudolph, Walter, Michael Bernd, Karin Elinor Sauer, 2004 – unter einem Bild von Hubertus Kirchgäßner.

Mit Studierenden beim Hospitieren in einer Grundschulklasse, Projekt Sachunterricht, 1989.

Als kritischer Zuhörer in einer Seminargruppe an der PH Ludwigsburg, 1996.

Mit Studierenden der Sonderpädagogik auf Exkursion im Deutschen Hygiene-Museum Dresden, 2001.

Oben: 3 Titel aus dem Verlag „Bibliothek Omphalos"; vgl. Seite 184 f.

Links: Klaus Böttger: Untergang. Zu Georg Trakl, Radierung, 1991.

Gegenüberliegende Seite: Klaus Böttger, 4 Radierungen (von insgesamt 13) zu Hans Henny Jahnn: Die Nacht aus Blei, 1988 (The Bear Press, Bayreuth); vgl. Kapitel III.2, VII.3 und den Beitrag Seite 405ff.

Johannes Grützke: Der goldene Reigen. Aus der Mappe „Basler Spiele“, Farbradierung, 1974, 29 × 39 cm (Person in der Mitte: Carl Laszlo); zu Seite 198 ff.

Jan Peter Tripp: Margarete van Eyck & Marcel Duchamp, Farbradierung, 1984, 20 × 27,5 cm; zu Seite 210 ff.

Johannes Dörflinger: Lebensbaum, Acryl auf Leinwand, 1979/1980, 81 × 122 cm; zu Seite 205 ff.

Borris Goetz: Triptychon, Acryl, Öllasur auf Holztafeln, 1970, 250 × 700 cm, Altarbild in der Evangelischen Kirche, Zell am Harmersbach; zu Seite 202 ff.

Hans Daniel Sailer: „Dort wo Rosendornen und süße Linden duften". Fräulein Nast erwartet Friedrich H. am Ufer der Glems, Farbholzschnitt, 1998, 110 × 80 cm; zu Seite 239.

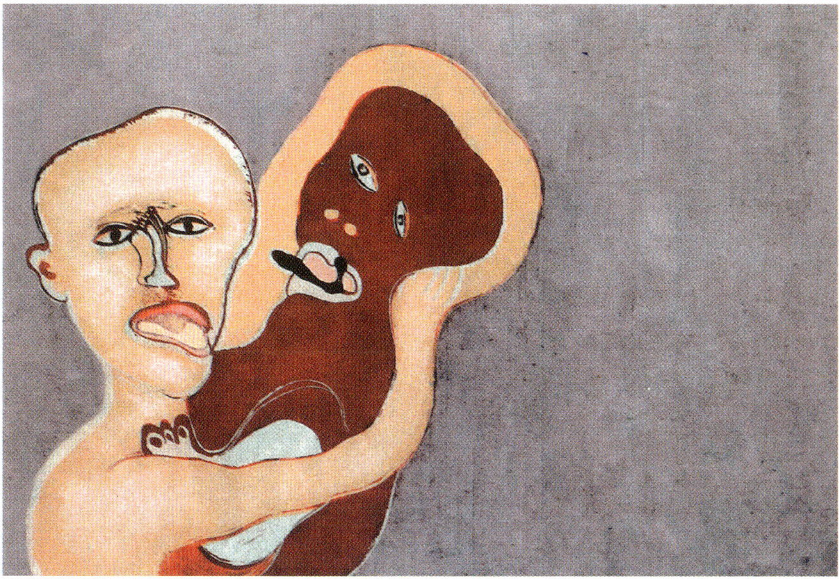

Peter Fetthauer: Szene, Farbholzschnitt, 1996, 90 × 132 cm; zu Seite 208 ff.

Pit Morell: Der Froschkönig. Aus der Mappe „Humi's Welt", Farbradierung, 1971, 42,5 × 64,5 cm; zu Seite 213 f.

Walter Stöhrer: Aus dem Zyklus „Der Kopf des Vitus Bering“, Farbradierung, 1976, 49,3 × 39,8 cm; zu Seite 212 f.

Johannes Grützke: Der Wasa, Öl auf Leinwand, 2010, 80 × 100 cm; zu Seite 198 ff.

„Es gibt doch tatsächlich bei portraitwilligen Leuten die Auffassung, ihr gemaltes Portrait müsse sie so darstellen, wie sie sich das vorstellen. Die meinen, ein Portrait von ihnen müsse ihre Sympathie haben.“ Johannes Grützke, 2011.

Jan Peter Tripp: Der Szondianer, Acryl auf Holz, 2012, 40,3 × 30,3 cm; zu Seite 210 ff.

„Ein gutes Portrait ist wie ein Affront, wie ein blutiges Stück Fleisch, wie der Stein, der keine Antwort gibt.“ Jan Peter Tripp, 2012.

Register

Das Register führt Namen und Begriffe aus den *Anmerkungen* und dem *Anhang* nur vereinzelt auf.

Abbildungsnachweise

Die Abbildungen stammen nahezu ausschließlich aus Privatbesitz. Die Urheber bzw. Rechteinhaber sind meist unbekannt mit folgenden Ausnahmen auf den Seiten: 422 (u) Hans-Werner Plank; 423 (o) Siegfried Flachsmann; 424 (o, re) Hans Daniel Sailer; 424 (o, li) Werner Peter Bauer; 425 (o) Robert Krauss; 429 (o) Werner Jäke; 431 (u, re) Rolf Boehm; 439 (o, li) Fritz-Martin Schulz; 442 Max Himmelheber; 443 (u, li) Willy Pragher; 449 (u) Marcellus Gastreich; 451 (u) Jochen Jaumann.

Die Graue Edition

Herausgegeben von Prof. Dr. Walter Sauer und
Dr. Florian Lauermann in Zusammenarbeit mit der
Prof. Dr. Alfred Schmid-Stiftung, Zug/Schweiz

Eine Auswahl aus den Büchern der Grauen Edition

Walter Sauer (Hrsg.): Verlassene Wege zur Natur
Impulse für eine Neubesinnung. Ein Lesebuch
394 Seiten, ISBN 978-3-906336-09-1

Walter Sauer (Hrsg.): Vom Wesen des Erzieherischen
Ein Lesebuch
181 Seiten, ISBN 978-3-906336-01-5

Walter Sauer / Dietmar Lauermann (Hrsg.):
Grenzen des Intellekts. Ein Lesebuch
258 Seiten, ISBN 978-3-906336-02-2

Walter Sauer / Dietmar Lauermann: Borris Goetz
oder der Weg eines Malers durch seine Zeit
271 Seiten, ISBN 978-3-906336-04-6

Siegfried Gohr (Hrsg.): Johannes Dörflinger
Eine Monographie
409 Seiten, ISBN 978-3-906336-26-8

Florian Lauermann (Hrsg.): Musikerfahrung –
Musikinterpretation. Reflexionen zum Wesen von Musik
166 Seiten, ISBN 978-3-906336-55-8

Alfred Schmid: Traktat über das Licht
Eine gnostische Schau
283 Seiten, ISBN 978-3-906336-00-8

Alfred Schmid: Principium motus
Vom Wesen der Schöpfung
173 Seiten, ISBN 978-3-906336-49-7

Die Graue Edition

Hans-Dieter Mutschler: Von der Form zur Formel
Metaphysik und Naturwissenschaft
227 Seiten, ISBN 978-3-906336-58-9

Stefan Diebitz: Leonardos Entdeckung
Eine Philosophie des Ausdrucks
265 Seiten, ISBN 978-3-906336-60-2

Franz Vonessen: Die Herrschaft des Leviathan
Sieg und Selbstzerstörung des Fortschritts
486 Seiten, ISBN 978-3-906336-99-2

Thomas Fuchs: Leib- und Lebenswelt
Neue philosophisch-psychiatrische Essays
378 Seiten, ISBN 978-3-906336-51-0

Gernot Böhme: Invasive Technisierung
Technikphilosophie und Technikkritik
350 Seiten, ISBN 978-3-906336-50-3

Michael Hauskeller: Biotechnologie
und die Integrität des Lebens
261 Seiten, ISBN 978-3-906336-53-4

Michael Hauskeller (Hrsg.): Die Kunst der Wahrnehmung
Beiträge zu einer Philosophie der sinnlichen Erkenntnis
385 Seiten, ISBN 978-3-906336-36-7

Ottmar Leiß: Streifzüge durch ärztliche Welten
Essays zur biopsychosozialen Medizin
195 Seiten, ISBN 978-3-906336-54-1

W. Alt / U. Eibach / V. Herzog / S. Schleim / G. Schütz:
Lebensentstehung und künstliches Leben
486 Seiten, ISBN 978-3-906336-56-5

Wolfram Schommers: Die Frage nach dem Ganzen
Weltentwürfe in Physik und Philosophie
416 Seiten, ISBN 978-3-906336-59-6